U0139683

人民文库 第二辑

两宋财政史

（修订本）

（下）

汪圣铎｜著

人民出版社

第 七 章

皇室、宗室、外戚支费

    皇室支费是宋代仅次于军费、官僚机构支费的重要开支方面。然而,皇室支费却是难以精确描述的。这首先是因为皇室支费与封建国家支费的界限很难划清,比如,皇家祖庙就是国家的庙,宦官、御医、教坊等人员既为皇室私人服务,又是国家机构中的人员。类似机构、人员的支费算不算皇室开支,历来存在争议。其次,在宋代,皇室支费情况是保密的,少有综合性统计数字存留。我们只能从零散的、不系统的数字中推测出其大概情况。

第一节　皇室日常开支

一、皇室饮食开支

    封建时代的皇帝及皇室成员的生活都是很奢侈的,宋朝也不例外。

    供应皇室成员饭菜的是御厨及专供皇帝的御前厨,宋徽宗时建六尚局,其中膳局是负责御膳的。御厨规模宏大,《会要》载:"御厨在内东门外之东廊,掌供御之膳羞及给内外饔饩割烹煎和之事。勾当官四人,以京朝官、诸司使、副及内侍充。食手、兵校共千六十九人。"①后一度增至一千五百二十一人。南宋削减至四百余人。② 元丰年间毕仲衍所撰《中书备对》记其"熙宁十年支使过米、面、肉、柴、炭、油、醋等数:米五千五百七十八石八斗五勺,面一百一十一万六百六十四斤四两,羊肉四十三万四千四百六十三斤四两,常支羊羔儿一十九口,猪肉四千一百三十一斤,猪、羊头蹄等只副不具,柴一百四十五万四百一十三斤半,炭三千五百五十七秤六斤,油三万四千七百八十七斤一十二两二钱,醋一千八十三石八升四合半,诸般物料等八万三百一十斤石两张。"③由此可知,皇室膳食之梗概。

皇室成员喜欢吃羊肉,官方每年从河北、陕西购入境外羊数万只,转送京城。咸平五年(1002),宋真宗曾对宰相讲:"御厨岁费羊数万口,市于陕西,颇为烦扰。近年北面榷场贸易颇多,尚虑失于豢牧。"他提议专设一机构管理此事。④ 可知御厨每年食用羊数额之大。南宋定都临安,远离羊产地,但御厨仍每日至少食用二只羊。绍兴年间,宋高宗母从北方加归,朝廷规定"供进皇太后每日常膳并生料,每月实计用羊九十口"。⑤又据孔平仲记,北宋中期,"御厨每日支面一万斤,后会检,每日剩支六千斤。先日宰羊二百八十,后只宰四十头"。⑥ 由此可见,皇宫食用花费之一斑。

皇宫饮用酒由宫内的法酒库、内酒坊提供。孔平仲记,"内酒坊祖宗朝[用]糯米八百石,真庙三千石,仁宗八万石。"⑦法酒库所用应与此相差不远。《会要》载:"内酒坊,在内城外西北隅,掌造法糯、糯酒、常料三等,以供邦国之用。初有酒工张进善醢,因以姓名称之,后又有梁永、张瑗之名。大中祥符二年,止名法糯,以京朝官一人、三班内侍二人监门,匠十九

---

① 《宋会要·方域》四之一。
② 参见《宋会要·方域》四之五所载。
③ 《宋会要·方域》四之一〇引《中书备对》。
④ 《宋会要·职官》二一之一〇、《长编》卷五三。另参见《长编》卷一八七正文及注。
⑤ 《宋会要·职官》一三之四三。
⑥ 《谈苑》卷二。
⑦ 孔平仲:《谈苑》卷二。

人,兵校百三十九人,掌库十四人。"①宋徽宗时,建六尚局,其中"尚酝局,掌供奉酒醴之事。典御二人,奉御四人,监门二人,酒人十五人,酒工五十人,掌库二人,库典五人,局史三人,书吏二人。应法酒库供御事并厘为尚酝局。"②从这些机构的规模可以推想其产品酒的数量及支费情况。又南宋李心传记:"禁中既有内酒库,而甲库所酿尤胜,以其余酤卖,颇侵户部课额,以此军储常不足。"③御前甲库产的酒流向市场,竟影响到榷酒收入,可知其生产规模相当大。以上所述仅为宫廷自己造的酒,此外还有各地上贡的酒,皇室酒的消费,应不少于数十万贯。

皇室饮用茶主要来源有二,一是建州的北苑御茶场,二是各地的土贡。北苑茶场规模很大,每年采茶季节,有上千人服役。欧阳修记:"庆历中,蔡君谟为福建路转运使,始造小片龙茶以进,其品精绝,谓之小团,凡二十饼重一斤,其价值金二两。"(《归田录》卷下)神宗时增密云龙,哲宗时增瑞云龙等新品种。徽宗时又增龙园、胜雪等新品种,质量不断提升。南宋姚宽记:"龙园、胜雪白茶……每銙计工价近三十千。"庄绰则记:"旧米价贱,[龙茶]水芽一銙犹费五千,如绍兴六年,一銙十二千足尚未能造也。"④南宋中期曾在福建转运司任职的胡仔又记:"[绍兴末年时,贡茶]每片计工直四万钱。"⑤他又讲:"[北宋末至南宋乾道中]细色茶五纲,凡四十三品,形制各异,共七千余饼,其间贡新试新龙新龙团、胜雪、白茶、御苑、玉芽,此五品乃水拣,为第一;余乃生拣,次之;又有粗色茶七纲,凡五品。大小龙凤并拣芽,悉入龙脑,和膏为团饼茶,共四万余饼。"与他同时的曾敏行也讲:"今岁贡三等十有二纲,四万九千余銙。"⑥南宋末年人周密讲:宫廷饮茶,"一夸之直四十万,仅可供数瓯之啜耳",应讲的也是北苑茶。⑦ 这样算下来,仅皇家人饮建茶一项,就要花费几十万贯。

① 《宋会要·方域》三之四九。
② 《宋会要·职官》一九之五。
③ 《朝野杂记》甲集卷一七《御前甲库》。
④ 《鸡肋编》卷下。
⑤ 《渔隐丛话》前集卷四六《东坡》苕溪渔隐语。
⑥ 《独醒杂志》卷九。
⑦ 《武林旧事》卷二《进茶》。

二、皇室服饰开支

史载,宋代纺织品"其纤丽之物,则在京有绫锦院,西京、真定、青益梓州场院主织锦绮、鹿胎、透背,江宁府、润州有织罗务,梓州有绫绮场,亳州市绉纱,大名府织绉縠,青、齐、郓、濮、淄、潍、沂、密、登、莱、衡、永、全州市平绸。东京榷货务岁入中平罗、小绫各万匹,以供服用及岁时赐与……内库所须,则有司下其数供足。"①这些纤丽的高档纺织品中最好的,自然是供给宫廷及皇室的。然而,记载中没有具体数量。

宫廷的服饰是皇室支出的重要方面,这从为此而设置的机构之众可以看出。宋朝先后设内绫锦院、东西染院、裁造院、文绣院、丝鞋所等。《会要》载:"绫锦院在昭庆坊。乾德四年,以平蜀所得锦工二百人,置内绫院。太平兴国二年,分东、西二院。端拱元年,合为一。以京朝官、诸司使副、内侍三人监领,兵匠千三十四人。"②宋真宗初年,绫锦院"有锦绮机四百余"。③ 皇宫内又有东、西内染院。《会要》载:"西内染院,在金城坊旧日染坊。太平兴国三年,分为东、西二染院。咸平六年,有司上言'西院水宜于染练',遂并之。掌染丝、帛、绦、线、绳、革、纸、藤之属。以京朝官、诸司使副、内侍一人监,别以三班一人监门,领匠六百十三人。"④"裁造院,旧在利仁坊,后徙延康坊。掌裁制衣服,以供邦国之用。初有针彩院,左藏库有缝造针工,给裁缝之役。乾德四年始置此院,以京朝官、三班内侍二人监,别以三班一人监门,领匠二百六十七人。"⑤宋徽宗时,又建立了主要为宫廷服务的文秀院。"招刺绣工三百人,仍下诸路选择善绣匠人,以为工师。候教习有成,优与酬奖。""诏依,仍以文绣院为名"。⑥这些数百、上千人的机构,每年要支出多少俸饷,要耗用多少原料,要支费

---

① 《宋史》卷一七五《食货志·布帛》。
② 《宋会要·职官》二九之八。
③ 《宋会要·食货》六四之一八。
④ 《宋会要·职官》二九之六。
⑤ 《宋会要·职官》二九之八。
⑥ 《宋会要·职官》二九之八。

多少钱财,是可以想见的。

珍珠是宋代服饰中的重要装饰品。宋代皇宫购买珍珠往动辄数十数百斤。宋廷还在沿海州郡设置了采珠机构。产珠地区每年又以土贡的形式定额供应珍珠给皇室。北宋后期一度流行"北珠",史载,梁子美时任"直龙图阁、河北都转运使。倾漕计以奉上,至捐缗钱三百万市北珠以进"。① 又有记载讲担任河北提刑的王汝舟,为皇室购买北珠,"一珠之直至九十四千"。② 可知北珠之贵重。香料又是宫廷贵妇们不可或缺的享用品。据记载:"宣和间,宫中重异香,广南笃(一作督)耨(或作褥、耨、禄,或误作耨)、龙涎、亚悉、金颜、雪香、褐香、软香之类。笃耨有黑、白二种,黑者每贡数十斤,白者止三斤,以瓠壶盛之……白者每两价值八十千(每斤价一千二百八十贯),黑者三十千(每斤价四百八十贯)。"③ 仅上贡皇室的笃耨香价值即数万贯。难怪向宫廷进献笃禄香的提举两浙市舶张苑在晋升直龙图阁后被谑称为"笃禄学士"。④ 宫廷中常用的另一种香料是龙涎香,北宋后期人张知甫讲:"仆见一海贾鬻龙涎香二钱,云三十万缗可售鬻,时明节皇后(刘贵妃)阁以二十万缗不售,遂命开封府验其真假。吏问何以为别,贾曰:浮于水则鱼集,熏于衣则不竭。果如所言。"⑤他的话似有夸张,但也能说明宫廷所用香料的高贵。从上述皇室有单项消费的片段中,我们可以推想出皇室日常生活支费情况的轮廓。

三、皇宫土木建筑支出及其他日常支费

皇宫的修缮也支费不少。仁宗明道年中禁中火灾,延及八殿,乃"发京东西、河北、淮南、江东西路工匠给役,内出乘舆物左藏库,易缗钱二十

① 《宋史》卷二八五《梁适传附孙子美》。《九朝编年备要》卷二七、《东都事略》卷六六《梁子美传》所载略同。
② 宋罗愿:《新安志》卷七《王提刑》。
③ 张邦基:《墨庄漫录》卷二。
④ 《泊宅编》卷上。
⑤ 《可书》卷一。

万助其费"。① 此二十万贯乃是皇帝私财,三司究竟贴补多少未载。又据司马光奏札,英宗治平二年"修造稍多,只大内中自及九百余间,以至皇城诸门并四边行廊及南薰门之类,皆非朝夕之所急,无不重修者,役人极众,费财不少"。② 又据载,哲宗绍圣年中,造宫内金明池一龙舟,竟用铁十八万斤(一作八十万斤),③其耗费财力可知。徽宗时大兴土木,改造皇宫,前文已述。南宋建都杭州,土木工程自然浩大,惜未有有关记载存留。修内司是专门负责皇宫维修的。"提举修内司,领雄武兵士千人,供皇城内宫省垣宇缮修之事。"④又载南宋绍兴二十年正月十五日,诏:"(宣)[修]内司并潜火人兵共一千五百人,可减五百人,拨赴部军司,充填雇募使唤。"⑤可知修内司属下约有千人,负责皇宫修缮。当然,在工程较大的情况下,官方随时可向各地征调民夫、工匠,又在数外。宋仁宗时,吕诲曾批评说:"臣窃见修内一司,居常取索无度。盖三司逐急应付物色,亦无由会计,以此因缘为弊,耗蠹滋深。"⑥宋徽宗时期花费最多。当时建"延福五位",有穆清等七殿,蕙馥等三十多阁,其中明春阁高十一丈,宴春阁广十二丈。艮岳高九丈,广十余里,养水鸟十余万,大鹿千余头。⑦ 南宋国力大不如北宋,但皇宫建筑多为新创。据南宋后期人俞文豹记:"中兴初,凡宫禁营缮皆浙漕与天府共为之。绍兴末,漕臣赵子潚奏以其事归修内司。本司岁输二十万。其后节次增至六十万。及嘉熙、淳祐间,曾颖秀、赵崇贺、魏峻相继领漕事,前后效尤,倍献其数,遂至一百六十万。而修内司又逐时于左帑关拨数尤不少,又不时行下天府,以某殿当修,某柱当换,京尹则照例进奉三十万,或四十万,年终以文历赴比部驱磨,不过斧斤锹镬等若干尔,一孔一粒并不登载。"⑧据此,南宋皇宫修缮全不由内藏

---

① 《宋史》卷八五《地理志》,另参见《宋大诏令集》卷一七九《两宫金银器易修大内诏》。
② 《司马文正公传家集》卷三五《论修造札子》。
③ 参见蔡絛《铁围山丛谈》卷四。
④ 《宋会要·职官》三〇之一。
⑤ 《宋会要·职官》三〇之三。
⑥ 《宋朝诸臣奏议》卷一〇七《上英宗论修内司乞添文臣一员》。
⑦ 洪迈:《容斋三笔》卷一三《政和宫室》。
⑧ 《吹剑录外集》。

开支,而是由两浙转运司、临安府、左藏库开支,所以,就有了每年花费的钱数。理宗时大臣杜范也论及此,谓:"近有内殿修造,破漆五千斤,而费外帑十五万缗,此臣所亲见,非得于传闻。"①一次修造用漆五千斤,工程规模必是不小的。另一大臣王迈也批评"修内司营缮广,内帑宣索多"。②元刘一清也记:"卢允升等以奢侈导上意……作湖上西宫,造御舟以备游幸。作禁苑芙蓉阁、香兰亭以供游玩。"③说明南宋濒临灭亡之时,统治者还把大量资财耗费于土木修造上。

还有一些官工业机构也是为皇室服务的。例如,文思院、后苑造作所、御前甲库、后苑烧朱所等。《会要》载:"文思院,太平兴国三年置,掌金银、犀玉工巧之物,金彩、绘素装钿之饰,以供舆辇、册宝、法物及凡器服之用,隶少府监。监官四人,以京朝官、诸〔司〕使副、内侍、三班充。别有监门二人,亦内侍、三班充。领作三十二:打作、棱作、鈒作、渡金作、镐作、钉子作、玉作、玳瑁作、银泥作、碾碢作、钉腰带作、生色作、装銮作、藤作、拔条作、擦洗作、杂钉作、场裹作、扇子作、平画作、裹剑作、面花作、花作、犀作、结条作、捏塑作、旋作、牙作、销金作、镂金作、雕木作、打鱼作。又有额外一十作,元系后苑造作所割属,曰绣作、裁缝作、真珠作、丝鞋作、琥珀作、弓稍作、打弦作、拍金作、鉆金作、克丝作。计匠二指挥。"④文思院不是内诸司,它是少府监的下属单位,它的产品不只供应皇宫,也为吏部、礼部提供官告、祭祀用品等。但它的长官中包括宦官,职能中也包括为皇室服务的规定,表明皇室用品中相当一部分由文思院提供。只是生产这部分产品的花费未见于记载。又据载:"后苑造作所,监官三人,以内侍充,掌造禁中及皇属婚娶之名物。专典十二人,兵校及匠役四百三十六人。"⑤"治平四年四月二十四日,神宗即位未改元。诏后苑造作所诸色工匠以三百人为额"。⑥官方没有留下此所每年支费的钱数,人员的俸禄、

---

① 《杜清献集》卷一一《辛丑四月直前奏札》。
② 《宋史》卷四二三《王迈传》。
③ 《钱塘遗事》卷五《理宗政迹》。
④ 《宋会要·职官》二九之一。
⑤ 《宋会要·职官》三六之七三引《两朝国史志》。
⑥ 《宋会要·职官》三六之七五。

原料的购置,都不应是小数目。李心传记:"御前甲库者,绍兴中置。凡乘舆所须图画什物,有司不能供者,悉于甲库取之,故百工技艺之巧者,皆聚于其间,日费亡虑数百千。"①日费百千,就是岁费三万六千贯,日费数百千,岁费就应在十万贯以上。这仅是"图画什物"的花费。由这些机构的情况可知皇室消费的一斑。

北宋神宗时,苏轼曾上奏,反对宫内一次到两浙路采购宫灯一万只。北宋人江休复记,宋仁宗时"岁给禁中椽烛十三万条"。(《嘉祐杂志》)当时虽未留下皇室各项费用的全面统计数字,但通过上列零星记载,我们仍可感受到皇宫日常生活的奢华,费用的巨大。

宋皇宫所用奢侈品中,有相当一部分来自市舶抽解。宋廷在各市舶司都派有宦官,凡海外货船到港,官方择优抽取十分之一,然后再按比例强制性购买,大抵市舶品中上等者都被官方收去,而优中之优就上缴皇宫内库。其中有珠宝、香料、象牙犀角等,其价值都是难以估量的。

四、奉亲支费

宋朝有几次老皇帝禅位作太上皇的情况。一是宋徽宗,二是宋高宗,三是宋孝宗,四是宋光宗,其中宋高宗作太上皇的时间较长,其他三位较时间短。因宋高宗与宋孝宗血缘关系疏远,故而官方努力渲染统治者的"孝道",故而对宋高宗退居德寿宫的情况记载较多。据李心传记:"高宗在德寿宫,孝宗命有司月供十万缗。高宗以养兵多费,诏减其六万。及孝宗在重华,命月进三万缗而已。"②据此,退位后的宋高宗每年支费是四十八万贯,退位后的宋孝宗每年支费三十六万贯。这还不算朝廷不时的调拨。据《会要》记载,自淳熙二年至十六年十五年间,调用左藏南库、封桩库等处钱财供奉德寿宫(高宗退居之宫)共计金四万一千两、银六十二万

---

① 《朝野杂记》甲集卷一七《御前甲库》。

② 《朝野杂记》甲集卷一《中兴奉亲之礼》。《宋史》卷三三《孝宗纪》:"诏有司月奉德寿宫缗钱十万。"

两、钱四十四万贯、绢四万匹、会子一百零三万贯、度牒二百二十道。① 这里的记载不一定是朝廷供给德寿宫钱财的全面记录，仅就现有记载计，每年德寿宫的额外花费也不下几十万贯。

　　宋廷每年都要给皇太后和退位的太上皇等举行祝寿活动。较有代表性的是淳熙八年拟为退位的宋高宗举行七十五岁庆寿，"帝进黄金二千两为寿"。② 淳熙十三年又举行宋高宗八十大寿的祝寿活动。据记载，"内外诸军犒赐共一百六十万缗"。另免贫民身丁钱一百一十余万贯。③其他费用尚不在其内。记载中又有南宋中期若干次给太上皇、皇太后等祝寿的支费情况：宋孝宗淳熙二年十月八日，诏："将来诣德寿宫行庆寿礼，可令提领南库排办金一万两，银五万两，钱一十万贯，绢一万疋，度牒五十道，前期于本宫交纳。"原注："九年庆寿同。"④"淳熙十六年七月三日，诏皇太后生辰奉银三万两、金五百两，令左藏西上库依例排办投进。"⑤宋光宗"绍熙元年七月八日，诏寿圣皇太后生辰，令左藏西上库排办银三万两、金五百投进。每岁如之"。绍熙四年十一月三十日，"诏提领封桩库所排办金二万两、银五万两、钱一十万贯、绢二万匹、度牒五十道，供进寿圣隆慈备福皇太后，为来岁元日宫中上寿用"⑥。嘉泰"三年四月十二日，知枢密院事兼参知政事陈自强等奏，恭遇皇后生辰，左藏封桩库投进金三千两。诏令依数投进。"⑦可知每次祝寿的花费，一般都高达数十万贯。

---

　　① 《宋会要·职官》二七之五四至五五。按，宋高宗于淳熙十四年十月去世，此后，德寿宫中只有吴太后。

　　② 《宋史》卷三五《孝宗纪》。

　　③ 《宋史》卷三五《孝宗纪》。《宋会要·兵》二〇之三三详载了各种人的赏赐数额。

　　④ 《宋会要·职官》二七之五五。

　　⑤ 《宋会要·后妃》二之一九、周必大《文忠集》卷一七三《思陵下》。

　　⑥ 并见《宋会要·后妃》二之一九。

　　⑦ 《宋会要·后妃》二之二七。

第二节　皇室婚嫁、生育、丧葬支出

一、皇室成员婚嫁、生育支出

皇室婚嫁中最重要的无疑是皇帝娶皇后,但这种事并不多见,因为多数皇帝即位时已有妻子。就宋朝而言,北宋只有宋仁宗和宋哲宗,南宋只有宋理宗是婚前即位,婚后娶妻。宋仁宗、哲宗娶的分别是曹氏和孟氏,恰巧又都被废黜。所以,留下的记载并不多。皇帝娶皇后,历史上彩礼最多的是汉孝惠帝纳后,用黄金二万斤。后来汉平帝娶王莽女儿也用此例,但被王莽婉拒。东汉成帝娶梁皇后,也曾沿用此例。宋朝娶皇后所用彩礼似不如前朝多。南宋人谢采伯记:聘娶皇后"宋用银五万两、金五千两。南渡后又减至银二万两、金二千两。"①所记不明是讲娶皇后,还是册封皇后,宋代多数皇后都是由妃子删封的。宋孝宗即位后册封皇后夏氏,"有司排办到礼物金五千两、银五万两上进。"宋孝宗将其削减为金二千两、银三万两。② 这只是所用彩礼花费数,至于盛大典礼的花费和其他花费,尚在其外。例如,宋孝宗淳熙三年,立谢氏为皇后,向近臣展示中宫袆衣,孝宗说:"珠玉之属,乃就用禁中旧物,不然,安得如此之速,所费不及五万缗。"③可知仅皇后礼服一项,就要花费五万贯,这还是节俭的制作。可知聘娶皇后的花费不会少于十万贯。

仅次于娶皇后的是皇子娶妃,其数量比娶皇后要多。《宋史》记:"诸王纳妃,宋朝之制,诸王聘礼,赐女家白金万两。"以下详列赏赐物数十种。④ 这里要说明,宋代只有皇子才封王,其他人生前只能封郡王,死后

---

① 《密斋笔记》卷一。
② 《宋会要·后妃》二之一三。
③ 《宋会要·后妃》二之二二。
④ 《宋史》卷一一五《礼志》。

可追封王。所以，所谓"诸王纳妃"就是皇子纳妃。据记载，每次皇子纳妃，都至少要花费数万贯钱。

见于记载较多的是公主出嫁。洪迈记："熙宁初，神宗与王安石言：'今财赋非不多，但用不节，何由给足！……嫁一公主，至用七十万缗……'"①这一花费令人惊叹。宋仁宗时富弼婉拒契丹提出的通婚要求，曾讲："本朝长公主出降，赍送不过十万缗，岂若岁币无穷之利哉。"②显然，富弼是故意往少说，讲的仅是公主的陪嫁。《宋会要·帝系》八之五至七详列了公主出嫁时皇帝赏赐的物品清单，计有数十项，其中最突出的是银万两，锦绮罗绫纱縠千匹，涂金银器二千两，生绫二千匹，钱二千贯，金合二重三百两。饰房用金器千三百两，银器万四千两，锦绮罗绫纱縠绢六千疋，钱四千贯。另内库支给金器百两，银器千四百两。其总价值肯定超过十万贯。此外，还要赐宰臣、亲王、枢密、参知政事、两制侍从、内职阁门只候以上、诸军副指挥使以上金银钱胜包子各有差。其价值未见统计数，人数既多，数量一定不小。又据记载，南宋前期"伪福国长公主之适高世荣也，奁具凡二十万缗，视承平时已杀"③。说明北宋时公主出嫁奁具花费远多于十万贯。依宋朝惯例，公主出嫁，皇帝还要赏赐宅第一所。皇家嫁公主，皇家之外，其他官府往往也要献贺礼，这实际也要财政开支。宋仁宗时兖国公主出嫁，知颍州徐宗况以绢五百匹作贺礼。南宋理宗嫁周汉国公主，发运使马天骥"献罗钿细柳箱笼百只，并镀金银锁百具，锦袱百条，其实以芝楮（十八界会子）百万。"④这两笔钱数额颇大，大约不是徐某、马某自掏腰包。李心传记，南宋孝宗"淳熙十三年，魏惠宪王女安康郡主（孝宗孙女）适罗氏……赐甲第居之，又诏南库给金五百两、银三千两为奁具。"⑤这是皇孙女出嫁的事例，花费也数万贯。

皇宫费用中重要一项，是生育支出。这关系皇位继承，自然受到格外

① 《容斋三笔》卷一四《夫人宗女请受》。
② 《宋史》卷三一三《富弼传》。
③ 《朝野杂记》甲集卷一《郡县主》。
④ 周密：《癸辛杂识》续集卷上。
⑤ 《朝野杂记》甲集卷一《郡县主》。

重视。欧阳修在宋仁宗时上奏中言及"近风闻禁中因皇女降生,于左藏库取绫罗八千匹。"①又北宋后期蔡绦记:"祖宗故事,诞育王子、公主,每侈其庆,则有浴儿包子,并赍巨臣戚里。包子者,皆金银大小钱金果、涂金果、犀玉钱、犀玉方胜之属。如诞皇子,则赐包子罢,又逐后命中使人赍密赐来约颁诸宰相,余臣不可得也。密赐者必金合,多至二三百两,中贮犀玉带或珍珠瑰宝。"②时人朱彧亦记:"近岁帝子蕃衍,宫闱每有庆事,赐大臣包子银绢各数千匹两……何执中以藩邸旧恩,由丞辖为宰相,首尾未尝去位,不问其他锡赍,皇子帝姬六十七人,包子无遗之者,家资高于诸公。"③据他所讲,何执中竟因得皇帝生子生女的赏赐而致富,可见此项赏赐花费之巨。苏轼曾撰《洗儿词》讥讽皇帝每逢生子就赏赐外臣没道理。南宋末年周密则记,南宋"宫中凡阁分有娠,将及七月……门司奏排办产阁,及照先朝旧例三分减一,于内藏库取赐银绢等物于后:罗二百匹、绢四千六百七十四匹……三朝、三腊、满月……金二十四两八钱七分二厘……银四千四百四十两,银钱三贯足,大银盆一面,醽醁沉香酒五十三石二十八升……"④然而,我们也找不到这方面开支的总数。

二、皇室成员丧葬支出

由于宋英宗是宋仁宗的堂侄,血缘关系较为疏远,宋英宗为了表示对宋仁宗的"孝",就较多地公开了为宋仁宗办丧事的若干细节,这使我们借此可以了解宋代皇帝丧葬费用的基本情况。宋代皇室丧葬费用,主要有两部分。一是赏赐,二是修建及维护、祭祀费用。

赏赐是沿袭前代惯例:老皇帝死了,要假借他的名义给臣下赏赐以使臣下怀念他。新皇帝要赏赐以"恩结"臣下。这笔钱可不是小数目。据记载,宋仁宗去世,"优赏诸军如乾兴(指宋真宗)故事。所费无虑一千一

---

① 《宋朝诸臣奏议》卷二九《上仁宗论美人张氏恩宠宜加裁损》。
② 《铁围山丛谈》卷四。
③ 《萍洲可谈》卷一。
④ 《武林旧事》卷八。

百万贯匹两,在京费四百万"。① 这大致相当于全国一年财政开支的六分之一。这还只是赏赐军队的,还有赏赐大臣等的。这未见统计数字。而据记载,当时"内出遗留物赐两府、宗室、近臣、主兵官有差"。司马光当时的官是天章阁待制、知谏院,他立即上奏请退回国库,他说:"蒙恩赐以遗留物,如臣所得已千缗,况名位渐高,必霑赉愈厚,举朝之内,所费何翅钜万。切以国家用度素窘,复遭大丧,累世所藏,几乎扫地。传闻外州军官库无钱之处,或借贷民钱,以供赏给,一朝取办,逼以捶楚……"②他虽属侍从近臣,在他之上的尚有宰相、执政大臣、翰林学士、御史中丞、知开封府等数量可观的更高级别的大臣和皇亲国戚,他得赐千贯,则比他高的得赐更多,其总数肯定相当可观。时人曾布记,宋哲宗去世,赏赐宰相黄金五百两,珍珠七万,犀带二,细衣著百匹;执政大臣黄金四百两,珍珠五万,犀带一、衣着锦二十匹、紧丝绫罗绢二十匹。③ 由此我们可以推计,宋仁宗去世时的赏赐应与此相差不远。北宋皇帝去世,按惯例还要向辽朝、西夏报丧,南宋时则要向金朝、元朝报丧,同时附带礼物和所谓"遗留物",这也是一笔不小的开销。北宋有关记载缺失。南宋淳熙十四年十月,高宗去世。宰相周必大令人查阅旧档,依例"乃是金器二千七百两(二千两礼物,七百两精巧之物)银器二万两。又有银丝合二十四面,贮宝玉乐器玻璨等物。其它象牙、匹帛、香药等不在"。宋廷议定,"所有遗留物亦如旧数,更与金二千两、银二万两"。④ 折成铜钱应在十五万贯以上。宋孝宗去世,"本宫(重华宫)提举所见在钱银共一百万贯,令拨付朝廷,量行给散内外诸军。"⑤宋光宗去世,沿用此制。⑥ 这是否是赏赐诸军钱的全部,我们无从考知。

当然,因丧葬而产生的赏赐支出,受益者主要是官员和军兵,因而从

---

① 《长编》卷一九八。
② 《长编》卷一九八。
③ 《曾公遗录》卷九。
④ 周必大:《文忠集》卷一七二《思陵上》。
⑤ 《宋会要·礼》三〇之一。
⑥ 《宋会要·礼》三〇之五四。

另一用度看,这些支出又可视为军队开支或官员个人收入的组成部分。

关于皇陵的修建费用,凡是参观过明十三陵、清东陵、清西陵的人,都应有感性认识。宋仁宗去世,"三司奏乞内藏库钱百五十万贯,䌷绢二百五十万匹,银五十万两助山陵及赏赉。从之。"①这一记载将修建费用与赏赐费用合述,且所述只是向内藏库索要的部分,不包括三司自筹部分,因而无法确知修建费用确切数额,但仅从上一记载,我们也可推想修建费用决非小数。又据载,"诏山陵所用钱物并从官给,毋以扰民。诏虽下,然调役未常损也。三司计山陵当用钱粮五十万贯、石,而不能备。或请移陕西缘边入中盐于永安县,转运副使薛向陈五不可,且乞如其数以献。许之。"②这里讲的修建山陵要用钱粮五十万贯石,应该并不是费用的全部。参加修建宋仁宗陵墓的士兵共有四万六千七百八十人,③假定服役一年,则仅其俸禄支出就在百万贯以上。宋英宗去世,因国家财政匮乏,将修陵人数加以裁减,但仍有兵士三万五千,另征调了四千石匠。④据时人周必大记,南宋高宗去世,宋孝宗曾对近臣讲:"太上皇帝葬事,内库已准备五十万缗,封桩拨三十万缗。"又命令额外增印会子七十万贯,以备修陵等运费。事毕,"呈永思陵攒宫共费八十二万余缗。上曰:内库支银绢尚在外,去冬印会子七十万,仅可充此费。"⑤又李心传记:左藏封桩库曾"拨一百万缗修奉太上皇帝攒宫"。⑥庆元六年八月,拨封桩库钱八十万贯修光宗攒宫。嘉定十七年宁宗去世,"诏令封桩库支会子二十五万贯,丰储仓支米二万石,付绍兴府充应办梓宫事务使用。于内拨会子一万贯,付都大提举丧事所应办使用。"⑦这应当只是此次丧葬费用的一部分。

除赏赐、修陵费用外,丧葬费用还应包括举行盛大丧仪的花费。有记载讲,宋仁宗养母保庆太后去世,太常礼院拟请下少府府制凶仗六十事,

① 《长编》卷一九八、《宋会要·礼》二九之三七。
② 《长编》卷一九八、《宋会要·礼》二九之三七。
③ 《宋会要·礼》二九之三六。
④ 参见《长编》卷二〇九所载。
⑤ 《文忠集》卷一七二至一七三《思陵》。
⑥ 《朝野杂记》甲集卷一七《左藏封桩库》注文。
⑦ 《宋会要·礼》三〇之八三。

监护使王随上奏说：如果依照庄献明肃太后的先例"内藏库支钱三十万贯供用"，宋仁宗认为保庆太后不能与庄献明肃太后比，故凶仗减为四十事，钱减为十万贯。①

　　皇帝本人之外，皇室其他成员的丧葬费用也有相当数量。宋真宗皇后刘氏去世，用三十万贯。宋真宗妃杨氏（保庆皇太后）用十万贯。宋英宗皇后高氏去世，调士兵二万修陵，诏元丰库支钱十万缗、绢七万匹，应奉山陵支费。南宋庆元六年六月，拨封桩库钱一百万缗，修奉太上皇后攒宫。② 乾道三年七月九日，庄文皇太子去世，左藏库出钱二万贯、银五千两、绢五千匹用于丧葬。嘉定十三年八月八日，景献皇太子去世，依照景献太子先例，左藏库取钱二万贯文、银五千两、绢五千匹用于"官吏、诸色祗应人等合用孝赠及节次支赐，并日支食钱及应干支费"。③ 李心传记南宋孝宗与李焘的一段对话，谓："李焘在经筵，因夜直，尝谏上以后宫宠幸多，宫中妄费。上曰：'朕老矣，安得此声。近惟葬李妃用三万缗，它无费也。'"④宋孝宗是较为节俭的皇帝，他自己讲葬李妃用三万贯，则此花费钱数应是不高的，由此可知较受宠爱的嫔妃丧葬费用应为数万贯。

　　其他嫔妃、其他皇子、皇孙等丧葬也各有花费。从这些零散不系统的记载，我们可以看出，皇室其他成员的丧葬支出，数额也颇大。

　　除了丧葬本身的费用外，皇陵的日常维护也要有相当的费用。官方在皇陵地区专门修建了寺院宫观，除一次性拨给田产、房产外，每年还要添给钱财，令僧、道们作法事祭祀。陵区设置专门管理机构，派驻军兵巡逻等。每年由京西路支给二十万贯作费用。南宋时期，据载，仅昭慈、永祐二攒宫，岁用祠祭钱八千四百余缗，修缮钱五千缗。⑤ 南宋孝宗又为其生父秀王在湖州另建坟园，在临安建祠堂，应也有相当花费。

① 《宋会要·礼》三二之二二。
② 《朝野杂记》甲集卷一七《左藏封桩库》注文。
③ 《宋会要·礼》四三之四。
④ 《朝野杂记》甲集卷一《重华妃嫔》。
⑤ 《系年要录》卷一四七、《朝野杂记》甲集卷二《昭慈永佑显仁永思永阜永崇六攒宫》。

第三节　皇室成员、内命妇的俸禄、津贴开支

宋朝的皇室成员、内命妇都享受俸禄,这可能是有别于前代的。他们的俸禄大部分由左藏库支出,属于国家经费的一部分。他们享受的某些例赐及津贴,则可能是由内藏库支出。皇室成员人数很少,每个成员的俸禄却很多。皇宫内享受俸禄的内命妇的人数却有相当数量,不下数百人。因此,皇室成员、内命妇的俸禄、津贴数额相当可观。

一、皇子(亲王)、皇孙(郡王)的俸禄和津贴

皇室成员中,皇帝、皇后、太后之外,地位最高的是皇帝的儿子即皇太子和皇子,以及皇孙、皇帝的叔、伯、兄、弟。老皇帝去世,皇子们(除新皇帝外)就变成皇兄、皇弟,皇兄、皇弟就变成皇伯、皇叔。皇子、皇兄、皇弟、皇伯、皇叔成年后照例封亲王,皇孙一般封郡王(皇子有幸成为皇子者除外)。据孔平仲引江邻几言,"《禄令》皇太子料钱千贯"。① 又据《宋史·职官志》:"皇子充节度使兼侍中带诸王,皇族节度使同中书门下平章事……奉同节度使(月四百贯)惟春、冬加绢各百匹,大绫各二十匹,小绫各三十匹,罗各十匹,绵各五百两。"②上述皇太子、担任使相以上官的皇子,其奉禄额都高于宰相。宋朝的皇子、皇兄、皇弟等一般都不担任有实际职权的官职(南宋孝宗子出任判庆元府实属罕见特例),但他们却享有公使钱。《会要》载:"英宗治平元年六月二十三日,诏赐皇子颢公使钱二千贯,頵一千五百贯。"③哲宗元祐元年,扬王颢、荆王頵二王出就外第,

---

① 孔平仲:《谈苑》卷二。
② 《宋史》卷一七一《职官志·奉禄制》。
③ 《宋会要·帝系》二之一一。

"岁各增公使缗钱五千,仍给见钱"。① 元祐七年,"诏徐王颢增赐公使钱三千缗"。就此事有一番对话:"太皇太后曰:'尝有例耶?'吕大防等对曰:'仁宗时荆王元俨增至五万贯,徐王昨亦增赐,今才万三千缗。'乃诏增之"。② 可知皇伯赵元俨的公使钱为岁五万贯,皇叔赵颢的公使钱为岁一万三千贯。哲宗绍圣四年二月"十八日,诏申王佖、端王佶每年特赐公使钱各六千五百贯,内一半见钱,一半折绢。"元符元年三月"十六日,诏申王佖、端王佶岁赐实给公使见钱八千缗"③。南宋宁宗"嘉定十四年七月二日,诏皇子宁武军节度使祁国公岁赐公使钱特与支三千贯,仍逐月均给,令户部供纳本府"④。据此,南宋皇子公使钱可能比北宋有所减低。

关于皇孙享有俸禄,《会要》载:"[崇宁三年]五月十九日,内出手诏:燕王俣第三子与依长子有章例,赐名、授官、支破请给等。"⑤赵俣是宋神宗之子,其儿子即为皇孙(此时已升为皇侄)。这说明皇孙在赐名、授官后,就能领取俸禄。又载:"政和八年三月二十七日,提举太子左右春坊言:'皇孙近已除授官封,所有诸般请给人从,乞申明降下。'诏并依见除官差破。闰九月二十一日,中书省言:'准提举左右太子春坊申:今来十月二日,皇孙谌生日,缘未有支赐令格正文。'诏依宗室节度使令格施行。"⑥这说明皇孙是依所授官享受俸禄的,到一定年龄后,就能享受节度使俸禄,而节度使俸禄是与宰相的俸禄不相上下的。南宋孝宗之子赵恺破例出任判宁国府,宋廷特下诏:"皇子魏王恺出镇宁国府,妻华国夫人韦氏、男皇孙摅见今历内诸般请给等与随带前去,接续帮勘。"⑦又据载:"[淳熙]十二年四月三日,皇太子宫左右春坊言:'皇孙平阳郡王近除安庆军节度使,进封平阳郡王。先承指挥,请给生日支赐公使钱并与依格全

---

① 《宋会要·帝系》二之一三。
② 《宋会要·帝系》二之一三至一四。
③ 《宋会要·帝系》二之一五。
④ 《宋会要·食货》六四之一一三。
⑤ 《宋会要·帝系》二之二〇。
⑥ 《宋会要·帝系》二之二七。
⑦ 《宋会要·帝系》二之二四又三一。

支。所有禄粟,欲乞依南班节度使士岘体例,依禄格全支。'从之。""九月二日,诏:皇孙千牛卫大将军抦与破请给,依禄格全支本色。"①这些记载均表明皇孙也是享受俸禄的,不但享受俸禄,而且享受生日支赐、公使钱等。

二、皇后、太后,公主、长公主、大长公主、亲王妻、皇孙女、皇外孙女的俸禄等

皇室成员中皇后、皇太后都享有俸禄。关于皇后的俸禄,史书上没有具体记载,但宋仁宗庆历二年,因宋夏战争造成财政危机,举国上下输财助边,宋廷曾下令"皇后、嫔御各上奉钱五月,以助军费"。② 说明皇后也是有俸禄的。皇太后也享有月俸。李心传记:"昭慈圣献皇后(孟氏)之在建康也,有司月奉千缗而止。后生辰别奉缗钱万。时朝廷用度不给,故其礼不及承平时。"③"[绍兴]十三年四月九日,诏:'皇太后俸钱月一万贯,冬、年、寒食、生辰各二万贯,生辰加绢一万匹,春、冬、端午绢各三千匹,冬加绵五千两,绫罗各一千匹。'"④这里讲的是宋高宗生母韦太后,她原本只是嫔妃,宋高宗做了皇帝,母以子贵,成为太后。宋孝宗禅退,"诏太皇太后月奉缗钱二万,皇太后万五千,上皇太后五万"。⑤

宋朝称皇女为公主,皇姐、皇妹为长公主,皇姑为大长公主。有时也称皇姐为大长公主。李焘记:大中祥符二年正月"己巳,封皇姊晋国长公主为大长公主,皇妹鲁国长公主为韩国长公主,寿昌长公主为陈国长公

---

① 《宋会要·帝系》二之三二至三三。
② 《长编》卷一三六。
③ 《朝野杂记》甲集卷一《中兴奉亲之礼》。
④ 《宋会要·后妃》二之八。《朝野杂记》甲集卷一《中兴奉亲之礼》记作:"岁奉钱二十万缗,月奉万缗,冬年寒食生辰倍之,帛二万余疋,生辰绢万疋,春冬端午各三千疋,绫罗二千疋,冬绵五千两,酒日一斗,羊三牵。"
⑤ 《朝野杂记》甲集卷一《中兴奉亲之礼》。按,《长编》卷一一九、《太平治迹统类》卷一一等记,北宋仁宗时,岁给保庆皇太后杨氏"汤沐钱"二万贯。而杨氏实仅是宋仁宗的保姆,宋真宗去世前仅封淑妃,宋真死,遗制封皇太后。情况较特殊。

主。先是,上谓宰相曰:'先帝时公主初降,月俸百五十千。其后稍增至二百千。至道中,先帝尝许诸主增俸,明德皇太后为朕道先帝语,始增及三百千。此不可复增矣。今初出降者亦求此数,曾未喻诸主初给俸时俱未得此也。"①对其中的"降"字有二解,一是指出生,二是指出嫁。无论作哪种理解,有一点是明确的:公主是有月俸的,其数量有一个由少到多的过程。多时达数百贯,几乎与宰相相平。据宋仁宗时人江邻几讲:"《禄令》……无公主料钱例。宋次道云:李长主在宫中请十千,晚年增至七百千。福康出降后月给千贯。"②据他所讲,长公主有月俸超千贯者。司马光在宋仁宗末年上奏中也言及公主俸事,其谓:"臣尝闻耆旧之人言:先朝公主在宫中,俸钱不过月五千。其余后宫月给大抵仿此,非时未尝轻有赐予,虽有赐予亦不甚丰。窃闻近日俸给赐予比于先朝何啻数十倍矣。"③司马光讲的月俸五贯的公主,应是北宋初期的情况,而且是公主幼小,所需花费不多时的情况。宋神宗"熙宁二年二月二十三日,御史中丞吕诲言,乞下三司取索内东门司自大长公主而下请受则例,编入《禄令》。诏令三司于内东门等司取索文字,详定以闻。"此事后续情况失载,如依吕诲所请,则此后《禄令》就有关于"自大公主而下"的俸禄数额的明文规定。宋徽宗"[崇宁元年]十二月二十三日,诏秦、魏国大长公主除见给外,特增月俸二百千。先是大长公主月俸千缗,至是以始兼两国,增俸及春冬衣、奏荐等。"④这位大长公主的月俸高达一千二百贯,一年总计一万四千四百贯,生日支赐、年节例赐等尚在其外。南宋时期情况失载,仅见建炎四年十一月"辛酉,诏福国长公主每月料钱增为七百千。"⑤这只相当于北宋长公主俸的三分之二。

据记载,宋神宗时,皇弟岐王赵颢与妻冯氏不和,宋神宗下令将冯氏送入瑶华宫,"旧俸月钱五十缗,更增倍之,厚加资给。"⑥这表明,岐王妻

---

①　《长编》卷七一。另参见《宋会要·帝系》八之一。
②　孔平仲:《谈苑》卷二。
③　司马光:《传家集》卷二五《论财利疏》(嘉祐七年七月上),《长编》卷一九六。
④　《宋会要·帝系》八之一九。
⑤　《系年要录》卷三九。按,后来有人揭发此公主为伪公主,此是后话,不赘。
⑥　《长编》卷二九七、《涑水记闻》卷一四。

的月俸原为五十贯。其他亲王妻的俸禄应与她接近。

据载，宋仁宗时，下诏吴王元俨之女"增给俸钱二十千，余人不得为例"。① 这是皇孙女享受俸禄的实例。

记载中皇外孙女即公主的女儿也享受俸禄。例如，宋哲宗"绍圣三年闰八月八日，尚书户部言：'周国大长公主长女宜春郡主与侍禁卢琬为亲，合破诸般请给，乞依条施行。'诏依宗女已嫁郡主请给外，每月更特添料钱二十贯。十二月七日，周国大长公主奏：'长女宜春郡主与卢琬为亲，欲依驸马都尉王师约、王诜女，郡主除请给外，更支生料钱等。'"②宋徽宗崇宁元年十一月"二十四日，诏：'秦、魏国大长公主第三女钱氏，已与故李玮男承徽议亲，特封信都郡主。所有请给、祗应人并添赐生料、细食等，并依长女宜春郡主例施行。'"③记载中还有公主子女及近亲去世颁给赙赠数额的规定。④

三、嫔妃、内命妇、宫人的俸禄等

宋代皇宫中的嫔妃、内命妇、女官、宫人（含宫女、奶妈、厨娘等）等有相当数量，北宋仁宗庆历三年，谏官孙甫上言述及此事谓："后宫之数，臣虽不知，但闻三司计，肉食者千余人，又下有贵职，有私身，当不啻数千人矣。臣近闻染院计置染绫罗甚急，以备宫中支用，言左藏库所积红罗去岁已绝，他物称此，则浮费可知也。"⑤当时正值西部战争刚刚好转，后宫人数如此多，支费如此巨，实不相当。此种情况至嘉祐年中未得改变，司马光再次进谏，批评"后宫嫔妃供进御"者"动以万计"，"给事房闼供洒扫"者"动累百计"，"服御非俭而靡丽之文盛"。⑥ 苏辙也于科举时撰文言：

① 《宋会要·职官》五七之四一。
② 《宋会要·帝系》八之一八。
③ 《宋会要·帝系》八之一九。
④ 《宋会要·礼》四四之一一。
⑤ 《长编》卷一四五，《宋朝诸臣奏议》卷三九《上仁宗论赤雪之异》。
⑥ 引文见吕祖谦《类编皇朝大事记讲义》卷一一《仁宗·省财费》。

"宫中贵姬至以千数,歌舞饮酒,欢乐失节。"①后宫人数增加过快的原因之一是私身的增加。私身指嫔妃、贵戚、女官等带进宫内的贴身侍女,其数量没有限制。不少私身后来转变为女官,甚至转为嫔妃。司马光曾上奏中讲:"近岁以来,颇隳旧制,内中下陈之人竞置私身,等级寖多,无复限级。"②曾布讲:"太母(向太后)又云:宫中私身多,圣瑞宫中有七百余人,每一有职事人手下须五三人故也⋯⋯"③因此,毕仲游主张去除"掖庭永巷妇人资用之多"的弊害,就要"定职掌私身之数"。④ 徽宗时期被认为是后宫人数最多最滥的时期。南宋宋宁宗即位时,大臣项安世又上书言"嫔娇宦寺廪给之费""侈且滥"。⑤ 后宫供养如此的嫔妃等,实在是封建社会腐朽性的表现。给数量如此多的嫔妃、内命妇、女官、宫人支发俸禄,其数额肯定是可观的。

宋仁宗嘉祐四年(1059),后宫贵人杨氏升为才人(后妃中第六等,五品),杨氏辞不受。宋仁宗惊讶地问:"向也月俸二万七千,今也二十万,何苦而辞退。"杨氏答:"二万七千妾用之已有余,何以二十万为。""同知谏院范师道上疏云:'⋯⋯一才人之俸,月直中户百家之赋,岁时赐予不在焉。'"⑥可知妃子们是享有俸禄的,贵人的月俸为二十七贯,才人的月俸为二百贯。又宋神宗曾对王安石讲到"沈贵妃(后妃中第二等,视正一品)料钱月八百贯"。⑦ 南宋"[绍兴]二年四月二十一日,诏:哲宗皇帝房院美人慕氏、魏氏并特转婕妤,依禄式支破诸般请给"。⑧ 据载:"[乾道二年]八月,进呈内东门司申:内人红霞帔韩七娘得旨转郡夫人,依外命妇支给请受。据户部供,除红霞帔逐月有请受外,外命妇郡夫人即无《禄令》。魏杞等奏:'岂有加封而反无请俸者?'上曰:'《禄令》如此,朕不欲

① 《栾城应诏集》卷一二《御试制策》。
② 《传家集》卷二九《言后宫等级札子》,《长编》卷二〇一。
③ 《曾公遗录》卷九。
④ 《历代名臣奏议》卷二六八。
⑤ 《宋史》卷三九七《项安世传》。
⑥ 《长编》卷一八九。
⑦ 洪迈:《容斋三笔》卷一四《夫人宗女请受》。
⑧ 《宋会要·后妃》四之一三至一四。

破例。此事且已,朕禁中自理会也。'"①这表明宫内的红霞帔依《禄令》是有俸禄的,而外命妇则是无俸禄的。上引记载说明妃子们是享受俸禄的。

嫔妃之外,宫中又有女官。北宋仁宗时,大臣孙沔上奏讲:"窃以宫政之设,内职是先。尚书、侍御、司记、典言一百二十人,则为大备。故先朝之数侍史不过五百人,俸给止于千二十贯,皆有纪律,不甚奢盈。今闻十倍增人,已踰二三千,十倍添俸,或至二十万。"②北宋中后期人孔平仲记:"宫人俸,皇祐中四千贯,今一万二千贯"。③ 南宋时期关于女官支给俸禄的记载颇多。如高宗"[建炎四年]十二月十六日,诏永嘉郡夫人王氏可特赐名从恭、威安郡夫人苏氏赐名从温,并转国夫人,除知尚书内省事,诸般请给依禄式支破"④。"[绍兴]五年闰二月五日,诏主管大内公事、知尚书内省、兼提举十阁分〔事〕润国庄淑惠徽夫人张从义与转两字,主管大内公事、知尚书内省、兼提举十阁分〔事〕、崇国夫人王从恭与转四字,依禄式支破诸般请给。"⑤宋孝宗"[乾道二年]九月九日,诏:知尚书内省事和义郡夫人王从谨加封和国夫人、兼主管大内公事,司字直笔王氏宜春郡夫人、知尚书内省事,赐名从义,各依禄式支破诸般请给。"⑥"八年七月二十七日,诏主管大内公事、知尚书内省事、和国夫人王从谨加封和国恭顺夫人,提举十阁分事、知尚书内省事、宜春郡夫人王从义加封惠国夫人,主管大内公事、直笔尚字王氏封永嘉郡夫人、知尚书内省事,赐名从诚,并各依禄式支破诸般请给。"⑦宋宁宗"[庆元三年]三月二十八日,诏:主管大内公事、知尚书内省事、兼提举十阁分事润国和顺夫人朱从谦特转润国和顺端肃夫人;主管大内公事、知尚书内省事、兼提举十阁分事、

①　《宋会要·帝系》一一之七。
②　《宋朝诸臣奏议》卷二九孙沔《上仁宗论宫禁五事》。
③　《谈苑》卷二。
④　《宋会要·后妃》四之一三。
⑤　《宋会要·后妃》四之一四。
⑥　《宋会要·后妃》四之一九。
⑦　《宋会要·后妃》四之二〇。

和国夫人朱从礼特转和国顺懿夫人,并依禄式支破诸般请给。"①"[嘉定]十二年十月二十七日,诏:知尚书内省事、新安郡夫人何从谨除主管大内公事、转吉国夫人,直笔尚字王氏除知尚书内省事、转宜春郡夫人,赐名从信,并依禄式支破诸般请给。"②这些记载都说明女官们的俸禄是禄式中有明确规定的。

内命妇泛指宫内受诰封的妇女,封号有国夫人、郡夫人、(前带若干字)夫人等。宫中的内命妇构成复杂,包括嫔妃、女官、近亲宗室的夫人,外戚中的女性,还包括资深有功绩的宫人等,宫内凡有封号者,都可享受俸禄。例如,南宋孝宗乾道"六年正月八日,诏崇国柔明淑美和懿夫人王从恭加封崇国柔明淑美和懿顺穆夫人,仪国柔惠夫人朱从仁加封仪国柔惠嘉淑静懿夫人,并依禄式支破诸般请给。王从恭年八十七岁,朱从仁年八十九岁,并掌文字有劳,故有是诏。"③这两位老妇人都是属于资深有功绩一类的,她们的俸禄是依禄式支给的,说明禄式中有明确的文字规定。宋宁宗"庆元元年正月七日,诏:宫人刘氏特封国夫人,袁氏、钱氏特封郡夫人,并依禄式支破诸般请给。二年二月十四日,诏:寿康宫内人钟氏、朱氏并特封郡夫人,依禄式支破诸般请给。"④又据载,"[嘉定]十五年三月十五日,诏宫人吴氏可特与封咸宁郡夫人,依禄式支破诸般请给。十六年正月七日,诏宫人红霞帔杨氏特与封咸安郡夫人,依禄式支破诸般请给。"⑤这些宫人地位似乎都不太高,受封郡夫人后即可依禄式领取俸禄。南宋中期,大臣楼钥在上奏中讲:"检照内国夫人[请给]例,一人每岁约计钱近二千缗,银一百五十两,米四十五石,绫一百二十五疋,罗三十余疋,绢六百疋,绵四百两。"⑥元刘一清记:理宗时"宫嫔廪给泛赐无节,有职掌名位之外,其先朝耆艾六字号夫人者,嘉定六百员,淳祐增至一千员。

①　《宋会要·后妃》四之二六。
②　《宋会要·后妃》四之二九。
③　《宋会要·后妃》四之一九。
④　《宋会要·后妃》四之二六。
⑤　《宋会要·后妃》四之二九。
⑥　《攻媿集》卷二九《缴李氏等依宫人例支破请给》。

内藏告乏,则移之封桩、左藏库,何其不节耶?"①

这里要专门述及皇帝的乳母,其地位特殊,也是后宫内不可缺少的。"徽宗崇宁四年七月五日,诏初供奉御乳人管氏特封县君,月支料钱五贯。以管氏自陈先于钦慈皇太后殿备月权乳,遇皇帝降生,首进御乳故也。八月七日,又诏管氏每月添料钱一十五贯文,以管氏陈乞依神宗朝司饰刘氏等例入内祇应,故有是诏。"②这位管氏此后每月得俸钱二十贯。南宋绍兴五年五月甲申"诏寿国夫人王氏、庆国夫人吴氏各增封为六字,仍依禄式支破请给。二人皆上乳母也。"③"〔绍兴九年〕九月二十四日,诏寿国柔惠淑婉育圣夫人王氏特授寿国柔惠淑婉和懿慈穆育圣夫人,依禄式支破诸般请给。二十年……六月十五日,诏故寿国柔惠淑婉和懿慈穆育圣夫人王氏特赠福寿国柔惠淑婉和懿慈穆育圣夫人,仍赐绢二千匹、钱一万贯,充敕葬使用。"④这说明皇帝的乳母不但能领到俸禄,而且有时还能得到"敕葬",其"敕葬"的官方支出竟达一万多贯。宋孝宗淳熙十六年"三月九日,诏随龙乳母张氏特封吉国柔明慈惠夫人,依禄式支破诸般请给。"⑤皇帝乳母因与皇帝密切接触也享受俸禄。

四、濮王、秀王、荣王等及其子女的俸禄等

每次老皇帝无子,都会造成皇位传承的危机。宋仁宗无子无亲侄,只好由养子(实为堂侄)继承皇位。新皇帝即位后,就出现如何对待亲父、亲兄弟等的问题。宋英宗封生父为濮王,濮王的待遇就高于一般亲王,英宗的亲兄弟姐妹的待遇也就高于一般宗室。南宋高宗无子,以宋太祖之后为养子,即后来的宋孝宗。孝宗生父封秀王,其待遇也高于一般亲王,

---

① 《钱塘遗事》卷五《理宗政迹》。
② 《宋会要·后妃》三之三三。
③ 《系年要录》卷八九。
④ 《宋会要·后妃》三之三四。
⑤ 《宋会要·后妃》三之三五。

其兄弟姐妹也就成为准皇室成员。南宋宁宗无子,从庆元府找来宗子为养子,即是后来的宋理宗,理宗生父封荣王,于是又出现了类似英宗、孝宗的情况。英宗、孝宗、理宗的血亲没有皇室成员的名义,却享受类似皇室成员的待遇,有一定特殊性。

濮王有子多人,均为英宗兄弟,宋神宗时,先后封郡王,依例授节镇官,具体俸禄情况失载。仅见《会要》载:"[元丰七年]九月七日,诏嗣濮王宗晖(英宗弟)主奉祠事,宜比宗姓使相、郡王,岁增公使钱二千贯,厨料给亲王例三分之二。"①据此,濮王子的待遇应略低于亲王。

见于记载较多的是濮王女、孙女的情况。据载:"元丰二年四月,诏[濮]王第十一女、第十八女并进封郡主。七年,诏王女六人并特赠料钱月三十千。"②"[元丰]三年四月四日,诏皇伯濮国公宗晖进濮阳郡王,濮安懿王子孙皆迁一官,女增俸二十千"。③"[元丰七年]四月三日,诏濮安懿王女吴承渥妻长乐郡主、曹诵妻延安郡主、刘承绪妻建安郡主、梁铸妻同安郡主、夏大醇妻永嘉郡主可并增俸钱三十千。"④"元符三年三月,诏[濮]王女、曹诵妻延安郡主特改封郡号,与孙一名阁门看班祗候,仍添料钱及春冬衣、生日礼物等。"⑤记载中还有宋英宗弟宗汉的妻子王氏的俸禄情况:"[大观三年]九月二十二日,诏故嗣濮王宗汉……妻王氏增料钱一倍,为六十千,生日衣赐并给。"⑥上引表明濮王后代中的女性成员大抵享受着准皇室成员的俸禄待遇。濮王后来被确定为世袭的王,其嗣王一直享受宗室近亲的待遇。

秀王、荣王等王室成员的情况应与濮王是类似的。⑦

---

① 《宋会要·帝系》二之三八。
② 《宋会要·帝系》二之三七。
③ 《宋会要·帝系》四之二四。
④ 《宋会要·帝系》二之三八。
⑤ 《宋会要·帝系》二之三七。
⑥ 《宋会要·帝系》二之四一至四二。
⑦ 《宋会要·帝系》二之五七载:"[绍熙二年]五月二十一日,诏秀王孙女县主二人,并与加封郡主,请给依禄格支破本色,于所在州军经总制钱内帮支。"

第四节 宗室、外戚支出

一、宗室制度及宗室俸禄与庶官俸禄的差异

宗室问题是皇帝制度的派生物,是中国古代令统治者感到难以处置得当的一件大事。宋朝实行的宗室制度独具特色。北宋真宗以后,对宗室采取养而不用的政策。统治者为宗室建了三个大院,分别居住太祖、太宗、赵廷美三人的后裔,限制其行动。宗室虽有官,但没有实际职权,不担任有实际执掌的差遣官。宋神宗时,宗室繁衍迅速,人数增多。原先的制度难以继续实行。于是颁行新制,允许宗室疏属离院分散居住,允许他们参加科举考试,允许他们担任各种有实际执掌的官职。对这部分疏属,官方仍负责保障其基本生活,发放多种津贴。这样,宗室开支就分为两大部分:一是宗室近亲以高额俸禄为主的包养制;二是宗室疏属的津贴制。宋廷又在三祖之下分别确立了一些可以世袭的王,这些王的承继者享受近似于近亲宗室的待遇。于是,由近亲宗室与袭封者共同组成了所谓"南班宗室"。宋朝设大宗正司管理宗室,省部寺监体制恢复后,在保留大宗正司的同时,也恢复了宗正寺的职能。大宗正司的长官由宗室中亲近行尊者担任,宗正寺长官由庶官担任。宋徽宗时,为了加强对外居疏属宗室的管理,又于西京和南京分别建立了西外宗正司和南外宗正司,下各设敦宗院。南宋时期,西外宗正司移于福州,南外宗正司移于泉州。

南班宗室的俸禄结构与庶官有巨大差异,其原因不仅是因为他们与皇帝血缘近(袭封者与皇帝血缘关系并不一定近),同时也是因为南班宗室没有差遣官,与差遣联系的俸禄如职务添给、职田租、帖职钱等都不能享受。南班宗室一般都授武臣节镇官或环卫官,宋朝节镇官比其官俸禄高,而同阶的节镇官,宗室比非宗室俸禄高。南班宗室是可以领取公使钱的,宗室的公使钱照例是归个人支配的。南班宗室的某些例赐(例如郊

赍也高于庶官,此外,南班宗室还享受庶官通常没有的生日、婚嫁等方面的津贴。疏属宗室与南班宗室在俸禄上差异很大。他们只享受宗子孤遗钱米等津贴,有官者俸禄与庶官相同。宗室禄制主要随宗室制度变动。仁宗景祐年以前,宗室除授一般武阶官,后改为一律除授南班官,禄制为之一变。北宋初至仁宗时宗室待遇有逐渐增厚趋势,如真宗祥符四年、仁宗明道二年都曾给宗室普遍增禄,①皇祐二年又把宗室始廪给时间由五岁改为四岁等。② 仁宗末年以后,始注意限制宗禄。熙宁改制,含有抑止宗禄增加的意图。元祐更化,力图再加缩减。然绍圣以后,宗禄又有增多。南宋初,形势所迫,不得不事削裁,然国势稳定后又有复旧。

宋朝宗室奉钱衣赐数额(与庶官对照表)

官阶	项目			
	奉钱		衣赐	
	皇亲	非皇亲	皇亲	非皇亲
	数额			
节度使	400 贯	400 贯	春冬绢各 100 匹、大绫 20 匹、小绫 30 匹,春罗 10 匹,冬绵 500 两	(不载)
节度观察留后	300 贯	300 贯	春绢 20 匹,冬 30 匹;大小绫各 10 匹,春罗 1 匹,冬绵 50 两	遥郡领掌兵者春冬各绢 10 匹,冬绵 50 两;罗 1 匹
观察使	300 贯	200 贯	春冬绢各 15 匹,绫 10 匹,春罗 1 匹,冬绵 50 两	(同上)
防御使	200 贯	200 贯	(同上)	(同上)
团练使、遥防	150 贯	150 贯	(同上)	(同上)
刺史、遥团	100 贯	100 贯	(不载)	(同上)
大将军带遥刺	80 贯	50 贯	春冬各绫 10 匹,绢 15 匹;冬绵 50 两;罗 1 匹	春冬各绫 3 匹,绢 7 匹;冬绵 30 两;罗 1 匹

---

① 《长编》卷七五、一一三,《宋会要·帝系》四之三。
② 《长编》卷一六八,《宋会要·帝系》四之八,《燕冀诒谋录》卷五。

续表

官阶	项　目			
	奉钱		衣赐	
	皇亲	非皇亲	皇亲	非皇亲
	数额			
大将军	60 贯	25 贯	(同上)	(同上)
诸卫将军	50 贯、40 贯 30 贯 三等	20 贯	上等：春冬各绫 5 匹，绢 10 匹；冬绵 20 两；罗 1 匹 下等：春冬各绫 2 匹，绢 5 匹；冬绵 40 两；罗 1 匹	春冬各绫 2 匹，绢 5 匹，冬绵 20 两；罗 1 匹
率府率	20 贯	12 贯	春冬各绫 2 匹，绢 5 匹；冬绵 40 两；罗 1 匹	春冬各绢 5 匹，冬绵 15 两
率府副率	15 贯	13 贯	(同上)	(同上)
诸司使	40 贯、30 贯二等	37 贯至 25 贯若干等	春冬各绫 2 匹，绢 5 匹；冬绵 40 两；罗 1 匹。	春绢 10 匹，绢 7 匹至 10 匹不等；冬绵 30 两
诸司副使至殿直	20 贯至 5 贯若干等	20 贯至 5 贯若干等	(同上)	春绢 4 匹至 5 匹、冬绢 4 匹至 10 匹不等；冬绵 15 两至 30 两不等

备注：此表据《宋会要·职官》五七之一至七、《宋史》卷一七一《职官志》及《宋朝事实》卷八《玉牒》制成。主要反映熙宁改制后至元丰改官制前的情况。表内"诸司使"项内不含内客省使。又皇亲诸司副使至殿直奉钱免折支全支现钱。

宋朝南班宗室郊赐数额与庶官对照表

官阶	皇亲赐额	非皇亲赐额	官阶	皇亲赐额	非皇亲赐额
节度使带上将军	1000 两银 1000 匹绢	950 两银 950 匹绢	刺史、遥防、遥团	300 两银 300 匹绢	100 两银 100 匹绢
节度使	(同上)	750 两银 750 匹绢	遥郡刺史	250 两银 250 匹绢	50 两银 50 匹绢
节度观察留后	700 两银 500 匹绢	600 两银 600 匹绢(？)	诸卫大将军	200 两银 200 匹绢	40 两银 40 匹绢

官阶	皇亲赐额	非皇亲赐额	官阶	皇亲赐额	非皇亲赐额
观察使	500 两银 500 匹绢	350 两银 350 匹绢	诸卫将军	150 两银 150 匹绢	20 两银 30 匹绢
防御使	（同上）	250 两银 250 匹绢	率府率	100 两银 100 匹绢	（不载）
团练使	（?） （同上）	150 两银 150 匹绢	率府副率	50 两银 50 匹绢	（不载）

备注:此表据《宋会要·礼》五之二九、三〇制出。除表中所示外,皇亲自刺史以上加赐银鞍勒马,上将军节度使七十两,余五十两。非皇亲节察留后以上乃有银鞍勒马,数失载。皇亲自诸卫将军以上加赐袭衣金带,上将军以上二十五两,节度使下至刺史二十两,遥领至将军十五两,非皇亲自刺史以上始有赐,观察史以上二十两,余十五两。又宗室近属充亚献、三献及爵至亲王以上者例得加赐,数以银千百两计。原书多有错讹,凡可疑处用问号标出。

　　宋朝南班宗室奉钱,衣赐之制,大体如上表所示,此表虽以北宋一段时间里的情况为基准,未能反映其前后细微变化,但仍能表示其梗概。熙宁改制以后,疏属宗室(主要是出官者)在奉禄方面所受优待有二,其一为折支。宋初承前代之制,文武官奉钱并三分之一现钱,余折支杂物。景德四年,三分之二折支杂物部分改支现钱,在京贯折六百文,在外折四百文。① 元丰改制后,选人奉钱改为一半折支杂物,可改支钱,贯折七百文。② 熙宁定制,疏属宗室出官"虽在外,俸钱依在京分数"。元丰三年又诏:"宗室袒免亲授班行者料钱支见钱。"元祐裁减,规定非袒免亲"以荫补官者其俸钱在京、外任并各依外官法支给。"绍圣年废元祐之制而复行熙丰旧制,建中靖国元年又部分恢复元祐之制,大观元年再废建中靖国之制,且令"应袒免非袒免在京并敦宗两院并支见钱。"③南宋时未见有变。优待之二是离任有时可不停俸。熙宁十年诏:"宗室换授外官,遭丧解官

　　① 《宋史》卷一七二《职官志》、《通考》卷六四《职官考》、《宋会要·职官》五七、《事物纪原》卷四。

　　② 《宋史》卷一七二《职官志》、《通考》卷六四《职官考》、《宋会要·职官》五七、《事物纪原》卷四。

　　③ 熙宁至大观宗奉折支引文分见《长编纪事本末》卷六七《裁定宗室授官》,《宋会要·职官》五之二一〇、一五、二一、二二,《长编》卷四四五,《宋大诏令集》卷一七八《宗室俸钱御笔》。

行服者全给前官请俸。"元祐八年又限定:"应宗室小使臣丁忧,父祖俱亡者祖免亲许给俸;非祖免亲许给半俸。"政和二年复诏:"今后宗室承直郎以下罢任不住请受。"①此制至南宋仍沿用,朱熹曾批评"宗室丁忧依旧请俸,宗室选人待阙亦有俸给,恩亦太重矣。"②其次,关于元祐年减宗禄,除上述元祐五年改折俸法等外,又有元祐三年减禄之诏:"正任团练使、遥郡防御使以上至观察使并分大郡次郡,初除次郡,俸钱各减四分之一,移大郡全给。留后、节度使分大镇、次镇、小镇,递减五万。"③此诏虽非专对宗室,但南班宗室因而减禄者不少,故绍圣二年诏言:"元祐减定除授正任以下俸禄递损物数不多,有亏朝廷优异之礼",④而罢元祐之制。建中靖国元年复元祐之制,⑤崇宁以后当再复熙丰之制,然失载。再次,关于南宋初宗室减禄。建炎四年,宗司避乱广州,时宋朝内外困匮,乃命"宗室自遥郡刺史以上俸给人从并减半"。至绍兴二十二年诏:"南班宗室应权住支请给、郊礼支赐等,并依旧格放行。"⑥至隆兴军兴,宗室减生日支赐、郊赐,却未见裁减奉钱衣赐等。

二、宗室正式俸禄之外的其他颁给

在以上对宗室与庶官俸禄的比较中,已概述了宗室的正式俸禄。宗室除正式俸禄外,还享受多种颁给(有些学者认为它们也是俸禄的组成部分),其中包括例赐。

南班宗室正任刺史以上享受禄粟。带节度使者一百石,遥防、正任团练使七十石,遥团、正任刺史五十石,遥刺以下无,外官情况及上述数额变

① 《长编》卷二八三、卷四八四,《宋会要·帝系》五之八。按,《长编》卷一九〇嘉祐四年九月丙午诏"宗室解官(服丧)给全俸"。
② 《朱子语类》卷一一一《论财》。
③ 《长编》卷四一九,《宋会要·职官》五七之四七。
④ 《宋会要·帝系》五之九、《宋会要·职官》五七之四八、四九。
⑤ 《宋会要·帝系》五之九、《宋会要·职官》五七之四八、四九。
⑥ 《系年要录》卷三二、卷一六三,《宋会要·帝系》六之二一。

化均无考。①

　　公使钱是南班宗室正刺史以上俸禄的重要组成部分。亲王公使钱额颇高。如真宗祥符中相王、舒王公使岁各一万三千贯,荣王万贯。仁宗庆历年中荆王岁二万五千贯(一说曾增至五万贯)。哲宗元祐七年,徐王岁一万六千缗。元符元年申王、端王各岁八千贯,免折绢。南宋宁宗嘉定十四年,皇子竑(时尚未封王)岁三千贯。②　其余近属岁额也颇可观。史载:"自节度使兼使相,有给二万贯者。其次,万贯至七千贯,凡四等。节度使,万贯至三千贯,凡四等。节度观察留后,五千贯至二千贯,凡四等。观察使,三千贯至二千五百贯,凡二等。防御使,三千贯至千五百贯,凡四等。团练使,二千贯至千贯,凡三等。刺史,千五百贯至五百贯,凡三等。"③此为庶姓与宗室之共制,宗室于中所受优待无考。熙宁五年,"诏增定诸路州军公使钱及宗室正任刺史以上公使钱,除去虚数,令三司止具实数附禄令"。除去虚数后的宗室公使钱岁额为:"使相、节度使各二千贯,节度观察留后一千五百贯,观察使一千贯,防御使七百五十贯,团练使五百贯,刺史二百五十贯。"④宗室公使钱制自宋初以来有几次较大变化。庆历二年命宗室刺史以上纳公使钱之半,此后便成定制。⑤　熙宁依实数立额,元祐三年在削减宗奉的同时,又令自遥郡以上公使钱依俸钱分数裁减。⑥　绍圣二年罢元祐减俸之令,却令"宗室公使……自依元祐法"。直至崇宁四年乃诏罢元祐令,复熙丰旧额。"每年支赐使相、节度使各二千贯,节度观察留后一千五百贯,观察使一千贯,防御使七百五十贯,团练使五百贯,刺史二百五十贯。"⑦又大观元年诏:"熙宁法,宗室正刺史以上每年公使钱、绢各支一半,后以渍污细折,以故宗室支用不足,可依熙宁法唯

---

① 《宋会要·职官》五七之七、八,《宋史》卷一七一《职官志》。
② 《长编》卷七六、卷一四一、卷二〇八,《宋会要·帝系》二之一一、一三、一五,《宋会要·食货》六四之一一四。
③ 《宋史》卷一七二《职官志》、《宋会要·礼》六二之二三。
④ 《长编》卷二三四、《宋会要·帝系》五之二〇。
⑤ 《长编》卷一三六、卷二〇九。
⑥ 《长编》卷四一九。
⑦ 《宋会要·帝系》五之九、二〇。

以绢折,仍三分以一分折绢。"①据此,熙宁定制公使钱半数折绢,中间一度折䌷,大观复折绢,且减折绢比例。南宋庶官例有公使供给钱物,宗室也依其官阶、差遣享受公使供给。又南宋前期似减支公使钱,详情无考。

宋朝宗室生日、郊祀、婚嫁、丧葬及大庆典例得赏赐,其中有些逐渐制度化。

宗室近属于本人生日例得支赐。哲宗元祐五年命:"太宗正司具合请生日支赐宗室及宗室女职位名称并系所生月日及合给支赐条例关太府寺。"②可知此间宗室生日支赐系由太府寺依条例按时支给的。其条例已失载。惟康定元年时郡王使相生日依"例赐袭衣彩帛百匹、金器百两,马二匹、金镀银鞍勒一副。"③又南宋隆兴年中,宗室士篯言及自己"生日支赐、郊祀赏给银绢例各千数"。可知宗室近属生日支赐数额不少。南宋初一度停支,绍兴二十一年复支,隆兴军兴减半,④淳熙年中复旧。

宗室所得郊赐数额参见附表。表中所示为熙宁年中修定额。前此数额曾多于此。庆历二年裁减近臣郊赐,当包括宗室。南宋初宗室郊赐停支,绍兴二十二年复支。⑤

宗室婚嫁丧葬例有支赐。娶妻支赐不详何时初立额,哲宗初时钱额为:"缌麻二千二百五十千,祖免二百五十千,再娶,缌麻七分,祖免全支。"⑥元祐元年裁减,将再娶条改为缌麻亲支三分之一,祖免亲不支。⑦《会要》载有宗室本人及近亲赗赠数额:

---

① 《宋大诏令集》卷一七八《宗室俸钱御笔》、《宋会要·帝系》五之二二。

② 《长编》卷四四八,《宋会要·帝系》五之七。另参见《宋会要·礼》四二之六二熙宁元年九月二十八日条。

③ 《宋会要·帝系》二之一一。

④ 《宋会要·帝系》七之一,《系年要录》卷一六二、一九一,《宋会要·食货》六四之一一三,《宋会要辑稿补编》第10、11页。

⑤ 《长编》卷一三七,《系年要录》卷一六三,《宋会要·帝系》六之二一。

⑥ 《长编》卷四三七。按,《宋史》卷一一五《礼志》载宗室县主出嫁"赐办财银五千两",近属宗子聘女赐女方家银五千两。

⑦ 《长编》卷四三七。按,《宋史》卷一一五《礼志》载宗室县主出嫁"赐办财银五千两",近属宗子聘女赐女方家银五千两。

宗室期年使相以上,银二千五百两,绢二千五百匹。节度使以上各减一千。观察使以上,绢二千匹。正任刺史以上减五百,妇减一千,所生母减二百,出适女减五十,室女减一百,女夫减五十,乳母减二十。大功使相以上银一千五百两,绢一千五百匹,节度使以上各减五百,观察使以上绢一千五百匹,正任刺史以上减三百,率府副率以上减五百,妇减三百,所生母减一百五十,出适女减五十,室女减一百,女夫减四十,乳母减一十。曾孙缌麻使相(卒)〔以〕上银一千两,绢一千匹,节度使以上各减二百五十匹,观察使以上绢一千二百匹,正任刺史以上减二百匹,率府副率以上减四百匹,所生母减一百三十匹,出适女、室女、女夫、乳母递减一十匹。玄孙缌麻观察使以上绢八百匹,正任刺史以上减一百匹,率府副率以上减四百五十,妇减一百七十匹,所生母减四十匹,乳母减二十匹。袒免男绢六十匹,出适女减二十匹,室女减二十,男、所生母、妇增一十匹。非袒免男绢三十匹,出适女减一十,室女、男、所生母、妇,绢一十匹。应赙赠年十一以上即支,知、判大宗正事者加三百。系银绢者中支,未赴朝者减半。其正任刺史以上,浇奠、不浇奠并依赙赠支。内卑属三分支二分,宗妇浇奠加一倍,女出家入道依出适例。

熙宁三年诏定宗室孝赠钱,分男赴朝、男未赴朝、女在室、女出适等若干等,袒免亲自钱绢各四十贯匹差减至二十贯匹,非袒免亲自十五贯匹差减至十贯五匹。另有送殡附葬支赐,未见数。[1] 元祐四年诏:宗室"应支赐赙赠绢布米麦钱羊并四分减一。"[2]南宋初,"军兴匮乏,宗室近臣吉凶赐予皆罢之。"至绍兴十一年重定制:"宗室缌麻亲任环卫官身亡者赐钱三百千,袒免减三之一。"[3]

此外,南班宗室还有食料钱,北宋末停支,南宋绍兴五年将不带遥郡

---

①　《长编》卷二一一,另参见同书卷一五八、卷二八九。

②　《长编》卷四三〇。按,《宋史》卷一二四《礼志》载宗室袒免以上亲死亡赙赠"各有常数"。

③　《系年要录》卷一四一、《通考》卷二五九《帝系考》、《宋史》卷二四七《宗室传》。按,《宋会要·帝系》六之一三:"宗室送终则官品而支赗赠。"

大将军以下食料钱改为"依御厨第九等食例折支钱。"①淳熙二年诏:"濮王位宗子宗妇每月食料依旧全与放行。"②南班宗室还定期赐予服饰、马匹等。遇朝廷非常庆典,宗室例得赏赐,如皇太子亲政、新皇帝即位、老皇帝去世等。③ 又熙宁定制,宗室出官日有赐,自将军银绢各百两匹至殿直三十两匹有差。诸如此类,难以枚举。

有些宗女宗妇也有奉。洪迈谓:"宗妇封郡国夫人,宗女封郡县主,皆有月俸钱米,春冬绢绵,其数甚多,《嘉祐禄令》所不备载。"④熙宁定制:"祖宗袒免女未出适日给食,出适支料钱三贯;祖宗袒免亲新妇日给食,并夫亡无子孙食禄者料钱衣赐依旧,余请给物皆罢。"⑤熙宁年中又有"宗室女适人迁至郡县主两经大礼乃增给之制"⑥,说明时有关于宗女增俸的详细制度。熙宁许宗室出官,元丰元年乃诏:"宗室女随亲外任请受并食料并随给。"⑦政和二年又规定袒免亲宗女无依靠者"许入敦宗院居住,身分料钱外量支钱米。"⑧南宋光宗时为尊宠秀王后,乃诏:"秀王孙女县主二人并与加封郡主,请给依禄格支破本色。"⑨时物贵,支本色较折钱为优待。宗女也享受婚嫁支赐。熙宁改制,定"袒免女嫁赐钱减半","非袒免女即量加给赐"。又定赐奁具制:"祖宗元孙五百千,五世三百五十千,六世三百千,七世二百五十千,八世百五十千。"⑩元祐裁减,规定:"宗女系缌麻、袒免亲出适日依治平故事,如臣庶之家,止行聘礼增赐,旧支房卧等钱其例物进财并罢。"⑪绍圣以后罢元祐规定复熙丰旧制。南宋绍兴七

---

① 《系年要录》卷九一、《宋会要·帝系》六之九。

② 《宋会要·帝系》二之四八。

③ 参见《长编》卷九六、卷一三七、卷二〇九、卷二八〇,《系年要录》卷九〇、卷一二四,《中兴圣政》卷二四、《宋会要·帝系》二之四八、五之六、四之三〇等所载。

④ 《容斋三笔》卷一四《夫人宗女月俸》,另参见《宋会要·帝系》七之二。

⑤ 《宋会要·帝系》四之一九。

⑥ 《长编》卷二六九。

⑦ 《宋会要·帝系》五之一。

⑧ 《宋会要·职官》二〇之三六。

⑨ 《宋会要·帝系》二之五七。

⑩ 《朝野杂记》甲卷一《宗女奁具》。

⑪ 《长编》卷四三七。

年,裁减宗女奁具钱:"元孙减五之二,六世、八世减三之一,五世、七世减七之二,已适而再行者各减半。"①淳熙十三年,"魏惠宪王女安康郡主适罗氏","诏南库给金五百两、银三千两为奁具。"②较上引元孙以下数均高,可知近属婚嫁支赐之夥。

三、孤遗钱米与宗室庄田

熙宁改制,规定"祖免亲以外两世贫无官者量赐土田,其孤幼无依及尤贫失所者不以世数所在具名闻奏。"③未见实施。元祐二年王严叟奏:"宗室不系赐名授官孤遗之家二十余位六十余人,全无禄食,朝夕不能自存,将有流落之忧"。乃诏:"孤遗宗室非祖免亲外如父祖俱亡无官俸贫阙者,委大宗正司及所在官司体访验实以闻,仍令户部计口第支钱米,女已嫁即除之,有官者候釐务日住支。"④孤遗钱米支给由此始。次年又规定:祖免外两世"外任孤遗别无依倚者与量破舍屋居住,或给赁钱。"⑤元祐四年颁定孤遗钱米支给标准:"二十口以上钱二十贯、米十石,七口以下十贯、七石,五口以下七贯、五石,三口以下二贯、一石(疑有阙误)。"绍圣元年罢元祐制,重新颁定孤遗钱米标准及配给房屋数。⑥绍圣二年和四年,宋廷又规定宗室本人因罪锁闭,亲属可享受孤遗钱米;以及规定了孤遗钱米最高限额:"人口虽多,钱不过二十贯、米不过六硕。"⑦崇宁元年重议熙宁赐田之说,乃规定:"每州府各置宗室官庄,转差文武官各一员与逐州通判同行管干,逐县仰县兼管,仍兼指使二员。""其田并于两京近辅沿流州军取应未卖官田物业拨充"。"所收钱物并付系省仓库收贮,每岁量入为出,常于三分内桩留一分以待水旱,约服属远近每月量支俸

① 《朝野杂记》甲卷一《宗女奁具》。
② 《朝野杂记》甲卷一《郡县主》。又近属宗女有赙赠详见《宋会要·礼》四四之一一。
③ 《长编纪事本末》卷六七《裁定宗室授官》,《宋朝事实》卷八《玉牒》。
④ 《长编》卷三九八、卷四〇一、卷四〇八,《宋会要·帝系》五之七。
⑤ 《长编》卷三九八、卷四〇一、卷四〇八,《宋会要·帝系》五之七。
⑥ 《宋会要·帝系》五之八。
⑦ 《长编》卷四九一,《宋会要·帝系》五之一〇。

料,宗女量给嫁资,仍立定则例量支婚嫁丧葬之费。其逐州自今后应有没官田产物业更不出卖,并拨入官庄。""仍先于京西北路拨田一万顷。"①据此,初议赐田,实则未赐,而是建立了宗室官庄,以租入充俸料及婚嫁丧葬等费。宗室官庄发展迅速,宣和二年仅隶南外者即有田四万四千顷。为便于管理,崇宁三年规定宗室庄田可折收钱租。②

徽宗时孤遗钱米支放未见有变,惟崇宁年中曾禁质当孤遗钱米请给压,政和年中修定了孤遗宗子有过失停给钱米办法。③北宋末及南宋初,未停支孤遗钱米。绍兴二十八年增加其数,凡现享受孤遗钱米者,"十五岁以上每月添钱一贯、米一石,十四岁以下减半添支。"④此后乾道元年三年六年九年、绍熙二年等赦均重申此制。为防止官司借故刁难孤遗宗子,隆兴元年曾简化孤遗钱米审批手续。⑤宋宁宗时,朱熹批评孤遗钱米支放,谓:"宗室请受浩翰,直是孤遗多。且如一人有十子,便用十分孤遗请受,有子孙多,则宁不肯出官。盖出官则其子孙孤遗之俸皆止,而一官之俸反不如孤遗众分之多也。"⑥据其言,则孤遗钱米支给按人不按户,也无一户最高限额,不详其始。又据其言,宗室得孤遗钱米并无服数限制,与熙宁初制合。又嘉定五年宗寺簿陈卓言:"考之令甲,宗室祖免外两世祖父、父俱亡无官、虽有官而未厘务各贫乏,应计口给钱米,孤幼无依倚或贫乏者不限世数,又复量其岁数定为给赐之格。"⑦可知孤遗钱米支放虽分两个层次厚薄有别,但却不因世数远而不支。宋末元初人周密谓:"[宗室]无戚疏少长皆仰食县官,西南两宗无赖者至纵其婢使与闾巷通,生子则认为己子而利其请给,此自古所无之弊例也。"⑧指出了包养之弊害。

孤遗钱米外,南宋对"南班宗妇无子孙食禄者廪给有差。凡祖宗缌

---

① 《宋会要·帝系》五之一五、一六,《宋朝事实》卷八《玉牒》。
② 《宋会要·职官》二〇之三六,《宋会要·帝系》五之一九。
③ 《宋会要·帝系》五之一八、二三。
④ 《宋会要·帝系》六之三〇,七之四、五、一五,八之四四。
⑤ 《宋会要·职官》二〇之三一。
⑥ 《朱子语类》卷一一一《论财》。
⑦ 《宋会要·帝系》七之二〇。
⑧ 《齐东野语》卷八《宗子请给》。

麻亲岁给钱九十六千、米三十六斛、帛二十八匹,绵八十两;袒免亲钱米减
三之一,绵帛并减半。"①其性质与孤遗钱米近似。

四、冗宗与冗费

　　宗室被称为冗,首先是由于其人数不断繁衍增殖,但更主要的却是由
于他们中的许多人无功于国却享厚禄。马端临列"宗俸"为宋朝四冗之
一,说明了冗宗与宋朝冗费的重要联系。自仁宗景祐年宗室全授南班官
以后,宗禄激增,不少有识之士深为忧虑,年少气盛的苏辙成了他们的代
言人。他于神宗即位初上书抨击三冗,内言:"宗室之盛未见有过此时
者,禄廪之费多于百官,而子孙之众宫宗不能受,无亲疏之差,无贵贱之
等,自生齿以上皆养于县官。长而爵之,嫁娶丧葬无不仰给于上,日引月
长,未有知其所止者。"②其言宗室禄廪之费多于百官,是以熙宁元年统计
数为依据的,此年"京师百官月俸四万余缗","而宗室七万余缗,其生日、
拆洗、婚嫁、丧葬、四季衣不在焉。"③当然,此统计仅限于京师,宗室时集
中于京师,而百官京师以外还大有人在,故苏辙所言不甚精确。尽管如
此,宗俸时岁支已达八十四万缗,连同生日、拆洗、婚嫁、丧葬、四季衣以及
房屋修缮、④占用人员费用等,其支费在宋朝财政中所居地位实不可
小视。

　　宗室支费不断增加的重要原因是其人数的几何式增长。据时人范镇
记:宋英宗时,"宗室四千余人,男女相半,存亡亦相半"。⑤ 到北宋末年,
增加到近万人。中间几经裁节,然却未敢触动宗室既得利益的主要部分,
而且裁节之后往往复旧,因而宗室冗费始终未得根本改观。倒是金兵入
侵在某种意义上在这方面帮了宋朝统治者的忙,据记载约有宗室三千人

　　① 《朝野杂记》甲卷一《宗室赐予》,《系年要录》卷三四,《宋会要·帝系》五之三三。
　　② 《栾城集》卷二一《上神宗皇帝书》。
　　③ 吴曾:《能改斋漫录》卷一三《熙宁月俸》。
　　④ 按,宋朝对内居宗室行计口给屋之制,其修缮主要由国家负责。
　　⑤ 范镇《东斋记事》卷一。

成了金人的俘虏,被掠到北方。南宋初,由于近属残存无几,宗禄开支始得大幅度减少。两外宗室时总计岁费钱不及十万缗,①也说明了宗禄的减少,但随着时间延续,宗室人数逐渐增加,宗室支费又复增加。据李心传记,到宋孝宗时,"以淳熙八年计之,三祖下合二万一千六百六十六人。"②这样多的宗室全由国家包养,其负担之重是可以想见的。朱熹谓:"宗室俸给一年多一年,骎骎四五十年后何以当之?"③其忧虑在当时士大夫中或有一定代表性。然南宋宗室俸费终未酿成大害,除了近属相对减少外,也与大量宗室出任外官有一定联系。

　　谈到宗室冗费,应言及宗室与冗官之关系。宋朝冗费与冗官联系密切,而冗官与冗宗又有联系。宗室多有官,近属例得高官。宋朝节镇长官待遇最为优厚,其中任使相者或超过执政大臣。南班宗室带节镇官者颇多。太宗朝计有使相二十人,内宗室七人(真宗在外)。④ 苏辙编撰《元祐会计录》,于叙文内言及:"宗室之盛众,皇祐节度使三人,今(元祐初)为九人矣;两使留后一人,今为八人矣;观察使一人,今为十五人矣;防御使四人,今为四十二人矣。"⑤可知尽管经过熙宁改制,元祐初任正任防御使以上官者较之仁宗皇祐年中各有成倍增加,总计达七十四人。据李心传记,宣和末年计有节度使六十人,其中宗室(包括亲王、皇子)三十七人。⑥南宋前期相对北宋而言,"南班近属所存无几",但绍兴二十六年行在仍有宗室承宣使一员、正任观察使三员、正任防御使一员,⑦分居绍兴府者不计,时有诏各晋一官,则其数又增。南宋冗宗与冗官关系较多地表现在疏属出官上。洪迈在指出冗官为宋朝膏肓之病的同时特别批评了"宗室推恩不以服派远近为间断"的弊害。⑧ 李心传对吏部四选名籍作了统计:

---

① 《系年要录》卷四七。
② 《朝野杂记》甲集卷一《三祖下宗室数》。
③ 《朱子语类》卷一一七《论财》。
④ 《宋会要·帝系》一之二二。
⑤ 《栾城后集》卷一五。
⑥ 《朝野杂记》甲卷一二《文臣节度使》。
⑦ 《宋会要·帝系》六之二四、二五。
⑧ 《容斋四笔》卷四《今日官冗》。

尚左六至九品京朝官以上二千三百九十二员,内宗室过礼辅员二十四员(当非全部宗室数);尚右三千八百六十六员,内宗室四百二十五员;侍左一万七千六员,内宗子该恩五百六十员;侍右参部使臣一万五千六百六员,内宗室二千九百十四员、宗女夫三百八员。[1] 宗室(似非全数)占四选总数约十分之一,其中武选约占五分之一。可见冗宗是造成冗官的一个重要原因。

最后应述及南宋冗宗与地方财政之关系。南宋大批宗室散居各路州军,初入仕宗室也多于地方任职领俸,加之西南两外宗室开支也由所在地方官府供应,故给地方财政造成沉重压力。当时地方财政本来即处困难境地,此项宗室支费又有增加之势,必然造成矛盾。建炎年中,寓寄广州的大宗司就曾因供给问题与地方摩擦。绍兴年中,宋廷多次申命令地方按时支给宗禄。孝宗初即位,新任知宗即上言:宗禄"累降指挥令按月支给,而长吏不切奉行",要求申戒地方按时支奉。[2] 绍兴二十二年宋廷下令增加孤遗钱米,然此令一再重申,直至绍熙五年还在重申,可见地方一直未能很好贯彻。至嘉定年中,宗寺官仍上言讲地方"利于减省支费"不按时按量支发孤遗钱米事。[3] 宗室量试出官,俸禄多转嫁地方。朱熹讲其亲历:"顷在漳州,因寿康(光宗死前所居宫名,当代指光宗)登极恩,宗室量试出官。一日之间出官者凡六十余人,州郡顿添许多俸给,几无以支吾。朝廷不虑久远,宗室日盛,为州郡之患,今所以已有一二州郡倒了。"[4]南宋后期方大琮在给科举考生所出考题中有"宗室廪给"一题,问对"诸州支给多不按月,贫者至有指未请之俸而称贷"等事有何高见。[5]理宗端平元年仍有诏:"比年宗亲贫窭,或致失所,甚非国家睦族之意。大宗正司,南外西外宗正司其申严州郡以时赡给,违者有刑。"

南外宗司居驻泉州,泉州财计因供应宗室搞得十分困窘。绍兴初年

① 《朝野杂记》乙卷一四《嘉定四选总数》。
② 《宋会要·帝系》五之三四,六之一、二,七之一、五、一六、二〇等。
③ 《宋会要·帝系》五之三四,六之一、二,七之一、五、一六、二〇等。
④ 《朱子语类》卷一一一《论财》。
⑤ 《铁庵集》卷二九《策问》。

因"泉州赋入素微薄不足支用",乃令转运司支拨上供银价钱等贴助宗禄开支。时仅有宗室三四百人,尚能维持。后至绍定五年时,宗室增至二千三百余人(在院一千四百余,在外四百余人),而朝廷、转运司反无力拨资补助,于是泉州财计无法维持,宋廷也只能拨降度牒暂解燃眉之急。① 福州情况虽未见记载,当也存在类似问题,只是程度或有不同罢了。

五、外戚开支

外戚指皇后、皇太后及受宠幸嫔妃的亲属。宋朝对外戚的政策与对宗室的政策有较大区别。皇后父有封王者,皇后兄弟一般可封郡王,其他递降。按照宋制,皇后、皇太后各可依门荫制度让一大批亲属入仕,这一制度是导致官冗的原因之一。宋朝对外戚实行限制性使用,外戚可以担任有实际执掌的差遣官,但有限制,例如一特每次能任执政大臣。所以,大部分外戚都可享受与庶官相同的待遇,换言之,外戚的俸禄支出大抵都计入百官俸禄支出中,很少被单独计算。

值得注意的是女性外戚也有俸禄。洪迈讲:"戚里……封郡国夫人……有月俸钱米、春冬绢绵,其数甚多,《嘉祐禄令》所不备载。"②北宋神宗元丰三年"慈圣光献皇后(曹氏)……侄女四人各迁一等,又封弟妇赠昭庆军节度使亿妻申国夫人徐氏为楚国夫人,侄女七人、从姊妹六人、从兄弟妇八人并为郡君,已为县主者改郡主,增料钱二十千。"③哲宗即位初,"上批:太皇太后母韩越国太夫人李氏,旧请、新添,通计逐月料钱一百五十贯文,春冬衣各一百疋,冬衣绵三百两,圣节妆粉钱一百贯文,夏衣大物七十疋,冬节杂剧钱一百贯文,南郊回赐生白绢二百疋、银二百两,自今并增一倍。"④宋徽宗崇宁元年"八月六日,皇后祖母庆国太夫人慎氏、

① 《真西山先生集》卷一五《申尚书省乞降拨度牒添助宗子请给》、《瞿轩集》卷五《泉守真公申请宗子给俸记》、《后村先生大全集》卷一六八《真德秀行状》。

② 洪迈:《容斋三笔》卷一四《夫人宗女请受》。

③ 《长编》卷三〇三。

④ 《长编》卷三五六。

皇后母卫国太夫人吕氏等,授国太夫人,乞比刘宅魏国太夫人王氏例,请诸般请给。""从之"。① 政和八年"四月二十二日,诏:皇后亲姑宜春郡夫人郑氏等三人,并特依郑直之妻永嘉夫人朱氏例支破请受。"②南宋绍兴二十九年,为韦太后祝八十大寿,宋高宗下诏:"皇太后……姪妇会稽郡夫人韩氏、政和郡夫人张氏并给内中俸。"③光宗"[绍熙]五年五月二十一日,诏寿圣隆慈备福皇太后亲侄女咸安郡夫人吴氏,特与依宫人禄式支破诸般请给。"④又时人楼钥曾上奏讲:"成国、信国、崇国三夫人李氏等系太上皇后亲属依宫人例支请……李氏三人因缘戚里,不从夫爵得授国封,已为幸矣。若更依宫人禄式则例支破诸般请给,侥冒益甚。检照内国夫人例,一人每岁约计钱近二千缗、银一百五十两、米四十五石、绫一百二十五疋、罗三十余疋、绢六百疋、绵四百两,况一日而并与三人,其蠹耗可知。"⑤其所奏是否得准,无从得知,但前面三例均可证明外戚享受俸禄是不乏先例的。

综前所述,皇室、宗室、外戚的支费中的相当部分,被转变为俸禄支出,即成为国家经费,由左藏等库支出。内藏库支出的大抵只是俸禄以外的支出。这样,给考察皇室、宗室、外戚的总支出造成很大困难。但从上述单项、零散支出推计,这方面的开支总有上千万贯。宋朝作为封建王朝,有"家天下"的倾向,有如此多的支费,也是情理之中的。

① 《宋会要·职官》五七之五二。
② 《宋会要·职官》五七之五九。
③ 《系年要录》卷一八一。
④ 《宋会要·后妃》二之一九。
⑤ 楼钥:《攻媿集》卷二九《缴李氏等依宫人例支破请给》。

第 八 章

官员与官僚机构支出

宋朝的官员人数多于前代,官僚机构比前代复杂庞大,官员与官僚机构的财政支出就比前代要多。

第一节 官员与官僚机构支费(上)

两宋的官冗问题在我国古代史上是比较突出的。所谓官冗,主要是指官吏数目多,机构重叠臃肿,办事效能低。官冗必然费广,因此,冗官支费在两宋财政支出中,居于仅次于冗兵的重要地位。南宋薛季宣讲:"近世治不及古,自朝廷至于郡县皇皇财用,弊弊焉常患其不给,百姓腠肌及髓而日以益甚……详求其故,则冗官冗兵二事实有以困之也。"①其言即讲此。马端临更认为,四冗之中,"冗官、郊赉尤为无名",②表现出对宋朝官吏及官僚机构支费过多的愤慨。

---

① 薛季宣:《浪语集》卷一六《召对札子》。
② 《通考》卷二四《国用考》。

一、两宋冗官问题的出现及官员、官僚机构支费概述

宋代官冗发端于北宋太宗在位时,前此太祖统治时期,为了节约经费支持战争,对官职的设置和选配都掌握得较为严格。开宝三年,还曾下诏裁减冗员。① 太宗平定北汉,伐辽受挫以后,注意力转向内务,整顿政治,恢复经济,力图使各方面步入正轨。这时,对机构设置开始讲求全备,官员的数量也开始多起来。为了网络士人,加强统治,太宗大开科举之路,据太宗去世时王禹偁讲,太宗"在位将逾二纪,登第亦近万"。② 在平定东南蜀汉中立有功勋的人员,也多委以官职。官冗的祸根由此埋下。有些大臣亲历其事,曾向太宗提出劝谏。例如淳化二年王化基讲:"国家封疆民物,广逾前世,恢张万务,分设庶官,方之近朝,实倍常数。意欲丰财厚利,尽入牢笼,其如蠹国耗民,转加残弊。"③他以自己曾任职的扬州为例,说明官吏短时期中增加了数倍。他由官吏的增加而考虑到费用的增广,讲:"今以朝官、诸色使臣及县令、簿尉等所费,高卑相半,折而计之,一人月费不翅十千,以千人约之,岁计用十余万,更倍约之,万又过倍。此或皆是廉白之吏,止伤于公府之费尔,若或贪婪之吏布于天下,则兼更取于民间者又数倍焉……如此,则得非蠹国耗民乎?"④真宗在位初年,在群臣劝谏之下,似对冗官尚有警惕。然而随即大搞"天书屡降"等迷信活动,横封滥赏之下,冗官趋势又有抬头。仁宗时期几次议减冗官冗费,然未能触及根本,虽有效果,终不能扭转官冗问题逐渐深化和明朗化的趋势。英宗时及神宗即位之初,由于韩琦、富弼等大臣的坚持,对于选人入官、官吏子孙荫补等制度做了调整,"凡改官者自三岁而为四岁,任子者自一岁一人而为三岁一人,自三岁一人而为六岁一人,宗室自祖免以下渐杀恩礼"。⑤

---

① 参见《东都事略》卷二《高祖纪》。

② 《长编》卷四二。

③ 《长编》卷三二、《宋史》卷二六六《王化基传》。

④ 《长编》卷三二、《宋史》卷二六六《王化基传》。另前引王禹偁奏、《长编》卷四〇八引陈彭年奏都有类似内容。

⑤ 《长编》卷四一九。

可惜此种改革未能推而广之。新法推行后,增设机构,破格选拔新进,官吏人数又有较大增加。元丰三年,职任勾当三班院的曾巩,以三班院所管官员数量变化说明官冗的严重,文称:"初,三班吏员止于三百,或不及之。至景德天禧之间,乃总四千二百有余。至于今,乃总一万一千六百九十,宗室又八百七十。盖景德员数已十倍于初,而以今考之,殆三倍于景德。略以三年出入之籍校之,熙宁八年入籍者四百八十有七,九年五百四十有四,十年六百九十,而死亡退免出籍者,岁或过二百人,或不及之,则是岁岁有增,未见其止也。"①此间行仓法,增吏禄,行免役法募职役,有些胥吏待遇比下级官员还要优厚,这使得封建国家又包养了一大批吏人,其支费在财计中也占一定地位。元祐初,苏辙等编撰《元祐会计录》,曾对宗室与官吏增加做过一些统计比较,其情略如下表:

北宋元祐初年比景德年中几种官吏增加情况②

官吏种类	诸曹郎中(大夫)	员外郎(朝奉郎等)	博士(承议郎)	三丞(奉议郎)
景德中	39	165	127	148
元祐初	230	695	369	431
比例	1:5.9	1:4.2	1:2.9	1:2.9

官吏种类	诸司使	诸司副使	供奉官	侍禁	三省之吏
景德中	27	63	193	316	60
元祐初	268	1111	1322	2117	172
比例	1:9.9	1:17	1:6.8	1:6.7	1:2.9

官冗的发展在哲宗时稍有缓减,徽宗即位后逐渐失去控制,走向极端,官吏人数达到了两宋的最高峰。时人方勺记:"蔡京当国,每缘制作置局,辟官不可胜数。其间如欲变衣冠之制令稍近古,讲求累年,縻费不资,止

① 《元丰类稿》卷三〇《议经费》、《长编》卷三一〇。
② 根据《栾城后集》卷一五《元祐会计录·收支叙》制作。

易靴为履而已。"①制作之外,其他滥增官职也与此相类。南宋洪迈记,神宗时有医官四人,"及宣和中,自和安大夫至翰林医官,凡一百十七人,直局至祗候,凡九百七十九人"。② 由此可见时官冗之一斑。南宋初期,战乱之中,官吏多走散,或沦为金人俘虏,存者则多支半俸,官冗问题尚不突出。隆兴和议以后冗官问题又出现和逐渐严重起来。此时版图较北宋时不及三分之二,官吏人数却不减于北宋。嘉泰年中虽加裁减,随即故态复萌。此后至宋亡,冗官问题始终未得解决。宝祐四年,监察御史朱熠上言对此有生动刻画,他说:"境土蹙而赋敛日繁,官吏增而调度日广,景德、庆历时以三百二十余郡之财赋,供一万余员之俸禄,今日以一百余郡之事力,赡二万四千余员之冗官。边郡则有科降支移,内地则欠经常纳解。欲宽民力,必汰冗员。"③

南宋文人史尧弼讲:"冗官之弊,天下之大害也。"又列举其四大害处:一是旷职,"无其事而虚设其官,无其功而空食其禄";二是耗财,"坐无事之人而食有限之禄,尽无穷之欲而尽有穷之财,海内所以虚耗,国用所以凿空";三是长奔竞,"官吏无数而职业有限,故有运货赂于权门,辇金帛于戟里,望尘拥拜,摇尾乞怜,冀欲超迁高资,擢除美职";四是虐民,官吏多为"饕餮之子,故其得职……槌民肤,剥民髓以偿前日之费而后已"。他认为冗官乃"天下所以乱亡相寻"的根源所在,④这一认识或有偏颇,但冗官造成冗费、冗官造成财政管理混乱点加剧,冗官加重了百姓的负担和痛苦,从而使封建国家最根本的财源受到戕害,但这些却是事实。

两宋用于官吏方面的开支,时人没有留下全面的综合性的统计数字。见于记载者,多是京师官吏的支费数或不够全面的统计数。如,至道末年,"举一岁京城给文武官三班使臣及诸司人等奉钱四万五千八百余贯,

① 《泊宅编》卷六。
② 《容斋三笔》卷一六《医职冗滥》。按,《长编纪事本末》卷一二五载政和二年官员总数为四万三千余人。又据韩淲《涧泉日记》卷上、洪迈《容斋续笔》卷四《宣和冗官》官员总数为四万八千余人。均为两宋最高数。
③ 《宋史》卷四四《理宗纪》。
④ 并见《莲峰集》卷四《冗官策》。

给以他物者九万一千四百余贯,禄粟五万一千石,粮五十四万二千余石"。① 又,熙宁末年,"在京岁支宰臣已下百官料钱五十二万九千九百五十七贯四百二十六文,诸路官员料钱二百二十五万六千八百六十七贯,而陕西一路支数最多"。② 前者所记述及奉钱以外的其他支给,却限于京师地区,外路不载;后者所记京师、外路均述及,却限于奉钱一项。又前后两个奉钱额相差过于悬殊,疑至道中数记误,应为每月之数。后一记载说明,北宋中期全宋官吏奉钱(料钱)一项,岁共支二百七十七万余贯,其数量是不小的。官员奉钱之外的支给,其总数折成钱不少于奉钱数,故北宋中期全岁用于官吏方面的开支,当不少于五百万贯石匹两。入品官员之外,还有不入品的吏人和召募来的胥吏,封建国家用于这方面的开支每岁约在千万贯石上下。二者合计,官吏支费在财政支出中占有重要地位。南宋绍熙年中,太府寺丞郑显讲,左藏库岁支中"大军居十之七,宫禁百司禄赐裁三"。③ 与之时相近,陈傅良讲:"今经费兵居十八,官居十二。"④稍后庆元年中姚愈讲,户部月支"大略官俸居十之一,吏禄居十之二,兵廪居十之七"。⑤ 他们讲的都是南宋中期行都的财赋支出情况,大约官吏所费为岁出总数的十分之一至三,然而这却几乎是军费以外户部经费的全部余数了。

二、宋朝官冗的原因

宋朝的官冗对财政有很大不利影响,故有必要对其形成原因做些分析。宋朝因官冗所造成的冗费,主要原因不在于官吏的俸禄过厚,而在于官吏的数量过多,而且存在这种情况,正是由于官吏数量过多,有时竟使

---

① 《长编》卷九七,另见《群书考索》后集卷六三《财用》。

② 方勺:《泊宅编》卷一〇。按,以上数中均含武臣支费,据朱熹记:"某人曾记得在朝文臣每月共支几万贯,武臣及内侍等共五六十万贯。"可知官员支费中有一部与军费重叠。

③ 《(咸淳)临安志》卷八《左藏库》。

④ 《止斋文集》卷一九《桂阳军拟奏事札子》。

⑤ 《宋会要·食货》五六之七〇。

得官吏实际俸禄水平偏低。① 宋朝官吏数量为什么如此之多呢？这主要应从其官僚制度上找原因。

宋朝官吏多,其实应区分为两个部分:即合理增加,不合理增加。所谓合理增加也应分为两部分:一是因社会文明程度提高,国家管理职能复杂化,由此导致官吏人数一定程度的增加。二是与募兵制联系的。宋朝的募兵制是常备兵制,上百万的常备兵,就需要有相当的武臣来管理,其数量是十分可观的。宋朝武臣数通常远多于文臣,就是由于这个原因。除此之外,为筹措供军钱粮物资,也需要增加数量相当的一批官吏。上述官吏的增加,都是势所必然的,不应视为"冗",不应过多指责的(至于实行募兵制是否正确,这是个极为复杂的问题,暂不讨论)。以下重点分析宋朝官吏人数不合理增加的原因。

宋初沿袭中晚唐、五代的官僚体制,各级官署多委使职主领,官吏虽依初盛唐三省六部台寺监旧官制序定阶官官名,据此确定应享受的待遇,②实际却不依此确定职掌。这就形成了阶官与职官(使职、差遣)的分立。元丰改官制以后,用寄禄官阶代替了旧阶官,消除了管理上的混乱,并用省台寺监体制取代了使职为主的体制,但又形成了寄禄官与职官的新的分立。阶官与职官、寄禄官与职官的分立,实质上乃是官吏职务与级别的分立,这种分立本来是合理的、进步的,有利于打破资历限制任贤使能。但是在宋朝具体历史条件下,由于实施失当,却成了导致官吏数量失去控制的一个基础条件。本来,如果按职事来确定品位高低,固然会使许多重要的职事不能由品阶低而有才干的官吏承办而误事,但是,职务与级别的统一却使官员的数量受到职务的限制,即是说,有职才有官,不会出现有官员身份而无职事的情况。宋朝将官吏职务与级别分开,结果造成客观需要的官吏数量,与实际拥有的官吏数量二者脱节,进而形成了官(员)多阙(职)少的情况。宋朝很早就出现了官多阙少的情况。例如仁

---

① 如范仲淹《范文正公政府奏议》卷上《答手诏条陈十事》:"咸平已后……入仕门多,得官者众……士人家鲜不穷窘,男不得婚,女不得嫁,丧不得葬者比比有之。"

② 按,此指确定品级、政治待遇和没有差遣时的奉禄待遇,有差遣后则主要根据差遣职务确定奉禄数额。

宗宝元初年宋祁上疏讲:"国家郡县素有定官,譬以十人为额,常以十二人加之,迁代罪谪,足以无乏。今则不然,一位未缺,十人竞逐,纡朱满路,袭紫成林,州县之地不广于前,而陛下官五倍于旧。"①可知此时官多阙少,问题已颇严重。庆历八年,张方平上奏也论此事谓:"臣判流内铨……大约三员守一阙。"②嘉祐末年,苏轼献策言:"吏多而阙少,率一官而三人共之。居者一人,去者一人,而伺之者又一人。"③英宗即位,三司使蔡襄又论:"局少员多,每至差除,待阙须一二年,通判、知县之类率如此。"④稍后,同判吏部流内铨蔡抗又言:"今天下吏员有限,每一官之阙,初授、已替并见任者率三人,故使除授益难,能否共滞。"⑤文人陈舜俞将此事讲得颇透彻,他说:"官之冗今也可谓甚矣,由朝廷达于郡县,举班行至于选部,无虑二万计。天下定员,自宰相至于下执事,乃七八千数,是人无所事获养于上者常三之二。"⑥这就是说,当时半数以上的官员有官阶而无职务。元丰改官制,丝毫没有改变此种状况,元祐三年苏轼等进言复论及此事:"从来天下之患,无过官冗,人人能言其弊而不能去其害……流弊之极于今日,一官之阙率四五人守之,争夺纷纭,廉耻道尽……吏部以有限之官,待无穷之吏,户部以有限之财,禄无用之人。"⑦大臣孙觉曾任职吏部,"亲见其害,阙每一出,争之至一二十人,虽川广福建烟瘴之地,不问月日远近,唯欲争先注授"。⑧南宋时此种状况相沿未改。淳熙初大臣周必大上疏言:"今分职有限而入流无穷,一官阙而十数人守之,其在吏部者,大率十余年仅成一任。"⑨理宗绍定元年,臣僚上言:"铨曹之

---

① 《景文集》卷二六《上三冗三费疏》。
② 《宋朝诸臣奏议》卷一四八张方平庆历八年《上仁宗答诏条画时务》。
③ 《东坡应诏集》卷三《策别》。
④ 《蔡忠惠公集》卷二二《国论要目·去冗》,文另见《宋文鉴》卷一〇二。治平元年上。
⑤ 《长编》卷二〇八治平三年五月甲子条、《宋史》卷一六〇《选举志》引作"今天下员多阙少,率三人而待一阙,若不稍改,除吏愈难。"
⑥ 《都官集》卷一《利用》。
⑦ 《长编》卷四一五。
⑧ 《长编》卷四一五。
⑨ 《周益国文忠公集·奏议》卷四《论任官理财训兵三事》。另早于他的高登《高东溪集·时议》语:"员多阙少,无甚于今日,盖尝一职而三人共之,赴者方在任,代者己在涂……"

患,员多阙少,注拟甚难。自乾道、嘉定以来……历年浸久,入仕者多,即今吏部参注之籍,文臣选人、武臣小使臣校尉以下,不下二万七千余员,大率三四人共注一阙。宜其胶滞壅积而不可行……"①大臣杜范也奏言:"夫一官而三人共之,苏轼固尝言于熙宁间矣。以今之天下较之熙宁,十无三四,土地日蹙,阙次日远,固有一官而五六人共之。差注不行,参选淹滞。"②官多阙少的现象存在数百年而不能革除,这显然不是个别人的罪孽所致,而是由宋朝特殊的官制所造成,就中官吏级别与职务分立后,未能对入仕途径作必要的限制,起了较为关键的作用。此事关乎众多人的切身利益,要想彻底解决是极为困难的。

入仕人数多而理事的岗位少,其积极的作用是可以使任职者得到激励,使求职者有竞争心态。另一方面,又必然促使当政者设法增加岗位,以满足求职者的强烈愿望,这种愿望推动着职位的增加,归根结底会进一步促使官僚队伍的膨胀。

所谓入仕多门,是讲官吏来源比前代广阔,人们步入仕途的机会、门路比前代多。宋初,"凡入仕,有贡举、奏荫、摄署、流外、从军五等"。③ 其中摄署较为特殊,例如有宋初疆土迅速扩大时,有些新占领地来不及正式委派的官职,临时由无官人暂摄,合适者随后转正。后来宋夏、宋金交战中,似也有摄署入仕的情况。边疆及偏远地区,有些官阙无人问津,也往往临时找吏人权摄,有的积以时日,转为正式官员。所谓"流外",则是指不入品的吏人因年资或劳绩升为入品的官员。上述"五等"外,后又有献助、买官、归明、归正等入仕途径。以上所述乃是粗分,若细分起来,大项之下又有许多细目。据元祐三年大臣李常讲:"入流名品几七八十数",④足见入仕多门的严重。以下分述几种主要的入仕途径。

甲、贡举(即科举)及学校。宋朝对科举取士很是重视,定期举行,很隆重。每年常有六七千以至上万士人在京待试。科举分有进士、诸科、武

---

① 《宋史》卷一五八《选举志》。
② 《杜清献文集》卷一○《吏部侍郎已见第二札》。
③ 《宋史》卷一五八《选举志·铨法》。
④ 《长编》卷四一七。

举几大类及许多科目。据仁宗时大臣王珪讲,唐朝科举已很兴盛,然每岁取士不过百人。宋初取士,"大抵袭唐制,逮[太平]兴国中,贡举之路寝广,无有定数"。后因"官吏猥众",仁宗时下诏限定入选人数,每次取四百人。① 此后限额及各次贡举间隔时间虽有调整,以求控制入仕人数,然而统治者畏惧裁减过猛引起士人不满,故科举入仕的人数仍然常常超过客观需要。神宗时兴办官学,实行三舍制,官学上舍学员成绩优秀者与科举入选者享受同等待遇。这一制度后与科举制度逐渐结合为一,也实际等于增加了科举入仕的人数。宋朝为了吸引士人参加科举,并排解士人久考不中的不满情况,建立了所谓特奏名制度。对多年应试未入选的士人,由有关方面奏报姓名,在正式考场之外另设考场令其参试,成绩优良者享受与正式考场入选者同等待遇。有时甚至对久试不中者径放"恩榜",破例授官。元祐年中苏轼等批评此种恶习,谓:"伏见恩榜得官之人布在州县,例皆垂老,别无进望,惟务黩货以为归计,贪冒不职,十人而九……以此知其无益有损。"②南宋叶适也不满此制,谓:"一予乡贡,老不成名,以官赐之,既不择贤,又不信艺。"③李心传也讲,"每有庆霈,则前后不中选者尽取而官之,往往千数百人,充塞仕路,遂成熟例,不可复减矣。"④宋朝于定期的科举考试外,还有临时由皇帝下旨举行的科举考试,称为制举。通过制举而入仕者也有一定数量。宋朝科举入仕人数较唐代要多,仁宗至和二年李柬之曾讲:"唐制,明经进士及第每岁不得过五十人,今三四年间放四五百人,校年累举不责词艺谓之恩泽者又四五百人。……诸科虽专记诵,责其义理,一无所知……能晓事者十无一二,岁亦放五百余人。此所谓选举之路未精也。"⑤据此,即便不计各种恩命入选者,宋朝科举入仕人数也较唐朝有成倍增加。

乙、荫补:宋朝皇亲国戚、高中级官员都享受荫补子弟、亲近做官的权

---

① 《华阳集》卷七《诸科问经义奏状》、《长编》卷一八一,又按此数应不包括武举。
② 《东坡全集》卷五四《论特奏名》、《长编》卷四〇八。
③ 《水心别集》卷一二《法度总论》。
④ 《朝野杂记》乙集卷一五《特奏名冗滥》。
⑤ 《长编》卷一八一。

利。少数达官显贵,其荫补者所得官阶竟与进士科举入选前几名所得相平。荫补有大礼荫补(即每当庆典诸如郊祀、登极、改元、皇帝生日等举行),还有致仕荫补和遗表荫补等。贵族和官阶高者,不但可荫子孙,还可荫外亲和门客等,即所谓"一人入仕,则子孙亲族俱可得官,大者并及于门客、医士"。① 荫补人数因官阶而有别,"多至一二十人,少不下五七人"。② 荫补不始于宋,但入宋后范围有所扩大,"诞节之恩起于至道","郊禋之恩起于祥符",③至仁宗时期已有泛滥之势。特别是随着官员人数猛增,高品官员人数也有很大增加,荫补入仕就造成不良结果。皇祐年中大臣何郯言:"文臣自御史知杂已上,武臣自阁门使已上,每岁遇乾元节得奏亲属一人;诸路提点刑狱、三司判官、开封府判官推官、郎中至带馆职员外郎、诸司使至副使,遇郊禋得奏亲属一人。总计员数……每三年为率,不减千余人。"④据此,恩荫入仕者应比科举入仕者还要多。至和年中,李柬之也言及此事,谓:"今文武官三司副使、知杂御史、少监、刺史、阁门使以上岁任一子,带职员外郎、诸司副使以上三岁得任一子。文武两班可任子者,比之祖宗朝多逾数倍,遂使绮纨子弟充塞仕途,遭逢子孙皆在仕宦,稚儿外姻并露簪笏之荣。而又三丞已上致仕者任一子……嫔嫱之侍、宗室之妻有邑视品者,皆得奏弟侄。又皇亲纳婿,皆得白身授官。"⑤仁宗后期至哲宗时期,对荫补作了不少限制,然而此事同众多官员利害相关,众怒难犯,故限制得并不紧苛,荫补之弊根未去。徽宗时期吏治混乱,南宋高宗时不暇除弊,荫补入仕复泛滥成害。绍兴七年,大臣赵思诚言,"亲祠之岁任子约四千人"。他惊呼"十年之后,[官]增万二千员,科举取士不与焉"。⑥ 孝宗即位之隆兴元年,有大臣讲:"三岁大比,所

---

① 赵翼:《廿二史札记》卷二五《宋恩荫之滥》。
② 《宋朝诸臣奏议》卷七四孙沔《乞定文武荫子弟人数》、《长编》卷一三二。
③ 《群书考索》续集卷三九《官制·宋朝资荫之滥》。
④ 《宋朝诸臣奏议》卷七四《上仁宗乞臣僚奏荫亲属以年月近日为限》、《长编》卷一六九。按人数中可能含因荫改官或晋级的情况。
⑤ 《长编》卷一八一。
⑥ 《通考》卷三四《选举考》。

取进士不过数百人,三岁一郊,以父兄任官者乃至数千人。"①孝宗时局势趋于稳定,对荫补入仕复加限制,虽有效果,然弊端已根深蒂固,无法消除。尤其是孝宗、光宗、宁宗在对一般官员荫补入仕加以限制的同时,却又为宗室变相荫补入仕大开绿灯。这使得对荫补入仕的限制难以推向前进。与其他入仕途径相比较,荫补入仕者的质量是最差的。荫补入仕者多是纨绔子弟,此辈往往贪图享乐,不学无术,易为非法之事。马端临言其"多不习事,以致失职"。②经此途入仕者又最多,超过科举入仕者,故荫补入仕是宋朝冗官的根源之一。

丙、军功及归明、归正:两宋少有无战争之时,因此,通过作战立功入仕者也有相当数量。战争中为了争取敌方人员,宋朝对归顺者中有功人员封官赐爵,于是有归明、归正入仕。

丁、流外入官:主要指不入品小吏或因效力多年,或因立有功劳(如捕盗、漕运、课利等),升迁为入品官员。太祖时规定,在某些官署内任职的吏人,经十次考核并经引对,可以授予县令、主簿等下级官职。真宗咸平年中,又对不入品小吏转为入品官员做了一些较具体的规定。例如,在客省任职的吏人补正名后四年可授勒留官,再过七年,即可入品授以县主簿或县尉等官。南宋洪迈记,淳熙九年吏部统计:"以三年为率,文班进士大约三四百人,任子文武亦如之,而恩幸流外盖过二千之数。"③这两千人中自不尽是胥吏入流,而据洪氏所言,"胥吏之得仕"者于中占不小比重。可知流外入仕在宋代也有一定数量。

戊、献助、买官:封建国家卖官鬻爵,出资可买得官,即为买官入仕。封建国家困难之际出钱财资助(包括救济灾荒),也可得官入仕,即为献助入仕。

由于入仕多门,且均为制度所定,于是各种人员源源不断地进入官僚行列。神宗初年,苏辙上奏谓:"官多于上,吏多于下,上下相窒,譬如决

<hr>

① 参见《容斋三笔》卷七《宗室补官》。
② 《通考》卷三四《选举考》,参见《宋史》卷一五九《选举志》。
③ 《容斋三笔》卷六《减损入官人》。《宋史》卷一六九《职官志》有流外出官法,颇详,请参见。

于不流之泽,前者未尽,来者已至,填堙充满,一陷于其中而不能出。"①对入仕多门的害处讲得十分深刻。南宋庆元二年,也有大臣谓:"连有覃霈,庆典屡行,而宗室推恩不以服派远近为间断,特奏名三举皆值异恩,虽助教亦出官,归正人每州以数十百。病在膏肓,正使俞跗、扁鹊持上池良药以救之,亦无及已。"②宋朝对入仕人数不加节制,确是深藏膏肓的病根,要想救治非寻根追源动大手术不可。

逐年进入官僚队伍者人数众多,然而除死亡外,逐年离开官僚队伍者却很少。宋朝自太祖时立下不杀士大夫的规矩,对犯有过失的官员处罚较轻,一般多是罚俸、免职、磨勘展年等,黜降官阶已为罕见,而责罚极重的编管偏州,却多仍保留低品阶官,未出官僚行列。北宋真宗时大臣田锡讲,官员"若且任用,则不失享富贵,圣旨若令罢免,则不过归班行"。③ 仁宗时又有人言州县官"除有赃吏自败者临时举行外,亦别无按察之术,致使年老病患或怯懦不才者或贪残害物者,此等之人布在州县,并无黜降,因循积弊,官滥者多"。④ 南宋周南也讲:"冗官之原因在于无黜陟之法","台谏抨弹而去者月不能百一,监司刺举而黜者岁不能十一。今惟士以墨败而名挂丹书者,始有停废之科耳。官安得而不冗?"⑤被责降官员中,大部分数年后即得叙复,重新任职,有进无出,冗官就愈演愈烈。

宋廷对官冗采取姑息态度,不是实行"为官择人",而多是"为人择官",千方百计使有官之人隔一段时间就能得到一次差遣。所谓闲官制度即由此产生。其主要内容是,增设有名无实的许多差遣(官职),如分司官、宫观官职、添差不厘务官职等。北宋时因"士之来者无穷而官有限极,于是兼守判知之法生",⑥已有一府三守之事。⑦ 北宋末年宫观使职

---

① 《栾城集》卷二一《上皇帝书》。

② 洪迈:《容斋四笔》卷四《今日官冗》。

③ 《长编》卷五三。

④ 《长编》卷一四一。

⑤ 《山房集》卷七《庚戌廷策对》。

⑥ 《栾城集》卷二一《上皇帝书》。

⑦ 参见周密《齐东野语》卷八《一府三守》。

多达数千。① 南宋添差之风尤盛，官僚机器越加臃肿。汪应辰讲"诸州添差通判有至三员者，州郡……皆置教授，……如宫观、如岳庙皆无定员……其所创置员缺，未易悉数"。② 杨万里也言："小郡兵马之官至于五六人而同一职，小邑征税之官至于二三人而共一事，以人胜事，莫甚于此。"③南宋中后期人许应龙更抨击道："今日之官，其冗尤甚。倅贰添差……创于列郡，幕佐优闲，绝无掌职，今则或增为两员。诸司之属，添辟无已；制领之官，同正并置；不厘于务者，或给以正官之俸。"④官僚机构如此臃肿，官吏队伍如此冗杂，其耗费封建国家资财的数量就必然浩大。

第二节　官员及官僚机构支费（下）

三、元丰改制以前官员俸禄结构

宋代官员俸禄制度和俸禄结构是相当复杂的。元丰改制以前，官员俸禄的构成，主要有料钱、衣赐、禄粟、添支、职田租五部分，此外还有一些次要颁给和津贴。

要了解宋朝元丰改制前的俸禄制度，须先对此时期的官制有所了解。五代政局动荡，因事设官，多出权宜，官制较为混乱。宋朝承之，未及彻底整顿。官员品级有散阶、本官、差遣、勋爵、封邑等几个系列，又有贴职，兼职等情况。其中与俸禄关系最大者，乃是本官、差遣、贴职三者。司马光述其事道："唐初，职事官有六省一台九寺三监十六卫十六府之属，其外又有勋官、散官，勋官以赏战功，散官以褒勤旧……大宋受命，承其余弊，方纲纪大基，未暇厘正。故台省寺监卫率之官止以辨班列之崇卑，制廪禄

① 《宋史》卷三四八《石公弼传》载大观以后"罢宫庙者千员"。
② 《文定集》卷三《论添差员缺》。
③ 《诚斋集》卷八九《千虑策·冗官》。
④ 《东涧集》卷八《汰冗官札子》。

之厚薄,多无职业。其所谓官者,乃古之爵也;所谓差遣者,乃古之官也;所谓职者,乃古之加官也。自余功臣、检校官、散官、阶勋、爵邑徒为繁文,人不复贵。凡朝廷所以鼓舞群伦、缉熙庶续者,曰官、曰差遣、曰职而已。"①

　　元丰改制前,官员俸禄的基础部分是料钱和衣赐,其颁给数额主要是依本官阶确定的。据说宋神宗曾讲:"国家承五代之弊,官失其守,故官、职、差遣离而为三,今之官裁用以定俸入,而不亲职事。"②其所言官即指本官。所谓本官是以唐朝省台寺监职事官名作为各品阶官名的,京朝官四十二阶,文选人七阶。为了照顾一些重要的差遣,在以本官阶序定料钱,衣赐数额时,加入了一些以差遣官名为名称的数额等阶。例如,三司使、三部使、两府堂后官等都依差道而不是依本官享受料钱和衣赐的。这是因为,凡料钱、衣赐可以通过差遣获取者,其所得数额都远远超过同一官员依照其本官所能获取的数额。例如,初任宰相者,其本官通常是尚书各曹侍郎,料钱月仅五十五贯,而宰相料钱为月三百贯。又如,曾任三司使的寇准、丁谓、林特、李仕衡、杨察、包拯、田况等人,他们本官高者为尚书各曹侍郎,低者为给事中,三司使料钱月二百贯,侍郎则料钱月五十五贯,给事中四十五贯。衣赐情况与料钱相类。这表明,如果某一官员获得了与料钱、衣赐直接挂钩的重要差遣,则即可获得比凭本官获得的多几倍的料钱与衣赐。从记载看,外路选人的料钱、衣赐也是依差遣而定的,可能没有差遣的选人是没有料钱、衣赐的(官员料钱、衣赐颁给数额见书末附表30)。

　　官员俸禄中又有禄粟一项。从记载中看,禄粟颁给既不全依本官,也不全依差遣。依本官颁给者有武臣中节度使至刺史,文臣中的选人和内侍官。依差遣颁给者主要是两府长官、宣徽使、三司使、三部使等近臣。除此而外的大部分文武官员似均无禄粟。这一残缺不全的制度当是晚唐五代时代沿袭下来的。有不少官员虽无禄粟颁给却仍按时领取粮食,这

---

① 《司马文正公传家集》卷六八《百官表总序》,文另见《通考》卷二〇二《经籍考》。
② 周煇《清波别志》卷中引。

是通过添支等渠道获得的(禄粟颁给额参见书末附表31)。

料钱、衣赐、禄粟制度中的许多缺欠都通过添支制度得到弥补。添支有许多种,其中最主要的是差遣添支和帖职添支,它是为了照顾在料钱、衣赐、禄粟制度中未予照顾或照顾不够的差遣和帖职。例如,三司使在料钱、衣赐上受到优待,而权三司使却只依本官领取比正使少得多的料钱,衣赐,这种不合情理的情况即通过权三司使的本职添支(正使无此)得到改变和补偿。地方监司、州郡长官等只依本官领取数量有限的料钱、衣赐,没有禄粟,而责任颇重,他们的添支就相当优厚。

在京官员的差遣添支和帖职添支分成几部分:有差遣、帖职添支钱(见书末附表32);有餐钱,其性质近于伙食津贴,高级官员自有定额,中下级官员则按官署立额(见书末附表33);有元随傔人衣粮餐钱,它是为解决官员雇佣随从人员而设的开支项目,如何具体支用,不见记载(见书末附表34);有盐茶酒、薪炭蒿、马刍和纸张等的杂项供给,从现存记载看,多是两府、三司长官及学士才得颁给,这些记载类多阙误,难以凭其议论详情。

在外路任职的官员的添支是有统一制度的,其添支计有钱、米、面、羊、傔、马六项。其数额的确定虽以差遣品级为主要依据,却同时也参考本官与贴职,同样差遣由不同本官、贴职的人出任添支数量也就不同。另外,其数额又因任职地点的地理位置、经济状况、人口众寡、事务繁简等而有差异。这种复杂情况,在府州军监一级长官本职添支的数额上得到突出的反映(见书末附表35)。

官员们出差和赴任、卸任路途上,又根据职务颁给驿券,外任官员无差遣添支者,也酌量支给驿券,其性质类似出差补助。

官员们除有定时定量的职务添给外,还常有一些临时性添支。或因差遣繁重,或因俸禄偏微,或则皇帝欲表恩宠,情况不一。这种临时添支多属特例,不占重要地位。

在外路任职的官员还有一项数量可观的收入,那就是职田租。职田由古代圭田演化而来,隋唐已有之,五代及宋初罢废,宋真宗即位后恢复旧制。由于各地历史条件不同,职田数量就不均衡,肥瘠等也各异。官员

们所得也就不一定与其差遣相称。以县令为例,徽宗时有人讲,其租入
"多寡不均久矣",多者岁入近千石,少者仅二三十石,相差可算是很大
了。此言虽是元丰改制后所讲,改制前情况应与之相差不远。① 职田租
虽是官员俸禄重要组成部分,然其出入却与财政不直接发生联系。仁宗
天圣年中,一度"罢天下职田,悉以岁入租课送官,具数上三司,计直而均
给之"。② 随即被认为不妥,收回成命。后熙宁年中,又于成都府等路局
部地区推行此制。自知府至司户一千石至一百石分若干等,"以一路所
收钱数,又纽而为斛斗价直,然后等第均给"。③ 对职田租实行统一管理,
并不等于将此并入财计,而是单独核算。职田租既与财计关系不密切,故
叙述从简。

　　宋朝封邑制度已是蜕化,与官员俸禄收入关系也就疏远了。有记载
说,宋朝"旧制每实封一户,随月俸给二十五文"。④ 此当为元丰改制以前
之制。若如此,食实封者也因封户有些颁给。宋朝食实封自一千户至一
百户分七等,宗室近臣也有不拘此制者,千户则月得二十五贯,百户月得
二贯五百文,因有食实封者多为中高级官员,故食实封所得一般不如科钱
多。元丰改制后食实封随俸支钱之制便废止了。

　　元丰改制前官员的俸禄制度有几个侧重:一是重近臣、重勋旧。各种
颁给,接近皇帝的高级官员同中下级官员相比,相差悬殊,且多种兼得。
以藩镇官为名目的有功勋的旧臣,也待遇优厚,甚至超过宰执,这是与宋
太祖夺藩镇兵权而使其养尊处优的策略有关的。二是重差遣,即在本官相
同的情况下,有差遣与无差遣,差遣重要与不重要,俸禄颁给相差悬殊。有
时本官低而差遣重要的官员俸禄,可以超过本官高而差遣不重要的官员。⑤

---

　　① 引文均见《宋史》卷一七二《职官志》。事又分别见《长编》卷一〇及《宋会要·职官》
五八等处有关记载。

　　② 《宋史》卷一七二《职官志》。

　　③ 《宋史》卷一七二《职官志》。事又分别见《长编》卷一一〇及《宋会要·职官》五八等
处有关记载。

　　④ 赵升《朝野类要》卷三《食邑》,又佚名《趋朝事类·官品令》同。另有记载言宋朝食实
封者全无钱财收入,当是言元丰改制后情况。

　　⑤ 俸禄的折支也与差遣相应,对俸禄水平有影响,详下文。

史文言:"时议以近职为贵,中外又以差遣别轻重焉",①即与此偏重有关。三是重皇亲,在本官、差遣相同、相近的情况下,皇亲的待遇要优于庶族。

四、元丰改制前官员的俸禄水平

关于宋代官员的俸禄水平,前代史家赵翼曾有专论,认为其"给赐过优,穷于国计易耗。恩逮于百官者惟恐不足,财取于万民者不留其有余,此宋制之不可为法者也"。② 后人多引用此言,奉为至论。然而赵氏此言实有偏误。讲宋朝取民财竭泽而渔,这是对的。讲恩逮于百官惟恐不足,从统治者主观愿望上讲,或也近之,但从大多数官员的实际俸禄水平加以考察,却并不很高。这是因为军队、官吏数量过于众多,要使官员俸禄水平普遍高于前代,乃是近乎不可能的。宋朝官员俸禄优厚者,只是极少数,大部分官员俸禄收入还是比较微薄的。史言:"宋初之制,大凡约后唐所定之数","百官奉钱虽多",实则"减半而支","所支半奉,复从虚折"。③ 折支比例为奉钱的三分之二。宋人王栐也谓:"国初士大夫俸入甚微,簿、尉月给三贯五百七十而已,县令不满十千,而三之二又复折支茶盐酒等,所入能几何? 所幸物价甚廉,粗给妻孥,未至冻馁,然艰窘甚矣。"④他所言为下级外路官员情况。下级外路官员俸禄微薄也引起了宋廷的关注。宋太祖乾德四年,置州县官回易料钱俸户。将州县官"所请料钱折支物色,每一贯文给与两户货卖,逐户每月输钱五百文。除二税外,与免余役。其所支物色,每岁委官随蚕盐一并给付"。⑤ 开宝四年,又置外路幕职官俸户。⑥ 这等于用变相增税的办法略提高下级外路官员的俸禄,这自然引起百姓反感,太宗即位不久下令废除俸户制度,幕职州县

① 《宋史》卷一六九《职官志》。
② 《二十二史札记》卷二五《宋制禄之厚》。
③ 《宋史》卷一七一《职官志》。
④ 《燕翼诒谋录》卷一《增百官俸》。
⑤ 《宋大诏令集》卷一七八《复置俸户诏》。事又见《宋会要·职官》五七之一八。
⑥ 参见《长编》卷一二、《宋大诏令集》卷一七八《幕职官置俸户诏》等。

官俸禄复旧。这自然又导致幕职州县官的不满,于是,端拱元年,诏令幕职州县官俸禄半支现钱,半折支他物,即缩小了折支比例。[①] 这种调整幅度是很小的,解决不了多少问题。真宗咸平四年,大臣杨亿上疏言:"唐制,内外官奉钱之外,有禄米、职田,又给防阁、庶仆、亲事、帐内、执衣、白直、门夫,各以官品差定其数,岁收其课以资于家(按,即资课)。本司又有公廨田、食本钱以给公用……今群官于半奉之中已是除陌,又于半奉三分之内,其二以他物给之,鬻于市廛,十裁得其一二,曾餬口之不及,岂代耕之足云……窃见今之结发登朝,陈力就列,其奉也不能致九人之饱,不及周之上农;其禄也,未尝有百石之入,不及汉之小吏。若乃左右仆射,百僚之师长,位莫崇焉,月奉所入,不及军中千夫之帅。"[②]据他所言,不但中下级官员,就连高级官员的俸禄也是偏低的。

这里,我们须对官员俸禄的折支制度专作补述。元丰改制以前,折支制度似主要是料钱的折支,添支钱是否折支不见记载。另外,禄粟有以粟(粗色)折支米麦(细色)的规定,通常是一石折支六斗(内米麦所占比例又有不同)。折支制度前代已有,宋初沿用之。除少数近臣外,大部分官员料钱都是三分之一现钱,三分之二折支。折支实物时通常是高估物价,杨亿言十才得一二可能系言其甚者,然而"鬻不充其直","估百官奉给,折支直率增数倍",或"以八分为十分",[③]却是经常性的。因此,官员俸禄较普遍地存在着名实不符的情况。宋立国以后,多次局部调整折支比率或范围,大体是减少折支,增加支给现钱,但至嘉祐年中制订禄令格时为止,仍是大部分官员的俸禄都有折支。嘉祐至元丰改制以前,官员俸禄折支主要有四种:一种是全支现钱,不折支。史言:"自中书、枢密并曾任两府虽不带职,宣徽,三司,观文、资政、翰林、端明、翰林侍读侍讲,龙图、天章学士,枢密、龙图、天章直学士,直知诰,中书舍人,待制,御史台,开封

---

① 参见《宋会要·职官》五七之二二、《宋大诏令集》卷一七八《幕职州县官俸半给缗钱诏》等。

② 《宋史》卷一六八《职官志》。此文见《武夷新集》卷一六《次对奏状》,又《通考》卷六四《职官考·禄秩》亦加引录。

③ 引文分见《宋史》卷一七一《职官志》、《宋大诏令集》卷一七八《内外文武官俸以实价给诏》。

府,节度使至刺史,三馆,祕阁,审刑院,刑部,大理寺,诸王府记室、翊善以下至诸王宫教授,知审官院,勾当三班院,纠察刑狱,判吏部铨、南曹,登闻检院,鼓院,司农寺及国子监直讲,丞、簿,河北、河东、陕西转运使,皇子亲王,诸卫大将军至率府副率,两省都知、押班,不带遥郡诸司使副,两府(府疑当作省)供奉官以下至内品,及枢密都承旨以下,并给见钱。"又"幕职、州县料钱……广东、川峡并给见钱"。① 显然,凡属重要的差遣和贴职以及皇亲勋旧中稍重要者,都是不折支他物的。一种是一半现钱,一半折支。这种数量较少,主要是幕职、州县官的大部分和两省都知、副都知遥领刺史等。一种是全部折支他物者,主要是闲散官如州别驾、长史、司马、司士、文学、岳渎庙令丞主簿及致仕官支半俸者。最后一种数量不少,即是上述三种官员以外的绝大多数官员,都是三分之一现钱,三分之二折支他物。另外,早于此,景德四年有诏规定:"尝经掌事,其俸给当给他物者,京师每一千给实钱六百,在外四百,愿请折支物者听。"②这就是说,由于折支,官员的部分俸禄按比例打了折扣。此制一直行用至元丰改制。

宋真宗大中祥符五年,较为全面地整顿了本官的俸禄待遇,料钱多者增二十贯,少者增二三贯,都有一定数量的增加。③ 此前后也有个别或部分官职俸禄的调高。俸禄数额虽有调高,但此时物价水平较宋初也有增高,特别是仁宗初大灾荒和西部战事吃紧时,更是如此。所以,当有大臣请求削减百官俸禄以补助军费时,遭到仁宗拒绝。④ 随后,范仲淹主持庆历新政,他在上书言十条施政纲领时,也讲到官员俸禄偏低:"咸平已后,民庶渐繁,时物遂贵。入仕门多,得官者众,至有得替守选一二年、又授官待阙一二年者。天下物贵之后,而俸禄不继,士人家鲜不穷窘。男不得婚、女不得嫁、丧不得葬者,比比有之。复于守选待阙之日衣食不足,贷债以苟朝夕,到官之后必来见逼,至有冒法受赃、赊举度日,或不耻贾贩,与

① 《宋史》卷一七一《职官志》。另参见《宋会要·职官》五七。
② 《宋会要·职官》五七之二八、二六。事另见《长编》卷六六、《宋大诏令集》卷一七八《文武官折支并给见钱六分诏》。
③ 详参见《宋大诏令集》卷一七八《定百官俸诏》,《职官分纪》卷五〇《俸禄》、《长编》卷七九等。
④ 参见《宋朝事实》卷一五《财用》。

民争利。"①如其所言,官员俸禄收入不足与官多阙少有很大关系,而官员有无差遣俸禄收入是相差很远的。又后,王安石在上仁宗万言书中也言及此。他说:"方今制禄大抵皆薄,自非朝廷侍从之列,食口稍众,未有不兼农商之利而能充其养者也。其下州县小吏,一月所得,多者八九千,少者四五千,以守选、待除、守阙通之,盖六七年而后得三年之禄,计一月所得,乃实不能四五千,少者乃实不能及三四千而已。虽厮养之给,亦窘于此矣。而其养生丧死婚姻葬送之事,皆当于此夫出……故今官大者往往交赂遗、营资产以负贪污之毁,官小者贩鬻乞丐无所不为。"②王安石的说法同范仲淹接近,也可证元丰改制以前官员俸禄收入水平并不高。

嘉祐年中,大臣韩琦进言:"内外吏兵俸禄,虽有等差而无著令","每遇迁徙,须由有司按勘申覆,至有待报岁时不下者。"于是仁宗下诏令三司编定禄令,经年而成,共十卷。③ 宋朝从此有了比较完备的禄制。现存史籍中关于元丰改制以前官员的俸禄额,多出自此禄令。神宗时曾将此禄令重加修订。④

五、北宋元丰改制以后官员俸禄的变化

元丰改官制,俸禄制度自然不可能不变动。改制以前的官制,存在许多弊病和混乱,给管理带来许多不便。马端临曾批评其弊病,言:

> 元丰未改官制之先,大率以职为阶官。以宰执言之,如吏部尚书同中书门下平章事、尚书礼部侍郎参知政事之类是也。然所谓吏部尚书、礼部侍郎者,未尝专有所系属,治其事则以为职,不治其事则以为阶官,犹云可也。独选人七阶,则皆以幕职令录之属为阶官。而幕职令录则各有所系属之监司、州县,遂至有以京西路某县令为阶官,而为河北路转运司勾当公事者;有以陕西路某军节度判官为阶官,而

---

① 《范文正公政府奏议》卷上《答手诏条陈十事》。
② 《临川先生文集》卷三九《上仁宗皇帝言事书》。
③ 《玉海》卷六六《嘉祐禄令》。事又见《长编》卷一八四。
④ 参见《宋会要·职官》五七之四四。

为河东路某州州学教授者;有以无为军判官为阶官,而试秘书省校书郎者,其丛杂可笑尤甚。①

原本官名称都因职事而得名,现在仅用以寄禄叙位,则与职事相联系的名称除了增加混乱以外别无好处,而宋初以来沿用前代的差遣名,又多给人不正规、临时委任的印象。于是神宗下决心革新官制。元丰改官制,废弃了与省台寺监矛盾的差遣名称,重新用省台寺监官名作为职事官名称以取代差遣官职,从而使省台寺监官名实大体相符。省台寺监系统官名同料钱、衣赐领给的等级脱钩,另用新的寄禄官阶取代旧的本官阶。这次变动本质上是一次官员管理制度的改革,它消除了俸禄管理上的许多混乱。元丰改制未触及选人、武臣与内侍、医官等。徽宗崇宁、政和间,先后对这些残留旧制作了改革,从而完成了新官制取代旧官制的过程。

元丰改官制,于制禄上的主导原则是“凡厥恩数,悉如旧章”,②只是旧禄令多以本官、差遣为等阶,现在一律要代之以新寄禄、职事官阶,也不免有些变化。料钱、衣赐数额新寄禄官大体与旧本官对应相等,但因两者等阶数目不尽相同,所以也有变动增减合并。料钱折支史文载:“凡文武官料钱,并支一分见钱,二分折支。”又于细文中言“曾任两府虽不带职,料钱亦支见钱。”③二者矛盾。若依前者,则折支比例上下一律,即原先多种折支比例已不存在,特别是数目颇多的官吏因差遣而全部支领现钱的情况已不存在。若依后者,则至少还有一些高级官员仍可免于折支。④故史文必有阙误。禄粟的颁给,大体与元丰改制关系不大(因武臣初未行寄禄新制,后来又沿用了旧藩镇官名,选人初也未行寄禄新制),故未见变动。职田租主要是外路官享受,也未受官制变更较大影响。

---

① 《通考》卷六四《职官考·禄秩》。按因省台寺监机构并未全部废除,有些则依其原来职掌发挥部分作用,如吏部、刑部中的一些机构。只要得诏旨,官员又可依本官理事,即本官与差遣可以合一。这样,本官与差遣很容易混淆。

② 周煇《清波别志》卷中引元丰诏书。

③ 《宋史》卷一七一《职官志》。

④ 又据《宋会要·职官》五七之四六,改制后河北、陕西、河东三路转运使奉钱仍支现钱。据《长编纪事本末》卷一○三载“馆阁官皆请见钱”,不折支。

变动较大的是因差遣、贴职而设的添给。在京官员的差遣名称全部为省台寺监职事官名所取代,二者又往往互不对应,因而旧的添给格已无法行用,于是制定了新的在京官员职钱颁给制度。史文言:"在京官司供给之数,皆并为职钱",①此在京官司供给,含义不明,也未见说明,从文献记载看,除本职添支钱外,似也包括餐钱和盐酒薪炭等实物颁给。(职钱颁给额见书末附表36)外路官员的添给制度,似主要是以寄禄官阶取代原本官阶,未见实质性变化。

元祐年中,对官员俸禄更改不多。较突出者是对寄禄官阶高而任低职者职钱的调整。元丰定制:"除授职事官,并以寄禄官品高下为法。凡高一品以上者为行,下一品者为守,下二品以下者为试。品同者不用行、守、试。"②当时寄禄官、职事官各有品阶,职钱即依上述制度分行守试三等,行者高于守、试者。元祐年中,有关大臣认为寄禄官高已得厚禄,任低职时不应复得高于他人职钱,所以废除了"行"这一等级。哲宗亲政后,恢复元丰旧制。

徽宗即位后,官员俸禄制度的变更主要表现在料钱、衣赐、禄粟、职钱、外路本职添支以外津贴的增广上。史载:"元丰改官制,在京官司供给之数皆并为职钱,视嘉祐、治平时赋禄为优矣。[蔡]京更增供给、食料等钱,于是宰执皆然……初,宰执堂食亦有常数。至是,品目猥多,有公使、泛支之别,台省寺监又增厨钱。"③马端临又述:"[徽宗时]三省密院吏员猥杂,有官至中大夫(正五品)一身而兼十余俸者,故当时议者有'俸入超越从班,品秩几于执政'之言,吏禄滥冒已极。"④此所言兼十余俸,不是讲料钱衣赐,也不是讲职钱,而是讲额外因兼照而颁给的津贴。当时增设机构繁多,如修订礼制、编修敕令、详定《会要》、编撰地志等,原有机构如修史等也扩大编制,宋廷又许现任官员身兼数职,凡兼一职就可得一份供给、食钱等津贴,一身兼十余俸即指此种情况。崇宁四年,赵挺之为相,

---

① 《宋史》卷一七一《职官志》。
② 《长编》卷三一八。
③ 《宋史》卷一七九《食货志·会计》。
④ 《通考》卷二四《国用考》。

曾规定兼职不得过三,然此规定与贪得官员意愿相违,次年即遭罢废。据载,滥发津贴后来发展到如下程度:三省礼房官处置学制事、工房官处理坑冶事、尚书吏部官处置官员名册事、尚书礼部官处置祥瑞事、转运司官采买修造、常平司官参与水利工程、州县官谋划修城办学等,都要额外支给津贴。宰执则在原有料钱、衣赐、禄粟等外,又增一本官身分请给,等于奉钱外又给职钱(原宰执无职钱)。① 故蔡京"仆射俸外,又请司空俸",② 当与此有关。宣和二年,有大臣提出:"在京官吏有一官兼数职,而添给从而随之。或元无添给则例,创行增立;或不由有司勘给,直行判支。冗费邦财,为害最大。"③于是诏令恢复元丰旧制。随后,又令宰执俸禄也行用元丰旧制。然而史文载:"六部尚书而下职事官,分等第支厨食钱,自十五贯至九贯凡四等",④系宣和年中规定而沿用至南宋者。大约虽废除兼职之制,而额外津贴并未完全废除。

徽宗时禄制上另一较大变化,是贴职钱米的增立。元丰改制以前,贴职与料钱无关,衣赐等阶中有少数贴职,但衣赐或从本官,或从贴职,不兼得。又贴职可以得到添给钱和茶、米、面、酒等实物。元丰改制后,寄禄官阶和职事官职钱等阶都无贴职,贴职的添支沿用嘉祐禄令的旧额。大观年中,有人提出贴职添支过于微薄,于是在嘉祐禄令已有添支的基础上新增添支米麦,又用数额较高的贴职钱取代了原先的添支钱。新立的贴支钱米等额略如下表所示(其中原添支钱已不再支给,故用括号括起):宣和三年,贴职新制被废止,复用旧制。

徽宗时,外路官员的公使供给也有膨胀。公使供给早已有之,大约主要是供给官员们办公时的伙食、茶酒及其他杂物。官员津贴既滥,公使供给也暗增。据宣和年中童贯讲:"诸路州军在任官月请供给,熙、丰时有及百千者号为至厚,所闻不过数次处。近年一例增添,知、通所得数倍,或至千贯。考之岁赐及醋昔(息)之属各有限定,若非违法经营

---

① 并参见《宋会要·职官》五七之六〇。
② 《通考》卷六四《职官考》。
③ 《宋会要·职官》五七之五九。
④ 《宋史》卷一七二《职官志》。

无由取足。欲乞应郡守监司每月所受公使库应干供给,纽计钱数不得过二百贯;总管、钤辖、通判不得过一百五十贯,其余等级依仿裁定。"①他的意见获准实施。即便依他所拟数额,公使供给已成为官员们的一项可观津贴。

宋朝贴职添支情况表②

贴职名称	嘉祐禄令载添支钱（贯）	大观新定贴职钱（贯）	大观新增米麦合数（石）	嘉祐禄令载添支米（石）	嘉祐禄令载添支面（石）	嘉祐禄令载添支茶（斤）	嘉祐禄令载衣赐数
观文殿大学士	(30)	100	3	5	50	2	—
观文殿学士,资政、保和殿大学士	(20)	80	3	5	50	2	(另添支钱十贯)
资政、保和殿学士	(15)	70	3	5	50	2	春冬各绫5匹,绢17匹,春罗1匹,冬绵50两
端明（延康）殿学士	—	50或70	3	5	40	2	同上栏
龙图、天章、宝文、显谟、徽猷、敷文阁学士,枢密直学士	(15)	40	2	5	40	2	同上栏
龙图、天章、宝文、徽猷、敷文阁直学士,保和殿待制	(15)	30	—	—	35	—	春冬各绫3匹,绢15匹,春罗1匹,冬绵50两
龙图、天章、宝文、显谟、徽猷、敷文阁待制	(15)	20	—	—	25	—	同上栏
集英殿修撰、右文殿修撰,秘阁修撰	—	15	—	—	—	—	
直龙图、天章,宝文阁,直显谟,徽猷、敷文阁,直秘阁		10	—	—	—	—	

① 《宋会要·职官》五七之六二。按,疑公使供给与外路官添给为一事,待考。
② 据《宋会要·职官》五七、《通考》卷六四《职官考》及《宋史》卷一七二《职官志》制。

六、南宋官员俸禄制度

南宋朝廷于金兵才退江北,始得喘息,即令人修订禄制。绍兴六年,宰相张浚上《重修禄秩新书》内正文五十八卷,附看详一百四十七卷。二年后宰相秦桧又上《续重修禄秩》正文三十二卷,附申明、着详八百一十卷,这就是《绍兴重修秩敕令格》。此制"参用嘉祐、元丰、政和之旧,少所增损"。① 南宋嘉定七年以前,大体行用此制。至嘉定七年,有诏"命修禄令,有司考课(疑为赋之误)禄之制,衷类成书,以为法式"。② 然其内容已失载。故南宋后期禄制不得其详。

南宋官员俸禄制度中,引人注意的是俸禄的借减。史言:"惟兵兴之始,宰执请受权支三分之一,或支三分之二,或支赐一半。隆兴及开禧,自陈损半支给,皆权宜也。"③此言仅讲宰执,又讲系权宜,似乎只是一时实行,都不准确。建炎元年,有诏规定:"宰执俸钱支赐、见任宫观及有差遣待阙,并未有差遣京朝官已上俸,并权减三分之一。"④这里被权减者有三种人,一是宰执,二是现任宫观,三是有差遣待阙及未有差遣京朝官。此虽言权减,实则此制至少行用了三四十年,至孝宗乾道年中仍在行用,此后情况失载,未必就被废止。又靖康年中,曾有令藩镇官权减三分之一俸,至绍兴二年,又进而规定,武臣不统兵者俸赐、傔人、马权支三分之二,又于中取四分之一权借。⑤ 统兵官是否即可得全俸呢? 也不是。绍兴三十二年户部侍郎向伯奋言:"契勘武臣正任以上真俸厚甚,所立借减之法,谓如节度使真俸四百贯,米麦通二百五十石,至借减,只支钱二百贯,米麦二十石,又元随米支钱三十贯,其相去辽绝如此。惟统兵节度使则例支钱四百贯,米麦四十五石,元随米钱三十贯,要之统兵官亦不得全真俸

---

① 《宋史》卷一七二《职官志》。按,修禄令事参见《宋会要·职官》五七之七二。
② 《两朝纲目备要》卷一四,另参见《宋史全文》卷三〇。
③ 《宋史》卷一七二《职官志》。
④ 《宋会要·职官》五七之六三。
⑤ 参见《宋会要·职官》五七之六八。

也。"①统兵节度使按规定给米麦二百五十石,实给仅四十五石,何以致此,不得其详。时人庄绰记:"绍兴中,以财用窘匮,武臣以军功入仕者甚众,俸给米麦,虽宗室亦减半支给。其后半复中损,至于再三,遂至正任观察使才请两石六斗,唯统兵官依旧全支。"②也讲了不统兵武臣俸禄借减事。由于被借减俸禄官员的范围较广,不少官员找机会请求免于借减,高宗时和孝宗时,都曾下诏禁止乞求免于借减。隆兴元年,因战事,宰执使相各于已减俸三分之一的基础上再减四分之一,于是形成支给半俸的情况。俸禄借减不得其终。③

绍兴新禄令中折支与前有所不同。马端临记:"绍兴折色,凡禄粟每石细色六斗,随身、元随、傔人粮每斗折钱三十文,衣绸绢每匹一贯,布每匹三百五十文,绵每两四十文。"④当时物价,大约米每斗二百余文,谷减半,绸绢每匹三贯以上,官征折帛钱每匹约六贯,布每匹市价约一贯以上,绵每两约百文。以上折支,显然等于变相减俸。上文未言禄粟折支,实则也有折支,乾道六年时禄粟折为小麦、米,小麦每石折钱二贯文,⑤也略有亏损。料钱折支,文臣承务郎以上,"一分见钱二分折支,每贯折钱,在京六百文,在外四百文",承直郎以下"一半见钱一半折支,每贯折见钱七百文"。⑥ 武臣料钱是否折支、近臣是否折支,均失载。值得注意的是,不但正式俸禄有折支,赏赐也折支。绍兴二年规定,凡赐帛,除特殊情况外,一律每匹折支钱三贯。⑦ 绍兴十二年,又规定即便诏令支本色帛者,也一律折支,不过匹加给一贯。⑧ 这大约与折帛钱征调有关。南宋后期官员俸禄又有折支楮币的问题,其制不得其详。

俸禄制度也不是有减无增的。增俸见于记载主要有三项:"绍兴元

---

① 《宋会要·职官》五七之八〇。另参见同书五七之八八乾道六年八月二日条。

② 《鸡肋编》卷中。另同书又记从官初除衣赐减半。

③ 南宋官员俸禄颁给又要扣除头子钱,是一种变相减俸。郊赉颁给也有较大幅作削减。

④ 《通考》卷六四《职官考·禄秩》,又见《宋史》卷一七二《职官志》。

⑤ 参见《宋会要·职官》五七之八八。

⑥ 《通考》卷六四《职官考·禄秩》,又见《宋史》卷一七二《职官志》。

⑦ 参见《系年要录》卷五四。

⑧ 参见《宋会要·食货》五一之二八。

年指挥:馆职,寺监丞簿,评事,台法主簿,寺正司直,博士,添职钱一十贯。"①绍兴六年指挥:"五寺三监、秘书、大宗正丞,太常博士,著作、秘书、校书郎,著作佐郎,正字,大理寺正、司直、评事,台簿,删定官,检鼓奏告院,特支米三石,计议编修官,二石。"②绍兴三年,"诏无职田选人及亲民小使臣并月给茶汤钱十千,职田少者通计增给"。③ 显然,这些增添都是解决下级官员俸禄过薄生计困难的问题。

南宋公使供给实际已成为官员俸禄的组成部分,除京师官员享受职钱者钱,其他官员普遍享受公使供给,此事详见本章第四节所述。

从以上俸禄制度变化看,南宋官员俸禄水平比北宋是明显降低了。然而时人洪迈却有相反的议论。他谈到北宋仁宗时担任幕职官的黄庶俸禄是每月"粟麦常两斛、钱常七千",接着说:"今之仕宦,虽主簿、尉盖或七八倍于此,然常有不足之叹。若两斛、七千,只可禄一书吏小校耳。岂非风俗日趋于浮靡,人用日以汰,物价日以滋,致于不能赡足乎?"④据他所讲,南宋下级官员的俸禄水平比北宋仁宗时是大大提高了。然而他的话是很可怀疑的。首先,黄庶讲的俸禄实际只是料钱、禄粟,未计入本职添给和其他添给。而洪氏所讲七八倍于黄庶者,无疑是计入了各种津贴的。嘉祐、熙宁,下级官员俸禄确是有所提高,然而不可能提高七八倍之多。南宋下级官员俸禄中钱数可能增加较多,而洪氏也讲到物价上涨的问题,这是不容忽视的因素。综合有关记载资料,南宋中期物价约为北宋前期三倍以上。另外,不知洪氏是否将非法收入计入,南宋官员法外收入不少,这与俸禄是两码事。总之,讲南宋官员俸禄水平比北宋增加许多,是很令人怀疑的,然而南宋淳熙年以后有关记载多失,⑤就乾道年以前的情况看绝不是如此的。

---

① 《宋史》卷一七二《职官志》。另参见《宋会要·职官》五七之七二。
② 《宋史》卷一七二《职官志》。另参见《宋会要·职官》五七之七二。
③ 《中兴圣政》卷一四。
④ 《容斋四笔》卷七《小官受俸》,又《容斋续笔》卷一六《唐朝士俸微》也有此意。
⑤ 刘克庄《玉牒初草》卷一嘉定十一年四月戊辰黄序奏:"两淮、湖北、京西守倅之俸悉取铜会,州县小吏或折酸酒,或以铁钱,而又积压不支,……"所言仅为沿边州县小吏的俸禄,尚不足以说明普遍情况。

第三节　官员津贴、例赐、赏赐及胥吏支出

一、官员各种津贴开支

宋代以饮食为名的津贴种类较多,食钱、餐钱(包含在公使钱内者除外)、折食钱、厨料、茶汤钱等。

宋人记:"司马公编《通鉴》,久未成,或言公利餐钱,故迟尔。温公闻之,遂急结未了,故五代多繁冗。"①则司马光撰《通鉴》,除正式俸禄外,另给餐钱。

北宋末及南宋在京职事官又有厨食钱。《通考》《宋史》载,南宋"六部尚书而下职事官分等第支厨食钱,自十五贯至九贯,凡四等,并依宣和指挥。"程俱《麟台故事·禄廪》载:"宣和七年,讲议司措置,以合破太仓食纽价支钱,监少为第二等,厨食钱月十五贯;著作郎干办三馆秘阁为第三等,厨食钱月十二贯;丞、郎、著作佐郎、校书郎、正字为第四等,厨食钱月九贯。"陈骙《南宋馆阁录·廪禄》所载与之相近,惟监少厨食钱月十二贯,且无著作郎干办三馆秘阁一等。

厨食钱享受者仅见如上所述任馆职者,其与餐钱、厨食之联系亦难考详,但它与下文将要述及的折食钱却并非同指一事。《宋史》载南宋枢密院计议、编修官"第三等折食钱二十贯、厨食钱每日五百(月十五贯)",这说明折食钱、厨食钱是同时并存的。

折食钱,又称御厨折食钱,可能也产生于北宋末年。绍兴元年有臣僚上言:"昨以东京物价低贱,逐时减落,每月(御厨食)旋估支折。今来时物踊贵,尚循旧例,其所折钱往往增过数倍"云云,②即言折食始于东京

---

① 《朱子语类》卷一三四《历代》。
② 《宋会要·职官》五七之六六。

时,则即始于北宋,惟其所言折支原因或不可信。折食钱是由御厨给食演出的。祥符二年有诏:"纠察(在京刑狱司)官每日依审官院例御厨给食"。① 又据载,元丰改官制以前,带馆职者可"以职支破职食钱及御厨食之类"。元祐元年诏,试中入馆者"并破御厨食"。② 可知北宋时有些官员享受御厨给食待遇,其范围已难考详。御厨给食改为折食钱的确切时间既无考,究竟是否所有原御厨给食者均改支折食钱亦无法确知。惟绍兴元年有折食钱减半的规定,其具体裁减法为:"第一等折钱八十四贯六百二十文,减作四十贯文;第二等折钱七十四贯文,减作三十七贯五百文;第三等折钱六十八贯三百八十三文,减作三十五贯文……第十等三十一贯三百九十五文,减作十七贯五百文;第十一等三十贯九百文,减作十五贯文。"③从见于记载者看,享受折食钱者主要是参预修书(包括会要、国史、实录、玉牒、历法书等)的宰执及所谓局所官吏等,此外见于记载者还有枢密院属官、王府官等。④

食钱的颁给与上述餐钱、折食钱等有所不同,其对象范围较窄,通常是兼两种以上职务或担负繁难职务者。如祥符二年"诏定大理寺官食钱,判寺一人十五千,少卿一人十二千,断官八人十千,法直官二人六千"。⑤ 给大理寺官食钱,大约是因为他们事务繁难。元丰元年诏"差待阙、得替官权住俸员阙者,支本任俸给,若朝廷发遣以等第给添支、食钱,余官司依条牒差者惟给食钱"。⑥ 待阙、得替官权领职务,与现任官兼任别种职务类似,故支给食钱。宣和二年以前,三省礼房官受命处理学制

① 《宋会要·职官》一五之四五、《长编》卷七二。
② 《宋会要·职官》一八之五、七。
③ 《宋会要·职官》五七之六六。按,《要录》卷四五载:"诏局所官吏请御厨折仓(食)钱自八十千至二十千凡十一等并减半。"而《史》述"修书官折食钱监修国史四十千……并依自来体例"。讲"依自来体例"不妥,据其所言数额,当为绍兴元年裁减后新立体例,而陈骙《南宋馆阁录》则谓《史》文所载系绍兴四年诏书内容,或绍兴元年仅为原则性规定,四年又针对具体官员作了具体规定,但无论如何不是"依自来体例"。
④ 参见《宋会要》《通考》《宋史》所载及《宋会要·职官》一八之八九、一〇四及《系年要录》卷一八八等。
⑤ 《宋会要·职官》二四之三。
⑥ 《长编》卷二八九。

事,工房官受命处理坑冶事,尚书吏部官受命处理名籍事,州县官受命管勾学事等,都支给食钱。① 宣和二年罢禁此类滥支,但从法令措辞推论,官员受命处理与本职无关事务仍可得到食钱。建炎元年以前,知县兼兵职者有食钱,建炎元年又规定知县兼理弓手事"月给食钱三贯,候创置县尉到日罢"。② 绍兴三年规定,诸路提刑兼管常平事者"每月添支食钱五贯文"。③ 绍兴六年,诏和剂局、熟药所监官"遇入局日支食钱二百五十文"。乾道七年,因私盐盛行,设措置私盐官三员,"所差官每员除请受外每月各添给食钱并赡家钱共一百贯文"。④

见于记载者又有食直钱。《会要》载,元祐三年"诏横行使副无兼领者许兼宫观一处,月给食直钱,使十五千,副使十千,其宫观合破添支勿给"。绍兴二十六年,"诏实录院监门每月支破……食直钱一十贯"。⑤

熙宁年中,省吏兼局者有茶汤钱,省吏中两府堂后官是由品官充任的,则品官任省吏者享有茶汤钱。官卖历日,"卖历日官增食钱外更支茶汤钱"。⑥ 元丰年间,提举教习马军官,"月给茶汤钱二十千"。⑦ 设《会要》载,大观三年诏:"内外官司近来有免供职等人,依见任人例支破添给、茶汤钱之类,可令住罢。"则此时内外官员中有不少人享有茶汤钱。宣和七年讲议司奏言及,牛羊司、乳酪院监官、监门官各享有茶汤钱。⑧建炎三年诏:"官告院依禄令支茶汤钱各十贯文……其权官并依正官例。"⑨绍兴三年诏:"无职田选人及亲民小使臣并月给茶汤钱十千,职田少者通计增给。"⑩绍兴九年诏:"秘书省校《国朝会要》逐官每月给茶汤钱二十贯文。"《宋史·职官志》述南宋奉禄之制,言"职事官有……

① 《宋会要·职官》五七之六〇。
② 《宋会要·职官》四八之三三。
③ 《宋会要·职官》五七之六九。
④ 《宋会要·职官》二七之六六、三四。
⑤ 《宋会要·职官》一八之六三。
⑥ 《长编》卷二二〇。
⑦ 《长编》卷二九八。
⑧ 《长编纪事本末》卷一三二《讲议司》。
⑨ 《宋会要·职官》一一之六八。
⑩ 《皇宋中兴两朝圣政》卷一四。

厨食钱,职纂修者有折食钱……使臣(后加选人)职田不及者有茶汤钱。"①

文献中还有官员享受宅钱或房缗的记载。熙宁三年诏:"司农寺丞、簿无廨舍者,月给宅钱五千。"②其钱是以供官员租赁廨舍名义支出的。熙宁八年,"诏罢给在京官赁宅钱"③。据此,或享受宅钱者不限于司农寺官。又南宋绍熙二年令,环卫官由临安府颁给房缗,"每月将军支三十贯,中郎将二十贯",④其性质似与宅钱相近。

二、官员驿券、驿料颁给支出

驿券原本是官员出差津贴。《宋史·职官志·给券》载:

> 给券:文武群臣奉使于外,藩郡入朝,皆往来备饔饩,又有宾幕、军将、随身、牙官、马驴、橐驼之差。节、察俱有宾幕以下。中书、枢密、三司使有随身而无牙官、军将随。诸司使以上有军将、橐驼。余皆有牙官、马驴。惟节、察有宾幕。诸州及四夷贡奉使、诸司职掌祗事者,亦有给焉。京朝官、三班外任无添给者止续给之。京府按事畿内,幕职州县出境比较钱谷,覆按刑狱,并给券。其赴任川峡者给驿券,赴福建、广南者所过给仓券,入本路给驿券,皆至任则止。车驾巡幸,群臣扈从者,中书、枢密、三司使给馆券,余官给仓券。

据此,驿券颁给是有等级的,不但要顾及官员本人,还要兼顾其随从人员、交通工具。驿券有时又有馆券、仓券之别。大约馆卷官方负责安排住处,仓券则只负责饮食。除出差给券外,远程赴任者也给券。引文中"京朝官、三班外任无添给者止续给之"一句较令人费解。从别处记载看,是指一些不享受添给下级官员,以颁给驿券作为其在职津贴。又据记载,凭驿

---

① 《宋会要·职官》一八之二七。
② 《长编》卷二一四。
③ 《长编》卷二六九。
④ 《宋会要·职官》三三之三。

券可以得到钱、粮食，还有羊肉等。①

　　由于官员职务添支中包括多种实物添给，所以，有些君臣认为享受添支的官员不应再支给驿券。于是，有时为鼓励某些官员担任困难差遣，就在敕令中明文对驿券一事作特殊规定。如天圣元年八月，"陕西转运使范雍言：'沿边州军和籴入中军储，合差官往彼，请受外，乞给与驿券……'从之。"②天圣八年十二月，"诏自今御史台官并三司判官、开封府推判官差出勘鞫公事，或已请驿料外，并依旧支与本职添支。"③宋神宗在位时期，事故频多，涉及官员驿券的事也多，曾有二次群臣间关于驿券的争论。熙宁四年三月，诏遣著作佐郎章惇乘驿同夔州路转运司制置夷事。"中书欲支惇见任料钱、添支并给驿券。上批：'惇已请添支，又请驿券，恐碍条贯。检嘉祐以来至近岁例呈。'冯京言：'近方有此例。'王安石曰：'嘉祐、治平已有例。且陛下患人材难得。今无能之人享禄赐而安逸，有能者乃见选用，奔走劳费而与无能者所享同，则人孰肯劝。而为能如惇以才选，令远使极边，岂可惜一驿券。纵有条贯，中书如臣者亦当以道揆事佐陛下，以予夺驭群臣，不当守法。况有近例。'上曰：'有例须支与，兼其所得不过数百钱，不为多也。'"④章惇奉命出差，使命重要，主政者主张料钱、添支、驿券同时给，神宗有疑虑，下令核对已有规定。王安石认为能者多劳，可以三者同时支给。熙宁八年六月，宦官高居简奉命出差，请求请受之外支给驿券，"上曰：'……近岁或已有请受，又攀例求驿券。如高居简已请皇城司添支，及出，又攀例求驿券，竟不曾与。如吴珪在外久，然亦不曾与驿券。'安石曰：'凡奏举官勾当事，须藉材而勾当，出入须至陪费盘缠，不如安居守本职事，若使材者劳苦在外，而费用反不如不才者安逸

---

① 彭乘《墨客挥犀》卷一："旧制，三班奉职月俸钱七百，驿券，肉半斤。祥符中，有人为题诗写在驿舍门曰：三班奉职实堪悲，卑贱孤寒即可知。七百料钱何日富，半斤羊肉几时肥。朝廷闻之，曰如此何以责廉隅，遂议增月俸。"宋洪迈《容斋随笔》卷一六《三长月》："释氏以正、五、九月为三长月，故奉佛者皆茹素……官司谓之断月，故受驿券，有所谓羊肉者则不支，俗谓之恶月，士大夫赴官者辄避之。"

② 《宋会要·食货》三九之一〇。

③ 《长编》卷一〇九、《宋会要·职官》五七之三五。

④ 《长编》卷二二一。

而无费,则孰肯就奏举。今如高居简皇城司厚俸,不支驿券可也,然其在外劳苦,比只在皇城司安坐之人则有差,虽与驿券不为过。如吴珪俸薄,又自近岁内小臣出入,人人畏谨奉法,无敢受赂遗者,若劳而不恤,亦恐非圣政之善……'"①宋神宗显然认为,官员既有俸禄,就不必再给驿券。而王安石则认为,出差者既比别人多付出,就应该给驿券作为酬劳。

熙宁八年十月,权发遣河东转运使范子奇言:"近年非次朝旨差官时暂勾当,于俸给外增驿券,举天下言之,费耗不少,乞自今已有本任俸给者罢给驿券。""从之。"②范子奇主张俸禄、驿券不兼给,他的意见被采纳,因为其主张与上述宋神宗的意见相合。元丰四年夏四月,宋大军征讨泸州夷,"入内供奉官王怀正差管押军器往泸州,欲不停见勾当后苑西作,别给驿券。上批:泸州道路半在陕西,与广南不同。可止依条给驿券,或本任添支,入内省取问怀正妄陈乞以闻。"③宋神宗又一次坚持俸禄、驿券不兼给的原则,王怀正因此受到责备。但有时情况特殊,难免作变通。如,熙宁九年春正月,宋军讨伐交阯,"诏安南行营官吏虽已第支赐,其缘路驿券可更特支。"④熙宁十年春,宋军收复广源州,因急需州县官员,临时规定:"户曹兼理法,以正摄官文学、长史等充,任满与令、录,优其请给,更与驿券。以收复广源机榔置郡县,人惮行故也。"⑤宋徽宗大观三年三月十九日,诏:"驿料自来给乘驿传,以资道途之费,优假外祠,以益廪饩之丰。兹有常格,其何可紊?比来京见领职局等处,洎掌笺奏、点检、管勾文字、守分之类,已有月俸、添给外,更支驿料者甚多,安然坐局,贪冒驿程之赐,显属不当。除现任外处宫祠、岳庙外,余悉罢。如违,仰御史台弹纠以闻。"⑥这说明前此颇有并不外出就享受驿券颁给者,此时加以禁止。

有些小官有以驿券代充俸禄的情况。宋神宗元丰二年八月九日,

① 《长编》卷二六五。
② 《长编》卷二六九。《长编》卷二七〇熙宁八年十一月(十八日),"诏自今差官出外已支赐者毋给驿券,愿请驿券者不支赐"。也体现了这一原则。
③ 《长编》卷三一二。
④ 《长编》卷二七二。
⑤ 《长编》卷二八〇。
⑥ 《宋会要·食货》五一之三六。

"诏无料钱京官差知县、县丞者,给令、丞俸,罢添支驿料。"①可知,前此无料钱京官任知县、县丞以驿料代替了俸钱。宋徽宗大观三年九月十八日,户部尚书、详定一司敕令左肤等札子称:"承务郎未有立定料钱,厘务止破驿料。"②据此,此之前理务的承务郎也是以驿料代替了料钱。政和元年,有官员论及有些州郡因学生少,不愿设置教授,谓"京官有添支,选人有驿券,不过十数千耳"。③ 则京官教授无驿券,选人教授无添支。

宋仁宗嘉祐四年春正月,"三司使张方平上所编驿券则例,赐名曰《嘉祐驿令》。初内外文武官下至吏卒所给券皆未定,又或多少不同,遂下枢密院取旧例,下三司掌券司会萃[名数](多少)而纂集之,并取宣敕令文专为驿券立文者附益删改,凡七十四条,上中下三卷,以颁行天下。"④此书今佚,故无法知道驿券、驿料颁给的具体规定。记载中也不见驿券、驿料支出的统计数字。

三、官员的赙赠

赙赠略相当于近代的丧葬抚恤金。应当说明的是宋代除官员本人死亡家属可得赙赠外,官员近亲死亡或迁葬,官员也可得赙赠。

据《宋会要·礼·赙赠》《宋史·礼志·赙赠》记载,北宋时期官员本人死亡,所得赙赠折钱约为他的二至四个月的俸钱。如宰相月俸三百贯,赙赠得钱五百贯,绢百匹,法酒五十瓶,秉烛、小烛各五十条,湿香三斤(熙宁七年改为绢八百匹,布三百匹,生白龙脑一斤,秉烛、常料各五十条,湿香、腊面茶各五十瓶,米、面各五十石,羊五十口)。三司使俸钱月俸二百贯,赙赠钱二百贯,绢二百匹,酒二十瓶,羊五十口(熙宁七年改为

---

① 《宋会要·职官》五七之四二。
② 《宋会要·职官》五七之五四。
③ 《宋会要·崇儒》二之一七。
④ 《长编》卷一八九。参见《宋会要·方域》一〇之一四至一五、王应麟《玉海》卷六六《诏令·律令·嘉祐驿令》、陈振孙《直斋书录解题》卷七、《通考》卷二〇三《经籍考》、《长编》卷一八七等。

绢二百匹,酒十瓶,米、面各十石,羊十口)。少卿监月俸三十五贯,赙赠得钱百贯或五十贯,绢百匹或五十匹,米、面各五石,酒五瓶,羊五口(熙宁七年改为绢五十匹,酒三瓶,羊三口)。官员父母死亡,所得赙赠约为本人死亡的半数。如三司使父母死亡赙赠钱百贯,绢百匹或五十匹,酒十五瓶或十瓶,羊五口(熙宁七年改为绢一百五十匹,酒五瓶,米、面各五石,羊五口)。

赙赠颁给数额,熙宁七年、元祐四年二次削减。南宋初,一度宣布暂停,后来是否恢复及何时恢复,不见记载。但官员赙赠仍然存在,难以知晓得到赙赠者是依照制度,还是朝廷专门下了敕令。

立有特殊功勋或与皇帝有特殊关系的官员可能得到特殊的赙赠,或在规定数额之外另外增给。如赵普去世,赐其家绢、布各五百匹,米、面各五百石。宋仁宗时,王举正去世,赐其家黄金百两。宋英宗时,枢密副使王畴去世,赐其家白金三千两。宋徽宗时,蔡卞去世,赙赠外赐银绢各一千匹两。张商英去世,赙赠外特赐银、绢五百匹两。南宋高宗时,四川宣抚使吴玠去世,诏支赙赠绢一千匹。随又诏:"吴玠保守四川,忠勋显著,除已褒赠外,可特赐钱三万贯。"孝宗时,吴璘去世,赐其家银、绢一千匹两,钱五千贯。这些都超出了规定。

四、官员的例赐及赏赐支出

郊赉:宋朝在一般情况下,每三年皇帝亲自到南郊主持大祀,事后依固定规格给宗室百官军兵颁赐。《宋会要·礼·郊祀赏赐》详载了熙宁年中郊祀颁赏之制,内于数额尤详。大抵官阶高者可得相当月俸数倍,低者则与月俸相当。因其三年才行一次,故此收入同俸禄相比,较为微小。又据载,宋代官员郊赉有两次大的削减:一次是庆历二年,这次削减波及面较广,从记载看,削减幅度为三分之一至四分之一。[①] 另一次是南宋前期,严格讲,或许这是一个渐变过程,不是一时之事。据周必大淳熙六年

---

① 参见《宋会要·礼》二五之一四、《长编》卷一三七、《朝野杂记》甲集卷五《乾道郊赐》。

讲，"南渡以来郊赉比旧格例裁三之二……自乾道中特令全支，盖三郊于此"。① 可知南宋初期郊赉额曾削减三分之二。隆兴二年在此基础上又有削减。② 至乾道年中复旧，但此后似重又削减。宋朝官方一般将郊赉计入郊祀支费中，其详情见"祭祀支费"一节。

生日恩赐《宋会要·六二之一七》载："凡大臣生日……于阁门支赐分物……凡亲王、宰相、使相生辰并赐衣五事，锦采百匹，金花银器百两，马二匹，金涂银鞍勒。"蔡絛《铁围山丛谈》卷二："国朝礼大臣……宰相遇诞日，必差官具口宣押赐礼物。其中有涂金镌花银盆四，此盛礼也。"③真宗大中祥符八年，又创宰执生日赐宴例，王旦生日，"诏赐羊三十口、酒五十壶，米面各二十斛"，以为宴会之资。④ 后其他执政大臣也各有赐。又后罢宴会而赐物如故。生日恩赐享有者，似仅限于宰执及使相。

初除、见辞恩赐：据《宋会要·礼》六二之一七载，自宰执下至中书舍人初拜中谢日赐衣、带，⑤学士、中丞以上另赐鞍勒马。又李焘记，真宗祥符年中参知政事初除入谢日，依例"所赐之物几三千缗"，⑥又小说中言及南宋孝宗时，赵雄入为宰相，"例赐白银百锭（计二千五百两）"。⑦ 如所记有史实根据，则宰执例赐或不止衣、带、马。又《宋史》载，北宋时王府记室"初到官例得金缯之赐二百万"。⑧ 不详此赐是出自王府还是出自朝廷。除上述外，李焘又记，明道二年，"诏三司判官、开封府判官、群牧判官、审刑院详议官自今告谢日，并令阁门取旨，赐章服。"又翰林学士初

---

① 《周益国文忠公奏议》卷九《论郊赉》。

② 《宋会要·礼》二五之二三。

③ 按，《长编》卷二〇〇亦载："故事，执政生日皆有赐予。"又叶梦得《石林燕语》卷六："生日赐礼物，惟亲王、见任执政官、使相，然亦无外赐者。"宇文绍奕考异云。"使相虽在外。亦赐。范蜀公内制，有赐使相、判河阳富弼生日礼物……"另苏颂《苏魏公文集》卷二二《内制》有拟赐知枢密院事安焘、门下侍郎孙固、中书侍郎刘挚、尚书右丞许将等生日诏文，内言"今赐卿生日羊酒米面等具如别录"云云，也可证除亲王、宰相、使相外，其他执政大臣也有生日例赐。

④ 《长编》卷八五、《宋史》卷一一九《礼志》。

⑤ 赐带之制可参见《宋朝事实类苑》卷二五《赐带》《赐金带》。

⑥ 《长编》卷七八。

⑦ 《宋人轶事汇编》卷一七引《梦占类考》。

⑧ 《宋史》卷三四八《石公弼传》。

除,例得赐马。江少虞记:"旧规云,学士新入院,飞龙赐马一匹,并鞍辔及刍粟,谓之长借,今则赐马并鞍辔。"据此,翰林学士初除赐马系由长借演变而成。又苏轼元祐年中有"赠李方叔赐马券",亦言及"初入玉堂,蒙赐玉鼻骍。今年出守杭州,复霑此赐。"①南宋时,财计窘匮,初除赏赐减半支给,绍兴二年,某官员出任吏部侍郎,赐目上写"马半匹,公服半领、金带半条、汗衫半领、袴一只"。② 传为笑谈。

又据《宋会要·礼》载,使相、节度使自镇来朝入见日,朝辞日,观察使至刺史、诸司使统兵者赴任日,各赐衣、带,防御使以上另赐鞍马。文武臣僚知判府州军监,出任转运使副、都监、巡检、通判、军监使等,赐衣,复赐绢自五十匹降至十匹分四等。朝臣、京官、使臣被差往外地推勘公事,朝辞日赐钱十贯。又据《宋会要·仪制》九之一载,真宗大中祥符八年宋廷规定,"文武官差出朝辞赐绢者,起今每疋给钱一千充直。"复据李焘记:仁宗明道二年,"赐新楚州都监、内殿崇班薛俊银百两,仍诏自今内殿崇班(大使臣)至诸司使为都监者,并如例赐之。"③不详赐银与赐衣、绢是何种关系,又相近种类的官员是否也得类似例赐。又据李焘记,当官员差遣与资序不符时,又有朝辞分物照顾资序的规定。④

节序支赐:据《宋会要·礼》《宋史·礼志》,每年正旦、立春、寒食、端午、夏至、伏日、重阳、冬至等节日,赐给官员羊、酒、米、面、点心、冰等。据程俱、陈骙记,宰执、三司使及中丞、学士等每岁又得赐新茶。⑤ 遇大庆、节日又有官费聚餐、宴会等。⑥ 这些节序支赐,受益面虽颇广,经济意义却很有限。但据李心传记,南宋时讲读官所得似稍优:"讲读官三大节料,大观文钱五十千,酒十瓶;大资政以上钱百千、酒十瓶,从官钱五十千、酒六瓶,余官钱三十千,酒三瓶。"⑦北宋时见于记载者或差于此。

---

① 《金石萃编》卷一三九。
② 参见庄绰《鸡肋编》卷中。
③ 《长编》卷一一三。
④ 《长编》卷一八七、一九一。
⑤ 《麟台故事》卷五《恩荣》、《南宋馆阁录》卷六《故实》。
⑥ 参见《宋会要·职官》三之二四及《东京梦华录》卷六至一所载。
⑦ 《朝野杂记》甲集卷九《中兴讲读官节料》。

　　时服:官员享受时服颁给与衣赐一样,每年春冬各有一次,但此外又有诞圣节(皇帝生日)一次,衣赐实际颁给绢布绵,而时服则颁给衣物。江少虞《宋朝事实类苑》卷二五《赐衣服》:"国朝之制,文武官诸军校在京者,端午、十月旦、诞圣节皆赐衣服。其在外者,赐中冬衣袄,遣使将之。"据载,五代旧制,时服"止赐将相、学士、诸军大校",至建隆三年(一作二年),太祖始令所有文武常参官均赐给时服。① 又据载,宋初只赐单衣(大约即罩衣),自太祖时始改依季节有单有夹有绵。《宋会要·礼》六二、《宋会要·仪制》九较详细地记录了北宋元丰改制以前各种文武官员的时服等级颁给制度,它相当复杂,宋人曾作归纳,谓"袍锦之品四""旋襕之品十",从记载上看,抱肚、汗衫、裤子、扇子等也都有严格的等级区分。北宋元丰改制以后及南宋,大约也沿袭北宋改制前旧制之基本精神。程俱、陈骙记载北宋后期及南宋秘书监官员得赐时服规定,与前述北宋元丰改制前有。

　　封建国家颁给官员赏赐,是正式俸禄以外的用于官员方面的支出。清人赵翼留意到宋时此项开支,他摘引史书,作了如下综述:

　　　　宋制,禄赐之外,又时有恩赏。李沆病,赐银五千两;王旦、冯拯、王钦若之卒,皆赐银五千两,此以宰执大臣也。雷有终平蜀有功⋯⋯既殁,宿负千万,官为偿之,此以功臣也。戴兴为定国军节度使,赐银万两,岁加给钱千万;王汉忠出知襄州,常俸外增给钱二百万,此以藩镇大臣也。若李符为三司使,赐银三千两;李沆、宋湜、王化基初入为右补阙,即各赐钱三百万;湜知制诰,又赐银五百两、钱五十万;杨徽之迁侍御史,赐钱三十万;魏廷式为转运使,赐钱五十万;宋博为国子博士,赐钱三十万。班仅庶僚,非有殊绩,亦被横赐。甚至魏震因温州进瑞木作赋以献,遂赐银二千两,毋亦太滥矣! 仁宗崩,遗赐大臣各直百余万⋯⋯南渡后⋯⋯蜀将郭浩、杨政各赐田五十顷。魏胜战死,赐银千两、绢千匹、宅一区、田百顷。吴璘卒,高宗已为太上皇,赐

---

① 《长编》卷三、《宋会要·仪制》九之三一、《宋朝事实类苑》卷二六引《玉壶清话》。

银千两。盖南宋辐员狭而赋税少,匪颁亦稍减矣。①

赵氏所言,难免挂一漏万,却大致已能说明赏赐官员开支是有一定数量的。有些情况应略作补充。据曾布记,哲宗去世,赏赐宰臣、执政黄金各数百两、珍珠各数万颗,绫锦罗绢各数十匹,另有犀带等物,②较之仁宗时又有增加。又如赐第,在两宋却见记载。如太祖建隆四年,赐荆南降臣高保绅等九人各宅一区。乾德三年,赐静江军留后郭延谓宅一区。③ 真宗咸平三年,杨允恭卒,赐钱二十五万、绢百五十匹之外,又命扬州官造第一区赐其家。④ 大中祥符元年,赐枢密使陈尧叟宅一区。⑤ 此后至南宋,颇有类似事例。⑥ 陆游记:"蔡京赐第有六鹤堂,高四丈九尺,人行其下,望之如蚁。"⑦其蠹国耗财可知。时官员张根上奏论此事道:"为今之计,当节其大者,而莫大于土木之功。今群臣赐一第,或费百万。臣所部二十州,一岁上供财三十万缗耳,曾不足给一第之用。"⑧南宋绍兴十五年,宋高宗赏赐秦桧甲第一区,入住之时,赐"银一万两,绢一万疋,钱一万贯,彩一千疋,花一千四百朵,金银器皿、绵绮帐褥等六百八事"。⑨

出使敌国,赏赐较为优厚。南宋前期出使金国贺生辰正旦者,正使赐钱千缗,副使八百缗,银绢各二百匹两,随从官员五十人,各赏赐有差。⑩官员们因考绩优秀获赏,本书有关各章节已述,此不重复。官员赏赐岁支总额未必很多,但名目繁多,难以估算其数。还应说明,赏赐有时由内藏等库支出,这一部分实际是皇室支费的分支。

_____

① 《廿二史札记》卷二五《宋恩赏之厚》。

② 参见《曾公遗录》卷九。

③ 并见《宋会要·方域》四之二二。按同书四之二二至二记载赐宅第整合数十则,包括赐给王安石等,可参见。《宋会要·食货》六一之四七至五五《赐田》内也有若干例赐宅事例。

④ 参见《长编》卷四七。

⑤ 《宋会要·方域》四之二二。

⑥ 参见《苏学士文集》卷一一《论宣借宅事》。

⑦ 《老学庵笔记》卷五。

⑧ 《宋史》卷三五六《张根传》。参汪藻《浮溪集》卷二四《朝散大夫直龙图阁张公行状》,参见《黄氏日抄》卷六六《龙图张公行状》。《宋史》卷一七九《食货志·会计》引作"如人臣赐第一第,无虑数十万缗;稍增雄丽,非百万不可"。

⑨ 《宋会要·礼》六二之六五、《系年要录》卷一五三。

⑩ 参见《朝野杂记》甲集卷三《奉使出疆赏赉》。

五、吏人、公人及役人支费

在宋代,不入品的小吏、公人,包括服职役者,其数量要比入品官吏多得多。朝廷中央各机构中,都有大量的吏人,通常名为书令史、孔目官等。北宋元丰改官制以前,尚书都省、三司各有上千的吏人。改为省部寺监体制以后,吏人的数量也未减少。路、州、县三级也都有众多的吏人、公人。据赵彦卫《云麓漫钞》卷一二《国朝州郡役人之制》及《淳熙三山志》《嘉定赤城志》等地方志的记载,路、州、县的吏人、公人职名有押司、孔目、书表司、兵马指挥使、院虞候、通引、客司、贴司、书手、造帐司、祗候、散从官、斗子、狱子、拦头、里正、户长、耆长、乡书手、承帖、壮丁等。其中地位高者称为"吏",地位低者称"公人"。

在行免役法以前,这些人可分两大类:即官府长期雇用者和百姓服职役者。无论哪一类,都没有固定俸禄。北宋沈括讲:"天下吏人,素无常禄,唯以受赇为生,往往致富者。"①真宗咸平初年,裁省天下冗吏,"计省十九万五千八百二人"②,显然大部分是这些不入品的小吏、公人。据刘安世讲,英宗治平年间全宋共有任职役者五十三万六千余人,元祐年中则有四十二万九千余人,③其数量是颇为惊人的。沈括又言:"熙宁三年,始制天下吏禄,而设重法以绝请托之弊。是岁京师诸司岁支吏禄钱三千八百三十四贯二百五十四。岁岁增广,至熙宁八年,岁支三十七万一千五百三十三贯一百七十八。自后增损不常,皆不过此数。京师旧有禄者及天下吏禄皆不予此数。"④沈括所讲当不包括服职役者。熙宁六年,王安石曾向神宗提出:"天下吏人当尽为之赋禄。"神宗表示赞同,只是讲"役法未就,未有钱应副耳"。⑤ 至此年底,据载,"时内自政府百司,外及监司诸

---

①　《梦溪笔谈》卷一二。
②　《长编》卷四九。
③　参见《宋会要·食货》一三之三四。另据《宋大诏令集》卷一九《州县官吏当直人诏》推算,北宋前期州县官当直杂职、手力、厅子等,共有四万至八万人。
④　《梦溪笔谈》卷一二。
⑤　《长编》卷二四二。

州,胥吏皆赋以禄,谓之仓法。京师岁增吏禄四十一万三千四百余缗,监司、诸州六十八万九千八百余缗,然皆取足于坊场、河渡、市例、免役宽剩息钱等,而于县官岁入财用初无少损,且民不加赋而吏禄以给焉"。① 所谓民不加赋是虚,于县官岁入无少损却大体近实。此处所言,当也不包括原由服职役者充当者。至元祐二年,户部上奏言:"中都吏禄(按,此专指品外小吏之禄)岁计缗钱三十二万,法当以坊场税钱及免行、市易司市利、僧道度牒等钱充,会元丰七年所入才二十三万,兼以系省钱给。今议罢市易,则市利钱随废……""诏以坊场税钱尽充吏禄,毋得他用。"②这说明元丰末年原定充吏禄的坊场税钱等项收入不敷额,不得不以别项系省钱补足,元祐初罢行新法后,所缺更甚,乃改立新制。③ 元祐三年底,大臣李常又言:"先帝以人吏无禄为不足以责其廉,遂重其罚而禄之。今省台寺监人吏无虑二千四百余人,百司库务又二千三四百人,岁费钱斛举数十万,当时利源指以充吏禄者,十无一在,至侵县官常费以足之。"④他的话也反映了罢废新法后吏禄来源发生困难的问题。据他所言,时京师省台寺监及百司库务(不含开封府及属县)计有这种吏人近五千人,与在京入品官吏总数接近。

　　神宗时行免役法,职役改差为募,随着免役钱收入进入财计,募役钱的支出也就列入财计。募役开支数量是颇大的,前述熙宁九年募役等共支金银钱斛六百四十八万余贯石匹两,后元丰七年,免役钱岁收数较熙宁九年增三分之一,募役钱支出数失载,当也较前有较大增加。南宋时乡村职役恢复了差法,然而州县以上吏人仍全行雇募,且其员数仍不在少数。据载,绍兴二十六年,浙东七州吏额四千人,"而私名往往一倍于正数,民甚苦之"。⑤ 这些小吏维持着各级官府的正常运转,同时也难免营私舞

　　① 《长编》卷二四八,又见卷二一四注文引《刑法志》《食货志》。

　　② 《宋会要·职官》五七之九五。

　　③ 按,原充吏禄者并非坊场收入之全部,从记载看,坊场钱岁入三百至五百万贯,元祐二年改制,吏禄全部取之于坊场钱,仍有余剩。

　　④ 《长编》卷四一九、《宋会要·职官》五七之九五。又元丰年中,刘谊讲广南吏人请给"上同于令录,下倍于摄官","庸钱太厚",不知是否有普遍性(见《长编》卷三〇一、三二四等)。

　　⑤ 《朝野杂记》甲集卷一二《州县吏额》。

弊,上蠹国家,下害百姓。宋朝因官制所致,官员调动频繁,多不能久任,小吏却能久在一处,官员于所管之事多不熟悉,不免受制于小吏。于是便有"大官拱手,惟吏之从"①的情况,造成"官弱吏强"②的局面。胥吏们往往互相勾结,营私舞弊,鱼肉一方。这不但使财政更加混乱,而且使政治更加黑暗。

军兵、皇室,官吏三方面的开支构成宋朝财政开支的基本部分。从数量上讲,其他方面的开支都无法与这三方面的开支相比拟。

第四节　公使库钱财、公用钱(公使钱)与公使供给

公使钱支出是官僚机构支费的主要体现。有相当一部分官员可从公使库得到数额可观的津贴,所以,我们不得不从公用钱入手,讨论一下公使库钱财、公用钱(公使钱)及公使供给。

一、公使库钱财的性质、用途及公使钱定额

公用钱后又称公使钱,本为各级官署办公之费。储存这部分钱财的库名公使库,朝廷对进入公使库的钱财管理较为松弛,这部分钱财分为三部分:一是朝廷正赐钱,它源于财政拨款;二是定额内自筹钱财;三是定额外自筹钱财。官署长官对公使库钱财的支配能力较大,公使库钱是不系省钱,使用时不须申报朝廷,长官签署即可。因而时人普遍地认为进入公使库的钱财与进入国库(左藏库、州郡军资库)的钱财是性质不同的。公使钱通常可以用以置办桌椅器具,可以用以修补官署房屋,可以用来举行

①　叶适:《水心别集》卷一二《法度总论》。
②　《宋会要·职官》六〇之三九。

宴会,可以用以迎来送往,还可用以往敌方派侦探,甚至有的地方官用公使钱为失去佑护的士大夫遗女办婚嫁事的。① 这后两项是沿袭前代,唐代有公廨钱,与宋代的公使钱性质接近。宋代逢年过节或遇喜庆等,官员、军队常有聚会宴饮,其费用照例由公使钱开支。宋真宗大中祥符六年,"诏广州知州给添支钱,自今以七十万为添支,五十万为公用"。② 作出此项规定的原因是:"时言事者云,广州本无公用钱,而知州月给十万,盖兼备公费,而长吏以其名为添支,但以自奉,宴设甚稀,故特为定式。"③ 这里的公用钱即公使钱,公用钱是备公费的,于中宴设又是其中大项。南宋郑兴裔讲:"祖宗时,因前代牧伯皆敛于民以佐厨传,是以制公使钱以给其费,惧及民也。"④即是讲公使钱可用于宴饮。公使钱又用于迎来送往,招待客人。范仲淹在上奏中曾讲:"国家逐处置公使钱者,盖以士大夫出入及使命往还,有行役之劳,故令郡国馈以酒食,或加宴劳,盖养贤之礼不可废也。"⑤王明清则谓:"太祖既废藩镇,命士人典州,天下忻便,于是置公使库,使遇过客必馆置供馈,欲使人无旅寓之叹,此盖古人传食诸侯之义。下至吏卒,批支口食之类,以济其之乏。"⑥所言过客,自非平民,乃指官吏,即讲公使钱可用于招待过往官吏及其随从。

由于宋初以来对公使钱如何支用规定得不够明确,公使钱用途又过于广泛,导致了宋仁宗庆历年间的"公使钱"事件。当时范仲淹等正拟推行新政,不料支持新政的不少官员包括文臣尹洙、滕宗谅,武臣狄青、张亢等都被弹劾,被指都犯了贪赃罪,而宋代官员犯贪赃罪是很严重的事。一追究,方知实际上都是支用公使钱不当。而实际上,这些人都在边疆任职,都想积极有为,他们支用公使钱也是用于为国为民的正事。由于某些

---

① 《长编》卷二〇五记知开封府沈遘以公使库钱嫁"女子孤无以嫁者"数百人。
② 《长编》卷八〇。
③ 《长编》卷八〇。
④ 《郑忠肃奏议遗集》卷上《请禁传馈疏》。
⑤ 《范文正公奏议》卷上《奏乞将先减省诸州公用钱却令依旧》。文又见《宋文鉴》卷三五。
⑥ 《挥麈后录》卷一。

当权者别有用心,这些人都被贬官。① 这时又发生所谓"进奏院事件"。主管进奏院的苏舜钦(新政支持者、宰相杜衍的女婿)用公使钱和卖废纸的钱举办宴会,被指责铺张酗酒、行为放荡,苏舜钦及与会者(多为支持新政者)都被贬降。这两件事使支持新者受到严重打击,成为导致新政失败的重要原因。南宋思想家叶适评论此事说:"如滕宗谅、张亢因用公使钱过当,至为置狱劾治。范〔仲淹〕始觉其非,以去就争之,虽幸而狱不竟,而小人窥伺间隙,外则尹洙货部将,内则苏舜钦卖故纸,方纷纷交作。诸人之身,几不能自保。且元昊反,败军杀将,殚困天下,曾不知所以为谋,乃以公使钱数十百万持英豪长短,而陷之死地耶。"②反对范仲淹新政、利用公使钱问题陷害人的事后来受到舆论的谴责,这给宋朝当权者提出了一个难题,即如何加强对公使钱的管理,此后,关于公使钱的法令不断颁布。

加强对公使钱的管理,就要确定各官署的公使钱数额。其实此事早在宋真宗在位时期就已开始着手做了。各官署高低不同,情况各异,公使(公用)钱数额自有等差。在京官司因高下轻重及特殊需要而有高低,外路则边郡(须犒设军员及结好外族)与交通要道处州郡公使钱额高些,知府州军官品高者公使钱额也较高,其他则低些。州以下不设公使库,县道官吏公使供给由州郡支给。公使钱额宋初大体沿用旧制。至大中祥符元年,"诏差定诸州军公用钱"。③ 据陈傅良记,宋仁宗天圣九年对公使钱有较大举措:

> 自天圣九年,上下因循,全无检括,纵有大段侵欺,亦无由举发,为弊滋多,遂乞专置司驱磨天下帐籍。自专置司,继以旁通目子,而天下无遗利,而公使钱始立定额,自二百贯至三千贯止。州郡所入,才醋息、房园、祠庙之利,谓之收簇。守臣窘束,屡有奏陈,谓如本州额定公使钱一千贯,则先计其州元收坊场、园池等项课利钱若干,却

---

① 参见《长编》卷一四六等处记载。
② 《习学记言》卷四七《吕氏文鉴》。
③ 《宋会要·食货》三五之四六。按,据《宋史》卷一七二《职官志·公用钱》前此淳化元年九月,"诏诸州军监[三泉]县无公使处,遇诞降节给茶宴钱",自百贯递减至十贯。

以不系省钱贴足额数。然诸项课钱逐年所收不等，或亏折不及元数，而所支不系省贴足之钱更正增添，则比额定数有不及一半者。此其所以窘束也。①

据此，确定公使钱数额，是从州郡开始的，后来扩展到中央各官署。熙宁年中，复修立各路州军公使钱额。时有人提出："司农定诸州所用公使钱奢俭各不中礼，甚者或至非理掊克。今当量入为出，随州郡大小立等，岁自二百贯至五千贯止。若三京、[西北]三路帅府，成都、杭、广自来所用多者增其数……诏从之。"②熙宁八年八月，宋廷下令编定《省府寺监公使例册条贯》。③ 至元丰初年，又条定在京各官署公使钱额："三司、开封府岁万缗，司农寺三千五百缗，将作监三千缗，都水监二千五百增，群牧司、军器监、都提举市易司各二千缗，兵部千五百缗，刑部除旧大理寺月支钱外千缗，国子监七百缗……其不该裁定处依旧。"④(关于元丰改官制前各官署公使钱额情况，参见书末附表37)此次修订之后，大约在京官署实际数量有所增加，外路州军实际数量有所减少，主要是由于把各州军原正赐钱以外的公使库收入计入正赐钱额。据元祐年中三省上言，在京职事官公使钱总额治平年中岁支十六万缗，至元祐初年增至七十五万缗。⑤ 元祐三年末，宋廷又增加了部分州府的公使钱，而减少了部分刺史以上、使相以下武职的公使钱。⑥ 徽宗大观年中，又增立学职公使钱，其诏文言："[学职]公使钱(外任给，内曾任执政官已上不限内外并给)：观文殿大学士曾任宰相，钱一千五百贯；观文殿学士、资政殿大学士、资政殿学士、端明殿学士，曾任宰相、执政官一千贯，余七百贯；龙图、天章、宝文、显谟、徽

---

① 《通考》卷二三《国用考》引止斋陈氏曰。另《宋会要·礼》六二之二三至二四所录应是宋真宗、仁宗时期各官署公使钱定额。

② 《长编》卷二一九。按，《通考》卷二三《国用考》记为"自二百员至三千贯止"，"三"应为"五"之讹。据《宋会要·礼》六二之二三至三、苏轼《东坡奏议》卷一二《申明扬州公使钱状》，不少府州军岁额都超过五千贯。

③ 《长编》卷二六七。

④ 《长编》卷二九六。又《宋会要·礼》六二之二三至三〇记载，元丰初年三京及诸府州军监公用钱岁额及在京各官司月额或岁额，可参见。

⑤ 参见《长编》卷四一九、《九朝编年备要》卷二二。

⑥ 参见《长编》卷四一九。

猷阁学士、直学士、待制,枢密直学士及太中大夫已上,五百贯,已上兼安抚、经略使或马步军都总管、兵马都钤辖,各加钱一百贯。"①学职多为兼职,其公使钱如何使用未见记载,疑此项实为兼学职的一种变相津贴。

从本书末附表37可以看出,公使定额大部分是以岁计的,但中央机构起初多是按月给的。有些机构的情况更为特殊,如中书(政事堂)的宰相是按月给厨钱。三司使起初也是按月给厨钱的,后来改按岁给,钱数也减少了许多。州郡之间,定额相差悬殊。见于记载最多的是北宋中后期的熙州,它的岁额达四万五千贯,因为它是军事要地。次于它的有成都,岁额三万贯,因为它是西部重镇。北方前沿的雄州、定州,岁额都曾超过万贯。而一般不重要的内地州郡,岁额只有数百贯。从记载看,规模相当的官署宋廷都为它们规定了公使钱定额。值得注意的是,宋廷为一些临时性机构也规定了公使钱额。例如,宋神宗熙宁九年正月,征讨交阯,临时设安南行营,"赐安南行营副都总管燕达公使钱千五百缗,八军将副逐军五百缗。"②元丰五年二月,"诏提举熙河等路弓箭手营田蕃部共为一司,隶泾原路制置司。许奏举勾当公事官一员,准备差使使臣三员,给公使钱千缗。"③同年四月,创设河北提举义勇保甲司,"赐河北提举义勇保甲狄谘每年公使钱千缗,专给犒设。"④南宋绍兴二年四月,任命宰相兼知枢密院事吕颐浩为都督,随即定都督府公使钱"每月支给二千贯"。⑤ 绍兴十年五月,临时任命刘光世为三京等路招抚处置使,随定每月支给公使钱二千贯。⑥ 这说明,无论常设还是临时增设,只要达到一定级别,都颁给公使钱,且都有定额。

这里应特别言及武臣节镇官的公使钱。由于宋代节镇官的幕僚改为朝廷命官,幕僚们已不再对节镇官负责,多数节镇官更不在本节镇驻地。

---

① 《宋大诏令集》卷一七八《允户部尚书详定一司敕令左肤乞立学士至直阁以上贴职钱御笔》。

② 《长编》卷二七二。

③ 《长编》卷三二三。

④ 《长编》卷三二五。

⑤ 《宋会要·职官》三九之一。

⑥ 《宋会要·职官》四二之六七。

成为所谓"遥郡",节镇官署的性质发生了根本性改变。因此,节镇官公使钱的用途也随之改变。因为府州官署已有公使钱支出,故节镇官的公使钱相沿成例可以自己享用,特别是皇亲、国戚、勋臣等出任节度使至刺史藩镇官时,其公用钱"例私以自奉",①"得私入"。② 名正言顺地成为俸禄的一部分。

从记载看,朝廷规定的州郡的公使钱额往往远远不够。庆历年间,尹洙任知渭州,渭州地处西部边疆,驻军较多。据尹洙讲,渭州每年需要公使钱在四千贯以上,能筹到的公使钱只有二千贯,所缺部分前任"张亢在任日,并邻近州郡泾州郑戬、庆州滕宗谅将银往西川收买罗帛及买上京交抄并令人解州搬盐,计三处回易。郑戬亦将银于西川及秦州收买罗帛并买上京交抄,亦是三处回易,即不令人于解州搬盐。洙……体问得诸处及本州自来并是于军资库或随军库支拨系官钱作本回易,有此体例……借出钱二千贯、银五百两,委是洙在任日借出。"③据此,渭州、泾州、庆州公使钱均不够用,需通过回易补足。嘉祐年间,包拯上奏讲瀛州的情况,谓:瀛州"路当冲要,使介相望,迎劳供费之繁,因循浸久……勘会本州公使钱每年二千贯,凡百用度尽出其数……臣遂将前任自皇祐元年八月至皇祐四年八月终,三周年计算,约费用过钱三万三千贯文省,是每年约用钱一万一千贯文……臣设于用度中量减其半,则每年尚使钱近六千贯,除省钱外亦少四千贯文。若依近降指挥广务回易,亦恐所得不能满数。况又河朔连岁不稔,水涝未已,民力重困,岂忍过有诛削以诒不虞之谤哉。"④元祐七年前后,苏轼受命任知扬州,他也曾上奏论本州公使钱不足,其言:"勘会本州公使额钱每年五千贯文,除正赐六百贯,诸杂收簇一千九百贯外,二千五百贯并系卖醋钱……每年公使额钱只与真、泗等列郡一般,比之楚州少七百贯……杭州公使钱七千贯而本州止有五千贯,显是支使不

---

① 《宋史》卷四六四《外戚传·向经》。
② 《宋史》卷四六四《外戚传·李用和》。按,据王巩《闻见近录》,宋太祖曾允诺藩镇"以钱代租税之人,以助尔私",后来藩镇公使钱得私用,原于此。
③ 《河南集》卷二五《分析公使钱状》。
④ 《包孝肃奏议集》卷七宋包拯《论瀛州公用》。

足。"①奏文表明,所谓正赐钱特指朝廷拨款,数量很少,扬州的正赐钱数只相当朝廷规定公使钱额的八分之一,其他靠杂收钱和卖醋钱。南宋中期任知福州的赵汝愚上奏又言及本州公使钱情况,他说:"臣检国朝会要,诸州军岁赐公用钱皆有定数。且如福州国初岁赐钱仅五百贯,熙宁五年始增定为二千贯,至绍兴九年,本州守臣有请以升改帅府,增置官属,岁用不足。有旨每岁更给钱一千贯,通计每岁不过三千贯而已。臣略计本州近年支费每岁率用钱七万余贯,过于岁额二十余倍多。是于系省钱内取拨,全无限制。询之诸郡事体略同……"②他讲的福州的情况令人惊叹,实际支出数竟是朝廷定额的二十余倍,而且明言不足部分系于系省钱内挪用。他还讲,"询之诸郡事体略同",即其他州郡与福州的情况大抵类似。这使人又联想到与他同时的郑兴裔的如下议论:"臣窃考祖宗时,因前代牧伯皆敛于民以佐厨传,是以制公使钱以给其费,惧及民也。然正赐钱不多,而岁用率数十万,每岁终上其数于户部,率以劳军、除戎器为名,版曹虽知之而不较。即如维扬一郡,岁输朝廷钱不满七八万缗,而本州支费乃至百二十万缗。势不至使小民殚其地之出,尽其庐之入,剜肉割髓而无以应不止。"③鉴于此,宋廷多方设法限制公使库创收,防止地方官将不该入公使库的钱转入公使库,在财政困难时,更时时下令将原属公使库的钱财上缴朝廷。④

依照惯例,州郡以下不设公使库,亦无公使钱定额。但是,有些边境地区的城、寨因为驻军,也颁给公使钱,立有定额。例如,宋神宗元丰五年,宋廷诏给葭芦寨公使钱岁七百贯。(《长编》卷三二七)元丰七年,"诏赐多星堡公使钱岁百五十千"。(《长编》卷三四四)宋哲宗元祐二年,有官员上奏讲:"葭芦、吴堡二寨限隔大河,深在贼境,创建以来,困弊河东,

---

① 苏轼:《东坡全集》卷六二《申明扬州公使钱状》。

② (明)杨士奇等:《历代名臣奏议》卷一九二《节俭》知福州赵汝愚奏便民事宜曰。

③ 《郑忠肃奏议遗集》卷上《请禁传馈疏》。

④ 如经总制钱中就有原属公使库的钱。又如《宋会要·食货》六四之一一三载,淳熙三年,宋廷又下令将原来承例拨隶公使库的一分五厘钱、二分折酒钱等"封桩以备水旱兵革之费"。

而实无益于国家。二寨公使钱每年各二千余贯。"(《长编》卷三九七)绍圣四年,边帅章楶上奏中言:"昨奏大城寨岁给公使钱一千缗,小城寨五百缗。今好水寨比石门寨,虽小,缘所置官比石门所减员数不多,乞每岁添作一千缗为额。""诏并从之。"(《长编》卷四八六)从上引事例可知,这些边境城寨支用公使钱数额颇大,甚至有超过内地一般州郡者。

二、公使库造酒与公使馈遗(苞苴)

朝廷拨给的公使正赐钱太少,远不够使用,朝廷规定的公使钱额与正赐钱数之间的差额需要官署自己设法解决。朝廷允许官署通过创收弥补公使钱的不足,而没有对创收作出数额上的限制,这使有条件的官署特别是州郡官署积极设法创收。创收常见的是造酒、造醋,不少州郡都有公使酒库、公使醋库,前述北宋时扬州就以卖醋钱补足正赐钱与朝廷定额间的差额。开当铺也较常见,但与常平司的抵当业有冲突,故受到限制。有经营房地产的,因与官营楼店务冲突,故受到抑制。也有经营商业的,或设法通过增设商税税场谋利的,但受到朝廷限制。也有经营手工业出卖产品的,有在官署院内种植蔬菜谋利的,后都被朝廷下令禁止。李心传记:公使库"正赐钱不多,而著令许收遗利,以此州郡得以自恣。若帅宪等司,则又有抚养、备边等库,开抵当、卖熟药,无所不为,其实以助公使耳。"[①]

既然按惯例公使钱的主要支出之一是宴饮,那么用公使买酒就是正当的。公使钱不够花既是常态,造酒又是不少人都掌握的技术,自己造酒既省钱,又方便,公使库造酒就是必然会出现的。宋初朝廷曾规定可以用公使库钱到官酒务买酒用,公使库造酒尚不普遍。此后,公使库造酒首先从军队发展起来,越来越普遍。宋神宗熙宁七年正月一日诏:"诸路自来不造酒州及外处有公使钱不造酒官司,听以公使钱顾召人工,置备器用,收买物料造酒,据额定公使钱,每百贯许造米十石,额外酝造,干系官以违

---

① 《朝野杂记》甲集卷一七《公使库》。

制论,不以去官赦降原减。"①这一诏令实际上使造公使酒普遍化了,即凡有公使钱的官署都可造酒,其定额是每百贯钱可造十石米的酒。宋神宗元丰三年夏四月"己未,陕西路转运使李稷言:'秦州造公使酒,给省仓米。庆历中,诏岁毋过千五百石,嘉祐四年后,岁给四千至六千余石,熙宁二年,遂至九千石。自后岁不下七八千石。前后违法官吏亡存相半,未敢推劾。'诏:'释官吏罪,自今岁毋过四千石。'"②此记载表明,作为军事重镇的秦州,至迟于庆历年间公使库已奉诏造酒,且数额可观。此后数量不断增加,最多时用米九千石。此时乃立新定额四千石。宋哲宗元祐二年春正月乙丑,诏:"罢诸路将下管设。自今诸将岁赐公使钱五十万,东南路军三十万,每公使十万(百贯)造酒毋过十石,岁终有余以缮军器。"③据此诏令,不但州郡公使库可造酒,各领兵将领也可依公使钱数造酒。绍圣二年正月十二日,诏:"应熙宁五年以前不造酒州军,及外处有公使钱不造酒官司,并依《熙宁编敕》石数,内州军减外不及一百石者,许造一百石;元不及者依旧。不得例外特送,违者坐之。"④此时重申熙宁年间的规定,再次确定各州郡都可造公使酒,只是限定数量,且禁止例外特送。

值得注意的是,高官贵族以公使钱造酒。《钱氏私志》载:"亲王、宰相、使相岁赐公使钱七千贯,许造酒,主第亦然。李和文家酒名金波,吾家酒名清淳,王晋卿家碧香,蔡曾公家君臣庆会,秦师垣家表勋,皆赐名,其余不能尽记。"这些高官贵族官造的公使酒都有名字,堪称名酒。又据载,南宋绍兴"三年十一月二十七日,亲卫大夫、荣州观察使、提举亳州明道宫韦渊(韦太后弟)言:'先得旨,许依钦慈皇后宅造酒。今乞依邢皇后宅,许变易施行。'户部契勘:邢皇后宅元降指挥,止许造进酒,赐庆远为名,即无许将余酒变易之文。诏札与韦渊照会。"⑤韦渊不但造酒,还想将多余的酒拿到市场上卖,终被阻止。或许与此有关,次年三月十九日,诏:

---

① 《宋会要·食货》二一之一六。
② 《长编》卷三〇三,《宋会要·食货》二一之一六同年月二十六日。
③ 《长编》卷三九四。
④ 《宋会要·食货》二一之一七。
⑤ 《宋会要·食货》二一之一九。

"应戚里许令造酒之家,若在外州军居住,并依臣僚体例,止应纽算曲米价值,就公库或官务寄造,以充宾祭之用,每岁不得过三十石。"①即对在外地居住的外戚造酒作出数量上的限制。

从上述情况看,很明显,公使酒的出卖,分走了榷酒收入的相当一部分。

宴设之外,公使钱另一项较大开支是供馈支费。最初供馈是指招待过往官员,后来又衍生出用公使库酒送礼给邻境官员,再引出用公使库钱财置办礼物送给往来官员,最后发展到送礼送出境外。

> 祖宗旧制,州郡公使库钱酒,专馈士大夫入京往来与之官、罢任旅费,所馈之厚薄,随其官品之高下,妻孥之多寡,此损有余补不足,周急不继富之意也。其讲睦邻之好,不过以酒相遗,彼此交易,复还公帑,苟私用之则有刑矣。治平元年,知凤翔府陈希亮自首,曾以邻州公使酒私用,贬太常少卿、分司西京。乃申严其禁,公使酒相遗不得私用,并入公帑。其后祖无择坐以公使酒三百小瓶遗亲故,自直学士谪授散官安置,况他物乎。故先世所历州郡得邻郡酒皆归之公帑,换易答之,一瓶不敢自饮也。②

若依此,则北宋前期,公使酒虽可赠送,接受者却不能私用。宋仁宗末年,司马光上奏论以公使酒馈送事,谓:"近岁以来,中外有司喜以微文刺举,苟细至于宴饮,相从酒食相馈,皆集累成过,诋以峻法。向闻知镇戎军曹修受邻州所送公用酒,已而自首,法官处以赃罪。陕西都转运使彭思永奏,据密院札子,贾渐起请,除旧例送酒食外,不得买置金帛,作土风赠遗。并省司参详。今后以公使钱买置珍异等物,及见钱送与人者,并从违制定断,其收受人坐赃论。其有公使钱人受还答之物入己准盗论……臣窃详旧条之意,明许以酒食相遗。其有公使钱人受还答之物,正谓珍异见钱……臣今……欲望朝廷申明旧条,应以公使钱及财物赠遗人及受者各坐赃论。其监临之官受所监临或因使于使所及经过处受取者,并准律文

---

① 《宋会要·食货》二一之一九。
② 王栐:《燕翼诒谋录》卷三。

处分,即赠遗人而受其还答入已者准盗论,并须赃满五疋以上方得科罪。其不满五疋及以饮食之物相馈饷者皆勿论。"①司马光主张用公使酒或他物馈送者,五疋以上定罪,即允许馈送价值五疋以下者。但实际上,很可能此前后地方上已私下以公使酒馈送,数量也远不止价值五匹。宋神宗熙宁三年夏四月甲申,"诏诸路州军遇正、至、寒食、端午、重阳节序,无得以酒相馈"。原因是,"知渭州蔡挺言:'陕西有公使钱许造酒处,每五节以酒交遗,有行经二十驿者,挈负去来,道路烦苦。请禁止。'许之。至是,都官郎中沈衡复言:'知莫州柴贻范送别州酒至九百余瓶,所差兵夫至二百余人,其违法劳人可知。'故并诸路禁止焉"。② 上引记载表明,此时以公使酒馈送已不乏见,且颇有规模。诏书禁止五节以公使酒馈送,但是否所有的馈赠酒都禁止呢? 不清楚。宋哲宗元祐元年三月二十四日,判大名府韩绛言:"公使供馈,条禁太密,乞删去监司卖酒及三路馈遗条。""从之,令刑部先次立法。"③这表明对以公使酒馈遗的限制进一步放宽。宋徽宗"大观三年五月十六日,河北东路提点刑狱司奏:'承尚书省札子,臣僚上言:访闻齐州比年以来,公库供给,有岁余、月余之称,皆例册外别立名目,以为馈送。诏令本司体究。寻牒委沧州支使苟佐贤前去体究。岁余系知州梁彦深已前将公使库年终除支使外见在钱数,以米曲物料本钱纽为酒数作岁余,分送与在州应见任诸官,其梁彦深任内大观元年十二月终,两库见在钱二千六百余贯,纽送过杏仁玉液酒,比前官崇宁五年增多计三百余石。'诏梁彦深特冲替,系公罪事理稍重。"④梁彦深的馈送只是送给本州现任官员,但送的数量大得惊人,所受处分只是"公罪",没有定赃罪。

南宋宁宗庆元年间颁行的条法中有如下规定:

> 诸州知州、通判、兵官、幕职官、巡检、捉贼使臣、将副、部将、队将、押队及诸军将校,每月一赐酒食(赴坐者仍谢恩)。缘公出外及

① 《传家集》卷二三《论以公使酒食遗人刑名状》(嘉祐七年正月十九日上)。
② 《长编》卷二一〇。
③ 《宋会要·食货》二一之一七。
④ 《宋会要·食货》二一之一七。

> 不可离局者,给其所费,仍并以转运司钱充。诸监司若属官(帅司等处属官及所差干办公事官同)。于廨宇所在应赴筵会而不赴者,听送酒食。诸州筵会宾客,听折送。①

此规定应不是新创,而是根据此前(甚至可能是北宋时已有)的诏敕修立的。依照此规定,凡宴会因故不能参加者,可以折算支给钱。这从制度上开了以公使钱馈送的口子。南宋前期和中期,地方上的公使馈遗趋于严重化。宋高宗绍兴二十七年九月十一日,太学博士何俌言:"伏见元降指挥,将送馈折会之类纽计过数者,皆以赃坐。近年监司、郡守盖有供给之外递相送遗,公行博易,月至千缗者。至于官属,往往虚创名件,谓之兼局、提点、检察、监催之名,其所入亦有月至二三百缗者。而闲慢小官合得供给俸钱,或虚折酒醋,或累月倚阁,其为不均如此。望下按察官司严行禁止,悉遵见行条法。""从之。"②南宋中期外戚郑兴裔有一份颇有影响的上奏,专讲帅臣、监司、知州间的传馈,其谓:

> 伏见近时所有邻道互送礼名曰传馈,贿赂公行,恣无忌惮。凡帅臣、监司到罢,号为上下马,邻道皆有馈遗,计其所得,动辄万缗。其会聚之间,折俎率以三百五十千为准。有一身而适兼数职者,则并受数人之馈。献酬之际,一日而得二千余缗。此风在在有之,而东南为尤甚。扬州一郡,每岁馈遗见于册籍者,至二十万缗。江浙诸郡酒,每以岁遗中都官,岁五六至,至必数千瓶,其无艺类如此。臣累任监司牧守,邻道馈遗前后不下数十万……臣任庐州日,前扬州守臣熊飞遣使赍万缗传馈至庐,臣即时谢却,此庐郡大小僚吏所见闻者。今蒙圣恩擢任扬守,按阅度支册籍,见前所却万缗有支无收,其或胥史干没,或守臣入橐,皆未可定……按之辄曰:此成例也。且曰此动用公使库钱,无病国,无厉民也。内外台司亦视为故常而不之罪。③

一日得入二千贯,一次送礼居然送一万贯,实在令人惊叹。南宋后期史家李心传记述公使库事时,转录了郑氏的许多话,又补充道:"公使苟

---

① 《庆元条法事类》卷九《迎送宴会》引公用令。
② 《宋会要·刑法》二之一五四。
③ 郑兴裔:《郑忠肃奏议遗集》卷上《请禁传馈疏》。

苴在东南尤甚,淳熙中,王仲行尚书为平江守,与词官范致能、胡长文厚,一饮之费,每至千余缗。时蜀人有守潭者,又有以总计摄润者,视事不半岁,过例馈送皆至四十五万缗,供宅酒至二百余斛。"①时人员兴宗也讲:"诸司送往迎来,折送多至数千缗者。府州诸色头子,诸州赃罚,辄入公库,亦有至千百计者……其它浮泛之用,不经甚众。"②他们的议论都说明此问题的严重性。宋廷对此也很重视,在宋宁宗庆元年间颁布的条法中,专立"迎送宴会""馈送"二节数千字,对折送、馈遗等作了详细规定,③但实施的结果如何就很难讲了,李心传撰文时已在庆元年以后,并没有言及情况改善,可知效果有限。

三、公使供给

公使供给是由公使钱派生出来的。公使钱既是用于官署公用的,同一官署内的官员之间自然应当有多有少,如何分配就必须有个章法。大约在宋神宗改官制前后,就出现了公使供给定额。据宣和年中童贯讲:"诸路州军在任官月请供给,熙、丰时有及百千者,号为至厚,所闻不过数次处。近年一例增添,知、通所得数倍,或至千贯。考之岁赐及醋昔(息)之属各有限定,若非违法经营,无由取足。欲乞应郡守监司每月所受公使库应干供给,纽计钱数,不得过二百贯。总管、钤辖、通判不得过一百五十贯,其余等级依仿裁定。"④他的意见获准实施。依他所拟数额,公使供给已成为官员们的一项可观津贴。在此之前,重和元年,有官员上奏批评八路定差法的弊病,就指出,此法将安排州县差遣的事委托给八路转运司,而转运司的主要责任是民政与财政,对安排差遣的事并不重视,只是交给有关吏人。而这些吏人乘机收受贿赂,"随其厚薄为注阙之高下,甚者曰:某阙供给厚,遗我一季之得,则可差矣;某地圭租优,归我一料之资,则

---

① 《朝野杂记》甲集卷一七《公使库》。
② 《九华集》卷六《议虚额疏》。
③ 《庆元条法事类》卷九《迎送宴会》《馈送》。
④ 《宋会要·职官》五七之六二。按,疑公使供给与外路官添给为一事,待考。

以汝往矣。"①这说明供给多不多,已成为区分肥阙与瘦阙的重要考量。又宣和六年三月四日,"提举荆湖北路常平等事郑庭芳奏:'契勘天下坊场所入,酒利最厚。比年买扑坊场之家,类多败阙,多因州县官令酒场户卖供给酒及荐送伶人之类。欲乞朝廷立法,勘会除在任官荐送人于所部已有法禁自合遵守外,余合取自朝廷指挥。'诏见任官将所得供给酒抑配,令酒场户出卖者,以违制论。"②这表明地方上有些官员将其得到的供给酒强令坊场户出卖换钱,影响坊场户的酒的正常出卖,宋廷不得不下令禁止。

《会要》载,建炎二年三月七日,诏:"诸路帅臣供给每月不得过二百五十贯,诸路提举茶盐公事、陕西福建路提举茶事、广南路提举市舶、江淮等路提点坑冶铸钱、都大提举成都府等路榷茶司、蔡河拨发催趁纲运、广济河都大主管催遣纲运公事、提举三门白波辇运公事、同提举三司辇运汜水、同提举催促辇运公事,并知县资序知州军人,并与通判供给。每月不得过一百五十贯。旧例数少者并依旧。其节序并非泛供给纽计充本月供给数。"③此诏的规定可谓是对宣和年间所作规定的补充。又建炎三年十一月三日"德音":"勘会祖宗以来,诸州公使库造酒止供犒设及筵会,亦不分送本州官。比年以来,贪吏并缘增添例册,因造酒一事丰己害民,兵民愤嫉,籴米则分配县镇,输送有辇致之劳,受纳有邀索交量之虐,弊端百出。中间虽已立限,今更当裁减。帅臣不得过二百贯,知州军不得过一百五十贯,监司供给依知州军数,通判八十贯,兵职官、监司属官三十贯,内京朝官四十贯。判司、簿、尉二十贯,外县知县十五贯,簿、尉、监当官十贯,仍先支外县官。该载不尽者,比附供馈。以上以应干供给一钱以上及饮食蔬果等,并通计,如收受过数,并以自盗。许诸色人及所管公人告,以所告数充赏,其卖酒价立定一等。"④"绍兴元年十二月十八日,诏:'诸州供给酒钱,除收(依?)建炎三年十一月三日德音外,巡检依县,倚郭知县

① 《宋会要·选举》二九之八至九。
② 《宋会要·刑法》二之九〇。
③ 《宋会要·职官》五七之六四。
④ 《宋会要·食货》二一之一八至一九。

不以京朝官选人,并依职官,其县丞从事郎以上,比知县减三贯;迪功郎以上,依簿、尉支给'。"①从二引文看,表面上是讲公使库造酒事,实则讲的是公使供给事。其中所立定额与上引宣和年间的定额接近,不同的是,此有通判以下至主簿、县尉、监当的数额。上述三次诏敕说明至少在京师以外,官员较普遍地享有公使供给钱。

关于没有实际执掌的宫观官要不要给供给钱,宋廷的规定前后有变化。宋徽宗崇宁元年七月十一日,中书省勘会:"熙宁三年五月诏……令诸州增置宫观员数……自后添支屡经裁减,而诸州供给亦无明文,是致往往失所,恐非先帝创立宫观、优老示恩之意。今以熙宁、元丰以来条制参详,修立下条……诸宫观、岳庙提举、管勾等,文官因陈乞及非责降充者,并月破供给,于所居处依资序降二等支,职司以上资序人依通判例,知州资序人依金判例,无金判处及通判资序人并依幕职官例。前宰相、执政官及见带学士以上职者不降……""从之"。② 政和六年闰正月二十六日,户部侍郎孟昌龄言:"文武二途,本为一道;禄廪待遇,理当均一。朝廷近为宫庙供给之制以优礼臣下,令文臣任宫庙,自职司以上比视有差,至通判而止。按令,通判与武臣序官,自有定制,而武臣宫观供给未有明文。臣愚欲乞曾任职事与通判序官人依通判法,余皆勿给,以称陛下均待文武之意。""诏系武功大夫以上未至知州职司资序人,依通判资序人例支破供给,以下勿给。"③这样,部分武臣宫观官也得到了供给钱。到了南宋绍兴五年十月十日,有官员上奏:"准绍兴令,诸臣僚因陈乞及非责降宫观、岳庙差遣者,并月破供给,于所居处依资序降一等支。职司以上资序人依通判例,知州资序人依签判例,无签判处及通判资序人并依幕职官例,武臣武功大夫以上未及知州职司资序人准此。其前宰相、执政官及见带学士以上职者不降。契勘宫观官自祖宗以来,即无支破供给之文,止因崇宁间蔡京用事,创立格法,支破宫观供给。王黼作相之后,已行住罢,今来却修入绍兴敕令,永为成法。所在州军虽不曾一一支给,缘已是编敕该载,难

---

① 《宋会要·食货》二一之一九。
② 《宋会要·职官》五四之二八至二九,参见《宋会要·职官》一八之三九、五七之五一。
③ 《宋会要·职官》五四之二九至三〇。

以止绝干请。欲乞删除。""从之"。① 即是说,自此以后,宫观官就不再享有供给钱了。

御前军统兵官原无公使供给,绍兴十三年,罢止军队回易取利,作为一种妥协让步,宋廷下令颁给统兵官供给。其年六月四日,诏:"殿前司等处统制领将官,除本身请受外,别无供给、职田、特送之类。其间累重赡养不足者,辄差官兵营运,浸坏军政。可特与逐月支破供给钱,随券历按月勘给。其带外任差遣人,令札州军将合破供给系殿前司、步军司者起发赴户部,系外路者,起发赴总领司。后有升带差遣人依此。若诸军更敢擅差军兵回易,行在委殿前司马步军司,在外委诸路都统制严行觉察,并去处委所在州县收捉,押赴朝廷。其擅差官兵,依私役禁军法。其所贩物货,计赃坐罪。若诸州县知而不举,与同罪。其逐月支供破给,统制、副统制一百五十贯,统领一百贯,正将同正将五十贯,副将四十贯,准备将三十贯。"七月九日,又作补充规定:都统制每月支供给钱二百贯。② 这样,京师以外的文武官员,大部分都享有公使供给。绍兴二十七年七月"十三日,御史中丞汤鹏举言:'逐州私置税场,广收醋息,信有所入,尽归公库,恣己所用,波及僚属,兼局添给,所在有之。如苏、湖、秀之兵职、曹官、令佐请给,其间月有二三百千者,而居民、僧道、店铺、舟船经由场务,无不科敛以纳醋息,其害不可言者。伏乞申严守倅,遵依绍兴敕令,按月支见任供给,违者并以自盗论,令台谏、监司按劾。'从之。"③汤氏所言"请给",显然不是朝廷规定按月支给的"奉钱",而是就指公使供给。他讲"月有二三百千者",未明是否讲是一个官员所得,若确系如此,则就超过了奉钱数,实在是过分多了。他提出的解决办法,是遵守绍兴敕令,违犯者处于贪赃罪。

宋孝宗即位不久,曾一度拟停止州郡供给钱的颁给,只给公使酒。隆兴二年正月十四日,下诏:"诸州公库合支见任官供给,止许送酒,仍不得

---

① 《宋会要·职官》五四之三五。参见《系年要录》卷九四。
② 《宋会要·职官》五七之七三,参见《宋史》卷三〇《高宗纪》、《系年要录》卷一四九。
③ 《宋会要·刑法》二之一五四。

过数。敢以钱物私馈，并以违制论，令提刑司常切觉察。"①但此事牵扯到太多人的切身利益，不久，此规定便被撤销。同年六月二十九日，有官员上言："切见已降指挥，诸州公库合支见任官供给，止许支酒，其违者以违制论。臣谓自来州郡每月所支供给，有支见钱，有支本色，或作分数杂支。相承已也，骤然更改，众谓非便，盖缘公库于法不许卖许侵夺场务课额，一色支酒，则是显然使之违法货卖，如都监则抑配军司，知录则科于行户，仓官则责在专副，为害不一。兼自来公库造酒米全仰民户输纳，官务糯米，多收耗剩，暗行拨入公库使用。今若只令造酒支给，其糯米必增添耗剩，及减刻官务所支升斗，其余剩钱，必有贪污郡守及管库官盗窃之患。欲望特降指挥，令诸州将所支供给且依旧例，有将见钱与酒作分数支散去处，监司、知、通并依众官分数支给，违者亦以违制论。""从之。"②于是，基本恢复旧制。同年底，重申供给钱不许过数支给，规定："公使库给供给，帅臣［每月］不得过二百贯，监司，知州军不得过一百五十贯，通判不得过八十贯，兵职官、监司属官不得过三十贯，外县知县、县丞不得过一十五贯，簿尉、监当官不得过十贯。""取见州县所减钱数，自隆兴二年为始，随总制钱起赴行在送纳。"③此规定似是在重申以往规定的同时，以此为借口要求地方向朝廷输送一定数量的钱财。乾道六年，又将供给钱制推广于环卫官。④

地方上文武官员普遍地享有公便供给，其数额又相当可观，公使供给就逐渐成为官员俸禄收入的重要组成部分。大臣周必大论知县俸，谓："今治民之吏，莫切于县令，而禄至薄，往往堕中人于贪吏之域……按绍兴令，外县知县供给不得超过十五贯，仰事俯育何以糊口，于是撰造名色，并缘增加，前后相承，其数反多。"⑤可知公使供给与下级官吏生计关系很是密切。

---

① 《宋会要·刑法》二之一五六。
② 《宋会要·食货》二一之二〇。
③ 《宋会要·职官》五七之八三。
④ 参见《宋会要·职官》五七之七三、八七。
⑤ 《周益国文忠公集·奏议》卷二《论知县俸》。

公使供给也逐渐成为地方财政的负担。南宋中期担任知湖州的薛季宣曾在写给宰执大臣的信中抱怨道:"本州先管将副、州钤辖、路分都监添差八员,请受之数不等,每月各不下七八十贯,供给皆八十贯。数月以来,添差益众。如总管宣赞舍人刘炎、路钤辖武经郎黄彦节供给钱皆一百五十贯,州钤辖武显大夫江昌朝等、淮备将武节大夫马全等皆八十贯,而请受不在兹数。大者略计月俸供给月节馈遗之类,每月不下三百贯文,小者一百七八十贯文,一岁计之,总管、路钤一员至三四千缗。"①担任新淦知县的黄榦则从县的角度讲供给钱问题,他言道:"干不揆疏愚,冒当繁剧,日夜思念本县败坏之原,皆出于财赋入少而出多。盖尝计会一县所收之数以供其费出,每岁常欠二万缗。故积之两三年,必是拖下本司起解钱物,以致县道狼狈不可支吾。近者搜访职田一事,每年失陷三四千缗,已具申使军诸司外,再以县计考之,有所谓供给钱者,乃以醋钱支还,每岁亦数千缗。不知醋钱者果何等钱耶? 若是县道卖醋,则不过五六百缗。此外如保正户长入役,与夫报牛验买状纸之属,皆动以纳钱,此岂为政者所宜取耶。此等既不当取,而支遣之数则不可阙。此县道之所以不可为也。且如使军供给,一年计三千缗,以州郡之供给,县道自当每月支解,然不知其初作故,敷在本县如此之多,而又不知清江、新喻亦有此数耶。"②新淦县不但要负担本县官的供给钱,还负担本军官员的部分供给钱,造成财政赤字。薛季宣、黄榦的议论使人联想到与他们同时代的陈傅良的话:"至太祖始立禄格。如俸钱、供给钱者,皆王介甫始制。此事最是,然其无收处却令州县供给钱仰给于公使库,公使库不能办,此其势只得将军资库钱制而用之。如此立法,是教天下之人将军资、公使库合而为一也。"③据他所讲,公使公用钱按规定由公使库支出,但有些地区公使库钱不够,就设法将军资库的钱变为公使库的钱以便支用,这对地方财政的影响就更大了。

公使供给数量上既有伸缩,又可借此搞各种创收,所以如何对待供给

① 薛季宣:《浪语集》卷一八《湖州与宰执书》。
② 黄榦:《勉斋集》卷二七《申临江军乞减醋息钱》。
③ 王与之:《周礼订义》卷二一引陈君举(傅良)曰。

问题就成为判别官员清、贪的考察标准。南宋罗大经记:"陈伯子尝为余言:'士大夫清廉,便是七分人了,盖公忠仁明,皆自此生。'……其帅三山,不请供给钱,以忤豪贵劾去……真西山入对,主上问当今廉吏……翌日又奏曰:'……杨长孺之守闽,靡侵公帑之毫厘,皆当今之廉吏也。'"①又记:"张无垢(九成)在越上作幕官,不请供给钱,在馆中进书,不肯转官。人皆以为好名之过。无垢曰:'既请月俸,又受供给,偶然进书,又便受赏,于我心实有不安,此亦本分事,何名之好'……"②他赞许的三位贤人都不贪公使供给。而朱熹弹劾唐仲友,列举唐的重要罪行之一,也是讲公使供给:"公使库自来不许卖酒。缘添归正人合支些小供给钱,仲友到任以来,以此为名,公库每日货卖生酒至一百八十余贯,煮酒亦及此数。一日且以三百贯为率,一月凡九千贯,一年凡收十万余贯。其所造酒米麦之属,既并取于仓库,羡余而所收息钱大半,不曾收附公使库钱历,并是入已。""公库所入,旧例并支见任官员逐月供给及宴会之属。自两年来,却以籴本库钱拨入军资库,军资库拨入公使库,以支供给。公库之钱既富,乃巧作名色,以馈送为名,多至五百贯,少至数十贯,专委公库手分马澄支行,及书表司杨楠伪作书札送与官员,封角了当,却供入宅堂。"③

综上所述,公使钱支出实有三层次:朝廷正式拨款的正赐钱大约每年只有数十万贯,按朝廷所规定的公使钱额,每年要支出百万贯以上,其中包括官署(州郡等)自筹的非系省钱和以各种名目和借口挪用的系省钱。实际支出则远多于朝廷规定的数额,可能要达数百万贯钱(含实物折计)。公使供给在南宋时期,实际上已成为官员俸禄的组成部分。

---

① 罗大经:《鹤林玉露》甲编卷四《清廉》。
② 《鹤林玉露》乙编卷一《姑妇喻》。
③ 朱熹:《晦庵集》卷一八《按唐仲友第三状》。

第 九 章

其他支费

军兵、皇室、官吏三方面的开支既占了宋朝财政支出的绝大部分,其他方面的开支一般就数量较少,其中有些方面的支费同上述三方面则有互相交叉的情况,有些方面的开支数量虽不大,但在今天看来,却有不可忽视的研究价值,不能不做适当分析。

第一节 祭祀、岁币和兴学支费

祭祀、岁币、兴学三方面支费性质有所不同。前二者事出非理,在今天看来,近于妄支;后者则对历史发展有一定积极意义。但就开支方向讲,都属非生产性开支,且与以下各项支费有明显的区别,故合为一节叙述。

一、祭祀支费

宋朝属于封建迷信而又与政治统治直接联系的祭祀活动是相当频繁的。南宋大臣韩肖胄讲:"祖宗以来,每岁大中小祀百有余所,罔敢废阙。"①文人庄绰也讲:"国朝祠令,在京大中小祀岁中凡五十。"②祭祀名目繁多,不胜枚举,大体分别为祭祀天地诸神及祖先。在祭祀支费中,赏赉居主要地位,祭祀本身耗费居次要地位。赏赉的对象主要是官吏和军兵,故祭祀支费中半数以上实际上又是冗官、冗兵支费。

　　在各种名目的祭祀中,皇帝亲自主持的郊祀和明堂祀支费最多,前者支费又多于后者。皇帝冬至日亲赴南郊祭天地,时称郊祀,每三年举行一次,每次支费银、钱、绢等都在数百万两贯匹等以上,等于每岁支出数百万贯钱。以下将文献中郊祀支费数汇为一表。

宋代郊祀支费情况表

时间	支费数	根据文献
至道年中	500万贯(大半以金银绫绮绝绢平其直而给之。《长编》卷九七记为150万贯,疑误)	《群书考索》后集卷六三《财用》
景德年中	700余万(单位失载)	《长编》卷九七《群书考索》后集卷六三《财用》
	601万贯匹两硕领条(内外赏赉金帛缗钱数)	《泊宅编》卷一〇、《元丰类稿》卷三〇《议经费》、《通考》卷二四《国用考》、《宋史》卷一七九《食货志·会计》
皇祐年中	1200余万两贯匹(疑为南郊赏给予明堂赏赉支费之和)	《泊宅编》卷一〇、《元丰类稿》卷三〇《议经费》
治平年中	1332余万两贯匹(同上栏)	同上
治平年中	601万两贯匹(封桩准备用于郊赉的金银钱帛丝绵数)	《蔡忠惠公文集》卷二二《乞封桩钱帛准备南郊支赐》
熙宁年中	800.2689贯匹斤两条段	《泊宅编》卷一〇
建炎二年	179万两贯匹(郊赉所用金银钱帛丝绵数)	《朝野杂记》甲集卷一七《渡江后郊赏数》

由于郊祀中赏张支费数最巨大,故如前所述,马端临将郊斐列为四冗之一,且言其"尤为无名"。郊祀的赏赉有专门制度,记载中有熙宁年中编定的郊赏式(参见表39)。郊祀支费除赏给外,还有祭祀本身的耗费,香烛仪仗之外,还要用绢帛制作大批暮帘,仅此一项,据哲宗讲,即需"缣帛

---

① 《宋史》卷九八《礼志》。
② 《鸡肋编》卷中。另火祀名目可参见《宋会要·礼》、《宋史·礼志》等,不赘述。

三十余万"。① 可见祭祀本身的耗费也不少。宋朝统治者对郊祀十分重视,尤为荒唐可笑的是,南宋建炎二年,高宗在逃亡之中仍不忘行郊祀之典。据载此次郊祀向诸路征调的财赋有:"江浙淮南福建路都计钱二十万四千六百九十八贯,金三百七十一两八钱,银一十九万二千四百一两,绅一十四万二千六百六十二匹,绢四十万八千四百一十匹,绫一千五百四十匹,罗五万五千二百四十匹,丝六万二千三十一匹,绵七十二万五千七十九两,布二千匹。"② 这次郊祀受到舆论的批评,南宋文人吕祖谦讥讽地评论道:"当维扬立国冰泮之上,且行郊祀之典,支赏用钱……有奇,不能积缣以易胡人首,储金帛以养战士,而乃为无益之废事、无益之文。"③ 绍兴年中又有倪朴撰文批评郊费,言:"今之仪则已繁矣,而浮文虚费、滥赏潜恩近世之弊尤极。且如一青城之费,用缯帛数十万,其中至有苑囿台池游观之所,娱悦耳目之具,此岂斋戒交神之义? 至于三军之赏赉、百官之赐予,动以千计,此何为者哉? 是以三年一行,诸道漕运劳于会计,州县官吏罢于督责,文符之往来,胥徒之穷迫,急于星火。令曰:大礼年分稽迟者刑而不恕。上催下迫,蚕御未毕而有纳帛违限之罚,秋禾未熟而有输粟不时之罪。"④ 在国家生死存亡的关头,花费如此大的人力物力搞郊祀,该是多么糊涂。然而,南宋国力有限,毕竟要较北宋裁减一些郊祀支费。隆兴二年、乾道三年规定:郊赉应得赏赐帛在百匹以上者削减三分之二,百匹以下者削减半数。⑤ 乾道六年复支全额。⑥ 又"渡江以来,宰臣郊费,匹两不过千",乾道六年,诏许宰执辞赐。⑦ 乾道以后情况失载,大体较北宋也当有所裁减。

宋初皇帝只亲郊祀,不亲享明堂,故明堂支费尚少。⑧ 仁宗时,享明

---

① 《长编》卷四九四。另洪迈《盘洲文集》卷四二《转对札子》记郊祀"所用鼓吹警场诸工凡一千一百五十有九人","所用日给之镪为缗一万三千三百有奇,诚为虚费"。
② 《宋会要·礼》二五之一八。
③ 《类编皇朝大事记》卷二四《高宗·行郊礼》。
④ 《倪石陵书·拟上高宗皇帝书》。
⑤ 参见《宋会要·礼》二五之二三。
⑥ 周必大《周益国文忠公文集·奏议》卷九《论郊赉》:"乾道中特令全支,三郊于此(淳熙六年)矣。"
⑦ 《朝野杂记》甲集卷五《乾道郊赐》,许辞赐也见此。
⑧ 《类编皇朝大事记讲义》卷二四《高宗·行郊礼》。

堂改为皇帝亲自主持,于每年秋收后举行,支费大增。① 南宋时,孝宗一次
与大臣论及郊祀与享明堂支费。"户部尚书韩仲逌曰:郊之费倍于明堂。
侍郎钱端礼言:不过增二十万"。② 韩、钱两大臣说法不一,然可由此得知,
享明堂支费不如郊祀多,却也有相当数量。以下将有关数据列表如下:

时间	支费数	根据文献
皇祐年中	1200余万贯(疑为享明堂与郊祀支费之和)	《通考》卷二四《国用考》、《宋史》卷一七九《食货志·会计》
嘉祐年中	546余万贯石匹两等(仅为赏赐支费)	《鸡肋编》卷中、《蔡忠惠公文集》卷二二《乞封桩钱帛准备南郊支赐》
绍兴元年(在越州)	160万贯(仅为内外诸军犒赏支费)	《朝野杂记》甲集卷一七《渡江后郊赏数》、《宋会要·礼》二五之二〇
绍兴四年(在建康)	259万贯(仅为内外诸军犒赏支费)	同上

享明堂也不只是赏赍支费,其他如修盖明堂等也有一定数量。庄绰
记,绍兴四年享明堂,修射殿以为享所,"殿柱大者每条二百四十千足,总
木价六万五千余贯,则壮丽可见,言者屡及而不能止"。③ 所记仅为木料,
整个工程费用必相当巨大。

郊祀、明堂之外,支费较多者如东封泰山、祀汾阴后土等,有时其支费
数比郊祀还多:"(真宗时)东封八百三十余万,祀汾阴上宝册又增二十
万。"④所幸这些祭祀不是经常性的。其他杂祭祀及封建迷信活动也耗财
不少。据真宗时大臣石普估计,为了所谓天书符瑞屡降而支出的醮设支
费,每年达七十万贯以上。⑤ 天禧五年"出内御衣二十八万事,计其直百
五十万贯,令京师寺观设斋诵经"。⑥ 北宋末年,徽宗崇奉道教,"道士有
俸,而斋施动获千万,每一宫观给田亦不下数百十顷……衣玉石者几二万

---

① 参见《朝野杂记》甲集卷五《乾道郊赐》。
② 《朝野杂记》甲集卷二《郊丘明堂之费》。
③ 《鸡肋编》卷中。
④ 《长编》卷九七。
⑤ 参见《长编》卷八八。
⑥ 《长编》卷九七。

人，一会殆费数万缗"。① 这些事例都说明封建王朝用于祭祀的无端浪费是比较严重的。

二、岁币

岁币有时称岁贡或岁赐，是指两宋向辽、夏、金等每年按条约规定输送的财赋。单就数量看，岁币在全宋岁出中只占百分之一以下，但它是宋朝统治者无能的标志，且其数出于宋廷中央财计，岁岁操办，对财政也有不利影响。

岁币之事，始于北宋真宗。咸平末年，宋辽交战，各有胜负，可是真宗畏惧战争拖延会不利于巩固皇位，急于休战求和，遂与辽定"澶渊之盟"，盟约规定每年向辽输送银十万两、绢二十万匹。② 据记载，订约之前，真宗曾对使臣讲，可答应每年向辽输送银绢百万匹两，后和议成，使臣未归时，误将三十万传为三百万，真宗却讲："姑了事，亦可耳。"③其不惜财如此，昏庸程度可以想见。仁宗庆历二年，正当宋夏之间战争尚未平息之时，辽朝又以索要领土为名对宋进行威吓，宋朝屈服，增加向辽输送的岁币数量，增银、帛各十万两匹。④ 此后至辽朝灭亡，大致无变化。

庆历三年，宋夏议和，宋允诺向西夏"岁赐银绢茶彩凡二十五万五千"。⑤ 后来元丰年中，宋向西夏发动进攻，岁币停止。⑥ 此后大约宋夏开战即停岁币，议和复输，情况不一。

辽灭亡后，宋将输给辽的岁币转输于金。随即北宋灭亡。宋金鏖战，

---

① 《九朝编年备要》卷二八、《宋史全文》卷一四引蔡絛语。

② 《长编》卷五八。

③ 参见《长编》卷五八、庄绰《鸡肋编》卷中《两朝誓书》。

④ 《长编》卷一三七、方勺《泊宅编》卷一〇载，"岁赐大辽银三十万两，绢三十万匹"，银三十万两当为二十万两之误。田况《儒林公议》卷下，《宋史》卷二九二《田况传》、卷三五一《郑居中传》、《三朝北盟会编》卷一均载岁币总数为五十万匹两。辽灭亡后，宋依例向金输岁币，其中银二十万两，绢三十万匹，见《大金吊伐录》卷一，也可证银绢总数为五十万两匹。

⑤ 《宋史》卷一一《仁宗纪》。按，同书卷三二〇《余靖传》作二十六万，当为约数。田况《儒林公议》卷下作"银绢各十万匹，而茶六万大斤"。

⑥ 参见《长编》卷三四一。

至南宋绍兴十一年,宋金议和。和约规定,宋"岁奉银二十五万两,绢二十五万匹,休兵息民,各守境土"。① 银绢总数与北宋时输于辽者接近。绍兴末年,宋金重又开战,至隆兴二年议和,于是"岁币减十万之数"。② 即岁币数为银二十万两、绢二十万匹。③ 嘉定七年以后,宋金战争不止,岁币大约就停输了。④ 金灭亡后,南宋是否向蒙元输送过岁币,史籍似失载。

三、兴学支费

所谓兴学支费乃是指官学开支。宋代官办学校逐渐发展。京师有国子监,地方州县两级先次也多办有官学。官学主要为封建王朝培养后备官吏而设,故与科举制度关系密切。宋人王栐记:"国初,凡事草创,学校教养未甚加意。皇祐三年七月壬子,诏太学生旧制二百人,如不足,止百人为限。其简如此。元丰二年十二月乙巳,神宗始命毕仲衍、蔡京、范镗、张璪详定,于太学创八十斋,[斋]三十人为额,通计二千四百人……崇宁元年,徽宗创立辟雍,增生徒共三千八百人。"⑤据此可知,京师的官学,主要是在神宗以后得到了较为迅猛的发展。时人孙武仲讲:"熙宁以来,学校最盛,内自京师,旁达边郡,聚士有舍,讲业有师,课试诵说与夫赏罚升黜之法日增月长。"⑥这里应略作补述的,是仁宗时期各州官学的广泛建立和发展。仁宗时期,宋廷鼓励各州办官学,凡办官学,拨给官田以为办学之资,多见记载。这为神宗时期官学的大发展打下了基础。神宗元丰二年,"颁学令,太学……岁赐缗钱至二万五千,又取郡县田租、屋课、息

---

① 《宋史》卷二九《高宗纪》。参见《系年要录》卷一四二、《三朝北盟会编》卷二〇六。

② 《宋史》卷三三《孝宗纪》。另参见同书卷三八五《钱端礼传》、《魏杞传》及《续宋编年资治通鉴》卷八。

③ 按,周密《齐东野语》卷一二《淳绍岁币》将隆兴误为绍兴,但文中细致地记述了绢的构成:"江绢十二万匹,匹重十两;浙绢八万匹,匹重九两。"

④ 《宋史》卷三九《宁宗纪》载,嘉定十年,以起居舍人真德秀奏,罢金国岁币。而《续资治通鉴》卷一六〇谓未罢,不明所据。然岁币事此后未见记载,姑从《宋史》。

⑤ 《燕翼诒谋录》卷五《太学辟雍》。

⑥ 《宗伯集》卷一二《信州学记》。按,仁宗时令诸州为学,参见《宋会要·崇儒》二之三。

钱之类增为学费"。① 京师国子监实费三万七千余缗,② 外郡支费数不详。崇宁初,"天下州县并置学,州置教授二员,县亦置小学"。"州给常平或系省田宅充养士费,县用地利所出及非系省钱"。③ 有人统计,崇宁三年:"天下教养人为士二十一万(一本作'二千一百',误)余员,为屋九万二十余楹,费钱三百四十万余缗,米五十五万余石。"④ 大观二年,"总天下二十四路教养大小学生以人计之,凡一十六万七千六百二十二;学舍以楹计之,凡九万五千二百九十八。学粮以缗计之,岁所入凡三百五万八千八百七十二,所用凡二百六十七万八千七百八十七;学粮以斛计之,岁所入凡六十四万二百九一十,所用凡三十三万七千九百四十四;学田以顷计之,凡一十万五千九百九十;房廊以楹计之,凡一十五万五千四百五十四"。⑤ 从岁用钱粮数看,固然是较为可观的,然而这些钱粮实际上大部分来自学田租,少部分来自添酒钱及地方杂项收入,这些收入通常多是不入宋朝总岁收岁支的。另外,此种统计数字难保没有夸张失实成分,在当时倡行"丰亨豫大"的气氛之下,虚报妄申是极有可能的。时人杨时即曾抱怨:"学校养士,反不如居养、安济所费之多。如余杭学今止有三十人,而居养、安济乃共有百余人。居养、安济人给米二升、钱二十,为士者所给如其数加四钱耳,而士未必常在学也,则其所费固寡于彼矣。"⑥ 这说明封建国家用于官学的费用并不是很充裕。南宋官学不如北宋末年兴盛,京师(行都)太学支费数不见记载,疑少于北宋后期。地方州军官学支费散见于方志记载者,较北宋后期有增有减,但仍多取财于学田租,余则取之于酒坊、砂岸、房廊等项不系省收入,取之于系省收入者极少。

如上所述,官学支费虽有一定数量,但主要部分不入岁计,甚至不入地方官府财计,实行单独核算。属于朝廷或地方岁计开支者,只占很

---

① 《宋史》卷一五七《选举·学校试》。
② 参见《长编》卷三〇二、《宋史全文》卷一二。
③ 《宋史》卷一五七《选举志·学校试》。
④ 《太平治迹统类》卷二七引《罗靖杂记》。又《宋会要·崇儒》一之七"士有所养,余二十万人"。
⑤ 葛胜仲:《丹阳集》卷一《乞以学书上御府并藏辟雍札子》。
⑥ 《杨龟山集》卷二《语录·余杭所闻》。

小部分。

　　宋朝用于文化教育方面的开支,如天文观测、史籍编撰等,宋人习惯于官吏支费处述之,很少另作统计。

第二节　农田水利、官工商业及公共工程支费

　　在宋朝财政岁出中,还有与禁榷相关联的盐酒茶矾本钱的支出,有用于坑冶铸钱本钱的支出,有用于市易、市舶本钱的支出,其性质大体为官工商业的支出。宋朝以农立国,农田水利方面也有支出。此外,治理黄河水系、修治城池桥道等也有支出,略相当于近代公共工程支费。

一、盐茶矾本、坑冶铸钱本、市易市舶本

　　宋朝在计算禁榷收入、官工商业收入的时候,有时将"本"与"息"单独核算,更多的则是将"本""息"合在一起计总收入额,通常称为课入。最明显的是榷茶收入的计算。例如李焘记:"嘉祐二年,[茶课]才及一百二十八万[缗],又募人入钱皆有虚数,实为八十六万,而三十九万有奇是为本钱,才得子钱四十六万九千而已。其辇运之费丧失,与官吏兵夫廪给杂费,又不与焉。"①这说明当时计算榷茶收入时,是没有扣除官府买茶本钱的,另外,运费、官吏军兵支费等也未扣除。当然,宋人讲的茶本与今人所讲成本概念不同,其所指仅为买茶官所支价钱。至于辇运等费,按当时习惯,多是计入官、兵支费项下的,故不计为本钱。盐、酒、矾榷入,坑冶铸钱,市舶市易课入的计算,情况类似。这样,在课入的计算从而财政岁入

---

　　① 《长编》卷一八九。另沈括《国朝茶利》所述茶课与茶利的差距也反映了此种情况,又《宋史》卷一八三《食货志·茶》载天禧五年淮南茶课十三万缗,内本九万缗,息三万缗。

的计算没有区别本息的情况下,我们必须将盐茶矾本、坑冶铸钱本、市易市舶本等作为财政岁出的组成部分看待。

甲、盐本:解盐生产官营,官府不须支钱收买,故不见有关于盐本记载。淮盐哲宗绍圣年中"官赋本钱六十四万缗,皆倚办诸路,以故不时至"。① 所言倚办诸路,当是由食淮盐诸路依额输送,即于卖盐所得钱内拨出盐本给淮南盐场。元祐初年,有上言者讲:"两浙每岁旧买盐本钱常以三十万贯为额,近来不下四十万贯,虽本数有加而计利盖寡。"②说明浙盐产量虽大不如淮盐,但盐本岁支数却颇不少。其他京东河北、广南、福建等盐本岁支虽未见记载,当有一定数量,合而计之,哲宗时期盐本岁支在百万贯以上。哲宗时以前和此后至北宋末,则因盐产销量增减而略有不同。南宋盐本钱开支可能有所增加,原因是榷买价增加了一倍以上,尽管食盐人口减少,而所减者主要为食解盐者。盐本岁支未见时人作过统计,但可从买盐价和产盐总额上粗略地推计其数。南宋绍兴至淳熙年中,淮浙福广官榷买盐每斤支价十四文至十九文,而年产约为二亿至二亿五千万斤,则岁支盐本约为二百八十万贯至四百七十五万贯之间,其数颇为惊人,然比起榷盐岁入数来,不过是若干分之一而已。

乙、茶本:前引文述嘉祐二年时茶本为三十九万贯,但嘉祐通商后宋廷却向地方征调茶本钱四十七万余贯,③大约嘉祐二年茶本之数是历年中偏低的。行通商法及合同引法时期即北宋嘉祐至建中靖国年之间及北宋后期、南宋,官不买茶,故无茶本钱支出。茶本钱大约由产茶诸路州军赋入中开支,故嘉祐通商后有宋廷向地方征调茶本钱之事。

丙、坑冶铸钱本:系指官府购买金银铜铁锡铅及柴炭等的开支。前文坑冶岁入一节已述及,购买矿产品的费用由各有关转运司供给,文献中多有转运司因财计不裕吝于支给的记载,④故北宋后期,又增"用常平息钱

---

① 《宋史》卷一八二《食货志·盐》。

② 《长编》卷三六五。

③ 参见《宋史》卷一八三《食货志·茶》。《宋会要·食货》二九之一五载"凡本钱之数总四十四万七千一百四十四贯",未得其时间。

④ 参见《宋会要·食货》三四之二〇元祐元年条、《通考》卷一八《征榷考·坑冶》绍圣二年条及《宋史》卷一八五《食货志·坑冶》政和元年条。

与剩利钱为本"。① 宋朝官府于坑冶收买金银所用钱数未见记载,从坑冶
岁产金银数量推计,此项支出当不少于每岁数十万贯。关于收买铜铅锡
等铸钱,仁宗皇祐三年宋祁讲:"南方矿冶,地宝不乏,但转运司与州县莫
适为谋,昔之本钱数十万,庆历以来,为官司侵耗略尽矣。今既无粮货,不
能聚人……若权留数十万缗,置于饶信,权为本钱……铜足钱多,此亦富
国之一助耳。"②如其所言有据,则前此宋廷所拨南方铸钱本岁数十万贯。
此数未包括铸铁钱及陕西等处铸铜钱支费。此后铸钱数增多,本钱支用
也相应增加。南宋川蜀铸铁钱,官府调称提钱二十四万贯为铸本。③ 连
同江淮铸铁钱、东南铸铜钱,其所用坑冶铸钱本钱数也须有数十万贯之
数。坑冶铸钱本只有当坑冶产品及铸币数计入岁入的前提下,才能看作
是岁出的一部分。

丁、市易市舶本:神宗、徽宗两朝行市易法,其本息情况前文已述及。
市舶收入来自抽解、和买(实为科买)两部分,其和买者虽非平等交易,也
须支价。市舶本岁支不见记载。

另外,酒曲的制造需耗用粮食,官府造卖酒曲所需粮食,或用钱收买,
或以赋税折科,均须支用财赋。然榷酒收入分隶复杂,造酒曲管理情况复
杂,难以推计其支费钱本数目。官府用于榷买矾货,也有一些开支,但数
额很小。

二、农田水利支费

宋朝用于农田水利方面的开支在财政中只占微不足道的地位。这样
讲,难免会引起疑问:宋朝官府所组织兴建的农田水利设施是颇不少的,
从记载上看,似大大胜于前代,其中有些工程规模宏大,岂不耗用巨资?
特别如果有人用近现代情况推之古代,难免会对以农业立国的宋朝竟有
农田水利方面财政开支很少的情况,持怀疑态度。因此,我们拟对宋朝农

---

① 《群书考索》后集卷六二《坑冶》。
② 《景文集》卷二九《直言对》。
③ 参见《朝野杂记》甲集卷一五《称提钱》。

田水利设施兴建的集资办法及开支情况略多着些笔墨。

客观地讲,宋朝对发展农业生产还是比较重视的。自宋初以往,设农师,劝农桑,推广踏犁,推广良种,奖励开垦,颁农田水利新法,多有举措,也并非全无成效。但这些措施本身,多属行政性的,支费资财却很有限。在农田水利设施兴建方面,宋朝也有成绩,宋代撰史者对此也颇津津乐道,有关事迹见于文献者颇多。对于历次农田水利工程用工人数、受益土地的顷亩及施工情况等,封建文人士大夫们往往多加渲染。但是对于历次工役官府投入资财数及其来源,却殊少记录。查其原因,主要一条,就是兴修农田水利设施所用人力物力,取之民者多,资之官者少。在宋代,兴修农田水利设施所需的人力物力,原则上是由受益农田所有者均摊的。这在封建私有制下的宋代,不但是容易令人理解的,而且带有一定必然性。不少记载都反映了兴修农田水利设施的这一集资原则。例如,庆历五年,宋廷对兴修农田水利设施的申报办法作的规定中讲:"应在官有能擘画开修水利,并须先具所见利害于画地图,申本属州军及转运或提刑司。委自本司于部下选官亲诣地所,相度如实合开修,经久利济,询问乡耆,审取诣实,差官具保明结罪申转运、提刑司。体量允当,方下本属州军计夫料饷粮,设法劝诱租利人户情愿出备。"①其最末一句,讲明了兴工所须人力物力,系由得利人户出备。又如至和元年,光州仙居县令田渊上奏,请令江淮地区官府于农闲组织百姓兴修水利,也讲到让有关各县"每年检计工料,各具析合系使水人户各有田段亩数,据实户远近,各备工料,候至春初,本县定日如差夫例点集入役"。② 熙宁二年四月十六日,权三司使公事吴充言:"窃见前襄州宜城县令朱纮在任日,复修木渠,不费公家束薪斗粟,而民乐趁之。渠成,所溉六千余顷,数邑蒙其利⋯⋯"③熙宁三年,有官员上言,请江淮荆楚各地官府组织兴修水利,也谓:"官司予行计度,俾因岁丰暇,据占以植地利人户,以顷亩多少为率,劝诱出备工料兴

① 《宋会要·食货》六一之九三。另参见《云间志》卷下载庆历二年章岷《重开顾会浦记》。
② 《宋会要·食货》六一之九四。
③ 《宋会要·食货》六一之九七。

修。"①熙宁五年,行农田水利新法,神宗特下诏:"应有开垦废田、兴修水利、建立堤防、修贴坪埠之类,工役浩大,民力所不能给者,许受利人户于常平仓系官钱斛内连状借贷支用,仍依青苗钱例作两限或三限送纳,只令出息二分。如是系官钱斛支借不足,亦许州县劝诱物力人户出钱借贷,依乡源例出息,官为置簿,及时催理。"②此诏文明确表明,兴修水利之事,其费用应由受益者自己承担。受益者无力兴办,向官府贷款,不但受益户须按期归还,而且还要加付利息。有时可借富户钱为费用,由官府负责向受益户催还。王安石曾讲:"兴农事不费国财,但因民利而利之,财亦因民财力而用也。"③大约即指此种情况此后得到长久沿袭。元祐年间苏轼献时人单锷所撰《吴中水利书》,其中言:"然锷观合开三州诸渎港,不必全藉官钱,盖三州之民憔悴之久,人人欲开,故半可以资食利户之力也。""凡有自古泄水诸沟港滨渎,尽可资食利户之力也"。④ 元符二年,官员陆元长建议疏泄苏州积水,"乞降祠部牒五百道,充雇夫钱粮及市木置闸,官为检计,令食利人户自备食力,分头兴修"。⑤ 宋徽宗政和四年,工部上奏请修江州至真州古运河道,竣工后可除数万顷膏腴田水患,奏文中言:"乞依……已兴政和圩田例,召人户自备财力兴修,更不用官钱粮。"⑥

南宋绍兴四年,浙西路宣谕上言:"乞行下两浙诸州军府委官相度管下县分乡村,劝诱有田产上中户量出功料,相度利害,预行补治堤防圩岸等,以备水患。"⑦绍兴十五年,"两浙转运判官吴桐条具便民事,乞令常平司支借钱谷,劝民浚决华亭等处沿海三十六浦,以泄水势,庶无潦损民田之患。诏可"。⑧ 绍兴二十三年,宣州、太平州等地修筑圩岸,有关官府怕下三等人户无力偿还因此事而支借的钱米,乃"令结甲借贷常平司钱,自

① 《宋会要·食货》六一之九八。另参见《吴郡志》卷一九《水利》载同年郏亶奏。
② 《宋会要·食货》六一之一〇〇。
③ 《长编》卷二一三。
④ 单锷《吴中水利书》、《东坡集》卷五九《录单锷吴中水利书》。
⑤ 《长编》卷五一二。
⑥ 《宋会要·食货》六一之一〇四。
⑦ 《宋会要·食货》六一之一〇五。
⑧ 《系年要录》卷一五四。

绍兴二十四年为始,作四年带纳"。① 乾道六年底,大臣李结献治田三议,其中讲道:"乞于苏湖常秀诸州水田塘浦要处,官以钱米贷田主,乘此农隙,作堰增令高阔。"而户部议定:"晓有田之家,各依乡原亩步出钱米与租田之人,更相修筑,庶官无所费,民不告劳。"②淳熙四年,时任判明州的皇子赵恺主持开浚东钱湖,他在上奏中讲:"在法,农田水利并以食利众户共力修治,合是民间出财。"③即是说,兴修水利依"法"就应当由食利户出资。淳熙年间朱熹任提举浙东常平,遇到灾荒,朱熹主张以工代赈,上奏讲:"臣又窃恐兴修水利所费太多,难以支给,即乞且令贷与食利人户,雇工兴役,却候将来丰熟年分,纽计米数,量分料次,赴官送纳,桩管在官,尤为利便。"④又言:"伏望圣慈照臣前奏事理,早赐依数给降。仍乞就拨绍兴府先蒙降到度牒一百道所换米二万石,及明州先蒙降到二十万贯籴到米,并付本司均拨应副绍兴府明州粜济,及贷与食利人户兴修水利,却于二百万贯内除豁其水利贷钱。向后丰年,却令逐旋回纳,实为利便。"⑤也是要将官钱借贷给食利户,由食利户雇工兴修,事后追回贷款。

以上记载都可说明,两宋兴修农田水利设施,主要靠当地百姓自己出人集资,官府则主要起推动组织的作用,有时则给予贷款,事后索还。

当然,这并不是说在兴修农田水利设施方面官府全无开支。官府在这方面的开支主要有几种情况:一是支用常平钱米,而不追偿。例如熙宁五年有诏:"应人户见耕占古迹陂塘地土,如可兴修浇灌……合支钱并合修斗门木石,如食利人户物力出办不及,即许于常平仓官钱内支破,仍令提、转、仓司,候相度得利便,即先具浇灌顷亩及合用人工物料诸般支费钱物实数,保明闻奏。"⑥其中未言及追偿所用常平钱米事,或有无须追回的情况。地志中载"熙宁中尝捐常平钱米三万五千余贯石复加修理"宣州

① 《宋会要·食货》六一之一一二。
② 《宋史》卷一七三《食货志·农田之制》。
③ 罗濬:《宝庆四明志》卷一二《鄞县志》。
④ 《晦庵集》卷一七《奏救荒事宜画一状》。
⑤ 《晦庵集》卷一七《奏明州乞给降官会及本司乞再给官会度牒状》。
⑥ 《宋会要·食货》六一之九九。

大农、永丰两陂。① 有时官府将赈灾与修水利结合起来。如熙宁五年，"诏司农寺出常平粟十万石，赐南京、宿、亳、泗州募饥人浚沟河"。② 次年，又"赐淮南西路转运司常平米三万石，募饥民兴修水利"。③ 此后蒋之奇出任淮东转运副使，"岁恶民流，之奇募使修水利以食流者"。④ 南宋嘉定二年，浙西灾，乃"于合用赈粜钱米之内，分委才敏清强之官，责以开浚疏导之事，募民之无食者役而食之"。⑤ 这种情况下所支常平钱米，似是不须偿还的。二是支用地方非系省收入。如北宋时，越州"有鉴湖租三十万，法许兴修水利支用"。⑥ 湖租一般是不系省收入。南宋绍熙四年，知太平州叶翥言："近一二十年以来，官司出钱，每于农隙之际鸠集圩户增筑岸埂"，本年"已于本州去岁州用米内取拨米三千石，趱积到钱一千贯，专充修圩使用"。⑦ 三是支用系省或上供财赋等。如政和六年，清除平江府一带积水，曾调用本路诸州钱十万贯。⑧ 南宋绍兴二十八年，平江府开修河浦，其费用"以激赏库钱、平江府上供米如数给之"。⑨ 淳熙三年，明州（庆元府）鄞县开浚钱湖，予计用钱十万贯，其中由提领南库所支拨会子五万贯。⑩ 嘉定十二年底，修筑临安府沿海堤坝，"截拨合解上供钱米以为工物之费"。⑪ 另外，宋朝多次拨官告、度牒等为兴修水利费用。例如，政和六年清除平江府等处积水，支给度牒二千道、官告一百五十道。⑫ 嘉定十七年，"诏令封桩库支拨度牒一千道付福州，每道作八百贯

① 《（嘉庆）宁国府志》卷二一《艺文志》、失名《重修大农陂永丰陂记》。
② 《长编》卷二三八。
③ 《长编》卷二四八。
④ 《宋史》卷三四三《蒋之奇传》。
⑤ 《宋会要·食货》六一之一四六。
⑥ 《宋会要·食货》六一之一〇四。
⑦ 《宋会要·食货》六一之一三六。
⑧ 参见《吴郡志》卷一九《水利》、《宋会要·食货》六一之一〇五。
⑨ 《宋史》卷一七三《食货志·农田之制》，另参见《中兴小纪》卷三八。
⑩ 参见《宋会要·食货》六一之一二五。罗濬《宝庆四明志》卷一二《鄞县志》注载赵恺奏，又谓"凡用竹木、支犒赏、般运茭葑，并用本州钱，以佐其费"，则本州还支出了一些钱，原奏未言数量，估计并不多。
⑪ 《宋会要·食货》六一之一四八。
⑫ 参见《吴郡志》卷一九《水利》、《宋会要·食货》六一之一〇五。

文会子变卖,价钱贴充开浚西南二湖使用"。① 另外,神宗时,组织实施淤田,宋廷也支费了一些钱财。据统计,淤田营田司"自熙宁七年至十年,费钱十五万五千四百余缗"。② 从上引记载可以看出,尽管在兴修农田水利设施方面宋朝从朝廷到地方也支用了一部分钱粮,但其数量一般都是很少的。

三、治河及城池桥道支费

北宋时,黄河水系经常泛滥成灾,治河在当时社会生活中是朝野关注的大事。史载:"旧制,岁虞河决,有司常以孟秋予调塞治之物,梢芟、薪柴、楗橛、竹石、茭索、竹索凡千余万,谓之春料。诏下濒河诸州所产之地,仍遣使会河渠官吏,乘农隙率丁夫水工,收采备用……所费皆有司岁计而无阙焉。"③即是说,治河所用物资,有相当一部分是列入财政岁计的,通常是通过赋税折科的办法筹办。由于河水经常决口泛滥,由官府组织的较大规模的修治也多次进行,投入的人工往往以十万、百万甚至千万计,耗费财力颇多。例如,太宗雍熙元年,"塞房村决河,用丁夫凡十余万,自秋徂冬,既塞而复决。上以方春播种,不可重烦民力,乃发卒五万人",继续施工。④ 仁宗天圣五年,"发丁夫三万八千,卒二万一千,缗钱五十万,塞[滑州]决河。转运使五日一奏河事"。⑤ 庆历六年,塞商胡决口,予计用工一千四十二万余。⑥ 神宗元丰元年,修筑曹村附近新堤,"凡用功一百九十余万,材一千二百八十九万,钱米各三十万"。⑦ 元丰五年,修治广武、鱼池两处河堤,"广武役兵千六十,夫万三千二百人,物料一百四十一

---

① 《宋会要·食货》六一之一五〇。
② 《长编》卷三〇二、《宋会要·食货》六三之七九。
③ 《宋史》卷九一《河渠志》。
④ 见《长编》卷二五。
⑤ 《宋史》卷九一《河渠志》。
⑥ 《宋会要·方域》一四之一七。
⑦ 《宋会要·方域》一四之二五至二六。又司马光《涑水纪闻》卷一五载:"塞汴渠,诏发民夫五十万,役兵二十万。"

万四千条束。鱼池兵工一万三百,夫工四万一千,物料六十一万八千条束"。① 次年,修治武济山麓等处河堤,仅梢草、竹索支费,计钱十七万余贯。② 哲宗元祐三年,开修减水河,"辟官一百余员……役过兵夫六万三千余人,计五百三十万工","用工不多,已费四十余万贯",而采买物料又费七十余万贯。③

北宋除治理黄河外,修治其他河流河道堤坝也有支费。如元丰六年治理淮河水系的洪泽河,"计工二百五十九万七千,役民夫九万二千一月,兵夫二千九百两月,麦米十一万斛,钱十万缗"。④ 崇宁二年,浚吴松江自大通浦入海,"计工二百二十二万七千有奇,为缗钱、粮斛十八万三千六百"。⑤ 南宋时,黄河流域多入金境。东南治理河道大致与农田水利合为一体,与农业关系稍远者只有治理城市内部的水道等。

治河的人力主要由差役百姓即所谓春夫承当,部分地使用厢军。北宋中期以后向应征而不服役的百姓征免夫钱,官府用此钱募夫。治河所需资财来源较为复杂,多数似由官府筹集。例如,元丰元年诏令给钱十万缗"以时市梢草封桩","非朝旨及堤岸危害,毋得擅用"。⑥ 次年三月,给官庄司、熟药所钱共三万缗充修河人兵物料钱。⑦ 四月,"诏司农寺出坊场钱十万缗赐导洛通汴司,给吏兵食钱。内以二万缗给范子渊为固护黄河南岸薪刍之费"。⑧ 治河之事,宋初由三司河渠案主掌,仁宗时设都水监,以此事归之。神宗改官制,又统之于工部。哲宗元符元年,"权工部侍郎吴安持言:'京西路转运使拖欠年额梢草钱计七十万贯有余,止称岁计窘乏及应副军储,无由办集。欲别赐钱或降度牒收买。'诏京西转运

---

① 《长编》卷三三〇。
② 《长编》卷三三八。
③ 参见《长编》卷四一七载曾肇语、卷四二一李常语及《宋史》卷九二《河渠志》。
④ 《宋会要·方域》一七之一〇。
⑤ 《宋史》卷九六《河渠志·东南诸水》。
⑥ 《宋史》卷九二《河渠志》。
⑦ 《宋会要·方域》一五之四。
⑧ 《宋会要·方域》一五之四。

司,自绍圣二年后合认诸埽年计梢额钱,并须依限数足"。① 此事说明当时转运司需按定额向都水、工部输纳梢草等钱,且有一定数量。神宗以后,宋廷支发度牒作为治河费用的情况颇见记载。如熙宁四年,"赐河北转运司度僧牒五百,紫衣、师号各二百五十,开修二股河上流并修塞第五埽决口"。② 元丰五年,"赐河北东路提举司度僧牒千,兑钱与黄河堤防司应付新河"。③

由于治河人力原则上不须宋朝官府出资召募,官府只负担物料口食等支费,这就使得宋朝财政上用于治河的开支不大,不占重要位置。

在宋代,城池、桥梁、道路、运河的修治在财政上也有开支。表面上看,这些开支颇类于近代的公共工程事业费,然从宋朝兴办此类事的动机上讲,却多是从加强其政治统治着眼的。

宋代修筑城墙和挖护城壕堑,主要靠差役百姓,辅之以厢兵、罪犯,以钱召募人工很少。故从封建国家财政角度看,主要开支也是在物料方面。例如,熙宁十年,宋廷命各路州县"检视城壁,合修去处计会工料,于丰岁分明晓谕在城中上等大户,各出丁夫修筑……应合用修城动使、柜木、搏子、椽之类,并委转运司勘会有处移那支拨。其椽木亦许于系官无妨碍地内采斫充使。一应城门并检计合用物料差官覆检,支破官钱,收买应副使用"。④ 元丰六年前后,河南府水灾,为了修理被水冲坏的行宫、天津桥、堤堰、城壁、军营、库务等,宋廷"诏转运司于经费余钱支十万缗"作为费用。⑤ 南宋初,高宗以宣州(宁国府)为"江左要郡,赐中都钱五万缗,俾缮筑城垒"。⑥ 神宗时,普遍地修整各地城池,也曾多次支给度牒,令各地出卖作为资金,其数颇不少。⑦ 战争中修筑沿边城池也有官府雇募人工修建的。

---

① 《宋会要·方域》一五之二〇。
② 《宋会要·方域》一四之二三。
③ 《长编》卷三〇六。
④ 《宋会要·方域》八之五至六。
⑤ 参见《宋会要·方域》一之二四。
⑥ 《(嘉庆)宁国府志》卷二一《艺文》引周紫芝《新城赋序》。又《(道光)苏州府志》卷三《城池》载嘉定十六年赐钱三万缗、米三万石修苏州城。
⑦ 参见《宋会要·方域》一之一五至一七、《长编》卷二八九至三四六。

修建桥梁所用人力、财力解决办法与修城相类。官府所开支者也主要是物料费用。真宗大中祥符八年有诏："开封府界诸县镇桥,自今盖造添修,并要本府勾当。所用木植,令于屋税等钱内折科,如大材料令三司支拨应副。"①这一原则当也适用于外路。参加工役人的自食,有时似是由官府供应的。如徽宗政和四年修河南府天津桥,宋廷令"于新收税钱内支拨粮米",②当即用于人夫口食。修桥支费见于记载数目较大的是滑州浮桥,此桥为辽朝使者赴汴京所必经,故受格外重视。政和元年至三年,计用"兵士八万一千余工,钱二十二万八千余贯",以事修缮。③ 神宗时也有支度牒用于修桥的记载。④

北宋重视漕运,运河的修治也有支费。元丰三年修整运河,"诏给坊场钱二十万缗"。⑤ 又如南宋乾道四年,修运河支费三十余贯石。⑥

宋朝组织开修的道路不少,然其财用开支数额及办法不见记载。

最后,特别应加以指出的是,在宋代,治河、修城、修桥、筑路,甚至包括某些农田水利设施的兴建,都有数量不等的厢军参加。厢军中的壮城指挥、开江指挥、桥道指挥、街道指挥等,有时竟成为某一方面的专业工程兵。其廪禄等支费,本应计入有关方面的财政开支的,然而当时人没有此种认识,故没有进行过相应的统计,我们也就难以具体陈述了。

第三节　蠲放、赈济与其他

宋代天灾人祸频仍,财政上用于赈贷、济贫的开支有相当数量。农业生产受到自然灾害、战乱的影响而被破坏,有关的税赋官府不得不予蠲免

---

① 《宋会要·方域》三之二〇。
② 《宋会要·方域》三之二四。
③ 参见《宋会要·方域》一三之二五。
④ 参见《长编》卷三三八、《宋会要·方域》一三之二三。
⑤ 《宋会要·方域》一六之一五。
⑥ 参见施谔《(淳祐)临安志》卷一〇《城外运河》。

或倚阁,这严格讲虽应属于减收,但它与赈济关系密切,且从另一角度看,又近似等于用于赈济的特殊支出,故与赈济一并叙述。又财政支出中前未述及者附之于后。

一、赈灾

宋朝很重视赈灾事,文人士大夫们也多有议论,所谓荒政在当时几乎成了一种专门的学问。宋朝在这方面的举措是很多的,史载:

> [宋朝]凡振贫恤患之意,视前代尤为切至。诸州岁歉,必发常平、惠民诸仓粟,或平价以粜,或贷以种食,或直以振给之,无分于主客户。不足,则遣使驰传发省仓,或转漕粟于他路;或募富民出钱粟,酬以官爵,劝谕官吏,许书历为课;若举放以济贫者,秋成官为理偿。又不足,则出内藏或奉宸库金帛、鬻祠部度僧牒。东南则留发运司岁漕米,或数十万石,或百万石济之。赋租之未入、入未备者,或纵不取,或寡取之,或倚阁以须丰年。宽逋负,休力役,赋入之有支移、折变者省之,应给蚕盐若杂及科率追呼不急妨农者罢之。薄关市之征,鬻牛免算,运米舟车除沿路力胜钱。利有可与民共者不禁,水乡则蠲蒲、鱼、果、蔬之税……①

从以上记载可以看到,宋朝统治集团在赈灾方面是颇费了一番心思的,其名堂之多,可谓集前代之大成。其中有些措施近于琐细,仅是用以表示统治者恻隐之心的,实际意义不大。真正起作用的,首先还是拨钱、粮赈济。宋朝用于赈济的钱粮支出是可观的,有些受灾严重的年度甚至是很大的。从记载看,例如太宗太平兴国八年,"同州言岁饥,发仓粟四十万石赈之"。② 真宗大中祥符四年,"江、淮路以廪粟赈贷及减价出粜者,凡二十万石"。③ 次年,"令江、淮南发运司留上供米二百万斛,以备赈粜"。④ 哲

---

① 《宋史》卷一七八《食货志·振恤》。
② 《宋会要·食货》五七之一。
③ 《长编》卷七六。
④ 《长编》卷七七。

宗元祐某年,淮南、河北、京东三路赈灾用粮三百万斛。① 绍圣二年"诏内藏库支钱十万贯、绢十万匹分赐河北东、西两路提举司准备赈济"。② 孝宗淳熙十年,江东灾,"公私合力赈救,为米一百四十二万"。③ 理宗绍定二年,"台州大水,命常平使者叶棠……发丰储仓米十万石、封桩库钱五十万贯以充赈济、修城之用"。④ 端平元年,"以河南州军新复,令江、淮制置大使司科降米麦一百万石振济"。⑤ 淳祐十一年,"福建诸郡旱,锡米二十五万石振粜,一万石振贫乏细民"。⑥ 赈灾支用钱、粮数虽不少,然实分三种方式,即赈贷、赈粜、赈济。在财计越来越困难的情况下,赈贷与赈粜所占比例越来越大,而无偿赈济所占比例则减小。如上引淳祐十一年条,赈粜米二十五万石,而赈济贫民者仅一万石。有时赈贷的粮米百姓无力偿还,最终又被蠲免。如太宗雍熙三年,"诏升、宣等十四州雍熙二年官所赈贷并蠲之"。⑦ 真宗咸平五年大赦,蠲除"河北、河东欠五年贷粮"。⑧仁宗时,"江南岁饥,贷民种粮数十万斛,且屡经倚阁,而转运督责不已,民贫不能自偿",⑨后诏悉蠲之。赈贷除上述被蠲免者外,系此年出,次年入,赈粜者则是出粮入钱,对官府的财计影响不大,或者说没有什么损失。无偿赈济则是纯粹的支出,然记载中往往将赈贷、赈粜与无偿赈济互相混淆,故难以确切把握此项开支的数量。自北宋太宗时起,即有助官赈贷给官爵之法,后卖官爵常常用为筹措救灾款项的途径,直至南宋后期。⑩ 自神宗以后,支给度牒也成为解决赈灾费用的手段。

---

① 参见《栾城集》卷四一《因旱乞许群臣面对言事札子》、《历代名臣奏议》卷二四五苏辙奏。又《宋史》卷三三七《范镇传》:"吴中大水,诏出米百万斛、缗钱二十万振救。"

② 《宋会要·食货》五七之一二。

③ 《通考》卷二六《国用考·赈恤》。

④ 高斯得:《耻堂存稿》卷一《直前奏事》。

⑤ 《宋史》卷一七八《食货志·振恤》。

⑥ 《宋史》卷一七八《食货志·振恤》。

⑦ 《(嘉庆)宁国府志》卷一六《食货志·恤政》。

⑧ 《长编》卷五三。

⑨ 董煟:《救荒补遗》卷上。

⑩ 参见《宋会要·职官》五五之二九、曹彦约《昌谷集》卷九《湖北提举司申乞赈济赏格状》等。

二、常平仓,义仓、广惠仓、社仓等及其与财政的关系

宋朝赈灾,常平仓、义仓、广惠仓、社仓等起了不小的作用,通过它们的籴粜散敛,在一定程度上减轻了自然灾害的不利影响。这些设施性质不一,其与封建国家财政的关系也各不相同,以下简略作些叙述。

甲、常平仓:常平仓制度,创始于两汉,历代多有效仿,其作用一是平物价,二是赈灾,实际后一作用较为明显。宋初并无此制。太宗淳化年中,始设于京师。真宗初,曾令诸路仿效京师建常平仓,然无切实措施。至景德三年,乃"于京东西、河东、河北、陕西、江、淮、两浙计户口多少,量留上供钱,自千贯至二万贯",分设常平仓。"令转运使每州择清干官主之,专委司农寺总领,三司毋得辄用。每岁夏秋,准市估加钱收籴,贵则减价出粜,俟十年有增羡,则以本钱还三司"。"于是,司农官吏创廨舍,藏籍帐,度支别置常平仓案。大率万户岁籴万石,止于五万石"。① 至天禧四年,"荆湖、川峡、广南皆增置常平仓"。② 常平仓制度在宋朝境内基本普及。从上述记载看,常平仓原始的资本是通过截留上供财赋获得的。至于追加的资本,无外乎自身散敛籴粜所得利息及靠财政上追加拨款。属于后者的,例如,"景祐中,淮南转运使吴遵路言:'本路丁口百五十万,而常平钱粟才四十余万,岁饥不足以救恤。愿自经画增为二百万,他毋得移用。'许之"。③ 短时间内将本路常平钱粟数增加四倍,自非仅靠利息收入,当主要靠地方财政调拨。又据哲宗时大臣范祖禹讲,"仁宗尝出[内藏库]钱一百万缗以助常平籴本",④实也为财政拨助的一种形式。常平钱谷总额真宗景德以后有所增加,至神宗熙宁初年,达一千数百万贯石。⑤ 此后

---

① 《长编》卷六二,原文遗"河北",据《宋会要·食货》五三之六补入。
② 《宋史》卷一七六《食货志·常平义仓》。
③ 《宋史》卷一七六《食货志·常平义仓》。
④ 《宋朝诸臣奏议》卷一〇七《上哲宗乞出内库金帛为常平籴本》。
⑤ 按,《宋史》卷一七六《食货志·常平义仓》载熙宁二年"诸路常平、广惠仓钱谷,略计贯石可及千五百万以上"。又载"时天下常平钱谷见在一千四百万贯石"。《长编》卷二一六载熙宁三年徐布言"常平义仓所蓄大约不过一千三百余万"。《长编纪事本末》卷六八《青苗钱》记熙宁二年"时天下常平钱谷见在一千四百万贯石"。

行青苗法,常平钱谷成为青苗本。南宋不行青苗法,绍兴初年追寻各地常平籴本,后常平仓与义仓渐合为一体。乾道三年底,户部侍郎曾怀奏言:"诸路常平义仓米见在者总三百五十七万九千余硕,并钱二百八十七万一千余贯。"①常平仓本钱既出自官府,故当官府财计不支时,即难免调作他用。北宋仁宗时,"常平积有余而兵食不足,乃命司农寺出常平钱百万缗助三司给军费。久之,移用数多,而蓄储无几矣"。② 两宋之交,常平钱谷大量调以供军,所剩无几。后虽追回一部分,然仍"往往拨以赡军,无复如曩时之封桩矣"。③

乙、义仓:义仓制度始见于隋朝,其作用与常平仓类似,只是其资金系由百姓负担,近于正税外附一项杂税。宋初本无义仓,乾德年中试行,随废。仁宗时几次议行,均未果。神宗时既行青苗法,常平钱谷多贷出,官府顾虑赈灾无以应付,乃行义仓法:"以[税粮]二石而输一斗。"④元丰八年罢,绍圣年中复行。南宋时,义仓粮虽出自百姓,然官府仍多移作他用,甚至有征义仓粮之外,又征义绢、义绸者。⑤ 向百姓征义仓粮等几乎完全成为一种附加税。

丙、广惠仓:广惠仓似始见于宋。仁宗嘉祐二年"诏天下置广惠仓"。广惠仓钱米来源于户绝田租。前此"天下没入户绝田,官自鬻之"。至此乃"留勿鬻,募人耕,收其租别为仓贮之,以给州县郭内之老幼贫疾不能自存者"。⑥ 据此,广惠仓作用与常平、义仓有别,一方面它兼有慈善事业性质,不局限于赈助灾民;另一方面资助的对象又是城镇里的贫民而不是乡村农民。按规定:"户不满万留田租千石,万户倍之,户二万留三千石,三万留四千石,五万留六千石,七万留八千石,十万以

① 《宋会要·食货》五三之三〇。
② 《宋史》卷一七六《食货志·常平义仓》,另参见卷一〇《仁宗纪》康定元年十二月条。
③ 《朝野杂记》甲集卷一五《常平苗役之制》。另参见《系年要录》卷一九〇绍兴三十一年调湖南常平义仓米钱四十六万余缗的记载及周去非《岭外代答》卷四《常平》。
④ 《宋史》卷一七六《食货志·常平义仓》。
⑤ 参见《宋史》卷一七六《食货志·常平义仓》乾道八年、景定五年条及王柏《鲁斋王文宪公文集》卷七《赈济利害书》。
⑥ 《宋史》卷一七六《食货志·常平义仓》,另参见《长编》卷一八六。

上留万石。田有余则鬻如旧。"①后熙宁年中，罢广惠仓，将其钱粮归入青苗本。元祐中复立，绍圣中复罢。南宋时不少州郡仍设有广惠仓或广惠院。②

丁、社仓：社仓与义仓性质作用均相近，宋人或将二者相混。其主要区别在于义仓管理权在州县，社仓管理权在乡社，故后者有较多的民办色彩。社仓管理权既不在州县，其钱米又不须官府调拨，故与财政关系较疏远。

另外，宋朝各级官府又设立不少慈善机构，也有一些支费。如英宗时京师设四福田院，共收养一千二百人，"岁出内藏钱五百万给其费（按，实为五千贯），后易以泗州施利钱，增为八百万（按，即八千贯）"。③ 其他的慈善机构还有：居养院、安济坊、漏泽园、慈幼庄等。名目虽多，实际支用财赋并不多，多是摆样子骗取民心的。

三、蠲放赋税及逋欠

宋代灾荒、战乱较为频繁，蠲放赋税的数量是不少的，我们将见于记载的一些统计数字制成一表（书末附表40），可以粗见其概。概括地讲，蠲放赋税使财政减收的数量可能比用于赈济的财政支出数还要多。

蠲放赋税主要有两种情况，一是因天灾，二是因战乱；此外遂有因庆典或阶段性地赦免积欠，造成积欠的原因也多与天灾、战乱有关。从记载看，宋朝局部性的自然灾害几乎无岁无之，如同北宋明道年、南宋嘉熙年那种波及全宋的大灾荒也发生多次。因此而蠲放赋税的记载即多见于史籍。例如，真宗大中祥符四年，"诏楚、泰州等民为湖水害稼者，给复其租"。又"诏河北滨、棣州水淹为患，比降赦命，免其田租十之三，今所纳

---

① 《通考》卷二六《国用考·赈恤》。
② 参见《朝野杂记》甲集卷一五《义仓》、《永乐大典》七五一三《仓·广惠仓》等。
③ 《宋史》卷一七八《食货志·赈恤》。另参见《宋朝事实》卷一五、《宋会要·食货》六八之一二七及范祖禹《范太史集》卷一四《乞不限人数收养贫民》等。

七分可更蠲其半"。① 仁宗明道二年，"畿内、京东西、河北、河东、陕西蝗，淮南、江东、两川饥，遣使安抚，除民租"。② 据时人苏轼事后追忆，熙宁八年两浙路大灾，检放税米达一百三十万石。③ 元丰四年大臣吕大忠讲，此时期两税因灾伤检放，"每岁侥幸而免者无虑二三百万"。④ 徽宗政和四年，有人上奏中言及："二浙虽遇丰岁，蠲除岁赋不下三四十万硕。"⑤这显然是指小范围意外事故如被河水冲坍等造成的灾害。南宋高宗绍兴五年，湖南旱，官府有令"将本路秋税苗米先次特予蠲免五分"。⑥ 绍兴二十九年，"诏：两浙、江东西水，浙东、江东西螟，其租税尽蠲之"。⑦ 孝宗淳熙十一年，东南各路共检放税米六十万石，相当于秋苗岁额的十分之一。⑧以上记载说明，因自然灾害而蠲放的田赋是数量不少的，平均每岁不下数十万石。实际上，遇灾蠲放者不只是田赋，其他税收也难免受到影响，南宋孝宗时有明文规定："课利场务经灾伤者，各随夏秋限依所放分数于租额除豁。"⑨北宋时疑也有类似的规定，因为遇灾后酒、茶等课利收入必然受很大影响，不蠲减一部分似是不行的。两宋因战争蠲税的情况也不乏见。如仁宗西部战争期间，几次所谓德音，都有蠲减陕西州军赋税的内容。⑩ 南宋初，宋廷也不得不下令蠲免受金兵蹂躏最重地区的赋税。⑪ 宁宗嘉定十年以后，战争不止，因此蠲税更显常见。⑫

由于财计不充，宋朝较前代要更吝于蠲免。对于受灾害程度不甚厉害的地方，对于某些输纳确有困难而官府又不愿放弃的税收，即采取暂缓

---

① 《长编》卷七六。
② 《宋史》卷一〇《仁宗纪》。
③ 《宋朝诸臣奏议》卷一〇六苏轼《上哲宗乞予备来年救饥之术》。
④ 《长编》卷三一四、《宋会要·食货》六一之七二。
⑤ 《宋会要·食货》六一之一〇五。
⑥ 《宋会要·食货》六三之五。
⑦ 《宋史》卷一七四《食货志·赋税》。
⑧ 参见《宋史》卷一七四《食货志·赋税》。
⑨ 董煟：《救荒补遗》卷上引《淳熙令》。
⑩ 参见《宋史》卷一〇《仁宗纪》。
⑪ 参见《宋会要·食货》六三之一至五。
⑫ 参见《宋史》卷四五《理宗纪》、卷一七四《食货志·赋税》及《宋史全文》卷三四。

期限的办法,称为倚阁。于是赋税的拖欠、积欠就较为常见。"出省限而未纳税、苗谓之拖欠,经及累年谓之积欠"。① 积欠中有一部分系由倚阁税赋转化来的。由于百姓赋税负担沉重,生产力低下,完纳当年赋税已颇不易,一般很难带纳倚阁或积欠的赋税,于是积欠的数量越来越大。这些欠负,宋朝统治者也多感到追回无望,往往在发布赦令时以"布皇恩"的名义予以蠲免。表所列数目大者,多是蠲放积欠的数字。当然,无论是蠲放当年赋税或是积欠,百姓有时并不能得到实惠,有时地方官府对蠲放诏令阳奉阴违,有时胥吏、揽户通同作弊,乘此大发横财。

四、转输支费和其他支费

宋朝用于将赋入输送京师和边地的花费是很大的,这在当时多是将此项开支分别计入军兵支费、边费或官吏支费的。如果单独计算,即可以看到其数量之多。熙宁二年,大臣侯叔献上言中讲道:"汴河岁漕东南六百万斛,浮江泝淮,更数千里,计其所费,率数石而致一硕。"②他的话或有些夸张,却可以说明漕运耗费巨大。漕运要造船,陆路要造车,这也是一笔可观的支费。据载:"诸州岁造运船,至道末三千三百三十七艘,天禧末岁减四百二十一。"③治平二年,"诸路创漕船二千五百四十艘"。④ 元祐年中裁减造运船数,岁额仍在一千八百艘以上。⑤ 运输车辆不见统计。转运除役军兵外,还时常雇募百姓,这些也有相当开销。至于运往边地,耗费更剧,前已述及。宋代的递铺除传递情报文书外,还担负物资转运任务,递兵的支费有一部分也应计入转输支费之内。

除前所述及者外,还有一些支出数量不多,或时人未作统计的财政开支项目。如用于宋与辽、夏、蕃、金、元交往当中的一些支费,以及宋与高

① 王洋:《东牟集》卷九《蠲逋欠札子》。
② 《宋会要·食货》六一之九七。
③ 《宋会要·食货》四六之一。
④ 《宋史》卷一七二《食货志·漕运》。
⑤ 参见《长编》卷四三七所载户部减省浮费所奏及诏。

丽、东南亚各国等交往中的支费。再如宋朝用于兴建、维修官廨、仓库等
建筑的支费等。由于记载缺乏,且相对地处于次要地位,即不一一陈
述了。

　　通过以上对宋朝财政收入与支出的分析可以看出,宋朝与汉朝及安
史之乱前的唐朝相比,在财政收支结构上发生了深刻变化。这些变化的
根源,乃在于土地关系和封建国家军制、官制的变更,而其中尤以军制的
变更对财政的影响更直接、更突出。土地关系的变化主要表现为田赋征
收制度上的变化。军制连同官制的变更却使得封建国家不得不广求财
源,从而使得禁榷制度恶性膨胀,成为财政不可须臾暂离的支柱,使得封
建国家不得不在正税之外另立新税,造成财政收入日益复杂的状况。研
究宋朝财政是应当把握住这一重要线索的。

第 三 编

宋朝财政的管理体系与设施

　　在前两编中,我们探讨了宋朝财政纵的演化过程,又对财赋出支进行了横向的解剖。本编拟着重考察财赋运行的渠道和运行中所经由的重要关节点,换言之,即拟考察宋朝财政的管理体系及相应的制度、机构等。在讨论宋朝财政管理体系之前,我们必须先简述宋朝官僚体制中与财政关系密切的一些情况。这关系到财政运用中的许多问题。

　　宋朝实行中央集权,重大问题的决策权一律收归朝廷,朝廷颁布了大量文字形式的制度规定,涉及包括财政在内的国家管理的各个方面,其细密程度往往是史无前例的。各级官员通常只需贯彻执行这些制度性规定,就可履行自己的职责。遇到超出规定的非常情况,官员就必须向朝廷请示,可以提出解决方案,但绝不允许擅自主张。制度规定过时或存在不合理处,官员有权向朝廷提出建议,但不得私自改动。从中央到地方,所有官员的任免权一律归朝廷,任何官员,不管级别如何高,包括宰相,都没有任命或罢黜任何一位官员的权力。上级官员既没有任免下级官员的权力,如何驱策下级官员、使其服从自己呢? 就要靠监察弹劾权、荐举权。上级官员对辖下官员的弹劾,采信率很高,下级官员一旦被自己的长官弹劾,被罢免的可能很大。最有时代特色的是较高级官员的荐举权,宋朝的荐举制度可谓是前无古人,后无来者。宋朝对较高级官员的荐举权有量化规定,其数量是以职务责任轻重、管内官员数量确定的。中下级官员的升迁(无论是官阶还是差遣)必须得到荐举,而这种荐举也是被量化的。其中文臣选人升改为京朝官,这是文臣升迁过程中最受重视的一个环节,而依据规定,选人必须得到固定数量的举荐书("削")才能升改京朝官。监察弹劾权、荐举权代替了任免权,成为上级官员驱策下级官员的手段。这是宋朝行政管理中一个不容忽视的情况,同样也是研究宋朝财政管理不可忽视的一个情况。

第 一 章

地方财政的地位与作用

　　观察财赋的运行,自然当从财赋由百姓手中转入官府的一瞬间开始,这一过程一般发生在地方,即财政管理的基层,因此,我们的分析就从地方财政入手。讲到地方财政,人们往往会联想到近代西方有些国家实行的中央、地方分立的财政状况,中央与地方实行分税制,分收分支,地方财政相对独立。宋朝实行中央集权制,这里所讲的地方财政在概念上与上述分收分支的财政体制下的完全不同,它是中央集权体制下的地方财政,这种地方财政的独立性要小得多。以往,有些人套用西方概念,认为宋代地方的公使收支就是地方财政。这实际上大大缩小了宋朝地方财政的范围。事实上,宋朝地方财政概括地讲包括三方面:一、征收本地田赋、杂税、商税、其他地方性税收及官营营利性收入(包括禁榷收入);二、依照规定窠名、定额及指定地点向朝廷输送财赋;三、支发当地和近地官吏、军兵薪饷,向地方上一层输送财赋。至于管理公使钱,倒是地方财政中较次要的部分。

第一节　县邑财政

　　县邑是宋朝政权机构的基层,也是财政体系的基层。宋人有时称县为邑,有时又称沿边某些县为道,故所谓县邑、县道均指县一级行政单位。

一、县邑财政概述

县邑是宋朝行政与财政的最基层。正史中对县邑财政记载很少,尤其是关于北宋县邑财政,似乎没有提供多少有价值的东西。正史以外关于北宋县邑财政的记载也很罕见,好在有关南宋县邑财政的记述尚有存留,可以从南宋情况推知北宋情况的轮廓。

史载,绍兴二十六年,官吏鲁冲上书讲及其所任职的宜兴县财政收支情况,言:"漕计合收窠名,有丁盐、坊场课利钱、租地钱、租丝租绸钱,岁入不过一万五千余缗。其发纳之数,有大军钱、上供钱、籴本钱、造船钱、军器物料钱、天申节银绢钱之类,岁支不啻三万四千余缗。又有见任寄居官请奉、过往官兵批券与非泛州郡督索拖欠。"①他讲的收支,似仅局限于钱币部分,而未涉及粮、帛等。南宋中期人黄榦在书信中述及他任职的江西某邑财赋入出,则是专讲粮石,文称:"本邑苗米额管六万二千石,除二千石不可催,实管六万石。每年起纲及马谷共管六万三千石,军用五千石,县用六千石,此已是七万四千石米矣。又要贴水脚钱二万贯、春衣一万贯、半年版帐二万贯,共五万贯,皆是将苗米折价,须二万五千苗方折得许多钱。如此,乃是十万石苗矣。故每石加耗等共收一石七斗,县计方足。江西一路皆然,不但此邑为然也。"②此外,地志中又有关于南宋后期平江府昆山、常熟两县及兴化军仙游县财赋出入的记载,我们整理成三表(见书末附表41、附表42、附表43)从以上记载中可以看到:首先,县邑在财政上也是一级核算单位,这一点从当时流行的"县计""县用"等专用语也可得到证明。③ 其长官对财赋收支的平衡负有责任,故南宋人谓宰县

---

① 《系年要录》卷一七一、《宋史》卷一七四《食货志·赋税》。

② 《黄文肃公文集》卷二《与李子司直书》。

③ 如上引黄榦语中即有县计、县用。又《宋会要·食货》一一之二一载大臣谓"一县必有一县之计"。同书一八之二五、俞文约《吹剑录外集》均有关于县计的记载,胡太初《昼帘绪论·理财第九》、《(嘉靖)惠安县志》卷七《商说》均有关于(宋代)县用的记载。又《永乐大典》卷一一九〇七《湟川志》言及连州阳山县"县计凋弊"等。

者"视事之初,须计一岁所入之数与所出之数有无亏赢,有亏则公勤措画"。① 在以上的意义上,县邑财政有相对独立性。从上述各处记载看,县邑的夏税钱帛、秋苗米、免役钱等项收入都是有定额的,每岁县输于州军、路、朝省的财赋也是有定额的,宰县者须在这以外的有限天地里斡旋财计。县邑斡旋财计的主要途径是:在收入方面,有商税、榷酒、苗米加耗和地方性杂税、杂收入。在支出方面,则除本县所用外,很少有可以盈缩者。商税、榷酒收入,县邑所能支配者只是其中一部分。但是,一般来说县邑商税、榷酒收入须上缴的数额或比例是相对稳定的,而商税、榷酒的总收入额却是上下浮动的,县邑可以通过使总收入额增加而使自身的财计稍充裕些。这正如南宋胡太初所言:"县自常赋之外,一孔不可妄取诸民,虽有理财之策,奚其施? 亦惟于酒、税加之意而已。酒、税解郡,月有常额,措办不及,亦怀惴惴之忧,况望其余裕可助县用哉? 虽然,经理有方,亦未尝不沛然也。"②孙应时则谓:"拘苗有令,取无孑遗,其端则有自矣。县之月解于是一切倚办于征酤以救目前。"③凌万顷也言:县邑"所以供趁版计者,身而取办者酒、税而已。酒息之多寡,视令之能否,不可以一定论"。④ 他们都说明了商税、榷酒收入方面县邑可以发挥自己的主动性。榷酒主要是官卖和令民买扑,商税收入大体是因为有一些税场的收入全部或按比例隶属于县邑。例如嘉定年中衢州"孔步镇[税场]隶开化县,路通徽、严,开化僻左,不于此置征,则丝漆之税皆不入开化,而月解青册无所取办。故孔步镇认开化税钱三分之一,此于县计诚有关系"。⑤ 可知孔步镇税场所缴商税收入对于开化县财计有举足轻重的作用。又地志载,南宋泉州惠安县征商"递年收税互有盈缩,大率五分县用,五分解转运司。其后县用不足,于例外增收税钱,量其缓急或一分或二分,于是有

---

① 《州县提纲》卷四《画月解图》。按,此书旧题陈襄著,北宋有大臣名陈襄者,而本书所述多南宋事,则或南宋人冒陈襄名,或南宋有人也名陈襄。又《宋会要·刑法》二之一四四载嘉定十四年赦文,禁州郡于定额外向县邑索取。

② 《昼帘绪论·理财篇第九》。

③ 《琴川志》卷六《叙赋》。

④ 《玉峰志》卷中《税赋》。

⑤ 《宋会要·食货》一八之二五。

一五分增税钱之名"。① 县邑在粮米方面多倚赖加耗。前述江西某邑秋苗"每石加耗等共收一石七斗,县计方足",又谓"江西一路皆然"。又南宋中期大臣袁说友也曾言及县取加耗事,并以揣测宰县者心理的口吻写道:"[县]令知耗之不可或无也,思之曰:一郡之用既有资于所纳之耗,则吾之邑是无耗尤不可也。逮夫正米之纳也,既加其耗而益之,耗米之纳也,又多其量而受之。"②可知尽管有时朝省、路、州军征苗米已有加耗,县邑从自身财计考虑,在已有加耗之上往往再征加耗。③ 县邑财计所依赖者还有各种杂收入、杂税。胡太初谓酒、税、加耗之外,"则有牛验、醋息与夫茶、麦、牙契、免丁、房赁,自可随宜拘催。近来诸邑别欲增衍,多有出卖官纸者,吏人行遣、人户投词,非官纸不用,此本非法令所许……又有专务科罚者,公吏有过,则令罚直若干,人户论诉理曲,合与断罪,乃以修造为名,各罚钱入官若干"。④ 胡氏所述,牛验似为买卖耕牛手续费,醋息见下文,茶乃指官卖茶得息,麦则指县邑依例将少量秋苗折麦以为造酒原料,牙契分隶前文已述。免丁不详所指,僧道免丁须上缴朝廷,不知县邑是否能从中分取,或者免丁指免夫。房赁,自指县属官房地产出赁所得收入。卖官纸,科罚钱虽法所不许,然多见记载,或颇流行。

易邑的财赋支出方面,主要有:上供朝廷者,如鲁冲所言上供钱,天申节银绢钱等,及黄榦所言起纲、马谷粮石等。有时上供财赋须经州军、转运司转输,表中昆山县使府版帐钱,常熟转运主管司钱,仙游县解发使府、京司、通判厅各项财赋中,似即包含此种情况。有供军财赋,其中又有输送总领所者(如鲁冲所言),有直接供本地或附近驻军者(如常熟县许浦水军券钱、仙游县太平仓所支寨兵铺兵粮米)。县邑赋入直接拨以供军,似北宋时已有。史载仁宗时大臣贾昌朝言:"臣尝治畿邑,邑有禁兵三

---

① 《(嘉靖)惠安县志》卷六《商税》。

② 《东塘集》卷九《论苗赋当平疏》。

③ 按,《宋会要·食货》七〇之九〇载庆元四年臣僚言:"诡名多则畸零多,畸零多则为县道之利,上司州郡配抑县道,县道出无所从,全仰于畸零。"不详所指。

④ 《昼帘绪论·理财篇第九》。

千,而留万户赋仅能取足,郊祀庆赏乃出自内府。"①有供本路、本州、本县支用者,如鲁冲所言现任寄居官请奉、黄榦所言县用粮、地志中所载华亭县"主管司、县官俸给支遣"等,②又如表中所列昆山县使府不排办人使钱、通判厅截拨下纲钱及仙游县省仓逐年所支官员俸米、本县本军学职人员俸禄等,都属此类。

南宋时期地方财政困窘,县邑尤甚。南宋中期范成大谓:"余行四方,所过县邑数十百,见大夫皆厌苦其官,赍咨太息,悔向之来而忧后之不得脱……蕞薾邑,负责犹数巨万,昼夜薄遽,钱谷之知,且不能报期会。"③又谓"户部督州郡,不问额之虚实,州郡督县道,不问力之有无。县道无所分责,凡可凿空掠剩,贼民而害农,无所不闻"。④迟于他的章如愚也谓:"县道窘迫难为","未赴者有偿邑债之忧,已赴者有蹈镬汤之叹,至于掉头吐舌,不敢反顾。"⑤南宋后期人孙应时又记,南宋后期县邑财计难撑,士夫们视宰县"如赴汤蹈火"。⑥

北宋时期,只见州有军资库,未见县有库。南宋时期一些县设有省钱库、官钱库、县库等,可能与征收及支用免役钱联系,有些县设有常平库、免役库。如《庆元条法事类》卷六《批书》有"县省钱库"。《淳熙三山志》卷九《公廨类三》专立"诸县仓库"一项,记福州属县各有钱库、省库、免役库、常平库等。施宿等《嘉泰会稽志》卷一二《新昌县》记此县有钱库,"在知县廨西五步"。罗濬《宝庆四明志》卷一六《慈溪县志》载此县有"诸色官钱库,县治东廊,绍定元年令周符重建"。永乐大典本《临汀志》也载南宋后期汀州各属县多有县库、免役库、常平库。

---

① 《宋史》卷一七九《食货志·会计》。
② 杨潜等:《(绍熙)云间志》卷上《场务》。
③ 《绍定吴郡志》卷三七《吴县厅壁续记》。
④ 郑虎臣编《吴都文粹》卷九范成大《吴县厅壁记》、《黄氏日抄》卷六七《范石湖文》。
⑤ 《群书考索》续集卷三七《官制·县道窘迫难为》。
⑥ 《琴川志》卷六《叙赋》。

二、月桩、版帐与醋息钱

月桩钱、版帐钱与醋息钱是宋朝主要是南宋财政术语,它们与县邑财政关系密切,故须在这里作些分析。

月桩钱之起缘及性质前文已述。月桩钱对州郡财政而影响是严重的,州郡月桩钱各有定额,须按时筹措,这是人们所熟悉的。然而有月桩钱额州郡的属县,一般也有月桩钱额,县邑财政受月桩钱的影响一点不比州郡少,这却多为人所忽视。关于此点,叶适讲得最清楚。他说:"大抵经总制钱为州之害,月桩、版帐为县之害。"①又谓:"县则以板帐、月桩无失乎郡之经常为无罪。"②又言:"知县去民最近者也,月桩、板帐,多者至万余缗,少者犹不下数千缗。昔之所谓窠名者,强加之名而已,今已失之,所以通融收簇者,用十数爪牙吏百计罔民。"③叶氏讲得很明确,县邑财政与月桩钱的关系较之州郡财政更直接、更密切。略早于他,大臣史浩奏札中言:"江湖等路诸州月桩钱,初无名额,唯取办于县道。"④又与叶适同时代之陆九渊,曾言及抚州金溪县月桩钱额之不合理缘由,谓江西路曾有一位转运使"行县之次,问邑吏月桩之所从取,凡以实告者,皆得蠲减。独金溪吏少不解事,惧吐实则有罪,辄以有名色对,故金溪独不蒙蠲减。月解之数为缗钱八百有奇,以岁计之,为输万缗"。⑤ 金溪月桩钱额与叶适所言多者之额恰合。南宋后期人吴泳于所撰墓志中言:"江东诸邑重困于月桩钱……至绍熙则通减十之三四,……而弋阳凿空桩办之数犹故,弗减也。"⑥这些记载部说明江湖地区县邑有月桩定额,县邑财政受月桩钱调发之害比州郡更为直接,更加厉害。县邑为按时输送,往往不得不法外横敛。

---

① 《水心别集》卷一五《上殿札子》。
② 《水心别集》卷一一《经总制钱》。
③ 《水心别集》卷一一《经总制钱》。
④ 《鄮峰真隐漫录》卷九《临陛辞日进内修八事札子·不取月桩》。
⑤ 《陆九渊集》卷八《与宋漕书》。
⑥ 《鹤林集》卷三五《蒋知县墓志铭》。

　　人们往往将版帐者、醋息钱也误认为二种杂税,其实是不甚确切的。其根源,乃在于宋人有时将赋税与封建朝廷向地方、上级向下级征调的财赋混为一谈,另外,有些不够准确的记述也易造成误解。

　　关于版帐钱,李心传述:"版帐钱者,军兴后诸邑皆有之,而浙中为尤甚。绍熙元年夏,议者请令监司、州郡宽属县无名之取,以纾民力。时朝请郎四明刘俣守岳阳,会四县版帐之额,为二万一千余缗,而无窠名者万一千余缗,乃……议取凡无名者尽蠲之。举一郡而言,则其余可知矣。"①李氏于此并未将版帐钱说成是一种新税,相反,他述版帐钱项下有数种窠名,其收入占总额近半数,这些窠名既与无窠名者对立,则也非法外横敛。但李氏却未能说明版帐钱一语的含义。史文对李心传所述又有补充,谓:"版帐钱者,亦军兴后所创也。如输米则增收耗剩,交钱帛则多收糜费,幸富人之犯法而重其罚,恣胥吏之受赇而课其入,索盗赃则不偿失主,检财产则不及卑幼,亡僧、绝户不俟核实而入官,逃产、废田不与消除而抑纳,他如此类,不可遍举。州县之吏固知其非法,然以版帐钱额太重,虽欲不横取于民,不可得也。"②以上所述,实际是县邑为解决版帐钱中无窠名部分筹集问题,采取的种种措施,然而对版帐钱的性质,仍未有说明。对于版帐钱的性质,宋人虽未留下现成文字,但通过上引记载,参之以昆山、常熟县的情况及别处记载,我们似可作如下判断:版帐即是指财赋帐籍,版帐钱则是指县邑等按月上缴的钱币收入。从记载上看,似主要是两浙地区的县邑有这种按月上缴于州军的钱币额,其他地区或则没有,或则害民不甚。③例如,浙西秀州华亭县"版帐本州坐下一岁钱二十一万九千五百二十六贯五百文,而诸色泛抛、主管司县官俸给支遣不与焉"。④本县版帐钱的主要来源是榷酒。本邑"版帐三倍他邑",⑤据楼钥述,原因在于

---

　　①　《朝野杂记》甲集卷一五《月桩钱附版帐钱》。又俞文豹《吹剑录》外集、《皇宋中兴两朝圣政》卷六二等处也有记述。

　　②　《宋史》卷一七九《食货志·会计》。

　　③　例如福建仙游县即无版帐钱额,见书末附表42。

　　④　杨潜等:《(绍熙)云间志》卷上《场务》。

　　⑤　俞文豹:《吹剑录外集》。

初时"邑中岁造煮酤额止四万缗,绍兴十八年有邑宰酤过倍,增至十三万有奇",①版帐钱额乃依此而立,故过高。后榷酒收入减少,钱无所从出,"科抑之害自里正、市井、道释、医卜下至倡优,无有免者。吏胥以次差等,其长岁或至二百万钱。赇赂肆行,公私交病。吏逃民困,官曹无以塞责,动辄科罚,重征倍税,日甚一日,"②俞文豹也亲睹其状。③ 华亭县此种情况与前引李心传语及史文类似,且颇典型。为缓和定额过高的矛盾,淳熙年中,将本县南四乡田赋一律折钱,共六万余贯,以供版帐钱之输。所补有限,版帐钱之害并未根除。南四乡田赋折钱入版帐钱,则须按月输钱,遇灾不得蠲免,百姓不便。开禧年中,乃委专官负责征南四乡田赋,而与本县财计分离,同时依田赋额"除去版帐中酒钱之数",④以便遇灾蠲免。此例说明,版帐钱是按月纳于州郡的,故不包括临时性征调(诸色泛抛)及本州本县官员俸给(主管司、县官俸给支遣)等。版帐钱不是单独的一项税名,而是州郡向县邑征调的一种财赋名,它主要由县邑各种钱币收入供给。常熟县、昆山县的情况也可证实版帐钱的这些特点。由于版帐钱立额多重,措办不易,故"士大夫诉作县之难,则首以版帐为言"。⑤

醋息钱,是因官府造卖醋而引出的。北宋初已有许地方官府造醋出卖的敕令。⑥ 仁宗天圣年中,陕西官府曾行榷醋,遭到禁止。神宗时虽未有榷醋之令,但官造卖醋已颇流行,且有许公使库买扑醋务的规定。元丰年中公使钱立额,其取财窠名中有醋息一项。北宋后期,已出现州郡授意场务官将苛敛杂入称为醋息以充公使,购买舞衣乐器之类以供享受的情况。⑦ 北宋末年,曾令州县以醋息赡学。南宋时期不少地区实际上官府实行醋的专卖。绍兴年中,湖州、明州禁"民间私造酒醋,斗升之犯即拘

① 《云间志》续入《南四乡记》。
② 《云间志》续入《南四乡记》。
③ 参见俞文豹《吹剑录外集》。
④ 《云间志》续入《南四乡记》。
⑤ 俞文豹:《吹剑录外集》。
⑥ 参见《宝庆四明志》卷五《叙赋》。
⑦ 参见李新《跨鳌集》卷二二《上漕使书》。

没家财"。① 庆元条法有："诸以米麦之属造醋供家者听,不许沽卖。"②南宋中后期,安吉州"郡计仰榷醋,禁纲峻密",③宗室赵与欢为守时始弛禁。这都是官府榷醋的事例。绍兴年中,敕令明许"诸州公使库卖醋息","非抑配出卖者,听岁额外支用"。④ 于是,州郡长官便以醋息为名向属县敛财。绍兴二十四年,有大臣而奏高宗,"乞禁诸州毋得辄令属县逐月分认醋息钱"。⑤ 又黄榦于新淦县令任上有公札言:"所谓供给钱者,乃以醋息钱支还,每岁亦数千缗,不知醋钱者果何等钱耶? 若是县道卖醋,则不过五六百缗,此外如保正户长入役与夫报牛验、买状纸之属,动以纳钱,此岂为政者所宜取耶?"⑥黄氏所言供给钱当即是公使库供给钱,州郡向县征调醋息钱,而实际醋息数少而征调数多,县邑只好设法横敛。马端临讲:"所谓公使醋钱者,诸郡皆立额白取于属县,县敛于民,吏以输之。小邑一岁亦不下千缗,人尤以为怨。"⑦也讲的是此种情况。大约醋息钱为州军公使库的一项重要财赋来源,州军为保证和增加公使库收入,强迫属县输纳醋息钱,醋息钱虽因官卖醋而起,至此则已不一定是卖醋所得息钱,且成为县邑法外横敛的根源之一。当然,醋息钱不一定只是县邑有此收入,州军也有醋息收入。醋息钱也不一定全部为公使库所得,有时也调作他用。南宋乾道六年,曾将州郡醋息钱之半拨发运司充籴本。⑧ 宝庆年中,明州(庆元府)所入醋息分一部分入经制司、籴本司、移用司。⑨

县邑财政的主掌官员是县令(包括知县等)、县丞和主簿,其中县令为决策人,县丞起监督作用,主簿负责收支帐簿。南宋时,州郡通判负责的催收经总制钱、总领所供军财赋等在县邑一级由县丞承当。故胡太初

---

① 《系年要录》卷一七〇。
② 《庆元条法事类》卷八〇《杂犯·关市令》。
③ 《宋史》卷四一三《赵与欢传》。
④ 《宝庆四明志》卷五《叙赋》。
⑤ 《系年要录》卷一六六。
⑥ 《黄文肃公文集》卷二八《公札申临江军乞减醋息钱》。
⑦ 《通考》卷二四《国用考》。
⑧ 参见《宋会要·职官》四二之五六。
⑨ 参见《宝庆四明志》卷五《叙赋》。

讲:"若夫[县之]坊场、经总、役钱等,多属佐厅",①所谓佐厅,主要指县丞,无县丞处乃指主簿。例如庆元条法规定:头子钱收入"州委通判、县委县丞,无丞处委主簿拘收"。② 又如乾道年中拘收五分醋息钱,"专委逐郡通判、县丞逐日拘收桩管"。③ 可知通判与县丞近乎自成系统,这在县邑财政也是不应忽视的情况。但条法中又有规定:"诸县收支钱物历,令、丞通签,其县丞所管财赋,知县检察。"④则县令对县邑财政仍负全面之责。⑤

附:场务与场务监当官

说到财税的基层,除了县邑之外,还应说到场务,说到场务的监当官。因为相当数量的钱财都是由它们收上来或花出去的。《宋史》载:

> 监当官,掌茶、盐、酒、税场务征输及冶铸之事。诸州军随事置官,其征榷场务岁有定额,岁终课其额之登耗以为举刺。凡课利所入,日具数以申于州。

此处讲得很不周全,实际设监当官的还有矾务、造船场,市舶务、各种大的库藏仓场、马场、作院、造纸场、绫锦院,大的皇家宫观等。⑥ 可以说,在官方重要的征收钱财、储藏钱财和支用钱财的处所,往往都设有相应的场、务、院、监、仓、库,这些机构都具体由朝廷委任的监当官掌管。这种情况是前代未有的。设有场务监当官的机构隶属情况也颇复杂,有隶于县的,有隶于州的,有隶于转运司的,有隶于总领所的,有隶于提点坑冶铸钱司的,有隶于茶马司的,有隶于太府寺、司农寺的。然而数量最多的,还是隶于州、县的,于中又以榷酒、商税的场务最多。史文所谓"冶铸之事",是

---

① 《昼帘绪论·理财篇第九》。

② 《庆元条法事类》卷三七《给纳厩库》。

③ 《宋会要·职官》四二之五六。

④ 《庆元条法事类》卷四《职掌》。

⑤ 按,县邑另有一名为"青册钱"的按月上缴的财赋,福建路汀州各县南宋时青册钱用于本州官兵春冬衣赐,见胡太初《临汀志》(今北京大学图书馆藏有抄本,辑自《永乐大典》,不分卷)。青册钱虽在南宋史籍中多次出现,惟少具体记述,故难言其详。

⑥ 潘自牧《记纂渊海》卷三五《职官部·监当官》引《四朝志》、(元)富大用《古今事文类聚》遗集卷一四《路官部遗》引《哲宗正史职官志》均作"监当官,掌场务库藏出纳之事",无"茶、盐、酒、税"之限定,有其合理性。

指坑冶场、监及铸钱监,此种场、监时增时撤,多时上百处,少时不下数十处。它们是金、银、铜钱、铁钱的生产者。南宋《淳祐条法事类》差注门有"监当"一项,内有吏部侍郎左选下的四等监当官阙,我们分别选录一些官阙,以说明监当官的大致情况:

一、通选阙:监临安府新城县税、临临安府楼店务兼管抽税买竹场、监临安府龙山税、监临安府浙江税兼太平惠民北外局、监临安府盐官税、监临安府盐官县纳盐场、监安吉州安吉县梅溪镇税兼烟火公事、监镇江府在城都酒务、监嘉兴府都税院、监嘉兴府都酒务、监衢州都税务、监严州在城都酒务、监严州在城税务、监无为军昆山县税兼矾场兼烟火公事、监饶州浮梁县景德镇税兼烟火公事、监饶州在城商税务、监饶州永平监兼物料库二员。

二、破格及三万贯场务阙:监德庆府悦城镇盐税、监广州在城盐税、监广州东莞县东莞盐场、监徽州酒务兼赡军酒库、监真州在城都酒务、监真州在城商税务、监温州比较务、监绍兴府比较务、监遂宁府在城商税、监雅州在城商税兼合同场、监邛州火井县合同茶场、监合州在城茶盐商税、

三、破选及不及三万贯场务阙:监两浙路转运司临安府造船场、监两浙路转运司镇江府造船场、监严州比较我务、监婺州都税院、监建宁府合同场、监广州宁口场盐税、监广州新会县盐税。

四、专选阙:监临安府军资库、监成都府钱引务二员、监吉州庐陵县永和镇税兼烟火公事、监黄州岐亭镇兼酒务兼烟火公事、监池州户部大军库、监扬州户部大军仓。

以上不包括堂选及辟举的监当官阙。从这些官阙可以知道,大抵每一州县都有不止一处监当官阙,其执掌涵盖了两税之外的绝大部分禁榷、商税及官营工业的收入。换言之,国家财政收入中,有约半数是通过这些监当官、通过这些场务收上来的。这些收入有些进入县财政,有些进入州财政,有些则直接上缴了朝廷。

监当差遣是最卑下的差遣,大部分监当官的地位与县主簿、县尉相当,甚至不如县主簿、县尉,但担任监当差遣者、场务监官不一定品阶最低的官员。首先,宋朝规定,岁收五万贯以上的场务,一般须由京朝官作监

官。其次,宋朝相沿成为惯例,有罪者贬为监当官,较重者贬为远小处监当官,这种被贬的官数量巨大,他们的品阶不低(有的原是郎中,有的原任转运使或大州知州等),担任监当官、场务监官只是对他们的一种惩罚。例如,最后,有些本该担任较高职任的人因为找不到合适的官阙,不得已屈尊作了监当官。按规定,门荫入仕的人最初必作监当官,所以,监当官中有相当一部分是中高级官员的子弟。

监当官的选任常常因具体岗位要求而规定附加条件。例如,不少岗位有年龄、身体条件,因为有些岗位不宜用老弱病残者。有些岗位要求任职者有文化,因为需要管帐。有些岗位则不许初入仕者或买官者担任等。

监当官的考核一般都是有明确标准的,即有收入钱财数额的。特别是酒场和商税税务,对是否完成定额十分重视,直接同官员的升黜奖惩挂钩。

监当官的考核是以场务收入数为主要内容的。各场务年收入都有"祖额"、"递年额"(即最近数年岁入额),与当年收入比较盈亏,按盈亏的比率决定奖惩。有时还作横向比较。

第二节　州郡财政

在路、州、县三级财政中,州是比较重要的一级。所谓"州郡",在宋代实际上有府、州、军、监四种称呼。就一般情况而言,府是州郡中地位较高的,下辖县也较多;军、监地位较低,下辖县也较少。州郡长官的官阶也有高低,重要府州的长官例兼经略、安抚等使,实际又是路级长官。其他州郡长官也因州郡的重要性不同而有所区别。军、监的长官通常官阶相对较低。在现存记载中,对州郡财计的议论也是较多的。地方上缴朝省的上供财赋一般直接分派定额给州郡,路(转运司)只负催督、均输转运之责,县邑不经州郡直输朝省的财赋也是较少的。地方经费也以州郡为主要承担者,不但隶于州郡的官吏军兵支费取于州郡,而且路级官吏军兵支费也取财于州郡。南宋孝宗时,户部侍郎韩彦古上言,建议整顿赋入的分配,"自上供为始,上供所余,则均之留州,留州所余,则均之送使"。①
他所述一上供、二留州、三送使的赋入分配顺序,非其所创,大致是两宋在财赋分配上一贯遵循的原则。由此也可知州郡在地方财政中的地位。

一、州郡财赋收支概述

在具体讨论州郡(含府、州、军、监,情况特殊,另述。下同)财政在整个宋朝财政中的地位及州郡财政这一概念的全部内涵之前,须先对州军财赋收支禀名作些分析,以了解财赋在州郡一级的流入与流出。关于州郡财赋收支具体情况的记述,现存者也以南宋为多,特别是地志中所保存者,多比较详细,弥足珍贵。尽管其撰写者未必都精于财计,记述中不免混杂错讹,然仍不失为了解宋代州郡财政的最宝贵资料。我们于中加以选择,制成数表,可与其他文献互照(见书末附表 44、45、46、47、48、49、50、51、52、53、54)。从地志和其他记载中可以看到,州郡在赋税收入方面项目是较为齐全的,既有田赋,又有财产、身丁杂税,还有禁榷及其他官府营利性经营收入。

田赋收入是州郡的主要支柱之一。其中夏税收入以绢帛丝绵为主,另有少量的现钱。秋税以苗米为主。州郡上缴朝廷的现钱主要来源是商税和榷酒。几乎每一州郡都有不只一所官酒务,卖酒收入是州郡重要收入。榷酒收入禀名繁多,或则依禀名确定不同归属,或则按收入钱额比例分配(参见附表,前种情况较多见,后者如南宋后期常州)。所谓坊场收入主要也来自商税和榷酒。坊场大抵就是小的商税场和小的酒场,它们数量极多,情况复杂,朝廷无法顾及,不能不依靠州县对它们实施管理。这就给州郡从坊场收入获取较多利益提供了可能性。并不是所有取之于州县的赋入都入本州郡财计的。例如,榷盐茶香矾及州郡坑冶收入等,主要部分都不隶州郡。榷盐、榷茶较早地推行了钞引制,而且,实行钞行制

① 《中兴圣政》卷五五。

的范围有越来越大的趋势。在钞引制下,榷盐、榷茶的收入的主要部分都被朝廷截留,州郡得到的利益较少。北宋时,解盐课利几乎全部用于西部边费,东南末盐岁以钞钱数百万贯用于北部边费,二者已居榷盐收入半数。在榷盐实行官般官卖制度时,州郡方能得到较多的利益。北宋后期在江西,南宋前期在福建、广西推行钞盐法遇到阻碍,都与州郡利益受损有关。两税杂钱中的食盐钱、曲钱等是隶于州郡的,却只能说是一种特殊的禁榷收入。至于产盐州郡,由于朝廷设专官监临主掌,盐利入于州郡者是很少的。陈傅良讲,北宋时"凡茶之利,一则官卖以实州县,一则沿边入中粮草算请以省馈运,一则榷[货]务入纳金银钱帛算请以赡京师,而河东北互市、川陕折博又以所有易所无,而其大者最在边备。"①说明榷茶收入州郡所得也是少数。南宋时,广行合同引法,榷货务都茶场通过卖茶引将榷茶所得半数以上攫取,州郡只能获取贩茶取利外之利了。北宋中期以后,州郡榷酒、商税、免役、头子钱、牙契钱等收入,先次实行分隶制度(宝庆年中庆元府情况较典型,可参见附表43)。下文专门对此作讨论。

州郡赋入中相当部分来自属县上缴,而属县也要截留部分财赋。例如,福州系省窠名钱系以属县商税等项收入立额,"除豁合支县镇寨官兵及宗室岳庙添差等官请受在县截支外,余立为格目,令随月解州应副支遣"。② 又徽州六县酒课、商税岁入额之和都大于本州郡酒课、商税岁入额,其差额当也系属县截留。③ 一般来说,财赋入于州郡财计者,虽有可能是封建国家取于本州郡财赋的大部,却远不是其全部。

从州郡财赋支出看,可以归结为两大部分:上供朝廷和地方经费,后者又可细分为本州郡所应负担的本路经费和本州郡(含属县)经费两部分。南宋韩彦古曾将唐宋地方赋入分配作过比照,谓:"唐制税之目有三,其一曰上供,今之户部所入是也;其一曰留州,今州郡系省得用钱(实则还有粮帛等)是也;其一曰送使,今转运司(实则还有本路其他监司)所

---

① 《通考》卷一八《征榷考》。
② 梁克家:《(淳熙)三山志》卷一七《财赋》。
③ 参见罗愿等《(淳熙)新安志》卷二《贡赋》。

得是也。"①所言州郡系省得用钱及转运司所得即是地方经费。前述及，宋太祖乾德年中，两次"申命诸州，度支经费外，凡金帛以助军实，悉送都下，无得占留"。② 史文又载："宗聚兵京师，外州无留财，天下支用悉出三司。"③这容易给人造成一种错误印象：似乎赋入为地方支用者数量很少，地方将赋入全部或绝大部分都上供朝省、输送京师了。实则并不尽然。考察有关记载，可以看出，州郡财赋除上供朝省、输往京师附近地区者外，还要兼顾以下几个方面：

首先，要输给沿边或总领所（南宋）一部分供军财赋。北宋时，邻近西北三边的州郡多有支移赋税的任务，四川州郡要输送布帛等赴陕西、河东供军，均属此类。但东南州郡未见有直接向西北沿边输供军财赋者。南宋时州军向总领所输供军财赋已成为普遍的制度，各有定额。输总领所的供军财赋，原来有些是截留上供朝省的财赋，有些是向州郡加征调的财赋，供军财赋实际是上供朝省的财赋的一部分，只不过输送地点不同罢了。

其次，州郡要开支本州郡官吏、军兵廪禄薪饷。这正如孝宗时陆九渊所言，上供之外，"州家有军粮，有州用，有官吏廪稍"，④须自筹措。据陈傅良记，宋初至仁宗初年，"天下无禁兵"，只有西北边地有临时屯驻的禁军，其他地区只有厢军。到西夏进攻宋朝，王则叛乱，"于是列郡稍置禁军"。元丰年间，将教阅厢军升为禁军，"由是禁军始遍天下"。⑤ 南宋御前军聚集于四屯驻地区，其他州郡则各有禁军、厢军、乡兵（或称土兵）。凡驻于本州的军队，都要就近取得供给，这成为州郡输出财赋的重要去向。地志中将南宋后期广南东路连州地方经费开支记述颇详，官兵禄饷于中占大部分（参见附表55）。这里应指明者，官吏廪禄主要部分并不由公使钱开支，而是由州郡系省得用钱米内开支。

<hr/>

① 《宋会要·食货》五八之五八。
② 《长编》卷六，另参见同书卷五。
③ 《宋史》卷一七九《食货志·会计》。
④ 《陆九渊集》卷八《与张春卿书》。
⑤ 陈傅良之言并见《通考》卷一五二《兵考》引止斋陈氏曰。

在州郡领取俸禄的官员,除本府州的知州、通判之外,还有本州郡的驻军都监、本州郡幕职官,另还有寄居本地暂时没有差遣的官员,包括名有差遣而实则无差遣的宫观官、添差官,包括寄居本地的宗室和外戚。章如愚谓:"自天圣以来,天下病夫官之多也,而州县有待阙官月料之费;自熙宁以来,初置宫观差遣,而州县有宫观官请俸之费;自熙宁以来,初遣宗子疏属补外官,而州县有宗子口券之费;自绍兴以来,初遣养老之兵,而州县有养老使臣廪给之费。"①讲的都是州县(主要是州郡)官吏廪禄开支负担加重的情况。

州郡要开支本州郡军兵廪饷,是专指地方驻军中由州郡供给者。南宋时御前军不直接由地方财政负担,而是由户部及四总领所负担。淳熙年中,总领所要扬州负责境内所驻御前军"券食之半",扬州长官"力争曰:御前军而仰食州郡,可乎?"②终于罢止。此事正说明御前军不直接由州郡供给。州郡官吏军兵廪禄薪饷支出是经常性大宗支出,其在总赋入中所占比重是可观的。例如,乾道年中王质讲其所守兴国军"上供之运,钱计十万五千有奇,米计十二万三千有奇;吏兵之俸,钱计五万七千有奇,米计八万四千有奇"。③ 本军吏兵之俸数量与上供朝廷财赋数颇接近。南宋中期临江军苗米岁入约十二万五千余石,上供十一万余石,本军官兵合支三万四千余石,"以其所入较其所出,常欠米二万九千余石"。④ 以本军官兵支用数较之岁入总数,也接近四分之一。南宋端平、嘉熙以后,饶州每岁苗米实入仅八万余石,"本州厢禁场监铺舍军兵每月合支七千余石,每岁合支七万余石。正米仅足以支遣本州军粮,而斛面、折价仅足以撑拄郡计,如岁贡金七百两之类皆取此。所有岁解淮西总所六万石、淮东总所三万石无所从来"。⑤ 则饶州本州军粮与输总领所供军粮数量接近,本州全无输送行都粮石。

---

① 《群书考索》后集卷五四《财赋总论》。
② 《水心文集》卷一八《钱之望墓志铭》。
③ 《雪山集》卷六《去思楼记》。
④ 彭龟年:《止堂集》卷三《代临江军乞减上供留补支用疏》。
⑤ 刘克庄:《后村先生大全集》卷七九《与都大司联衔申省乞为饶州科降米状》。

再次,州军还有一些杂项开支。如购买土贡物品即如饶州贡金七百两的支费,又如赡学支费、宗室养赡支费、造军器支费、造漕船支费等。宗室有官者可计入官吏廪禄,无官者也要支给口券等赡养费。真德秀于知泉州任上申状称,宗子请给,"淳熙以后至于今日,朝廷、运司应赡之数少,而本州出备者多也"。①

又次,各州军要负担本路各监司官兵廪禄薪饷和公使钱的一部分,有些较为富庶或本州郡财政负担较轻的州郡,还要输给本路其他州郡一些财赋。州郡要按照规定窠名或数额向转运、提举等司输送财赋(这些附表中反映得颇清楚)。

最后,州郡赋入有一部分入本州郡公使库。州郡与县邑不同,县邑不见有截留公使、公用钱的记载,其官员的公使供给似是从州郡公使库支领的。州郡公使钱定额在赋入总额中所占比例是很小的,例如宝庆年中庆元府岁入总额近百万贯石匹两,而公使钱额不过六千余贯。淳熙年中,徽州夏税及杂钱两项岁额共十五万余贯,而本州公用钱额仅八百贯。咸淳年中,常州岁入商税一项即有十万余贯,而本州公使岁赐钱额只有三千贯(均见附表)。当然,正赐钱额和岁定额之外公使库可能另有收入,不过就一般情况讲,赋入入于公使库者毕竟是少数。因此,把公使库收支与州郡财政收支等同起来是不恰当的。

显然,州郡上供朝廷以外的各种支出(不包括输沿边及输送总领所的供军财赋),数额是颇多的,其数量无论是同上供财赋还是同当地总赋入额比较,都不是无足轻重的。在特殊情况下,例如沿边各州军,当地支用的财赋数量往往大大超过上供财赋的数量。南宋时,扬州"岁输朝廷钱不满七八万,而本州支费乃至百二十万缗"。② 有时州郡收入甚至不敷当地支用,反需朝廷或转运司从别处调拨补助。陕西沿边多有此种情况。又南宋田渭记:"辰、沅、靖三州,朝廷非有望其赋入也。往时(指北宋)本路转运司每岁于鼎州拨支钱七万贯、绢二千五百匹、绸四百匹、布五百匹、

① 《真文忠公文集》卷一五《申尚书省乞拨降度牒添助宗子请给》。
② 《朝野杂记》甲集卷一七《诸州军资库》。按,此文又见郑兴裔《郑忠肃公奏议遗集》卷上《请宽民力疏》,疑李心传系截取郑文。

岳州拨绸二千七百匹、绵七千两,澧州拨绢一千匹、绵一万两,荆门军拨绢一千匹,以此当[辰州]一岁之计。而沅、靖所入亦称是,故兵廪赡给足以控制"①此三州自然全无上供财赋可言。

二、州郡是重要的财政核算层次

宋朝财政上的集权比较突出,人们往往忽视财政上分级管理的一面。州郡在宋朝财政管理上是一级颇为重要的层次。李心传记:"旧制,每道有计度转运司,岁终则会诸郡邑之出入,盈者取之,亏者补之,故郡邑无不足之患。"②此所言旧制,乃指北宋。李氏着重言转运司调剂余缺之功能,实也言及郡邑财政核算。关于北宋前期朝省、路、州郡三级财政管理,陈傅良作了如下描述:"诸州应系钱物合供文帐,并于逐色都数下具言元管年代、合系本州支用申省。候到省日,或有不系本州支用及数目浩大本处约度年多支用不尽时,下转运司及本州相度移易支遣。三司据在京要用金银钱帛诸般物色,即除式样遍下诸州府具金银钱帛粮草收、支、见在三项单数,其见在项内开坐约支年月。省司即据少剩数目下诸路转运司移易支遣,及牒本州般送上京。"③据此,地方赋入先集中于州郡,州郡将所辖财赋收支现在等申报转运司、三司。三司根据有关规定,比照地方应留经费,观其余缺,与转运司及本州共同确定征调上京数和在本路各州郡之间的调剂数。依照此法,州郡一级的核算非常重要,朝廷的调拨、转运司的移用都待其而定。以上所言,显然是北宋前期州郡上供财赋、转运司移用州郡的财赋都还未有定额时的情况。州郡的上供、移用等有了定额之后,除受灾等特殊情况外,一般无须每年都进行如上的计算,而州郡就要独立承担一部分平衡财计的职责了。但据陈傅良讲,英宗即位以前,州郡上供制度执行得并不严格,"诸郡钱物往往积留,漕臣靳惜吝于起发,而省司殊不究其详。魏羽在咸平则言:淳化以来收支数目攒簇不就,名为主

① 《荆湖图经三十六种·(田渭)辰州风土记》。
② 《朝野杂记》甲集卷一七《诸州军资库》。
③ 《通考》卷二三《国用考》引。

计,而不知钱出纳。王随在景德则言:咸平以来未见钱物着落,诸州受御指挥,多不供申,或有申报,多是卤莽,以致勘会勾销了绝不得"。① 如此议论颇多,这说明朝省主财计者往往竭力想把州郡财计统起来,然而此种愿望又无法实现,客观上州郡财政有相当的独立性。北宋中叶以后,地方财计渐趋困窘,州郡长官平衡所辖财计的问题便提到了日程上。徽宗崇宁二年,"诏令修立诸路知州、通判、令、佐任内如能尽心经画财用、应副上供及本处支使各得足备,或不能悉心营办却致阙乏殿最赏罚闻奏"。② 这表明州县长官斡旋财计的成败,已成为考课优劣的标准。

李心传又谓:"自军兴,计司常患不给,凡郡邑皆以定额窠名予之,加赋增员悉所不向。由是州县始困。"③显然,南宋实行地方经费来源固定,在把越来越重的财政负担强加给州县的同时,也给予州县以较大的机动权力。南宋孝宗淳熙四年,户部侍郎韩彦古请求将地方赋入重加核定,"自上供为始,上供所余,则均之留州,留州所余,则均之送使,送使所余,则派分递减悉蠲予民"。④ 其将上供放在初始地位,显与陈傅良所言北宋初把州郡留用置于首位形成对照。尽管如此,上供自州而出、留州又在送使之前,说明州郡在地方财政中仍是最重要的一个层次。

南宋时,州郡财政责任颇重。绍兴以后,东南有月桩,四川有折估,州郡窘迫之状前已述及。后来月桩、折估虽有调整,添差官员俸禄又有较大增加。州郡财计难以平衡,叫苦、求助的文字屡见文献。例如,绍熙末年,彭龟年出知江陵府,上疏言:"本府一岁二税绢不过数百匹,苗不过万石,不能当江浙一大家之入……岁计常是不足,储蓄枵然,缓急无恃。"⑤此前后赵汝愚言台州"府藏弹竭,逋负上供及诸司钱物与夫官吏俸给之属几

---

① 《通考》卷二三《国用考》引。

② 《宋会要·职官》五九之一二。按,此时期可查见州郡长官有关财计的议论。如《历代名臣奏议》卷三三二载知定州张舜民言:"定州一年约支钱二十二万贯有零,诸杂课利收钱只得一十一万有零,其余尽是转运司添陪,方了一年支用",云云。

③ 《朝野杂记》甲集卷一七《诸州军资库》。

④ 《皇宋中兴两朝圣政》卷五五。

⑤ 《止堂集》卷六《江陵条奏边备状》。

二十万缗……凛凛然若履薄冰之上而进退维谷"。① 南宋后期人吴泳出知隆兴府,下车伊始于到任谢表中即报称:隆兴府"地大国贫,苗催十五万石,而所支尚欠一月之粮;税管五十七万钱,而所收不满终岁之用"。② 这些叫苦、求助的文字在反映州郡财计困窘的同时,也反映了州郡财政在当时财政中的重要地位,反映了州郡财政所担负的重要责任,即不但要完成上缴朝省、总领所财赋的任务,还要保证本州郡官兵的供给。南宋后期人孙梦观曾对理宗讲他作州郡长官的体验,言:"臣近者出守于宣,尝考五年版籍,额二十五万余石,除灾伤检放、运司寄纳、诸县截留、远年逃阁、人户拖欠之数,所入多则十万石,少则六七万石……截上供以充府用者止万余石,官兵请给、宗子孤遗、归养、济困粮杂支乃至六万余石,移东补西,委难支吾。宣为藩府犹且若此,其他小垒抑又可知。"③他的话较为切近地为我们勾勒出,介于路与县之间的州郡如何斡旋财计的画图。所谓运司寄纳,即是转运司之财寄纳存贮于州郡者;所谓诸县截留,就是赋入中留作县邑经费开支者。文中未载上供之数,却讲了截留上供以为府用。移东补西,勉为支吾,则讲了州郡平衡财计的责任。

三、州郡对赋入的支配权限及平衡财计的手段

州郡既有平衡财计的责任,就需要对赋入有一定支配权。宋朝财政是高度集权的,州郡对赋入的支配权又必然被限制在一定范围内。

从地志(附表)和其他文献中可以看到,在封桩制度实行以后,州郡财赋收入(除属县截留部分外)分为四部分:上供、封桩、系省得用、不系省。前二者州郡非得朝廷特许,没有支配权。州郡所能动用的主要是后二者。系省得用钱财中,还须扣除上缴路级官司的部分,其主要部分是有定额的。州郡官吏(包括军官)、宗室等数额及应支俸禄由上司决定,本

---

① 《赤城集》卷二《上宰执论台州财赋》。
② 《鹤林集》卷一六《知隆兴府到任谢表》。
③ 《雪窗集》卷一《癸丑轮对第二札·论州县财计》。按,史能之《(咸淳)毗陵志》卷二四《财赋》:常州"所入非昔比,而所出不减于昔,支吾牵补,于是日不暇给"。

州郡无权变更。州郡系省得用钱财主要来自商税和榷酒（含坊场收入），来自各种有分隶的税利收入。免役钱的主要部分是要上缴朝廷和用于募役的，但有些州郡却能从中节取一部分自用。而不系省钱财则来源复杂细琐，有些更可以归入介于合法、非法之间的灰色收入。例如，税米加征斛面，这是多征税米的常见方式，是州郡不系省粮米的主要来源。再例如，经营一些营利性事业，较常见的有印卖书籍、开当铺、造卖食醋、经营房地产等。

州郡对所辖区域内的赋入支配受到诸多限制。州郡财赋，原则上由三司、户部委托各路转运司主管、监督其收支，凡支用系省钱须申报（有时可事后申报）。元丰年中，有人讲，州郡"凡干钱谷禀转运司，常平即提举司，军器工匠即提刑司，堰岸物料兵士即都水监，未尝有一敢专者"。① 他对州郡自主权受到的限制虽未免过于夸张，但从制度上讲，他却讲出了州郡各方面特别是财政方面受到路级监司限制的实情。随着财计的紧张，朝廷对不系省财赋、公使库钱财的管理，也有逐渐加严的趋势。南宋淳熙四年，又令"州县应干仓库场务，每处止置都历一道，应有收到钱物并条具上供、州用实数，各立项目抄转。仍从户部每岁委转运司差官，遇半年一次索历检照，如有虚支妄用，许本司按劾取旨"。② 这一敕令进一步说明州郡财计入出原则上要受户部制约，要直接受转运等司的监察。

这里须对州郡军资库简略作些讨论。南宋林駉讲："国初……[州郡]系省经费钱帛贮之军资库，转运总之；若属州县之财，别有州府库贮藏，听知、通备用非常；其犒馈燕设则有公使库。"③据他所言，宋初州郡有军资库、州库、公使库三种，在州之财全部贮于其中，三者主掌、管理收支制度有别。然从其他记载看，只见州郡有军资、公使二库，少见此外更有州郡财赋库藏者（违法私立如措置库等除外），④疑或则林氏记述不谨，或

① 《长编》卷三四七。
② 《中兴圣政》卷五五。
③ 《古今源流至论》续集卷三《州县财》。
④ 参见各地志，又如吕午《左史谏草·戊戌三月二十五日奏》言官吏营私，将钱财"自军资而拨入公[使]库，又自公[使]库转入宅库"。另参见以下引文。

则三种库很早即演化为两种库。州郡赋入除上供、供军及少量入于公使库者外，其余赋入在未支用前一律入军资库。熙宁七年宋廷规定，州郡"诸务场所收课利除县寨合截留外，并于军资库送纳"。① 南宋建炎元年诏："军资库物帛既非上供额数，自合桩留充本州本路军兵衣赐，诸路依此。"②建炎三年诏："州县起到钱物并须管依法于军资库桩收，如违，及不经勘旁支给，官窜岭南，人吏决配，并不以赦降原免。"③绍兴十二年敕令规定："应州县诸司所入，一金以上尽入军资库收掌。"④绍兴二十六年又规定，"诸路州军钱物并合隶军资库"，凡创置别库贮财者"以违制论"。⑤庆元年中条法规定，"诸场务课利，次日纳军资库，少者五日一纳"。"外县镇寨次月上旬并纳"。"诸军资库受纳场务课利，即时给钞"。⑥ 从以上的记载可以看出，州郡的钱帛等收入除少量入公使库者外一律入军资库，上供、供军财赋在输送之前也寄存于军资库，⑦上供、供军财赋要定时输送，因此军资库经常存贮的还是地方经费，即引文中所谓"本州本路军兵衣赐"等。宋廷坚决禁止法定入公使库者外赋入有不入军资库者，尤其禁止州郡创立别库。军资库是州郡最大的钱帛杂物的贮存之所，南宋后期福建汀州，军资库计有"子库十一所：夏税库、常平库、免役库、盐钱库、大礼库、物料库、免丁库、赃罚库、犒赏库、衣赐库、抵当库"。⑧ 由此可见一斑。州郡又有省仓，与军资库性质相近，只是所贮为粮米。李心传记："诸州军资库者，岁用省计也。"⑨即是讲军资库财赋收支，原则上要听命于三司或户部，要受三司或户部在各路的代表者转运司的调度与监督。这一原则在宋代长期遵循，南宋庆元年间条法中仍规定："诸州岁具管内

① 《宋会要·食货》五四之四。
② 《宋会要·食货》五二之三二。
③ 《宋会要·食货》五二之三三。
④ 《宋会要·食货》五四之八。
⑤ 《宋会要·食货》五二之三三。
⑥ 《庆元条法事类》卷三六《场务》。
⑦ 例如《宋会要·食货》五二之三二载濠州军资库有"见在未起夏税匹帛"。
⑧ 胡太初：《临汀志》（不分卷）。
⑨ 《朝野杂记》甲集卷一七《诸州军资库》。

应纳军资库钱物,置都簿……监司及季点官到取索点检。"①说明军资库
财赋的支用要受转运司等的严密监视。

　　州郡在财赋的支配上既受到如上所述种种限制,其斡旋财计的机动
能力又如何体现呢? 从记载看(以南宋为主),州郡调节财计的主观能动
性主要体现在:一、除分隶诸司和固定窠名的上供财赋外,州郡对其余赋
入有调配的权力,可以移盈补缺,挪兑救急。二、州郡军资库财赋虽名系
省,且收支制度上要申报监司,但库既在州郡,各种支用又相沿成例,故事
实上既无必要也无可能事事预先申报批准,其实际支配权主要在州郡,转
运等司主要负监督之责。这正如马端临所言:"其留州郡者,军资库……
系省钱物,长吏得以擅收支之柄。"②三、有些赋入的数量是有伸缩性的,
尽管有分隶,但在总收入数增加的情况下,州郡所得即可随之增加。特别
是榷酒、商税两项,分隶给州郡的比例较大(北宋初近乎是全部),尤为州
郡依仗。例如,朱熹于淳熙年中讲南康军"本军财赋匮乏,官兵支遣常是
不足,逐时全仰酒、税课利分隶相助"。③ 陆九渊讲荆门军岁计"所借者商
税"。④ 光宗时彭龟年讲江陵府"全藉酒、税以养官兵"。⑤ 赵汝愚言台州
"凡利源所入,不过三事:酒、税与折苗耳"。⑥ 宁宗嘉定年中,石宗万言:
"州郡商税,经费之所由出。"⑦度宗咸淳年中,朝廷令临安府蠲免商税,而
"朝省每五月一次,照本府征额拨一十八界一十七万五千贯文以补郡
费"。⑧ 这些记载都说明榷酒、商税是支撑州郡财计的重要柱石。当然,
以上所述侧重于钱币,粮米则主要靠敛取斛面等。四、州郡可以设法减少
由本州郡供给的军兵和胥吏的数量,以减少开支,记载中以减少军兵较为

① 《庆元条法事类》卷四《职掌》。
② 《通考》卷一九《征榷考》。
③ 《朱子大全》文集卷二〇《乞减移用钱额札子》。
④ 《陆九渊集》卷一五《与薛象先书》。
⑤ 《止堂集》卷六《江陵条奏边备疏》。
⑥ 《赤城集》卷二《上宰执论台州财赋》。
⑦ 《宋会要·食货》一八之二五。又同书《刑法》二之一三六"州郡商税,经费所由出也"。
⑧ 吴自牧:《梦粱录》卷一八《免本州商税》。

多见。例如,周去非记南宋前期广西州郡财计不足,"故郡销兵以自足尔"。① 淳熙年中,朱熹任知南康军,讲本军"旧有千人禁军额,某到时才有二百人而已"。② 原因是"上供之额既重,冗食之数又多,并无留州得用钱米可以养赡,所以招收常不及额,犹尚支遣不足"。③ 孙梦观也言及南宋后期各州郡因财计困踬,"兵籍单虚,惮于填补"。④ 这都是讲用减少军兵来节省开支。五、州郡对不系省收入特别是公使库收支有完全支配权。六、州郡可以积极争取朝廷的调拨、允许截留上供等。这在遇到灾荒时尤为有效和必须。但随着财政状况的恶化,这种努力的效果越来越差,而拨赐度牒、官告的事越来越多地见诸记载。以上所言仅为制度许可者,至于州郡法外移兑挪用、拖欠、横征暴敛等,也常被用来维持财计,又在其外。

南宋时州郡财政的困竭是明显的。孝宗时大臣王质谓全宋州郡"其间上下熬煎、支吾不前者居其大半"。⑤ 光宗时,叶适谓因财计难调,士大夫们认为州郡"不可为者十居六七矣"。⑥ 南宋后期的情况无疑更糟。州郡财计困窘的主要原因,大致有:战争破坏,收入减少,其中田赋、榷酒、商税所受影响尤为直接。朝省征调增加,经总制钱、月桩钱、淮衣、籴本等钱都是北宋前期和中期所没有的。地方经费有些方面的开支也有较大增加,最突出的是添差官吏给州郡财政造成沉重负担。南宋时固定一些窠名的赋入用作地方经费,地方经费发生困难时又往往置之不理。"州郡系省钱大率不足以自供,上司每创有行下事件,不言于何取费。间有申审,犹只言于系省钱内支"。⑦ 这势必导致州郡法外横敛。州郡法外横敛见于记载较多的名目有:催理积欠:催征积欠本为制度所许,但州郡往往凭空捏造所谓远年积欠,或将已经蠲免的积欠摊征于属县或百姓。收取

---

① 《岭外代答》卷三《沿边兵》。
② 《朱子语类》卷一○八《论治道》。
③ 《朱子大全》文集卷二○《乞住招军买军器罢新寨状》。
④ 《雪窗集》卷一《癸丑轮对第二札·论州县财计》。
⑤ 《雪山集》卷三《论州郡财赋殿最赏罚札子》。
⑥ 《水心别集》卷一五《应诏条奏六事》。
⑦ 罗愿:《鄂州小集》卷五《南剑州上殿札子》。

耗剩米：宋朝对税米加征耗剩本有规定，南宋时朝省、路、州、县四级各有一重耗剩，税米一石有征收数石者，大大超过规定数额。科罚籍没及地方性杂税敛：对犯罪者或诉讼失败者征罚钱，向讼胜者征贺喜钱、喜欢钱等，借故没官百姓家产。有时临时立名目敛钱财于民，如军期钱等。折变回易：依条法折变事由转运司决定，州郡无权折变，南宋时州郡颇有违法折变者。州郡又多或明或暗贸易取利，甚至有将税物出卖取利者。州郡卖酒卖茶，制度上对数量、范围等都有规定，州郡为多取利，往往违制，且多抑配百姓。南宋时州郡取常平义仓粮米补助财计的现象也较普遍。"诸州郡每岁输纳秋租，自装发纲运之后，仓廪一空，所存止有常平义仓斛斗，军粮吏俸及拨发上供不足之数，皆取给于此，所在成例。是名为常平，而专以备州郡急阙"。① 此外，还有设法隐瞒各项赋入实数以多留州用，及向服职役者转嫁开支等情况。

四、州郡财计的主要负责者

州郡财政的主掌者有三位官员：知州、通判、户曹参军。史载知州"总理郡政"，"其赋役、钱谷……之事……皆总焉"。通判"倅贰郡政，凡兵民、钱谷、户口、赋役……之事，可否裁决，与守臣通签书施行"。户曹参军又称司户"掌户籍、赋税、仓库受纳"。② 然而南宋初人李攸却述，北宋初削除藩镇割据，"凡一路之财置转运使掌之，一州之财置通判掌之"。③ 此后著作者多据此认为宋朝州郡财政的最主要主掌者是通判，而不是知州，这显然是基于对文献的误解，是与史实不符的。其实，李攸所讲只是宋初削平藩镇时的一种作法，它只针对藩镇有行政权、有财权的地区，不是讲全宋普遍如此。在藩镇变为节镇官，节镇官（节度使等）失去行政权、财政权之后，此规定也就失去效力。陈傅良则谓："国家肇造之

---

① 《系年要录》卷一七七。
② 以上均见《宋史》卷一六七《职官志·府州军监》，又《宋会要·职官》四七之六二、三九之二二及潘自牧《记纂渊海》卷三五《司户参军》等所载略同。
③ 《宋朝事实》卷九。

初……郡置通判,以其支收之数上计司,谓之应在。"①陈氏所言大约是面向全宋的,即通判并非主持州郡财计,而只是掌握州郡收支之数按时申报上司,这也是一种监察的方式。在北宋大部分时间里,知州(含知府、知军、知监)是一州之长,全面负责本州的军品政,也包括财政,通判只是知州的副手。当然,通判的设置,重要的任用是牵制知州,因而具有监察职能,包括财政方面的监察。在北宋中期以后至南宋,州郡财计逐渐趋于紧张,为了确保上缴朝廷的财赋不被侵用,凡须与州郡财计分开管理的财赋,多交通判管理。如无额上供钱州郡一级交通判管理。经总制钱除一段时间里由知州、通判合掌外其他时间由通判主管。有些项封桩财赋在州郡也交通判主管。又"淳熙元年,诏委诸路州军通判,专一主管拘催逐州钱米,起发赴[总领]所,本所每半年比较,以行赏罚"。② 另外隶常平司、茶盐司的州郡财赋也有交通判掌管者。因此,在一定范围内,州郡有知州财计与通判厅财计的对立,这在南宋后期福建汀州表现得最明显(见书末附表52)。但是,无论北宋还是南宋,都未见通判主持州郡财政史实的记载,应该说,州郡财政最主要负责者是知州,通判起辅助、监督的作用。

第三节　各路财政(附总领所)

一、路及路级监司的设置

宋初革除藩镇割据,废支郡,州郡直达朝廷,以加强中央集权。但是,全宋二三百个州郡事事直达朝廷,必使朝廷应接不暇,多有不便,客观上

---

① 《止斋集》卷一九《赴桂阳军拟奏事札子》。按,张咏《乖崖先生集》卷八《麟州通判厅记》:"今之通判,古之监那,离政之治,助而成之……""其辑兵绥民御侮致饷,判与守牧相为表里。"也只言通判在致饷等方面辅助牧守,未言通判主持财计。
② 《宋史》卷一六七《职官志·总领》。北宋后期及南宋,州郡输内藏财赋也由通判掌管。

仍需要在州郡与朝廷之间有一级组织,于是"路"便应运而生。宋代的"路"与唐代的"道"颇相似,即都是朝廷之下、州郡之上的一个管理层次。但二者之间又有本质的不同,即唐代的道往往是与藩镇联系的,各道通常设观察使或节度使,统管本道军、政、财,观察使、节度使有强有力的办事机构,即幕府,幕府的官员和本道所辖州县官员,实际上由观察使、节度使自己任命。宋代的路没有唐代那样集本地军、政、财权于一身的长官,而是分设帅臣和监司,分管一路的军事、民政、财税、刑狱等。一路之内,官阶最高的通常是安抚使,边疆地区或称经略安抚使,由侍从以上大臣担任,被称为帅臣,主管本路的军事及治安,统领辖区的军队。安抚使例兼辖区内最重要州府的知府、知州。安抚使有安抚辖区内百姓、维护本地治安的责任,因而对本地民政负有责任,也有监督本地官员的责任。但安抚使一般不涉足本地财政及刑狱等,但如财政、刑狱方面的事影响到社会安定,安抚使也有权干预。转运使的官阶通常比安抚使稍低,除主管本路财政外,还负责民政,在提点刑狱司设立前,曾负责本路刑事诉讼等。宋神宗熙宁初年以后,离京较远的七路转运司,还负责本路州县官非堂除职务的安排。提点刑狱司负责本路刑法事务(俗称宪司)。提举常平司负责推行役法、仓储及物价等事务(俗称仓司,南宋时期将提举茶盐司的事务并入此司,则此司又负责部分禁榷事务)。北宋后期,一度还在各路设提举学事司、提举茶盐司等,但存在时间较短。这里还须说明三点:一是存在安抚使辖区与转运使辖区不一致的现象。有时边境地区设安抚使稍多,而转运使较少,相应地各安抚使辖区相对较小,而转运使辖区相对较大。例如,陕西地区一度设五六个安抚使(分称秦凤路、鄜延路、泾原路、兰会路、熙河路等),而转运使只设二至三个,其辖区自然就不一致了,学界或称为"安抚使路""转运使路"。二是一路的安抚使、转运使、提点刑狱、提举常平等官署驻地往往不在同一州府。例如,福建路的安抚使驻于福州,而转运使却驻建州。浙西路安抚使、转运使驻杭州,提点刑狱却驻润州(后改苏州)等。三是存在转运使之上设都转运使,一个都转运使统管几个转运使的情况。例如,陕西曾设都转运使,下设二至三个路转运使,这就形成了转运使重叠的情况。类似奇特现象的存在,使现今学界有人对宋代的路是否是一级行政单位、一级行政区划提出质疑。

所谓各路监司,是指各路转运使司、提点刑狱司、提举常平司等,这些机构都是前代没有的。它们为什么称监司呢?那就是它们都有监督州县官员的责任。如前所述,宋朝官员的任免权统归朝廷,因而,各路转运使、提点刑狱、提举常平等使都没有任命或罢免州县官员的权力。他们驱策下本路州县官主要靠弹劾、举荐。而监督权与弹劾权是密切联系的。为了确保路级监司对州县官的监督,宋朝规定监司必须定期"巡历"本路各州府,通常一年内走遍本路各州,有条件及必要时(如检灾),还要下到重点县镇。所到之处要体察民情,考察官员功过优劣,向朝廷申报。转运使重点是民政、财政,提刑司重点是刑法,提举司重点是役法、物价等。但本职之外的事也允许了解及向朝廷申报。南宋时期又规定,每路各监司彼此协调,须在二年内巡遍本路各州各县,不得遗漏。《庆元条法事类》卷七《职制门》下专立"监司巡历"一项,详载宋廷关于监司巡历的各种规定,表明了官方对监司巡历一事的特殊重视。所以,巡历是实施监督的重要途径,通过巡历,监司可以发现州县的许多问题。监督、监察是转运使司、提点刑狱司、提举常平司等的重要职责。

转运使之名始见于唐代,当时它不是设于各道的,而是众多使职中的一种,是受皇帝钦差处理某一局部或全唐财计事务的临时性差遣。例如,著名理财家刘晏在被罢免宰相后,曾以御史大夫兼领东都、河南、江淮转运使。进吏部尚书,又兼领湖南、荆南、山南东道转运使,从而对挽救唐朝财政危机作出了贡献。宋初平定割据势力的战争中,也曾设转运使负责军需供应,也属临时性差遣。后来在宋与夏、宋与交阯、宋与金的战争中,也曾设随军转运使、御前转运使等,性质与唐转运使较为接近。宋朝设于各路的转运使,虽与唐、五代的转运使有联系,且都负责财政事务,但性质却是迥然不同的。其主要不同点在于,宋朝设于各路的转运使不再是临时性差遣,而是一种常设性官职。它的"钦差"特色大为减弱,事实上成为与"路"密切联系的地方官,或者说,在时人心目中,转运使是一路中仅次于安抚使的长官。在宋初,一定意义上各路转运使可视为藩镇的替代者。南宋思想家吕祖谦说:

国初未尝有监司之目，其始除转运使止因军兴，专主粮饷，至班师即停罢……累朝以武臣为帅守而兼漕事……太平兴国二年……诏邠、宁……等州先隶藩镇令直属京师，郡长吏得自奏事。自是而后，边防、盗贼、刑讼、金谷、按廉之任皆委于转运使，又节次以天下土地形势之分路而治矣……于是，转运使于一路之事无所不总也。①

吕氏所言讲宋朝各路转运使产生的过程讲得很精彩，但略有渲染夸张。讲转运使是藩镇的替代者，是在削弱藩镇的过程中发生了职能的转变是对的，但讲"于一路之事无所不总"却是夸大失实的。如果真的"于一路之事无所不总"，岂不是又成了藩镇吗！这是宋朝统治者绝不能允许的。讲宋初各路转运使可以参预某些边防事务是可以的，但是若认为转运使可以主管本路军事、统率驻于本路的军队就是错误的。从记载看，宋初转运使代理边防事务似仅限于西南地区，不见有陕西、河东、河北地区转运使涉足边防事务者。且当时禁军多集中于京师附近，西南地区很少，转运使所管的主要是地方武装。但宋初诸路转运使的权力是较大的。稍后，统治者担心转运使演变成藩镇，成为难以驾驭的割据势力，于是，自宋真宗在位时期，各路普遍设立了安抚司，安抚使官阶一般高于本路的转运使，成为路级最高长官。与此同时，"疑其权太重，复置朝臣于诸路，为承受公事，是讥察漕司（指转运使，详下）也"。后罢承受公事而设提点刑狱司，也包含这方面的考虑。提点刑狱司主要负责一路刑法和诉讼，等于从转运司事务中分走了部分民政事务。宋神宗任用王安石推行新法，又于各路设提举常平司，主管一路青苗、免役等法的推行。这就从转运司事务中分去了常平仓管理、役法推行事务。宋徽宗时期各路又设提举茶盐司，负责本路部分禁榷事务，就从转运司事务中又分去了一部分禁榷事务。南宋章如愚叙述这一过程说："淳化中置提点刑狱，四年省之。景德中复置，天圣六年罢之。八年复置，而治平罢之，迨置于熙宁，而提刑之职遂不废。提举常平置于熙宁，而元祐罢之。既而随罢随复。提举茶盐置

① 《通考》卷六一《职官考》引东莱吕氏曰。另司马光反对新法，请求裁撤提举常平司时也讲过宋前期"转运使……凡一路之事无所不总"。见其《传家集》卷五○《乞罢提举官札子》。

于宣和,而绍兴罢之。既而或置或罢,迨至绍兴之五年,常平茶盐并为一司,而后提举之职定矣。"①到南宋时期,大抵各路是四司并立:"以婚田税赋属之转运,狱讼、经总[制钱]属之提刑,常平茶盐属之提举,兵将盗贼属之安抚"。②"而转运司所职,催科征赋,出纳金谷,应办上供,漕辇纲运数事而已。"③比起北宋初期,其权限显然小多了。转运使权力虽逐渐削减,但其比同路的提点刑狱、提举常平等官的官阶高,属官多,仍是路级监司中最高和最重要的。

各路转运司编制上设正使、副使及判官,但通常不齐备,正使空缺,副使即为长官,正使、副使都空缺,判官即为长官。下有属官八九人左右,包括主管文字,干办公事,文臣准备差遣,武臣准备差使等。④其中有一至二人允许长官辟举,即长官选定自己信赖的人然后由朝廷正式任命。北宋哲宗元祐二年,老臣文彦博曾在上书中言及:"转运使有路分轻重远近之差:河北、陕西、河东三路为重路,岁满多任三司副使,或任江淮都大发运使,发运使任满亦充三司副使。成都路次三路,任满亦有充三司副使,或江淮发运使,任满充三司副使。京东西、淮南又其次,江南东西、荆湖南北、两浙路又次之。二广、福建、梓利夔路为远小。已上三等路分转运使、副使任满,或就移近上次等路分,或归任省府判官,渐次擢充三路重任,以至三司副使。"⑤他讲的是北宋中期的情况。当时除京师地区外,陕西、河东、河北驻军最多,军需供应最为浩大,所以转运使责任特别重,因而任用的官级别最高。其他路分的分级及高低也是因其责任的轻重而区分的。其他时期情况虽有不同,但各路转运使依责任轻重而任用不同官阶、不同资历的官员,这一原则的贯彻乃是始终如一的。

---

① 《群书考索》续集卷三七《官制·宋朝监司》。
② 《庆元条法事类》卷四《职掌》。
③ 《通考》卷六一《职官考》引东莱吕氏(祖谦)曰。
④ 例如《宋会要·职官》载,崇宁四年削减官员数后,诸路转运司有属官一百零九人,而提刑司仅有十八人。
⑤ 《文潞公集》卷二九《奏除改旧制》。洪迈《容斋四笔》卷二《文潞公奏除改官制》引录。

二、转运使与各路财政

转运司虽非专门的财政机构,但其各方面的职掌中,理财却是最突出的。史载,转运使之职,"掌经度一路财赋,而察其登耗有无,以足上供及郡县之费;岁行所部,检察储积,稽考帐籍,凡吏蠹民瘝,悉条以上达,及专举剌官吏之事"。又补述,南宋时转运使"掌一路财赋之入,按岁额钱物斛斗之多寡,而察其稽违,督其欠负,以供于上。间诣所部,则财用之丰歉,民情之休戚,官吏之勤惰,皆访问而奏陈之;有军旅之事则供馈钱粮"。[1] 显然,理财是转运使第一位的任务,这从转运司之名称上也可得到证明。讲转运司理财,实包含两重含义:一是作为中央理财机构在地方的代表发挥作用;二是作为地方财政的代表发挥作用。仁宗皇祐年中,权三司使叶清臣请求以五条标准考课诸路转运使,以之作为升黜奖惩的依据,他的意见获准实施。这五条是:"一、户口之登耗;二、土田之荒辟;三、盐茶酒税统比增亏递年租额;四、上供、和籴、和买物不亏年额抛数;五、报应朝省文字及帐案齐足。"[2]这五条表现了转运司作为中央理财机构在地方的代表所应履行的职责。由于转运司有如上职责,故被看成三司子司。三司要有效履行中央理财机构职责,也须转运司支持与配合,如叶清臣所言:"三司总天下钱谷,赡军国大计,必藉十七路转运司公共应副。"[3]转运司既有中央理财机构在地方的代表性质,既是一路监司之首,就要发挥对所属州郡及场务的财务监督作用。[4] 转运司按规定每年或每二年巡历所部一次,检查财务是其主要内容。平时还要经常派员到州军场务进行季检等。转运司对州郡财务的监察职能上节已述及,这里补充一点,即是转运司对所属州郡财务帐籍的管理与审察。神宗以前,州郡财

---

① 《宋史》卷一六七《职官志·转运使》。又《古今合璧事类备要》后集卷六三《转运使》引《神宗正史职官志》:"经度一路之财赋,通财移用以充外计,检察储积,稽考帐籍。"

② 《长编》卷一六六。

③ 《长编》卷一六六。

④ 《乖崖集》卷一一《奏郑元祐事自陈状》述张咏于湖北转运使任上检查荆南造船场财务事,可参见。又《宋史》卷三一六《赵汴传》述赵汴于河北都转运使任上按视属郡库府事。

务抵籍按时申转运司,转运司类聚申送朝省。故前言仁宗时考课转运司,有"报应朝省文字及帐案齐足"一项。神宗元丰元年,因"诸路财赋岁入岁出转运司多不尽心,惟称阙乏",①乃令诸路转运司每三年将所属州郡收支应在现在财赋数及借出、蠲放、欠阁等数开列成帐状,由提点刑狱司复核,申送朝省。元丰三年,进而规定:"州郡应申省帐皆申转运司。内钱帛、粮草、酒曲、商税、房园、夏秋税管额纳毕,盐帐、水脚、铸钱物料、稻糯帐,本司别造计帐申省。其驿料、作院、欠负、修造,竹木、杂物、舟船、柴炭、修河物料、施利、桥道物料、车驴草料等帐,[转运司]勘勾讫架阁。"②南宋庆元年所颁条法内也有:"诸州岁入财赋转运司置都簿籍定名额……委主管文字官专掌,遇有增减,注籍讫申尚书户部。"③州郡财务帐籍既申送转运司,转运司即可窥知州郡财务往来详情,行使其监察权。④宋朝中央政府依赖于转运司者,重要一项是上供财赋的供应,此事下章专节述之。各路州县盐酒茶、商税等课利收入,既是地方经费的重要来源,又是上供财赋的重要来源,其收入数量又很有伸缩性,因此宋廷对此事很重视。太宗淳化三年,宋廷下令"今后诸路转运使副如规划得本处场务课利增盈"者,可书为特殊劳绩予以擢奖。⑤ 仁宗康定元年,又规定:转运使任满当替时,"将一任内本道诸处场务所收课利与租额、递年都大比较,除岁有凶荒别敕权阁不比外,其余悉取大数为十分,每亏五厘以下罚两个月俸,一分已下罚三月作,一分以上降差遣;若增及十分已上,亦别与升陟"。⑥ 神宗时又将上述课利收入的一部分划入无额上供,对各路转运司比较考课。这些都反映宋廷把增加地方盐酒茶、商税收入的责任交予转运司,以保证越来越大的中央与地方财政开支需求的满足。也有转运司增输上供财赋或额外调州军财赋以应朝廷不时之需者。如真宗大中祥符九年,河东转运使陈尧佐言,本路屯驻军兵衣赐例由四川转输供应,现

---

① 《长编》卷二九一。
② 《通考》卷二四《国用考》。事又见《长编》卷三〇九。
③ 《庆元条法事类》卷四《职掌》。
④ 作为朝省在地方的代表,转运司在所属范围内有支审省财赋审批权,详上。
⑤ 参见《宋会要·食货》四九之七。
⑥ 《宋会要·食货》四九之一三。

拟本路挪资自备,所省绵绢五十余万转作上供。时三司使丁谓闻知此事却讲:"河东本无绵绢,非可筹画,此盖转运司每岁大计其数,故积羡尔。"①依丁谓的说法,河东路增加本年上供,乃是历年大算本路经费开支所造成的积羡。南宋绍兴六年,两浙转运司增取"婺、秀、平江岁计宽剩钱二十二万缗"。② 这也是转运司额外加调州军财赋供朝廷支用的事例。

作为地方财政的代表者和主持者,转运司首先的责任就是平衡朝廷需求与地方需求的关系,在本路各州郡之间调剂余缺、通融有无。具体讲,即如前引史文所言:"经度一路财赋,而察其登耗有无,以足上供及郡县之费。"③此方面的职责是宋初以来就被官方确定,以后又多次强调的。宋人谓:"国初,一路赋税、榷酤、商税、茶盐、坑冶之利,转运得以衰多益寡,以给边郡。"④北宋前期人张咏为江东转运司官署撰写的记文中讲,转运使的职责就是"移多补少,利于转输,漕辇羡积,上实天府"。⑤ 成书于北宋中期的《两朝国史志》载:"[转运司]有使、副使、判官,并以朝官以上充,掌均调一道租税,以待邦国支费;分巡所部,以察官吏能否。"⑥其中"均调"就是讲"调剂"。南宋高宗绍兴五年,宋高宗与官员李椿年有一段对话,言转运司:"上问以民间利害。椿年曰:'今日……财用非不足……若转运司更将常赋随时转易,通一路之有无,财不可胜用也。'上曰:'今日监司、郡守不相协济,朕在河朔,亲所备见,监司所至,不恤州郡有无,尽行划刷。州郡往往藏钱,不令监司知。'"⑦李椿年讲转运司应当通一路之有无,宋高宗则批评北宋末年的转运司不管州郡有无,只管敛财,都强调了转运司的协调职能。宋孝宗乾道七年九月,宰相虞允

---

① 《长编》卷八七。另《宋会要·食货》四九之一五载仁宗时"诸路转运使多掊刻于民,以官钱为羡余,入助三司经费"。
② 《中兴圣政》卷二〇、《宋会要·食货》六四之三六。
③ 《宋史》卷一六七《职官志·转运使》。
④ 《古今源流至论》续集卷三《州县财》。
⑤ 《张乖崖集》卷八《升州重修转运司公署记》。
⑥ 《宋会要·食货》四九之一。
⑦ 《系年要录》卷八七绍兴五年三月壬辰。

文讲:"转运司主一路财赋,谓之省计,凡州郡有余、不足,通融相补,正其责也。"①淳熙六年三月,宋孝宗也曾对辅臣讲:"诸路漕臣职当计度,欲其计一道盈虚而经度之。今则不然,于所部州郡有余者取之,不足者听之。逮其乏事,从而劾之,吾民已被其扰矣。朕今以手诏戒谕,俾深思古谊,视所部为一家,周知其经费而通融其有无,廉察其能否而裁抑其蠹耗,庶乎郡邑宽而民力裕也。"同年九月明堂赦:"令诸路漕臣限一月,各具合如何经度通融事件以闻。"后又"令两浙转运司刻石遍赐诸路漕臣"。② 表明对此事的格外重视。光宗绍熙元年五月一日,臣僚言:"恭睹淳熙六年三月十九日寿皇圣帝御笔手诏,戒谕诸道转运视所部为一家,周知经费而通融有无。窃见诸州财计优余窘匮,诚不能相等,欲乞严饬诸路漕臣,确意遵守淳熙六年诏旨,必行通融,使无有余不足之患。""从之。"③重申了宋孝宗手诏的规定。此前后,时人郑兴裔在上奏中也论及转运司调剂一路有无的职能,他说:"臣伏按先朝旧制,每道有计度转运使,岁终则会诸郡邑之出入,盈者取之,亏者补之,故郡邑无不足之患。自军兴以来,计司常患不给,凡郡邑皆以定额窠名予之,加赋增员悉所不问,由是州县始困。"④他讲转运使调剂有无是"先朝旧制",也批评当时这方面作得很不好。时人陈傅良也讲:"漕失其职,往往仅同催纲督租……祖宗所以懋迁南北、均调内外之道缺矣。"⑤上引南宋君臣的说法几乎相同,都认为转运司应调整剂有无余缺,但当时的情况却很不理想。显然,这绝不仅仅是转运使们不尽职,而是当时转运司这方面的能力普遍不足,导致原先的官制构想无法实现。

由于转运使有计度出入、调剂有无旳职能,故同三司相类,被称为计

① 《宋会要·食货》五八之一〇又五九之四九、六八之七一,《宋会要辑稿补编》第598页,《宋史》卷一七八《食货志·振恤》。

② 《宋会要·职官》四二之五九,《宋史全文》卷二六同年月庚午条。

③ 《宋会要·职官》四二之六一。

④ 郑兴裔:《郑忠肃奏议遗集》卷上《请宽民力疏》。参见《朝野杂记》甲集卷一七《诸州军资库》。

⑤ 陈傅良:《止斋集》卷三六《与王亚夫运使》。

司,因其负责外路财计,又称外计。① 仁宗时张方平讲:"若计度支移有失,即罪在转运使;般运亏额即罪在发运使。"②他不但区别了二使的职责范围,也讲明了转运使计度财赋的责任。元丰初年,河北、淮南、陕西、京东、京西等路各由一路划为两路,宋廷特命上述转运司"许依未析时通治两路之事,钱谷听其移用"。③ 所谓移用,即是指调配,说明转运使有调度财赋的职能。此前后苏辙为京西北路转运使司作记,言京西路"每岁均南馈北,短长相补,以给军俸,故转运之职于他路为最急"。④ 陕西转运副使范纯粹言:陕西路"沿边诸处久来难得见钱,逐处岁计除以本路课利所入应副支费外,其所少之数并是于永兴、商、虢、华、陕等州钱监收积及于近里诸处雇脚般运前去"。⑤ 这都反映了转运使计度财赋的举措。

计度财赋的职能,也反映在各路与朝廷赋入分配的调节上。转运使既负责督办本路州军向朝廷输送财赋,又负责在本路各州军之间调剂余缺,那就须周知本路州军场务等赋入及经费开支的大数。当本路赋入减少,或则开支增加,转运使就须向朝廷请求蠲免、倚阁和调拨等。如范祖禹所讲:"自来诸路告乏,朝廷详酌应副,其余则责办于外计。"⑥陈傅良讲:"宋兴之初……虽自钱以上名曰系省,而州郡之阙,一仰于部使者。"⑦例如,仁宗时京东路南京附近军营多,军粮不足,转运使奏准于广洛河上供粮内截取米十二万石补助支遣。⑧ 宋神宗时,宋廷派兵征服西蕃,军费增加,诸路纷纷上奏财计不足。宋神宗很生气,于是下诏:"诸路转运司失计置钱物,及本路自可移用不阙,而过为约度,妄有申请支拨,并妄诉

①《长编》卷五九景德二年"大名府饥……有司请下转运司经度。上曰:……若责成外计,不免役民飞挽……"
②《乐全集》卷二三《论京师军储》。
③《宋史》卷一六七《职官志·转运使》。另参《宋会要·食货》四九《转运使》各条所载。
④《栾城集》卷二三《京西北路转运使题名记》。
⑤《长编》卷三四四。
⑥范祖禹:《范太史集》卷一五《论封桩札子》、《长编》卷四三三。
⑦陈傅良:《止斋集》卷三六《与王亚夫运使》。
⑧参见《乐全集》卷二三《论京师军储》。

[减]免,指占上供钱物者,并委三司奏劾。"①元丰六年二月,"京西路转运司言:'岁计上供外横支钱共四十九万缗,才蒙给还十二万,乞尽给还。'诏京西南北路提举司更于坊场钱给五万缗。"②所谓"横支钱",显然是朝廷额外支用的钱,转运司向朝廷讨还。朝廷便用存于本地的朝廷封桩钱(坊场钱)还了一部分。宋哲宗时,"京西路财用支费不足",请求朝廷资助,宋廷决定"令京西两路提刑司将朝廷封桩钱物逐旋支拨与河南府支用"计二十万贯,专用于皇陵开支。这样既使皇陵开支有了保证,又缓解了京西路的财计压力。③ 徽宗即位初年,两浙转运司上奏,言:"本路因连年灾伤,赋入减耗,拖欠朝省及他司钱三百五十余万贯石,欲望朝廷特赐倚阁。"④广西转运司则请求调拨资财作为本路官兵南郊赏赉。⑤ 至于应陕西、河东、河北三路转运司的请求调拨财赋,更是屡见记载。⑥ 本路属下州郡财计不足,转运司有责任帮助解决。前文述及,北宋时期湖北路辰、沅、靖三州赋入不足以支撑本州岁计,转运使就从本路鼎、岳、澧、荆门军等处调拨钱财助其岁计。宋徽宗在位初年,张舜民任知定州,上奏言及:"定州一年约支钱二十二万贯有零,诸杂课利收钱只得一十一万有零,其余尽是转运司添陪,方了一年支计。今转运司那融不行属曾干告朝廷,日闻支拨见钱文钞及借奉职等补牒。"⑦南宋名臣魏了翁讲:"自熙宁分使权利,郡守之权始削,脱有城郭甲兵之费,必以控于转运,往往滞吝不予,则违时旷事,政、宣之末颇受其害。"⑧[南宋孝宗淳熙六年]四月二十一日,诏:"成都转运司每岁管认威、茂州省计钱引五千道,令照应今年三月已降手诏,将有余去处通融应副。"⑨宋宁宗庆元元年二月十一日,知黎

① 《长编》卷二五九熙宁八年正月乙卯条。
② 《长编》卷三三三。
③ 参见《长编》卷四六四所载。
④ 《宋会要·食货》四九之二四。
⑤ 参见《宋会要·食货》四九之二四。
⑥ 例如《长编》卷三一七载河东都转运使因屡请调拨财赋,被斥责、撤职。
⑦ 《历代名臣奏议》卷三三三张舜民《论河北备边五事状·蓄财用》。
⑧ 魏了翁:《鹤山先生大全集》卷四三《潼川转运司重建东衙记》。
⑨ 《宋会要·职官》四二之五九。

州王闻诗上奏言及："本州系西南极边,止管汉源一县,地瘠民稀,税赋寡薄,岁计元系转运司科拨邛州蒲江井盐一千七百九十六担有厅变卖。"① 这些都是州郡财计不足,转运司为其调拨钱例的事例。

转运司不但要负责调剂管内各州军之间的余缺,催督纲运,其自身也直接掌管一部分财赋的入出,时称漕计。仁宗庆历年中欧阳修讲河东路都转运司钱币收支情况道:"都转运司一年支收钱数:实收诸杂课利、客便、卖盐矾、斗秤、夏秋税、出粜斛斗、卖匹帛丝绵银、进纳、杂收等钱二百一十七万二千二百三十贯,实支系随衣、添支、特支、料钱、旬设、公使、国忌、狱空、祭神、地里脚钱,买羊马粮草、客便、招军、人户和籴、矾本、杂支等钱一百九十九万八千四百一十四贯。"② 然所列收支项目较为笼统,难以窥知转运司财计与州军财计的关系。南宋孝宗时,大臣周必大讲:两浙路转运司"储蓄颇罄,不免遣官假贷于诸郡,仅有应副一二千缗者……直以用度浸广,无所从出耳"。③ 转运司用度增广,取财于属郡而称借贷,可见转运司财计与州军财计是分立的。孝宗、光宗时广西路漕计主要靠从榷盐收入中提取财赋,辅之以向百姓征收折苗钱多取之数,二者岁入共约七十万贯上下。④ 转运司每岁支出共约七十三万贯,其包括:"本司一全年合支拨四十一万七千二百五十余贯,应付一十六州府岁计并籴阙米;钱八万贯,应付经略司买马;钱五万三千二百余贯,拨还诸州府三分;钱二万四千余贯,应付广东摧锋军券食;钱八万四百四十余贯,起发湖广总领所;钱三万贯,应付靖州岁计;钱四万九千二百余贯,贴助应副逐年进奉银两,三年一次大礼银,经略、提刑到任陈设,出戍官兵挂甲卸甲,宜州蛮人生料,盐本,郁林州甲军,诸场官吏请受,公使杂支,船场打造丁灰等钱。"⑤ 引文陈述转运司开支项目中有支还所属州府者二项,也可说明转运司财

---

① 《宋会要·食货》二八之四七。
② 《欧阳文忠公文集》卷一一五《乞罢铁钱札子》。
③ 《周益国文忠公文集·奏议》卷四《论任官理财训兵三事》。
④ 参见《黄氏日抄》卷六七《石湖文集·奏状》,周去非《岭外代答》卷五《广西盐法》、《广右漕计》,《宋会要·食货》二七之三一等,各书记载多有偏误。此乃综合诸处记载述之。
⑤ 《宋会要·食货》二八之四四。

计与州军财计彼此相对的独立性。① 理宗淳祐年中,广东转运使吴泳于奏状中讲本路转运使财计入出情况更为具体,我们将其所述化为如下简表。

南宋理宗淳祐年中广东转运司财赋(钱币)收支简表②

总收:446900 贯	总支:477890 贯
内:身丁钱 275700 贯 　　绰陌一分钱 820500 贯 　　盐舶司墟市钱 20000 贯 　　提举司应副大兵义兵钱 68700 贯	内:总所银纲钱 274300 贯 　　诸郡上供银本钱 46690 贯 　　诸郡分屯攒锋军衣粮 146800 贯 　　本司官吏俸给客军口券 10100 贯
其中盐舶司、提举司等处钱常有积欠不纳者,其数达数万贯	另有送旧迎新支费、陪贴总领所荆南银纲买银钱及起解总领所银纲搬运水脚、部纲官吏路费特支等共约 50000 余贯无处开支
	合计每岁亏少十万贯以上

从此表我们可进一步体会到,转运司自身的财计,不等于所属州军场务等收支的总和,而是有其特定的收支窠目的。转运司不但要计度全路包括所属州军场务的财赋,还要设法维持其直接掌管的财赋的收支平衡。

各路转运司财计收支详情虽多失载,但从零星记载中可以看到,转运司财计尤其依仗酒、盐、商税收入。哲宗时苏辙谓:"今诸路转运司久以商贾不行、农民罢病,故酒税不登……经费不足。"③元丰年中,陕西路"利源所入,全借酒课"。④ 北宋时东南诸路榷盐收入在本路财计中占重要地位。神宗时苏颂言:"淮南一路财赋之数最为浩繁,尤借每岁卖盐额钱一

---

① 另《历代名臣奏议》卷二四七载嘉泰三年叶适奏:"湖南漕司岁计所入甚少,比江西才十之三四,比湖北才十之五六,曾不足以支本司一年之经用。向者团簇大军钱数多,司所取不尽,可以通借……"也说明转运司有本司财计,转运司于所属州军所缴大军钱之多余者,也不能径用,而只是通借,又转运司财计与其移余补欠的调度财赋职能有联系,州郡输于转运司的财赋多以"移用"为名,似源于此。

② 根据吴泳《鹤林集》卷二二《奏宽民五事状》制作。

③ 《栾城集》卷三七《乞借常平钱买上供及诸州军粮状》。按,宋人常将转运司财计与地方财计混同,如《东坡奏议》卷七《应诏论四事状》"转运司岁入之计,惟田赋与酒、税而已。"

④ 《长编》卷三四二。

百余万贯资助经费。"①仁宗以后,福建盐"以三分之二许客人于榷货务入纳兴贩,一分与转运司般卖,充上四郡买发"。② 江西、湖南漕船返程运盐回本地,转运司从中可获得相当数量的利益。北宋后期东南未行钞盐法以前,江西路"以盐利三十余万缗和籴,故凶岁不乏"。③ 湖南榷盐"岁课一百万缗,本路得自用者居其半。"④东南盐行钞盐法后,盐课归于转运司财计者大为减少。南宋前期,军将及各州军营运、回易取利,威胁到转运司财计。时江西路转运司有奏:"漕计百色之费,惟仰酒、税课利,比年以来,州军多以应副军期为名,一面擅置比较酒务、回易库,将漕计钱物取拨充本,又于诸城门增置税务,所收课息并不分隶诸司。"⑤此奏反映了转运司与州军财计上发生的矛盾,也反映了转运司对榷酒、商税收入的依赖和重视。关于转运司财计的支出,除前已引证者外,元祐六年,大臣王巩上书哲宗,请求把封桩钱财赐还户部及诸路转运司,讲到"逐路用度浸广",所举例证是:"选人添俸,逐路添将兵,诸路添指使,场务监官添员,外置准备差遣大使臣。"⑥又元祐八年,尚书省有言:"诸路厢军兵士今阙额数多,盖为转运使吝惜所支衣粮请受,致招填不足。"⑦联系前述河东路、广西路、广东路等处情况,可以推知转运司的财计开支,除了一部分用于贴补购买上供物、纲运运费之外,主要是用于路一级官署,直隶于路的场务及直接由转运司供给的军兵支费。

转运司既要在属下各州郡间调剂余缺,就势必想自己掌握一部分机动钱财,免得临时调配不行,手足无措。于是就有了转运司移用钱的名目。北宋徽宗政和五年四月二十四日,两浙转运副使应安道奏:"乞依常

---

① 《苏魏公集》卷二〇《奏乞减定淮南盐价》。

② 《系年要录》卷一八八。

③ 汪藻:《浮溪集》卷二四《朝散大夫直龙图阁张公(根)行状》。

④ 胡寅:《斐然集》卷二五《先公行状》。

⑤ 《宋会要·食货》四九之四二。又《宋会要·职官》四二之五九载淳熙三年臣僚言:"转运司……钱多取之酒、税。"

⑥ 《长编》卷四六六、《诸臣奏议》卷一〇七《上哲宗乞以封桩钱赐户部及诸路转运司》、《历代名臣奏议》卷二六八三处互校。

⑦ 《长编》卷四八二。按,厢军有些是由转运司拨资给州军的,如《(咸淳重修)毗陵志》载常州厢军以前即是由转运司拨资供给粮饷的。

平法,每州于不许差出官内,从本司选择强干官一员,管勾检察收支转运司钱物并应办岁计事务,于头子钱内每月支食钱五贯文。如职事修举,即许保明再任。""诏依,余路依此。"①据此,转运司在各州有了专门收支本司钱物的官员。南宋宁宗庆元年间颁行的条法,载:"诸转运司于逐州不许差出官内选差官一员,专主管检察收支本司钱物并岁计事务。"②这说明至少到南宋中后期,转运司在各州专门管理本司钱物的官员仍然存在。为了防止转运司过多征调各州钱物,影响上供朝廷及各州的财计,宋钦宗靖康元年五月下诏规定:"州县赋入有常,转运司以上供平科为名,尽将本州所入拘占,致本州阙用,或将军兵月粮取于民户,仰转运司除诸州依格上供数外,转运司移用钱物不得侵逼本州有额上供所余三分之一,违者徒二年。"③南宋宁宗庆元年间颁布的条法中有:"诸转运司除诸州依格上供数外,移用钱物侵过本州有额上供所余三分之一者,徒二年。"④则此规定在较长时间中被执行,即转运司移用钱受到限制。南宋绍兴初年,军情紧急,临时设江浙荆湖广南福建路都转运使,统一调度东南地区钱财。绍兴二年十一月十七日,江浙荆湖广南福建路都转运使张公济言:"逐路州郡依格上供之类,常是出限不足,欲乞应诸路州军财赋出入,并许公济取索点察。其合拨上供钱物,如限满有欠缺不足之数,从公济取拨本路所管转运司移用钱依条补足解发;如逐州上供钱未足,漕司不以移用钱补发,别作名目支使,欲许公济按劾,具事因申取朝廷指挥。""从之。"⑤这就是说,上供财赋不足,就用转运司移用钱补足,转运司如不能满足上供需求,而随意支用移用钱,就要受处理。次年二月十九日,诏:"应诸路漕司移用钱,每季具支使科名申户部,察其违法之甚者,按劾以闻。其诸州、军亦每季开具本处有无转运司取拨移用、赴甚处支使文状申户部,互换比照检察。"原因是有臣僚言:"漕司移用钱,独无所检核。"⑥当年四月十二日同

---

① 《宋会要·食货》四九之三一。另参见同书四九之三四宣和七年十一月十五日条。

② 《庆元条法事类》卷四《职掌》。

③ 《靖康要录》卷五、《宋会要·食货》四九之三四。

④ 《庆元条法事类》卷三〇《上供》。

⑤ 《宋会要·食货》三五之三五又六四之四九《系年要录》卷六〇。

⑥ 《宋会要·食货》四九之三九至四〇、《系年要录》卷六三。

日,江浙荆湖广南福建路都转运使张公济言:"诸路转运所收移用钱,从来并系转运司专委逐州军主管本司钱物官就本厅置库拘收,遇转运司取拨,即一面起发,州郡并不干预,略无关防。欲乞今后应转运司系省钱,并依条赴军资库交纳收支,其禀名不同者,各置文历拘管。应通判及主管司等处送纳钱物,并罢。""从之。"①这些措施都是针对转运司移用钱物的,说明朝廷对转运司如何支用此项财赋不放心,于是多方面加强了管理和限制。此前后,"[湖南]转运判官王淮赋钱移用,系诸州日纳缗钱二千,县以大小输钱十五千至十千。又潭、衡二州日出旗望酒钱二十千,实未尝得酒,州县敷于民,下自米面银纸,下至鬻豆腐者,皆不免科掠。"②绍兴五年,宋廷征调总制钱,规定其来源之一,即有转运司移用钱。③ 但这并不等于说转运司移用钱从此就不复存在了,转运司既存在,移用钱物就必然存在,只是要取一部分纳入总制钱上缴朝廷。绍兴八年十二月十九日,参知政事李光言:"诸路月桩,最为民间重害,而江东、西为甚。元降指挥许取拨应干上供封桩,诸司并州县等不以有无拘碍上供经制酒税课利及漕司移用等钱桩办。今江南路漕司往往将移用等钱于逐州主管司专委通判拘收,不许取拨。乞下诸路,应月桩钱许将诸色钱桩办,如有余,方许漕司拘收。"④可知此时转运司不但依然存在,有时还妨碍月桩钱的征调。宋孝宗淳熙三年五月二十八日,"诏尚书省取诸路漕司三年岁入,考酌中之数,立为定额,依旧催趁,岁具收支帐状申尚书省。仍开具作何支破,不应支破者令备偿,其见在钱封桩待用。""既而臣僚言:'今日财赋欺弊可以纠察者,如转运司移用钱及一分五厘钱、二分折酒钱,拘收有至二三十万缗,拨入公库馈遗,巧作支破,此钱多取之酒、税。'"⑤可知当时朝廷对转运司收支财赋仍有疑虑,采取多种措施加强管理。当时还有官员提出有的转运司将移用钱物用作礼物胡乱支用。朱熹在知南康军任上,接到本路转运司指

① 《宋会要·食货》四九之三九至四〇。
② 薛季宣:《浪语集》卷三三《先大夫(薛徽言)行状》。
③ 参见《宋会要·食货》三五之二二、《朝野杂记》甲集卷一五《总制钱》。
④ 《宋会要·食货》六四之七九、《系年要录》卷一二四同年月辛未。
⑤ 《宋会要·职官》四二之五九。

令,要南康军每月上缴移用钱一千二百余贯,朱熹要求蠲减,上书言:

> 契勘本军(南康)财赋匮乏,官兵支遣常是不足,逐时全仰酒、税课利分隶相助。近自乾道九年内蒙使司于经常分隶钱数之外,创立名色,每月抛移用额钱一千二百余贯,均于城下及两县酒、税务趁办。自此之后,酒、税所收课利除桩移用钱外,诸司所得分隶钱数不多,致本军财计转见阙乏,支持不行。兼近年以来,沿流州军收税太重,商旅稀疏,又为诸军差出军兵贩卖物色,赍到户部、总所历头,不许州县收税,场务愈见亏欠,州县愈见窘阙。只如本军见今拖欠使司移用钱四个月无以起解,今有公状具申,欲望台慈矜怜,特赐于元抛移用额钱上重赐裁减……①

其所言清楚地表明了州郡向转运司上缴移用钱的情况,说明了转运司移用钱物在"送使"钱物中的位置。

三、提刑司与提举司负责的有关财计的事务

宋朝各路主掌财计者是转运司,但提刑司与提举司也分管一部分与财计有关的事务。

提刑司以掌管本路刑法为主,故又称宪司。提刑司涉足财计,似始于元丰初。此年有诏:"诸路转运及开封府界提点司桩管阙额禁军请受,令逐司更不问见管兵数有无少剩,止据元额月给钱粮,委提点刑狱及府界提举司拘收,于所在分别桩管,其见销减未尽合废兵级,即复于上件钱粮内支破,岁终具申枢密院。"②此后,朝廷封桩钱物在路一级就归提刑司主管。同年九月,宋廷下诏:"诸路上供金银、钱帛应副内藏库者,委提刑司督之。"③此后,地方输送内藏库的财赋便由提刑司主管。④ 宋徽宗崇宁

---

① 《晦庵集》卷二〇《乞减移用钱额札子》。
② 《长编》卷二九〇。事又见《宋会要·食货》六四之七〇。
③ 《长编》卷二九二。
④ 《庆元条法事类》卷三〇《上供》引《仓库令》:"诸上供内藏库钱物提点刑狱司拘催,以字号计纲具年分赴本库纳……"

元年,又令:"……诸路无额钱物,立式下提刑司,括三年外未发数,期以一季闻奏。"①政和元年十月十三日,诏:"户部奏,诸路漕司侵用本部无额上供钱物,乞并隶提刑司拘收,更不令转运司干与等,可并依所奏,疾速行下。如有合关防措置事件,仰逐路提刑司限五日条具申尚书省,将上取旨。"②南宋高宗建炎七月十二日,"端明殿学士、提举醴泉观黄潜善言:'户部经费自军兴以来,用度至广,惟仰诸路上供钱物应办,其州郡所收无额上供钱物,依法并隶提刑司拘收,具帐供申起发。缘无额钱所收窠名不少,切虑州郡县镇隐漏,不肯尽数供报,提刑司不为检察,致拘收隐落,或供帐不实,日也转致亏损,失陷省计。欲望下户部,检坐诸州郡应合收无额上供钱物窠名及供申隐漏不实起发期限并前后应干约束等条法,镂版遍下诸路州郡及提刑司遵守施行。'诏依。"③这说明南宋沿行了由提刑司主管无额上供钱征收的规定。绍兴元年四月四日,户部侍郎孟庾言:"诸路州军所收无额钱物,昨窠名繁多,州郡得以侵欺,并令提刑司具帐催督起发,以革侵用……"④也说明提刑司主管无额上供钱。宋孝宗乾道四年七月五日,"诏诸路提刑司,今后诸州知、通拘收无额钱物,候任满日别无拖欠上供诸色窠名钱数及经、总制钱,本考内亦无亏额,方许陈乞依格推赏。仍自今降指挥为始"⑤。宋宁宗庆元年间颁行的条法书中载:"诸州无额上供钱物提点刑狱司选通判或职官一员点检尽数入季帐,如限催发,每半年具无漏并有无违限未起发数,保明申尚书户部。"⑥这表明无额上供钱此时仍由提刑司主管。

　　南宋征调经总制钱,为了确保不被地方截留他用,乾道八年,诏"诸路经总制钱并委提点刑狱官督责"。⑦此后,这便成为提点刑狱司的一项

　　① 《宋史》卷一七九《食货志·会计》。
　　② 《宋会要·食货》五一之三六。《宋会要·食货》五一之四二,政和元年十月十四日朝旨节文:"诸路应无额上供钱物,并隶提刑司拘收,时间差了一天,但内容相同。
　　③ 《宋会要·食货》三五之三〇又六四之六四。
　　④ 《宋会要·食货》三五之三〇至三一。
　　⑤ 《宋会要·食货》六四之五六。
　　⑥ 《庆元条法事类》卷三〇《上供》,文又见同书卷三二《点磨隐陷》。
　　⑦ 《宋史》卷一六七《职官志·提点刑狱》。另叶适《水心别集》卷一四《监司》:"提刑司则以催趣经总制钱、印给僧道免丁由子为职。"《庆元条法事类》卷四《职掌》:"经总属之提刑。"

重要职掌。庆元年间颁行的条法事类中对此有详细规定:

> 诸州县镇场务季申通判厅经总制钱物帐状……通判厅审覆供申提点刑狱司,违限者徒二年,本司点磨申尚书户部,违限准此。

> 诸经总制钱物……提点刑狱司拘催检察,如州县违限亏欠并行按劾。

> 诸经总制钱物提点刑狱司每月抽摘诸州分隶历,点勘有无隐漏增减不实,保明申尚书户部。

> 诸州县镇场务所收经总制钱物,每季具帐,限次季孟月五日以前供申通判厅,本厅限孟月终审覆申提点刑狱司,本司限十日,点磨保明申尚书户部。

> 诸知、通考内所收经总制钱及额应赏者,候任满,委提点刑狱司取见任内逐考所收钱物别无拖欠、起发违限,录连朱钞保明申尚书省,下户部推赏。

> 诸经总制钱物提点刑狱司官属每岁拘催管属州军依额数足,各减磨勘一年,如亏额,对行责罚。

书内还专有"提点刑狱司申发收支经制钱物帐""提点刑狱司申发总制钱物帐",详列其细目。①

从宋神宗时始,宋廷又赋予了各路提刑司监察转运司及州郡的财计的权力。元丰元年八月庚午,诏:"三司令诸路转运司勘会所辖州军,[将]熙宁十年以前三年收支、应见在钱物,除闲杂及理欠物更不条具,其泛收泛支,或诸处支借出入,并蠲放欠阁,各令开析,限半年攒结成都状,送提点刑狱司驱磨保明,上中书点检。有不实,科徒二年罪,不理去官,仍并治保明官吏。如驱磨出增隐钱物,并当等第酬赏。自今三年一供,著为令。""以中书言:诸路财赋岁入岁支,转运司多不尽心,惟称阙乏,宜有会计出入之法,以察增耗,以知有余不足之处也。"②显然,由于朝廷对转运司有怀疑,所以让提刑司来为转运司及下属州郡的财计把关。宋徽宗崇

---

① 并详见《庆元条法事类》卷三〇《经总制》。
② 《长编》卷二九一。

宁元年九月,又有官员建议:"乞委御史台考察天下转运使、副、判官有不胜任者,择能吏代之,俾计度其所部财赋。仍令本司各开析每岁钱谷出入名数,具册关提点刑狱司验实,结罪保明缴奏送尚书户部。若故为隐匿,及虚立支费,论如上书诈不以实律。""从之。"①政和四年五月二十四日,诏:"诸路转运司各具三十年以来每岁收支及泛支数,令提刑司覆按的确,结罪保明闻奏。""以臣僚言诸路阙乏,漕臣失职故也。"②南宋孝宗淳熙元年八月十日,吏部员外郎莫漳言:"诸州仓、库、场、务,多巧作名色增置簿历。乞令诸州于岁前两月将仓、库、场、务簿历悉解赴提刑司印押,限岁前一月先次给下,令提刑司每岁终具州邑已印给赤历簿书名件,申户部帐司照会。若州郡复踵前弊,令监司按劾。""从之。"③宋宁宗时颁行的条法中也有相关内容:

> 诸转运司收支应在见在钱物三年一会,各具非泛收支或朝省诸
> 处借用并蠲除欠阁数,限半年造都状连元案检送提点刑狱司,限百日
> 驱磨保明缴奏。④

> 诸提点刑狱司每半年轮取所部三州诸军请给旁历,转运司及州
> 县买物文凭之类点磨有稽违不还价及不支给或虽支而不足、若不当
> 价者并奏劾。⑤

这些均说明提点刑狱司被赋予了监察转运司财计的职能。

此外,元祐初,撤销诸路提举常平司,存留诸州军的常平免役钱物曾一度令提刑司监管。⑥ 提刑司还涉足与职役密切关联的保甲事务,兼管各地诸作院造军器等事务。⑦

---

① 《宋会要·食货》四九之二四至二五。《宋史》卷一七九《食货志·会计》记作:"崇宁元年,又令岁以钱谷出入名数报提刑司保验,以上户部。"

② 《宋会要·食货》四九之三〇。

③ 《宋会要·食货》六二之六四。

④ 《庆元条法事类》卷三一《应在》。

⑤ 《庆元条法事类》卷三二《点磨隐陷》。

⑥ 参见《长编》卷三九三。

⑦ 分别见《庆元条法事类》卷四《职掌》、卷三〇《上供》。另《宋史》卷一六七《职官志·提点刑狱》、《长编》卷五〇八载,提刑司还兼管坑冶、盐事,似非领其财计,而是负责坑冶的治安、禁止盐的私贩等。

北宋熙宁年中行新法,首将常平官升格为一路监司,即诸路提举常平司。史载,其"掌常平、义仓、免役,市易、坊场、河渡、水利之法,视岁之丰歉而为之敛散……凡役钱,产有厚薄则输有多寡,及给吏禄,亦视其执役之重轻难易以为之等。商有滞货,则官为敛之,复售于民,以平物价"。①由此可看出,提举常平司乃是一路之内推行新法的主要执行机构,其负责者包括农田水利法、青苗法、免役法、市易法等在本路的实施,与上述各法联系的财计事务,自也由提举司经管。后绍圣二年,宋廷又申明"免夫钱并隶提举常平司"。② 常平司俨然成为一路之中第二个掌财官司。但常平司又不同于转运司,它除了雇役钱财之外,不负担本路经费开支。它通过青苗、免役、市易等获取的赢利一般归入朝廷封桩范围,故常平司的财计不能简单地算作地方财计。政和年中,户部右曹曾规定,有如下情况的路分,其提举常平官要受责罚:"一、俵散常平钱谷随税敛纳去岁未纳数多路分,一、常平籴谷所籴数少路分,一、农田水利堙废无措置兴修路分,一、市易岁终收息数少路分,一、抵当岁终收息数少路分,一、熟药岁终收息数少路分,一、免役钱……有不敷准备钱却有准备钱过岁额处。"③这七条使我们对提举常平司的职责范围有更为具体的认识。

徽宗崇宁以后,东南及河北等地行钞盐、引茶法,乃分设提举盐事、提举茶事司,尚非路级监司,或一司总二路事,后一度废罢。至宣和五年各路均设提举盐香茶矾事,乃为路监司之一,两年后改称提举茶盐公事司。史载,其"掌摘山煮海之利,以佐国用。皆有钞法,视其岁额之登损,以诏赏罚。凡给之不如期,鬻之不如式,与州县之不加恤者,皆劾以闻"。又述,"茶盐司置官提举,本以给卖钞引,通商阜财,时诣所部州县巡历觉察禁止私贩,按劾不法"。④ 提举茶盐司分掌了诸路大部分盐茶榷禁事务以及相应的财入。

① 《宋史》卷一六七《职官志·提举常平司》。
② 《宋会要·职官》四三之七。
③ 《宋会要·职官》四三之九至一○。
④ 《宋史》卷一六七《职官志·提举茶盐司》。此事另参见《(道光)泰州志》卷三一《碑记·提举壁记》、《吴郡志》卷七《提举常平茶盐司》及《宋史》卷一八四《食货志·茶》、卷一六七《职官志·发运使》。

南宋绍兴议和以后,四川不设提举茶盐,常平司事由提刑司兼理,东南则将常平、茶盐二司合而为一,称提举常平茶盐司。然南宋不行青苗、市易法,"常平钱皆取以赡军",①役法也有不小变化,故提举常平茶盐司与北宋提举常平、提举茶盐两司所掌事务有不少区别。就原常平司事务而言,南宋基本沿行免役法,征收免役钱,但其中相当一部分归入了经总制钱,而只将一部用于雇役。南宋治安方面的职役由保甲承担,仍行差法,而其他役人仍旧雇募,雇募职役的钱仍由常平掌管。南宋虽不行市易法,但北宋行市易法时建立的抵当库(官当铺)及其他赢利设施却多得到存留。另外战乱中出现了相当数量的无主田产等,这些都被纳入常平司管辖范围,所以,南宋常平司掌管的财赋仍有相当数量。常平、茶盐既合为一司,禁榷事务也是与财计密切相关的。叶适讲,南宋中期,"提举司则督责茶盐,用法苛惨,至常平义仓、水利农田则置而不顾"。于茶盐禁榷中,"受其揩留,掌其住卖,督其煎煮,为之索逋理债而已"。② 由此可知提举常平茶盐司职掌之大概。

四、总领所的地位及机构设置

总领所是南宋初期创置的专管辖区内驻军供给的机构,全名为总领某地财赋某地军马钱粮所。它是朝廷的派出机构,故总领例由太府寺、司农寺卿、少卿或户部郎中兼任。关于总领所之设,南宋章如愚言:

> 古之掌财者二,今之掌财者三。内帑也,外帑也,此自古以来则然也。而中兴之后,则于二者之外而有总司之财焉,此不可不讲也。中兴以来,驻跸吴会,控扼之地上下数千里,列屯相望,费用不赀。其始,粮饷职之主将,主将不自给也,主将取之总(疑为计之误,或指总制司)司,总司吝于供亿也,然后请之朝,而总领之官置焉。号为外司农,其权重也;官分四总领,其职专也。两淮之职或分或合,四川之

---

① 《朝野杂记》甲集卷一一《提举常平茶盐》。
② 《水心别集》卷一四《监司》。

名或仍或革,此特一时之置焉尔。其大意则欲便于粮饷也。大抵国家用度多靡于兵,西蜀、湖广、江淮之赋类[归]总司,其供京师者惟仰闽浙而已。①

章氏将总领之财与内帑、外帑并列为三,即认为总领所财计属于中央财计而不属于地方财计,这种认识是有一定道理的。总领所(四川除外,下同)与各路转运司的职责范围不同,如史文所言,它乃是"掌措置移运应办诸军钱粮"②,即专门负责供军的,而不是掌管某一地域全部财计的财政机构,其性质接近于户部、司农寺的派出机构。其所掌赋入,则大部分是原先隶于朝廷或户部的州军上供财赋、封桩财赋及禁榷收入等,每岁系由朝省定额科降调拨。"为总领者,但能拘收出纳而已,固非能以通融取予之术行乎其间也"。③ 总领所虽不是一级地方财政机构,但它与地方财政关系密切。总领所的设置,固然最初是为了解决掌军之将与掌财之地方官的矛盾,但是这也反映了南宋军费开支在财政中的地位,较之北宋更为突出。总领所之财虽大部分是原先隶于朝廷或户部者,但这里所谓原先乃是指总领所设立以前,并非指北宋时,总领所占用的赋入或则在北宋时没有寨名,或则有寨名而无如此大的数额。即是说,总领所占用了不少北宋时隶于地方的赋入。北宋时军费相当部分表现为边费,而边费是分别计入河北、陕西、河东等路地方财计的。这是北、南宋财政上的一个重要不同点。

总领所基本上没有通融取予之权,却掌笔数量可观的财赋,"朝廷既以岁额拨钱,遂为定数",④有时出现不足,总领所可以申请增调,但在获得增调之前,也不能坐视。更多的是入稍大于出,总领所便有了自己的积蓄。其长官"疑朝廷恶其优,多掩蔽所余,不尽载于陈册,往往妄称趱积以为己功"。⑤ 为了避免总领所任意浪费所管财赋,绍兴末年宋廷规定总

① 《群书考索》续集卷四六《财用·今日总司之财》。
② 《宋史》卷一六七《职官志·总领》。
③ 《朝野杂记》甲集卷一七《淮东西湖广总领所》。
④ 《朝野杂记》甲集卷一七《淮东西湖广总领所》。
⑤ 《朝野杂记》甲集卷一七《淮东西湖广总领所》。

领所"除每岁收支外,并将有管实在之数开具成册,使朝廷通知有余不足之数"。① 淳熙年以后,宋廷又曾几次组织清查总领所财赋。②

以上所讲,侧重于淮东、淮西、湖广三总领所,四川总领所情况有所不同。四川北宋时曾为一路,后分二路、四路,南宋时又曾划为五路,尽管如此,从地理上讲,却始终属于同一经济区。四川长期行用铁钱及交子(后改称钱引),在币制上也与别处不同。四川在北宋分为四路时,曾设都转运使通掌四路,③南宋绍兴六年至十五年,也曾改总领所为都转运司,都说明四川数路客观上有统一财政的条件和需要。南宋建都于长江下游之杭州,而四川地处长江上游,远隔千里,音讯难通,信使往返,动辄数月。加之四川财赋输出易,输入难,这就更增加了四川财政上有相对独立性的必要。李心传讲:"四川总领所自建炎以后专掌利权,不从中覆。"④又言:"东南三总领所皆仰朝廷科拨,独四川总领专制利源,即有军兴,朝廷亦不问。"⑤四川总领所实际上即是四川都转运司,绍兴十五年,虽把名字改了,但都转运司的职权基本仍在,它不但有计度四川财计收支的职能,而且对四川有关财计的重大经济政策有决定权或向中央政府提出规划的权力。它还掌握铁钱、楮币的铸造,印行权。四川总领所负责川陕约十万御前军的供应,责任重大,其财计岁入岁出都数额巨大(四川铁钱,钱引购买力较低,也是原因之一)(详情参见书末附表55)。

前述章如愚谓四川之名或仍或革,系指四川总领所于绍兴六年改为都转运司,绍兴十五年罢都转运司而于宣抚司属下立总领钱粮所,绍兴十八年复离宣抚司而独立之事。⑥ 所谓两淮之职或分或合,系指乾道七年并淮东总领所入淮西,后来又重新分开之事。这是总领所设置上的较大变迁。

---

① 《朝野杂记》甲集卷一七《淮东西湖广总领所》。

② 参见《朝野杂记》乙集卷一六《龚实之点磨三总领所钱物》,《中兴圣政》卷五四、卷六三等。

③ 例如《长编》卷四八载,四川分四路后,不久即设都转运使通理四路财计。

④ 《朝野杂记》甲集卷一一《总领诸路财赋》。

⑤ 《朝野杂记》甲集卷一七《淮东西湖广总领所》,另同卷《四川总领所》所述更详。

⑥ 参见《朝野杂记》甲集卷一一《都转运使》、《通考》卷六二《职官考·总领》。

总领所的内部结构:"其官属有干办公事、准备差遣(四川又有主管文字二员)。淮东、淮西有分差粮料院、审计司(审计以通判权)、榷货务都茶场、御前封桩甲仗库、大军仓、大军库、赡军酒库、市易抵当库、惠民药局。湖广有给纳场(属官兼)、分差粮料院、御前封桩甲仗库、审计院(审计以属官兼)、大军仓、大军库、赡军酒库,四川有分差粮料院、审计院(审计以属官兼)、大军仓、大军库、拨发船运官、赎药库、籴买场。吏额淮东九人,淮西、湖广十人,四川二十人。"①其中镇江、建康二榷货务都茶场有时直隶总领所,有时则为京师榷货务都茶场的分司,②而向总领所认纳定额财赋。

---

① 《宋会要·职官》四一之四四至四五。

② 参见《宋会要·职官》四一之六七嘉定六年监察御史黄序奏。

第 二 章
财赋的转输

本章拟着重讨论宋朝封建国家赋入在地域或空间上的转移。

第一节 水运与陆运

一、财政收支在地域分布上的不平衡

财政收支在地域分布上的不平衡,并不是某一个历史时代或某一个国家所独具的现象。但对于一个中央集权的国家,这种不平衡必然带来艰巨的财赋转输任务,在生产力不发达的封建时代,其转输的艰巨性尤为突出,在财政中所占地位显得举足轻重。

宋朝财政收支在地域上的不平衡,自然首先表现在各路与京师地区之间,即居处京师的中央政权机构及保卫皇室、中央官僚机构等的军队,每年要耗用大批钱财,这些钱财要由诸路输送。这就是下文要专题讨论的上供与漕运。除此之外,北宋时期与辽、夏接壤的地区,即河北、陕西、河东三边,因驻扎大批军队,当地赋入不足以既供应本路日常经费又供养如此多的军队,就需要宋廷从别处调入财赋。前文述及,宋廷频繁地将内

藏财赋、榷货务所得财赋、各地朝廷封桩财赋、四川等地区赋入等调往陕西、河东、河北,而三边各路财政岁收支动辄数以千万计,已清楚地表明了财赋自内地向三边的这种运行。

西北三边之外,北宋时西南边陲广西也需宋廷调拨财赋。南宋曾任广西地方长官的范成大于奏状中言:"广西无酒、税、商舶所入,祖宗拨诸路钱物助之:湖北军衣绢四万二千匹,湖南绢一万五千匹、绵一万两,广东米二万二千石、提盐司盐一千五百万斤,韶州岑水场铜伍十二万斤付本路铸钱一十五万贯,总计一百一十余万贯,并充广西支遣。"①大体京师与沿边是财赋运行汇萃之所。

北宋时输出财赋的地区主要是东南淮浙江湖闽地区和西南四川地区。京师中央政府日常经费所依仗者是东南诸路。时人已多言及此,如包拯讲:"东南奥壤,国家仰之如帑府","国家财用所出,尽在东南。"②范祖禹言:"国家根本,仰给东南。"③南宋前期人苏籀也讲:"自昔承平,诸路之赋常不能自给,素所仰者,东南数十郡。"④东南诸路之中,情况又有不同。时荆湖江浙淮南均为粮食产地,然淮浙人口繁庶,荆湖人口又过稀,故输出粮食以江南为最。荆湖、江西商品经济发展稍差,榷利等钱币收入不多,但矿产较丰富。淮南内为海末盐及茶、矾主要产区,两浙江东商业发达,故淮浙江东货币赋入数量较大。

四川地区在宋代经济上也是较为发达的地区,但与京师相距遥远,路途崎岖,故北宋时其赋入上供京师者很少。李心传述,北宋前期"蜀中上供,正赋之外,惟有三路绢纲三十万匹、布纲七十万匹,每匹为直三百文,而茶盐酒皆未有管榷,是上供之外,一岁供于地方仅三十万缗也"。⑤李氏所谓"上供正赋"不详所指,或指输往京师的钱币数,但记载中不见关于北宋四川输京师钱币情况的记载,且四川行用铁钱、交子,上供钱币用

---

① 《黄氏日抄》卷六七《石湖文集·奏状》,另参见周去非《岭外代答》卷五《广西盐法》、卷三《沿边兵》。
② 《包拯集》卷七《请免江淮两浙折变》。
③ 《宋史》卷三三七《范镇传附孙祖禹》。
④ 《双溪集》卷九《务农札子》。
⑤ 《朝野杂记》乙集卷一六《四川桩管钱物》。

哪种钱币不无疑问。或则李氏指四川地区输内藏的定额财赋,则多是绫锦绸绢等。李氏所言三十万缗,乃是依税钱折科之价(李氏认为其价与市价同),若依北宋仁宗以后涨高的物价计算,则折计钱币数额将有五倍,十倍之差。李氏所言绢纲实并不输往京师。李氏又于别处述:"东西两川,每岁于二税及和买畸零绢内,起正色绢三十万匹,应副陕西、京西、河东支遣,谓之三路纲运。"①可见绢纲并非输往京师,而是输往三路。又天禧四年三司奏言:"勘会益、梓、利、夔路州军每年买纳绸绢丝绵,除应副陕西、河东、京西州军及本路州军衣赐支遣外,余有剩数,即上京送纳,元不增桩定数目。每年自西川水路起发布帛六十六万匹赴荆南,陆路转般上京并应副在京及京西州军衣赐。"②据此,绢纲确是输往三路,而布纲则输往京师及京西。四川地近西边,战事起时难免截留增起四川财赋。"自西边用兵,军须绸绢多出益、梓、利三路"。③ 宝元二年,"留川峡等路上供银绢于永兴军、凤翔府以备边费"。④ "康定中,兵兴于西,馈军之费又三十余万"。⑤ 宋神宗时为了进剿西夏,对蜀茶行禁榷法,四川地区财政负担进一步加重。李心传谓:"自元丰榷茶,岁为百万[贯]市马以赴中都,而所出已三倍于祖宗之世矣。"⑥

南宋时,地域褊小,军费开支却未得削减,各路的财政负担都较北宋时加重了。广西路由调入财赋转为调出财赋。北宋时三边诸路入多出多的结运司不复存在,代之掌边费的是总领所,各路财赋除少数输送行都外,多数直接输各总领所或屯戍大军。军队的分布也有变化,行都附近驻军在军兵总数中所占比例相对下降,相应地输送京师的财赋在总赋入中所占比例也有下降。大体四川财赋多供剑外大军,荆湖两广财赋多供襄鄂大军,江浙福建财赋则主要供应行都及淮南大军,各地区各输部分财赋以供应皇室和京朝官等。

---

① 《朝野杂记》甲集卷一四《两川畸零绢估钱》。
② 《长编》卷九六。
③ 《宋史》卷一七五《食货志·布帛》。
④ 《长编》卷一二三。
⑤ 吕陶:《净德集》卷三三《送张景元诗序》。
⑥ 《朝野杂记》乙集卷一六《四川桩管钱物》。

二、宋期财赋转输概况

宋朝财政上集权,军队驻扎集中,造成了转输的艰巨。有人曾对北宋的水陆转运作如下概述:

> 凡水运:自江淮南剑两浙荆湖南北陆运每岁租籴至真、扬、楚、泗州置转般仓受纳,分调舟船计纲沂流入汴至京师……诸州钱帛杂物军器上供亦如之,陕西诸州菽粟(按,实则内还有木材、盐)自黄河之门沿流入汴,亦至京师……陈、颖、许、蔡、光、寿诸州之粟帛自石塘、惠民河沿流而至……京东诸州军粟帛自广济河而至……凡陆运:川峡诸州军金帛自剑门列置递夫负搭车辇以至京,或转支至陕西、河东沿边供军。广南诸州自桂州由湖南北江陵、荆门而至。福建自洪州渡江由舒州而至。又有川峡布纲供京西诸军用度者,由荆南、襄州列递转送。旧自广南至京有香药递铺……诸边戍军衣赏给亦多陆内运送致。①

在上述各项转输之中,最经常、最集中数额最大因而也是最艰巨的是诸路供给京师的转输。宋人吴曾将唐宋漕粮入京数作比较:"唐居长安,所运米数,天宝中二百五十万石,大中中一百四十万七千八百八十六石,本朝东南岁漕米六百万石。"②宋朝漕粮入京数量不仅超过唐代,而且在我国封建时代也近乎空前绝后的。③ 除漕粮外,漕运金帛及各种物资入京的数量也是巨大的。治平二年,"运金帛缗钱入左藏库、内藏库者总其数一千一百七十三万"。"由京西、陕西、河东运薪炭至京师,薪以斤计一千七百一十三万,炭以秤计一百万"。④ 漕运入京,主要有四条水路,陈傅良谓:"本朝定都于汴,漕运之法,分为四路:江南、淮南、浙东西、荆湖南北

---

① 《宋会要·食货》四六之一、四八之一三。
② 《能改斋漫录》卷一三《唐宋漕运米数》。
③ 漕粟入京六百万石,大致为封建时代最高水平。西汉武帝曾达此额,然并不持久,只是一时之数,北宋却是经常之额,又有超过此额的记录。元明清则均未达此数,参见诸史《食货志》及俞樾《茶香室续钞》卷八《唐宋岁漕米数》等。
④ 《通考》卷二五《国用考》。

六路之粟自淮入汴,至京师;陕西之粟自三门白波转黄河入汴至京师;陈、蔡之粟自闵河(惠民河)、蔡河入汴至京师;京东之粟自五丈河(广济河)历陈、济及郓至京师。四河所运,惟汴河最重。"①据说宋初吴越钱俶向太祖进献宝带,太祖讲:我有三条宝带,胜过你所献的。钱俶请求一看,太祖说:这三条宝带乃是汴河、惠民河、五丈河。② 将三河喻为宝带,说明宋统治者的重视。又马端临记:"庆历中,诏减广济河岁漕二十万石。后黄河岁漕益减耗,才运菽三十万石,而岁创漕船、市材木、役牙前,劳费甚广。嘉祐四年诏罢所运菽,减漕船三百艘,自是岁漕三河而已。"③其实罢黄河漕运,原因不只是劳费广,更主要的是西部地区驻军越来越多,粮粟金帛都需东路转运补助,已无向京师输送的可能与必要了。仁宗时,欧阳修甚至建议开通向西漕运之途。④ 元丰年中,岁移东南漕米百万石赴西京。可见在西部战事不止的情况下,已不再是西部地区财赋如何入京师的问题,而是东路包括京师的财赋如何运入西部地区的问题了。元丰五年,又罢广济河漕运,原所运物转入汴路。⑤ 此后运河便主要是汴河和惠民河了。

在陆运当中,较为突出的是自广南运香药入京,在相当长的一段时间内其运输由沿途专设香药递铺承担。咸平五年,减省其军士、使臣六千一百余人,而此后运路照常通畅,说明服役于此运路的人数众多。真宗末年及仁宗初年,京西转运司奏准将原由所属州军运输的钱币、布匹改入香药递运送。⑥ 说明香药递在继续发挥作用。陆运见于记载较多的,是向西线运输军用物资及金帛等。原多人背、驴驮,真宗时杨允恭建议仿诸葛亮木牛之法,制小车,每车四人,沿途设铺递运。⑦ 再后又曾用大车和骆

---

① 《通考》卷二五《国用考》引。
② 参见孔平仲《孔氏谈苑》卷四《三河为带》。
③ 《通考》卷二五《国用考》。
④ 参见《欧阳文忠公文集》卷四五《通进司上书》。
⑤ 参见《宋会要·食货》四七之一。按,元祐年中复行广济河漕运,绍圣后失载。
⑥ 参见《宋会要·食货》四八之一四、一六。
⑦ 参见《宋史》卷三〇九《杨允恭传》。

驼队。①

南宋建都于临安,地处最繁华、经济最发达的地区,就地取财的因素较北宋时增加,相应由外路调入的财赋相对减少。加之都城附近驻军数量相对减少,荆湖、江西至临安运路稍短稍易,故而南宋输入京师财赋的任务难度不如北宋。南宋御前大军分屯沿江数处,驻军处与后方的距离也较北宋近。史载:"绍兴初,因地之宜,以两浙之粟供行在,以江东之粟饷淮东,以江西之粟饷淮西,荆湖之粟饷鄂、岳、荆南。量所用之数,责漕臣将输,而归其余于行在。钱帛亦然。"②这大约是宋廷采用了大臣张守的建议。③ 至绍兴末年又作了调整,规定:"鄂州大军岁用米四十五万余石,系于永、全、郴、邵、道、衡、潭、鄂、鼎州科拨;荆南府大军岁用约米九万六千石,系于德安、荆南府、澧、纯、复、潭州,荆门、汉阳军科拨;池州大军岁用米十四万四千石,系于吉、信州,南安军科拨;建康府大军岁用米五十五万余石,系于吉、抚、饶州,建昌军科拨;镇江府大军岁用米六十万石,系于洪、江、池、宣、太平州,临江、兴国、南康、广德军科拨;行在合用米一百一十二万石,就用二浙米外,系于建康府,太平、宣州科拨;其宣州见屯殿前司牧马,一岁约用米并折纳马料共三万石,系于本州科拨。"④无疑,钱、帛等项供应也有相应的安排,只是未存留于史册。⑤ 这说明南宋财赋不同于北宋的一个重要方面,乃是运路的分散。

宋朝的海运有一定规模。天禧年中,曾"令江淮发运司漕米三万石由海路送登、维、密州"。⑥ 元丰年中,曾拟议将山东粟由海路转输河北。⑦ 南宋初,也曾由海路转输财赋。⑧ 但与一般水运、陆运比较,不居重

① 参见《宋会要·食货》四八之一五等。
② 《宋史》卷一七五《食货志·漕运》。
③ 参见《宋史》卷三七五《张守传》。
④ 《系年要录》卷一八四。按,此未言四川供给川陕大军情况。
⑤ 按,《系年要录》卷一八二载各地折帛钱分输情况可为例证。
⑥ 《长编》卷九〇。
⑦ 参见《宋史》卷一七五《食货志·漕运》。
⑧ 参见廖刚《高峰文集》卷五《漳州到任条具民间利病五事状》及《宋会要·食货》四七之一六。

要地位。宋沿唐制,将所输财赋分为若干纲,每纲派下级官吏及军兵若干人押送。纲的划分多有统一的标准,依种类而异:如南宋时盐每纲五千袋,广南市舶司起发粗色香药每纲以二万斤正、六百斤耗为准,现钱每纲二万贯,金计值八万贯,银计值五万贯为一纲等。① 相应地,运输工具每纲也有定额,如北宋汴河纲以三十艘船为一纲。② 押纲下级官吏,一般是三班使臣、三司军大将等。例如"押汴河江南荆湖纲运,七分差三班使臣,三分军大将、殿侍"。③ 数量少者有时差衙前役人,多见于陆运。为了保证运输准时到达和减少损耗,④对押运官吏立有严密的奖惩条例,以下将南宋绍兴五年所颁酬奖格列表表示(见书末附表56)。

宋代运输官物的劳力者有两种:一是军兵,其中包括递铺兵、内杂役厢军;二是雇募百姓;以百姓服劳役形式充当者较少。宋太祖建隆三年,"诏三司,起今成军衣并以官脚搬送,不得差编户民"。⑤ 开宝元年,又诏:"应诸道州府军县上供钱帛并官备车乘輂送,其西川诸州合般钱物即于水路官自漕运,不得差扰所在民人。"⑥太宗太平兴国七年,又诏两川、岭南、荆湖、陕西诸州每岁上供钱帛,不得差役百姓,而"以传置卒充其役"。⑦ 仁宗时,又规定:"陆路无官般及无军人者,许破官钱与管押人和雇脚乘,仍依图经地里,每百斤百里支钱百文。"⑧陆运车乘、水运船只都主要靠官造。汴河漕运船夫后多令主掌者雇募。运输官物虽一般用军兵或雇夫,但战争时期,往往采取差雇结合或差役百姓的办法转输财赋。由

---

① 分别参见《宋会要·食食》二七之三八、四五之一四至一五、四八之一一等。
② 参见《宋会要·职官》四二之五三。
③ 《宋史》卷一七五《食货志·漕运》。
④ 宋朝对运输所用时间控制较严,尤其对漕船运行时间控制更严。北宋时汴河纲船有行程历,又称走历,细书其沿途到发时间,参见李焘《济南先生师友谈记》、《宋会要·食货》四七之一一、《宋会要·职官》一一之一四等。南宋沿袭此制。绍兴十二年,甚至明确规定水运"秀州至行在计一百九十八里,计四日二时;平江府至行在计三百六十里,计八日;湖州至行在计三百七十八里,计八日二时;常州至行在计五百二十八里,计一十一日四时;江阴军至行在计七百三十八里,计一十六日"。
⑤ 《宋会要·食货》四八之一三。
⑥ 《宋会要·食货》四八之一三。
⑦ 《宋会要·食货》四八之一三。
⑧ 《宋会要·食货》四八之一七。

于养兵、雇夫、修造车船等,转输财赋所付出的代价是巨大的,其情前文已述。

三、江浙淮湖的漕运

宋朝中央政府经费主要仰仗江浙淮湖地区向京师的漕运,其重要性非同一般。史载:"宋都大梁,有四河以通漕运:曰汴河,曰黄河,曰惠民河,曰广济河,而汴河所漕为多。"①太宗时大臣张洎曾讲:"汴水横亘中国,首承大河,漕引江湖,利尽南海,半天下之财赋并山泽之百货,悉由此路而进。"②神宗时期,大臣张方平对汴河之重要讲得更为具体,谓:"国家漕运,以河渠为主。国初浚河渠三道,通京城漕运,自后定立上供年额:汴河斛斗六百万石,广济河六十二万石,惠民河六十万石。广济河所运,多是杂色粟豆,但充口食马料,惠民河所运止给太康、咸平、尉氏等县军粮而已。惟汴河专运粳米,兼以小麦,此乃太仓蓄积之实。今仰食于官廪者,不惟三军,至于京师士庶以亿万计,太半待饱于军稍之余,故国家于漕事,至急至重。然则汴河乃建国之本,非可与区区沟渔水利同言也。近岁已罢广济河,而惠民河斛斗不入太仓,大众之命,惟汴河是赖。"③他们的话说明了汴河漕运对宋朝中央政府的至关重要。汴河漕运如此重要,而其所运别绝大部分来之于江湖淮浙地区,因此,汴河漕运与江湖淮浙诸路漕运近乎同义语。

宋初,汴河漕运量尚小,太祖时,大约岁漕粮百万石。这是因为长江以南广大地区尚未入版图,同时也因为当时官吏、军兵尚不冗多,即史文所谓"京师岁费有限,漕事尚简"。④ 太宗即位后,东南尽入版图,京师官兵增加,漕运随之剧增。此后至北宋末,除因管理失当、东南受灾或京师

---

① 《宋史》卷一七五《食货志·漕运》。
② 《长编》卷三八。
③ 《宋史》卷九三《河渠志》,引文依《乐全集》卷二七《论汴河利害事》校补,另《长编》卷二六九、《长编纪事本末》卷七七《浚汴河》均引录此文。关于各河漕运数量比,可参见书末附表58。
④ 《宋史》卷一七五《食货志·漕运》。

储存过多等原因减运外,多数年份漕粮入京数都在五百五十万石以上,多则超过七八百万石(书末附表 57,58)。由江湖浙诸路漕运抵京,入汴之前,须先经长江等水路,曲折千里,多有险阻,颇费时日。太宗淳化年中,发运使杨允恭等总结前人经验,特别是唐朝刘晏的成功经验,全面分析当时各方面情况,制定了较为合理的漕运制度,此制度后来不断补充修改,渐趋完善。其主要内容包括:在真、泗等州设转般仓,"江浙所运,止于淮泗,由淮泗输京师"。① "转运使以本路纲输真、楚、泗州转般仓,内载盐以归,舟还其郡,卒还其家。汴舟诣转般仓运米输京师,岁折运者四。河冬涸,舟卒亦还营,至春复集,名曰放冻"。"汴船不涉江路,无风波沉溺之患"。② 江船不入汴,地方役夫、役兵得及早返家园。"(东南)六路转输于京师者至六百二十万石,通、泰、楚、海四州煮海之盐以供六路者三百二十余万,复运六路之钱以供中都者,常不下五六十万贯"。③ 在年额上供米六百二十万石中,"内四百八十五万石赴阙,一百三十五万石南京畿送纳"。④ 各路分摊如下:"淮南一百五十万石,一百二十五万石赴阙,二十万石咸平、尉氏,五万石太康;江南东路九十九万一千一百石,七十四万五千一百石赴阙,二十四万五千石赴拱州;江南西路一百二十万八千九百石,内一百万八千九百石赴阙,二十万石赴南京;湖南六十五万石尽赴阙;湖北三十五万石赴阙;两浙一百五十五万石,八十四万五千石赴阙,四十万三千三百五十二石陈留,二十五万一千六百四十八石雍丘。"⑤ "发运司以钱一百万贯为籴籴之本,每岁于淮南侧近趁贱籴米。而诸路转运司上供米至发运司者岁分三限,第一限自十二月至二月,第二限自二月至五月,第三限自六月至八月,违限不至,内则发运司以所籴米代之而取直于转运司。"⑥为了完成如此繁重的漕运任务,宋廷出资造船,每岁数百艘或数千艘。据南宋初发运副使吕淙讲,北宋行转般法时,发运司"额管汴纲

---

① 《长编》卷三四。
② 并见《宋史》卷一七五《食货志·漕运》。
③ 张邦基:《墨庄漫录》卷四,《宋会要·食货》四二之二引录此文。
④ 张邦基:《墨庄漫录》卷四。
⑤ 张邦基:《墨庄漫录》卷四。
⑥ 苏辙:《栾城集》卷三七《论发运司以籴籴米代诸路上供状》。

二百,每纲以船三十只为额,通计六千只,一年三运,趁办岁计"。① 六千艘漕船每年于汴河中往返三(按,疑应为四)次,其规模之宏大可以想见。

江湖浙淮的漕运制度后来经历了两次较大的波折:一次是汴船是否出江,一次是转般直达之变。关于汴船出江,史称:"后发运使权益重,六路上供米团纲发船,不复委本路,独专其任。操舟者赇诸吏,得诣富饶郡市贱贸贵,以趋京师。自是江、汴之舟,混转无辨,挽舟卒有终身不还其家、老死河路者。"②体其文义,似是发运司权既重,乃将各路漕船统统控制在自己手里,造成汴船出江赴诸路,诸路纲船其入汴水而趋京师。随后,各路转运司索性不再认真操办本路漕运纲船之事。纲船之中,隶于发运司者渐多,属于各路者渐少。皇祐年中,发运使许元上奏:"近岁诸路因循,粮纲法坏,遂令汴纲至冬出江,为他路转漕,兵不得息。宜敕诸路增船载米输转般仓充岁计如故事。"③冬季汴河水涸,汴纲船出江运粮,开春后复回汴路。这可能与漕船的缺乏有关,而从发运司角度看,则可以提高漕船利用率并加快漕运进度,或则还可减少一次装卸的麻烦。但许元的忧虑似也不无道理,主要是船上兵卒等不得休息,又汴船水手不熟悉江浙湖地区的水路易出险情。许元的奏疏获准实施,宋廷下令恢复旧制,令有关各路转运司"造船补卒,团本路纲,自嘉祐五年汴船不得复出江"。④ 然此项命令推行阻力很大,反对者很多。原因是此时较之宋初情况有较大变化:纲船上兵卒减少,雇夫增多。民工与兵卒不同,并不希望冬季休船罢运。且运船往来于京师与东南各路,漕吏与工、卒可以贸易取利,故多反对禁止汴船出江。东南诸路转运司久已习惯于发运司派船助运,削减了本路漕船数额,现在要求转运司自己筹集运船,一时难以办集。这样,禁止汴河纲船出江的法令至治平年中就被取消了。

徽宗时期,有人提出,东南盐行钞法后漕船无回载任务,汴船可以出江,转般须增一次装卸的耗费,就建议废除转般法,而令东南诸路漕船直

① 《宋会要·职官》四二之五三。
② 《宋史》卷一七五《食货志·漕运》。
③ 《宋史》卷一七五《食货志·漕运》。
④ 《宋史》卷一七五《食货志·漕运》。

抵京师。① 此建议于崇宁三年获准实行。然此后又反复二次,即"大观三年冬,诏罢直达,复转般法。政和六年,罢转般……宣和四年,又诏复转般"。② 崇宁三年罢转般法后,发运使胡师文为讨好朝廷,将本司所备一年漕粮连同所储籴本计约千万贯石全部上缴,随后被移作他用,这给转般法的恢复造成难以克服的困难。转般法虽不无缺点,但却包含了前人长期经验教训的结晶,有许多长处。政和年中大臣谭稹讲:"窃详祖宗建立真、楚、泗州转般仓之本意可谓至密,一则以备中都缓急,二则以防漕渠阻节,三则纲船装发资次运行更无虚日。"③他言备中都缓急,即指宋廷于转般仓中常备相当一年漕粮数的粮米,又拨给发运司一定数额的籴本。在东南部分受灾时,便预先在丰熟地区籴粮或径以转般仓粮输京师,称为代发。而向受灾地区(蠲免者除外)折征价钱,称为额斛。这样即保证了京师用米的定量供应。故转般仓实际是京师设于粮产区的外仓,可起调节作用。废除转般法,又将存粮、籴本移用,东南诸路漕粮一旦发生事故,京师供应立成问题,这对统治者是个潜在威胁。行直达纲,数千艘纲船分布于自起纲州县至京师的数千里河道之上,管理困难。当时吏治混乱,如此"经涉岁月长远,故得为奸,所费甚多"④,常常误时。因此,反复的结果,宋统治者还是觉得转般法好,然存粮、籴本、仓房既多散失,恢复谈何容易,举措之间,金兵已至,北宋灭亡。

南宋中央政府的运输供给钱,主要是长江及连接长江与临安府的运河。此运河始自镇江府,经平江府而达临安。南宋对这条运河异常重视,曾几次组织人力修治。宋廷于长江、运河沿岸隆兴府、湖口、建康府、镇江府等处分设转般仓,又于平江府设百万仓。在各总领所及屯驻大军的供给线上则设有大军转般仓。大体上变通地沿用了北宋漕运的转般法。

---

① 此事详参见《宋会要·食货》四七之三、《宋会要·职官》四二之二五等。又按金帛、茶、布等物自仁宗天圣年中已行直达法,此所言主要为粮米。

② 《九朝编年备要》卷二七。

③ 《通考》卷二五《国用考》。

④ 《通考》卷二五《国用考》引吕东莱语。

四、发运司及其他负责转输的官司

常设的、成系统的、专门的负责转输的官司，前代所罕见，似始于宋。宋初，太祖乾德年中，设立京畿东面水陆发运使，这是见于记载较早的负责财赋转输的官职。后开宝年中，乃设都大催督汴路运船一职。太宗太平兴国年中，分设水路发运使与陆路发运使，后又将两职合为一职，称水陆发运使。此后又几经更改，至真宗以后，乃有负责财赋转输的官司多个，其基本状况为："三门白波发运司有催促装纲二人，以京朝官、三班［使臣］充；河阴至陕州、自京至汴口催纲各一人，并以三班以上充；广济河都大催纲一人，以京朝官充，后改为辇运司；许汝石塘河催纲二人，以京朝官、三班充；御河催纲一人，以三班充，提辖官二人，以安利、永静二军知军兼，兼充御河催纲；汴河至泗州催纲三人，以三班或内侍充，皆分地而领之。蔡河拨发一人，以朝官或三班充。又江南、两浙、荆湖皆以三班为拨发诸州［纲运］又有监装卸斛斗官一人或二人。""又有三门白波都大提举辇运［司］都大提举一人，同提举二人，河阴一人，三门一人，并以朝官充，掌辖三门河阴汾洛入般以备辇运之事。勾押、押司、勾计、知印各一人，前后行一十一人。"①有些转输官司、官职时有罢复及名称变动，或以他官兼领。如三门白波都大提举辇运，初本为三门白波黄渭河水路发运使司，庆历三年罢使，增设发运判官，分兼西京河清县、孟州河阴县知县。庆历八年复置使，嘉祐五年罢，其事由京西转运司兼领，又于白波立催纲司。同年，催纲司升格为都大提举辇运公事司。② 京师又有负责漕船下卸转搬入仓库的排岸司与下卸司。排岸、下卸两司元丰改制前由三司及提点仓场所合管，下辖装卸役兵若干指挥约万余人。元丰改制后隶司农寺。③此外，"诸州陆运惟主纲者部送，道路给券，不置使主之"。④ 以上所述，尚

---

① 《宋会要·食货》四五之一至二。
② 参见《宋会要·食货》四五之一至二。
③ 参见《宋会要·职官》二六之二八及《宋史》卷一六五《职官志·司农寺》。
④ 《宋会要·食货》四八之一三。

未言及宋朝漕运方面最重要的官司——淮南浙江荆湖路都大发运使司,简称发运司。上言宋初所设纲运官司,大都设于京师。太宗淳化末年,委派洛苑副使杨允恭等往江南管勾运输茶盐粮帛,并规划江浙淮湖各路茶盐法,随后"至道元年,始命允恭、西京作坊副使李廷遂及[太子中允王]子舆为江淮两浙发运使兼制置茶盐事,始就淮南置局"。① 至道三年罢发运使。咸平四年置都大发运而不称使,随即令淮南转运使兼领其事。景德三年复置使。仁宗景祐年中又罢使,以其事归淮南转运司,宝元年中复置使。发运使虽统管江湖浙淮诸路纲运,却本与此数路转运司无隶属关系。皇祐年中,一度规定,将上述各路转运司隶属于发运司,但随即又取消了此项规定。神宗时王安石行新法,以均输法为先,发运使便首当其责。为了推行均输法,扩大了发运使的职权范围。一些在财计中地位重要的州军长官,许发运司选举。徽宗时废转般法行直达纲,发运使失去作用,名存实亡。宣和年中,东南设经制使,乃兼理发运事。在东南诸路茶盐矾行官搬官卖法时,发运使一般还兼制置茶盐矾(或包括市舶)之职,在东南诸路坑冶铸钱不设专司时,发运司还兼管坑冶铸钱之事。

南宋时,漕运于京师的粮帛钱币等减少,路程缩短,发运司"惟领给降籴本,收籴米斛,广行储积,以备国用"。② 绍兴二年,罢发运司,漕运之事由各路转运司分担。绍兴八年,设经制发运司,兼管经制司财赋催征及和籴事。次年,改经制发运司为经制司,兼理漕事。随后,又将漕事复分委各路转运司。孝宗乾道六年,复设发运司,当年复罢。据马端临讲,此"后复置,以平江府守臣兼,专领籴运之事,以饷淮军"。③ 然不得其详,南宋于平江设百万仓,多储粮草,或与发运司有关。南宋时其他运路未见有朝廷任命专职纲运官,当是由各总领所管理。各州军都有催纲、拨发官如北宋之制。④

---

① 孙逢吉:《职官分纪》卷四七《发运使》。

② 《宋史》卷一六七《职官志·发运使》。

③ 《通考》卷六二《职官考·发运使》。又《宋史》卷四二一《包恢传》、同卷《常楙传》也言及南宋后期发运司设在平江府。

④ 宋朝财赋转移还经常借助于兑便的方法,详见货币制度一章。

第二节　地方赋入的上供

所谓上供,在宋代有三种含义:一是向皇帝进献财物,二是向京师(或行都)输送财赋,三是诸路州郡按规定数量并照宋廷规定的时间、地点输送财赋。本节所讨论的是后两种情况,尤其偏重最后一种,即主要考察地方赋入在地方与中央之间的分配。①

一、关于地方赋入上供的规定和制度

宋朝对于地方财赋的上供,是有较为周密的制度的。首先,宋朝逐步确立了各路、各州郡的各种财赋上供数额,这项工作在仁宗朝基本完成,以后又经多次调整和增补。起初,定额中未包括榷利及商税收入,因这两种收入不稳定,士大夫们习惯将这最初的定额称为正额。此后,榷利及商税中也有了上供的窠目和定额,熙宁以后,乃有无额上供,主要包括榷利及商税收入中的上供部分。名为无额,实则也有定额或比较额(祖额、递年等)。此后,正额之外的上供名目渐多,南宋时尤甚。

北宋前期,宋廷虽要求地方经费之余全部上供,实际却未全部施行。为了预防自然灾害等意外或突然变故,也由于交通条件、仓储条件等限制,有许多经费之余的财赋还是存留于地方了。后来财政吃紧,对上供逐渐要求严格,但是一般地"凡州县催理官物已及九分已上,谓之破分,诸司即行住催,版曹亦置不问"。② 即是说上供财赋达定额九成即可。但仁宗时西线战事骤起,军费剧增,"三司与发运司谋聚敛,奏诸路转运使上

---

① 按,宋人上供一语含义既有数种,则区别文献记载中的上供究竟指哪一种上供,实是一种困难的事情,然而,这种区分对于我们的探研又是必要的。本书努力作好这种区分,但也难以完全避免失误。

② 《朱文公文集》卷一二《己酉拟上封事》。另参见同书卷一一《戊申封事》。

供不足者皆行责降,有余则加升擢。由是贪进者竞为诛剥,民不堪命"。①
仁宗乃下诏诫止。神宗以后,对地方上供管得更严。哲宗绍圣四年,"诏
户部每岁春季内具诸路转运等司起发上供钱物多寡、职事修废最甚之人
保明申尚书省"。②宣和五年,"诸路漕臣坐上供钱物不足,贬秩者二十二
人",③可谓前所未闻。南宋建炎三年规定:"诸路所起上供钱物斛斗数
目,以十分为率,比较三两路起发最多最少去处,申乞赏罚。"④绍兴年中,
进而令户部逐年"开坐州军应于上供钱物粮斛绸绢丝绵等合起发赴行在
名色数目,镂板遍下监司州郡","户部每限类聚每路每州有无拖欠开具
以闻",⑤据之以定奖惩。乾道六年,复命"印给诸州上供纲目,季申而岁
较之"。⑥淳熙年中,重申每年四月将去年"诸路监司守倅所起上供钱比
较,以定赏罚"。⑦既设立"比较监司郡守殿最之法以诱胁之","遂
废……破分之法,而上供岁额必取十分登足而后已"。⑧庆元年中所编定
的条法,专设上供一卷,对于地方上供有相当完备具体的规定。

宋朝对地方上供财赋的品类及各品类财赋的数额也有规定。自宋初
以来,理财者即比较注意吸取前代均输平准的理财经验,不但规定各地上
供财赋的品类、数额,而且特别规定某些地区要将税物或赋入中的钱币变
转为当地特产,以达到增加实际收入及平衡物价等目的。这样,就出现了
上供财赋品类、数额与当地赋入不一致的情况、出现了地方变转税物的问
题。变转税物通常以折变方式进行,也有用现钱购买上供物的情况。例
如北宋前期"每岁诸道市绸绢百余万匹上供"。⑨天圣二年,"诏三司岁市
绸绢非土产者罢之"。⑩购买有时是按市价和买,有时难免或明或暗地转

① 《长编》卷一七四。
② 《长编》卷四九三、《宋会要·职官》五九之一一。
③ 《宋史》卷二二《徽宗纪》。
④ 《宋会要·食货》六四之四六。
⑤ 《系年要录》卷九三。
⑥ 《宋史》卷三四《孝宗纪》。
⑦ 《中兴圣政》卷六〇。
⑧ 《朱文公文集》卷一二《己酉拟上封事》。另参见同书卷一一《戊申封事》。
⑨ 《长编》卷五九、《宋会要·食货》三七之四。
⑩ 《宋史》卷九《仁宗纪》。

为科率,例如福建、湖南、广西的上供银已见前述。神宗熙宁五年,"诏罢诸路上供科买"。① 类似的记载不乏其例,然多流于形式。

地方上供有较严的时间限制。熙宁年中规定了东南各路上供粮米的三限:"淮南东西二路第一限十二月,第二限二月,第三限四月。""江东第一限十二月,第二限三月,第三限五月。江西、荆湖南北、两浙第一限二月,第二限四月,第三限六月。"②并规定了每一限之内必须完成的数量。绍圣二年、三年,又仿此规定了上供钱币的三限。③ 元符年中并且规定:"诸路州军合起上供有额钱物,如本州官司不依限计办人船等足备,并科杖一百。"④这些规定南宋大体沿用。

上供,按其本义,应是专指向京师输送财赋。但是宋朝经常要调转财赋赴沿边,这就要从本应上供的财赋中分一部分直接由起纲地输往沿边,沿边和近边应上缴的财赋也往往存留本地以备军用。其他地区也往往因各种临时性需要而截留本地或别处纲运途经本地的上供财赋。这就产生了上供财赋不全输入京师的情况。这在南宋尤为普遍,各总领所供军财赋大部分属于本应上缴朝省的上供财赋。南宋淳熙年中,曾有大臣上言论地方截留上供问题,谓:"诸路州郡截用上供钱物,初令度支点对驱磨,既而复令关帐司驱磨,然而关防渗漏之弊终不能革者,缘其间窠目不一,失于参照。且有以某事许截经总制、折帛钱,又有不以有无拘碍尽许拘截者。缘所截窠名不一,州郡得以容奸,重叠申部。而逐部只是照应大案合催名色,径行销辖,各部各案既不关会,何以稽考?"⑤针对截留上供方面存在上述管理上的漏洞,宋廷决定专于度支置截使簿,逐年核察上供财赋被地方截留的情况。⑥

---

① 《长编》卷二四一。
② 《长编》卷二八三。
③ 参见《宋会要·食货》四九之二三。
④ 《长编》卷四九五。
⑤ 《中兴圣政》卷五七。
⑥ 北宋发运司漕运粮米中输往南京等处者,严格讲也未入京师。

二、上供财赋的数量

地方赋入按规定数额拨归朝省调用的财赋数量大小,及其在地方赋入中所占比重,大体反映着宋朝中央财政与地方财政的关系。宋朝中央(朝省)财计有两大支柱:一是诸路上供,二是直隶朝省的所谓山泽之利。北宋徽宗宣和六年,大臣宇文粹中上言:"祖宗之时,国计仰,皆有实数。有额上供四百万,无额上供二百万,京师商税、店宅务、抵当所诸处杂收钱一百余万。三司以七百万之入供一年之费,而储其余,以待不测之用。"①他所讲只是钱币一项,但也基本上可以反映宋朝中央财政开支两方面的来源。他讲的大约是太祖或太宗初年的情况,当时入中制度还不甚发达,故未言及这方面的收入,特别是末盐钞钱收入。另外,当时铸钱数较少,也未言及此项收入,真宗以后铸钱岁入于京师者在百万贯以上,这也是中央财政的一项收入来源。在宋朝中央经费开支所用钱币方面,地方赋入上供所占比重有逐渐减低趋势,相反权利收入则有逐渐增加趋势。南宋时,盐茶钞引收入在朝省财计中地位更显重要,又因铸币推衍出发行楮币,也在朝省财计中占重要位置。尽管宋朝朝省财计对权利收入、货币发行收入的依赖有逐渐增加的趋势,但诸路州郡上供财赋却始终是宋朝朝省的主要支柱之一,特别是其中的实物部分在朝省财计中的位置尤为显要,在物价不稳的条件下,这部分收入起到了其他钱币收入所起不到的稳定财政的作用。

李焘记,太宗至道末年,地方"上供钱一百六十九万二千余贯,金一万四千八百两,银三十七万六千两,丝七十万五千两,绵四百九十七两,绸三十七万九千匹,绢一百七十万八千匹,绝五万二千匹,布一百一十万六千匹。又权利所获总一千一百二十三万三千余贯"。② 将其与当年宋朝财政岁支比较,大致如下表:

① 《宋史》卷一七九《食货志·会计》。
② 《长编》卷九七。

比较项目	品类				
	钱/万贯	绅/万匹	绢/万匹	金/万两	银/万两
地方上供	169.2（榷利 123.3）	37.9	170.8	1.48	37.6
宋朝内外岁支总数	1693	90.3	333.3	1.48	62
地方上供在内外岁支总数中所占百分比/%	10	42	51	100	67

李焘又谓"天禧末,上供惟钱帛增多,余以移用颇减旧数"。① 如所记不误,则至道末上供钱币较宇文氏所言数少,这可能是一部分钱币变转为他物了,天禧末钱币数复又增加。章如愚记仁宗庆历三年东南诸路上供财赋数,略如下表②。

路分	品类		
	钱/万缗	银/万两	绢/万匹
江南东	89	20	50
江南西	34	13	30
湖南北	27	22	13
浙东西	74	4.8	72
福建	—	20.8	—
合计	224	80.6	165

据他所记,仅江浙湖福诸路岁上供钱币即有二百二十四万贯,已大大超过至道末年数。宣和元年,尚书户部稽考诸路上供钱物(确切讲应是金帛)数(见书末附表59),其中未能区分钱币、绢帛、金银各自的数额,然就其总数看,较至道末年是有增加的。以上均未言及粮米上供额,从书末附表(表57、58)可以看出,北宋中后期较至道末年以前也有增加。

南宋,州军多受战争影响,农民流亡和税籍散失、管理混乱造成田赋

---

① 《长编》卷九七。

② 按,此表根据《群书考索》续集卷四五《东南财赋》制,缺两淮数。

收入的减少。乾道年中,全南宋苗税收入只有六百余万石,大致只与北宋汴河漕粮数相当。上供粮米数量自然要相应减少。绍兴年中,大臣王循友讲:"近岁上供[粮米]才二百八十余万[石]。两浙膏腴沃衍,无不耕之土,较之旧额亦亏五十万石。"①绍兴二十九年,基于昔日上供岁额普遍不能完成,乃确立新额,现将旧额与新额比较如下:

定额	路分					
	两浙	江东	江西	湖南	湖北	合计
旧额(万石)	150	93	126	65	35	469
新额(万石)	120(内35折钱实发85)	85(63)	97(120)	55	10	367(内35折钱实发332)

备注:此表根据《系年要录》卷一八三、《朝野杂记》甲集卷一五《东南军储数》制成,两书所载有两处差异,在表内用括号标出。另原书未载淮南数。北宋时淮南为发运司、转般仓所在地,南宋时淮南为宋、金对峙的前沿。

旧额与新额相差一百余万石,为了保证各屯驻大军和行在官兵粮米供应,宋廷乃令三总领所及行在、平江府省仓岁籴粮米总计一百二十石。籴买如此数量的粮米需要巨额籴本,这是宋廷设法增加榷利和杂税收入的原动力之一。南宋绢帛丝布等上供数也有减少,这是由于有相当部分折征钱币。钱币的上供额增加较多,经总制钱、月桩钱、折帛钱都是上供钱币。孝宗以后楮币大行,上供钱币大约有半数是楮币。史载,嘉定至嘉熙年之间,曾削减诸路上供额,然未得确数。理宗咸淳六年规定:"自咸淳七年为始,银、钱、关、会用咸淳三年起截中数拘催,䌷、绢、丝、绵、罗用咸淳二年起截中数拘催。钱、关、会子二千四百九十五万八千七百四十八贯,银一十六万九千六百四十三两,䌷四万一千四百三十八匹,绢七十三万七千八百六十四,丝九万五千三百三十三两,绵一百五万七千九百二十五两,绫五千一百七十九匹,罗七千三百五十五匹。户部遍牒诸路,视今所减定额起催。"②显然,钱、关、会的数额是大的,货币额大大超过北宋,其他均少于北宋时。

———————

① 《通考》卷四《田赋考》。
② 《宋史》卷一七九《食货志·会计》。

三、上供财赋在总赋入中比重增加的趋势

上供财赋在总赋入中所占比重有增加的趋势,也即是赋入在宋朝中央与地方分配关系上存在不利于地方的发展趋势。前文叙述宋朝财政纵的发展概况时已经述及,这里还须作些综合、归纳和补充。关于这种趋势,南宋中期学者陈傅良作了较为系统的分析,引录如下:

> 国家肇造之初,虽创方镇专赋之弊,以天下留州钱物尽名系省,然非尽取之也。当是时,输送毋过上供,而上供未尝立额。郡置通判,以其支收之数上计司,谓之应在,而朝廷初无封桩起发之制。自建隆至景德,四十五年矣,应在金银钱帛粮草杂物,以七千一百四十八万计,在州郡不会,可谓富藏天下矣。大中祥符元年,三司奏立诸路岁额。熙宁新政,增额一倍。崇宁重修上供格颁之天下,率一路之增至(十)数倍,至今为额。其他杂敛,皆起熙宁,于是有免役钱、常平宽剩钱。至于元丰,则以坊场税钱、盐酒增价钱、香矾铜锡斗秤披剥之类,凡十数色,合而为无额上供,至今为额。至于宣和,则以赡学钱、籴本钱、应奉司诸色无名之敛凡十数色,合而为经制,至今为额。至于绍兴,则又始以税契七分、得产勘合、添酒五分、茶引盐袋、耆户长壮丁弓手雇钱之类,凡二十余色,今为总制,至今为额。最后则以系省不系省、经制、有额无额上供、赡军酒息等钱均拨为月桩,又至今为额。至所谓凑额籴本、降本、折帛、坊场净利、供给吏禄之类令项起发者,不可胜数。①

与之同时代之人蔡幼学所言与之相类。② 我们可以将陈氏此处言及和未言及的,反映地方上供相对增加趋势的史事列出八件:一、上供立额,陈氏于此言及,前文叙述宋初财政集权化时所言更详。二、榷酒增价。此事自仁宗庆历年起始,至南宋造极,陈氏系在他处专述,本书述榷酒收入

---

① 《止斋集》卷一九《赴桂阳军拟奏事札子》。按,文中"十数倍"当依楼钥《攻媿集》卷九五《陈傅良神道碑》所引作"数倍"。
② 参见《宋史》卷四三四《儒林·蔡幼学传》。

时曾引录陈氏以及李心传等有关文字。三、封桩扩大,封桩财赋后多被征调入京或转移至边。陈氏此处言及,本书述地方财政时也已言及。四、创无额上供窠名。上引文言及。五、上供增额。陈氏于此言及。六、东南诸路行钞盐法,另广南、福建等处行钞盐法虽不持久,却也有增加上供之效果。陈氏于此未言。七、征调经总制钱。陈氏于此言及。八、征调月桩钱(包括四川折估钱)。陈氏亦于此言及。以上仅是主要者,他如陈氏所谓令(另)项起发者,蔡氏所谓大礼进奉银绢等也属此类。上供财赋在总赋入中比重增加的趋势,是导致地方财政困难和混乱的重要原因。

第三节　几种税利收入的分隶制度

有些税收或禁榷收入按朝廷规定实行分隶,即将一项收入或按一定比例,或按固定数额,分作几份分别入帐,分别保管,用于不同用途。分隶制度的存在,在一定程度上反映了中央财政与地方财政、户部左曹与右曹等的关系,体现了财政管理的复杂性。

一、商税收入的分隶

据南宋陈傅良讲,北宋初期,只有地方(路、州)向朝廷上供钱的总额,没有规定地方向朝廷上缴商税收入的数额。直至宋徽宗"政和间,漕臣刘既济申明,于则例外增收一分税钱,而一分增收税钱窠名自此起,至今以五分充州用,五分充转运司上供,谓之五分增收钱。绍兴二年,令诸路转运司量度州县收税紧慢增添税额三分或五分,而三五分增收税钱窠名自此始,至今以十分为率,三分本州,七分隶经总制司,谓之七分增税钱。而商税之重极于今日。"①依他所言,商税分隶始于北宋徽宗政和年

---

① 《文献通考》卷一四《征榷考·征商关市》引止斋陈氏曰。

间,是因增税而起的。北宋政和、南宋绍兴二次增税,对所增部分都实行按比例分隶。又《会要》载:"[乾道六年十月]二十七日,宗正少卿兼权户部侍郎王佐等言:'得旨编类版籍文字。稽考得增税钱一项,系依绍兴五年五月十二日旨挥,令诸路转运司量度州县收税(按应指商税)紧慢,增添税额五分或三分,别历收。今将帐案照得除临安府并太平州每季有收过外,其余去处并无所收,显见侵欺失陷。欲令诸路漕司自今年冬季为始,尽实拘收。以十分为率,三分与本州赡给官兵,其七分赴左藏库送纳。仍限一月,先次取见本路州军合增添五分及三分数目,作册供申,户部置籍拘考之。'诏户部行下诸路漕臣,开具州县收税紧慢去处参酌,申取旨朝廷指挥。"①所述事似与陈傅良所记绍兴二年事相同,则二者系时应有一误。宋宁宗嘉定六年十二月十一日,权发遣衢州王棐上奏请求废罢本州管下孔步镇、章载场二商税税场,其言:"管下有税场二,曰孔步镇、曰章载场,皆非朝廷差官处。考其废置,孔步镇隶开化县,路通徽、严。开化僻左,不于此置征,则所添之税,皆不入开化,而月解青册,无所取办,故孔步镇认开化税钱三分之一。此于县计,诚有关系。若章载场又去州二十五里,路通行在,其于州之税务略不相关。计其一岁所入,共一千五百四十余缗,而于州用、公使者,已八百四十余缗,供朝廷隶经总制者止七百余缗。人言章载场为一方百姓之害。臣以为八百余千,岂不足以少补郡计?然苟益于民,安敢重惜?况其间二百三十余缗又属之公使,此特在郡守之节用耳。若朝廷,视三数百千,何啻鸿毛?故不若罢之便。所有朝廷钱,每岁计三百八十三贯,系作籴本钱解发,本州自当抱认,那融起解。""从之。"②王棐具体地讲了衢州商税的分隶情况。

方志中所载庆元府(明州)商税分隶情况更加详细:

[商税]分隶则例:商税钱一百贯文,本府共得四十八贯四百六十二文,诸司共得五十一贯五百三十八文。正钱七十六贯九百二十三文一分,钱七贯六百九十二文归总制司,九分钱六十九贯二百三十

---

① 《宋会要·食货》一一之二四又六九之三一。
② 《宋会要·食货》一八之二五至二六。

一文又十分之六分四十一贯五百三十九文归系省,四分二十七贯六百九十二文归籴本司,增收二十三贯七十七文,三分六贯九百二十三文归军期,七分一十六贯一百五十四文是总制司。头子钱五贯六百文,诸司五贯四百五文,经制二贯八百五文,总制二贯文,移用司五百五十文,提刑司公使五十文,本府公使一百九十五文。

　　都税院额三万五千六百六十二贯四百七十五文,诸司一万九千二百九十六贯三百九十一文,本府一万六千三百六十六贯八十四文。诸门引铺一万九百一十二贯五文……诸司五千九百四贯三百一十文,本府五千七贯六百九十五文。奉化、慈溪、定海、小溪、石碶、宝幢、瀚浦七税场四万五百三十贯文,诸司二万一千一百七十贯八百二十三文,本府一万九千三百五十九贯一百七十七文。又自嘉定六年以来,瀚浦场添认本府钱三百五十贯文,实共收一万九千七百九贯一百七十七文。①

其中不但记了诸司与本府各自得钱数,还记了因商税收支而产生的头子钱的分隶情况。据其所记,所谓"诸司",包括有经制司、总制司、籴本司、移用司等多处。情况相当复杂。南宋福建汀州的方志,也有关于商税分隶的记载,但较为粗略:

　　　　州城商税务……每日遇晚随所收多寡,以十分为率,解赴知、通衙交纳,州库六分,通判衙四分。②

二、头子钱、牙契钱的分隶

　　头子钱是一种特殊的税,凡官府现钱收支都按比例征收,而官府收支钱的机构、场合复杂多样,管理上困难很大,却没有一个统一管理头子钱的机构,所以,北宋前期其管理较为混乱。或许可以讲,由于此种税的特殊性,其分隶的起源相当早。《会要》载,宋仁宗天圣七年,有官员上奏论

①　罗濬:《宝庆四明志》卷五《郡志·叙赋·商税》。原有注:"并以宝庆元年为准。"
②　《永乐大典》卷七八九〇引《临汀志》。

头子钱管理混乱，其中言及："天下所收头子钱，贯万浩瀚，其仓场纳罢，只将一半纳官，内一半逐州官吏皆依旧来体例支遣。但有名目破使去处，即便使用。"①据此，仓场头子钱一半上缴，一半本地使用。这是后来分隶制的雏形，但仅限于仓场头子钱，其他方面的头子钱（例如榷盐）是否类似，不得而知。宋徽宗时期，头子钱的分隶出现了新情况。先是大观年间兴办官学，要求各地从头子钱收入中抽一部分专门用于兴学。随后，政和年间，又下令各地从头子钱收入中抽一部分专门用于漕运。最后，方腊起义后，陈遘任经制使，征调经制钱，令各地将官员请受头子钱归入经制钱。此后，又抽一定数量的头子钱专用于发运司籴本。这些举措使头子钱的分隶复杂化。

南宋绍兴五年，征调总制钱，对头子钱的征收作了整顿，同时增加了税率，也对头子钱的分隶作了新的规定，即凡官钱出纳（禁榷除外），每贯征收头子钱三十文，其中十文隶经制钱，七文隶总制钱，十文五分五厘隶转运司，五分隶提刑司公使，一文九分五厘隶本州公使。绍兴十年，每贯所征头子钱隶经制钱者增五文五厘，绍兴十七年，又增十三文。乾道元年，隶总制钱者增为七文。绍兴十年，隶转运司者减五文五分。至乾道元年以后，每贯官钱出入计征头子钱五十六文，其中隶经制钱者二十八文五厘，隶总制钱者二十文，隶转运司者五文五分，隶提刑司公使五分，隶本州公使一文九分五厘。②

牙契钱是向房产、田产交易中产生的契约征收的一种税。南宋人李心传称牙契钱为田契钱，其述：

> 田契钱者，亦隶经总制司。旧民间典买田宅则输之，为州用。嘉祐末，始定令每千输四十钱（五年二月）。宣和经制，增为六十（四年六月）。靖康初，罢。建炎三年复之。绍兴总制，遂增为百钱（五年四月）。后以其三十五钱为经制窠名，三十二钱半为总制窠名，三十二钱半为州用（十七年四月）。乾道末，曾怀在户部，又奏取州用之

---

① 《宋会要·食货》五四之四又六二之五六。
② 关于头子钱，请参见本书第二编第四章第五节"头子钱"一题所述。

半入总制焉(七年七月)。①

关于乾道七年七月的变化,《会要》也有记载:

> [乾道七年]七月二十八日,户部尚书曾怀言:"准乾道六年十二月十一日敕:典卖田宅、舟船、骡马,合用契纸,令提举司印给,将收到钱并充上供……本部今照得有未尽未便事件,重别条具下项:……一、人户合给牙契税钱,每交易一十贯,纳正税钱一贯,除六百七十五文充经总制钱外,其三百二十五文充本州之数。今欲乞将本州所得钱三百二十五文数内存留一半充州用,其余一半钱入总制钱帐。如敢隐漏,依上供钱断罪。……"②

所载与李心传所述相合,只是李氏以一贯钱为基数,《会要》以十贯钱为基数。然据此,牙契钱涉及的不止是田产、房产,还涉及舟船、骡马等。《会要》又载:

> [嘉定]十四年二月二十九日,臣僚言:"窃谓经、总制窠名,由场务课利而至于两税头脚等钱,以十分为率,其三归州家,其七隶经、总制。其后,酒榷关征多有亏额,间遇水旱,蠲租减赋所未能免,而经、总制之所入,寖不如昔矣。犹赖以助其不及者,牙契一司尔。印纸掌于倅厅,而散之诸县,民有交易,官给纸而书其直,是亦古人书契质剂之遗意。又且限之四月,听其投税,限满则有罚,告者以其半予之,法非不善也。自放限之说行,正限之与放限,分隶不同。正限则以其七隶经、总制,放限则以其七归州用,虽系守、倅、通、签,然倅之权非敢与郡比,故正限少而放限多。州郡利其所得,往往放限,合纳官钱,明减三之一。民乐于限外投税,则匿而不到官者多矣。此经、总制之额所以日亏。甚者,郡置一库,名曰白契,民以匿契来(者)[自]首,许犯人从便投税而贷其罪。又甚者,县官到任,未暇理民事,而先议借契钱;讼牒在庭,乃以纳契钱之有无为重轻。如此等类,未易枚举。县给由子,谓之寄库,日后设有交易,必纳新钱。而向之寄留县帑者,

---

① 《朝野杂记》甲集卷一五《田契钱》。南宋俞文豹《吹剑录外集·牙契钱》所述略同。
② 《宋会要·食货》三五之一四至一五又七〇之一四八至一四九。

方许参用，则是太半已成干没矣。浙东诸县，其弊尤甚，民何以堪之？窃见每遇大礼，赦文行下诸郡，仅放一限。今诸郡接续展放，无月无之，公违国家成法，暗亏经、总制额钱。乞下诸路州军，自今民间交易，既给官纸，必用官牙人立契，仍令登时申主管司附籍稽考。限满不税，照条追究姓名。既挂官籍，白契自难隐藏。或居民去城颇遥，限内投税不及，官司量欲放限，亦须申明朝廷，以凭遵守，每岁不得过月。下至诸县，辄以借契钱为名，科抑民户，并仰日下禁戢。尚敢违戾，委提刑司廉察按治。提刑司容纵不职，许本台觉察，弹劾以闻。况边陲未宁，用度寖广，经、总制窠名岂容失陷，以资州县妄费耶？"从之。[1]

可知当时朝廷为了追缴过期未纳的牙契钱，为了提高州县官吏的积极性，规定追缴的牙契钱采取与一般征收时不同的分隶比例，这导致州县官吏故意让交易者逾期缴税，从而州县获得较多利益。朝廷发现了政策漏洞，于是加以纠正。此记载使人联想到庆元府方志中的如下记述："牙契有正限纳者，有放限纳者，分隶不同。庆元多大家，典买田宅投印者甚少。今以嘉定十七年所收记之。正限五千四百二十六贯七百九十六文，诸司四千七百三贯七百六十六文，本府七百二十三贯三十文。放限七万二千四贯八百五十七文，诸司三万七千六百二十一贯六百一十七文，本府三万四千三百八十三贯二百四十文。"[2]其正限所入颇少，放限所入颇多，或即与分隶不同相关。这又使人联想到朱熹讲他作知州的体会，言："所在通判大率避嫌，不敢与知州争事……且如经总制钱、牙契钱、倍契钱之类，尽被知州瞒朝廷夺去，更不敢争。"[3]可知州郡借牙契钱分隶而作弊，似有一定普遍性。

又地志载：

　　[汀州]牙契系司法厅拘摧，逐时承准提领催契所发下契纸收趁，牙儿以十分为率，随季行算，分隶解纳，内三分拨充经制，一分充

①　《宋会要·食货》六四之一一一至一一二。
②　罗濬：《宝庆四明志》卷六《郡志·叙赋》。
③　《朱子语类》一〇六《总论作郡》。

州用,六分解赴提领安边太平库送纳。①

三、榷盐收入的分隶

食盐禁榷,在实行官搬官卖法的情况下,卖盐所得,势必存在盐场、转运司、卖盐州县之间的分配问题。在实行钞盐法时,也存在盐场、榷货务、卖盐地之间的利益均衡问题。但有关记载颇少,就北宋时期而言,笔者仅见二则。一是陈傅良的记述:

> 绍圣三年二月,江湖淮浙六路通算钞引见钱充足元祐八年年额外,有增收到,五分入朝廷封桩,五分转运司。元符元年九月令福建准此。崇宁元年二月,敕:盐钞每一百贯于在京入纳九十五贯,[五贯]于请盐处纳充盐本,其绍圣三年五分指挥不行。②

据此,东南六路(后加福建)实行钞盐法的一段时间里,曾将超额收入分隶,即一半归朝廷,一半归转运司,然只执行了约五年,就废止了。又南宋初汪藻追记北宋后期官员张根的事迹,其中讲张根任江西提举常平时的作为,谓:

> 自崇宁行盐钞法,和买民帛率不得偿。虽朝廷令借封桩钱而钱特空名。公乃大发常平米,计直予民,犹不能半。会星变大赦,则奏:自祖宗以来,岁给蚕盐以取民输,今民既输五年,而一县至有负民五十万缗者,将何所控告。谓宜因霈恩尽给。今岁租百四十万斛,给中都百二十万,而官兵度五十万,使岁入如数,犹缺四十万,旧以盐利三十余万缗和籴,故虽凶岁不乏。自更法以来,州县重取百姓耗米以给,民既不堪其苛,而和买四十万缗,复以无所从出之钱给之。民心易摇,不可不虑。议者徒谓亏榷货务额,此岂知社稷至计哉。未报。③

---

① 《永乐大典》卷七八九〇引《临汀志》。
② 《文献通考》卷一五《征榷考·盐》引止斋陈氏曰。
③ 汪藻:《浮溪集》卷二四《朝散大夫直龙图阁张公行状》,参见《黄氏日抄》卷六六《龙图张公行状》。

据张根所言,行钞法以前,江西路可得盐利三十万贯用于和籴,另和买绢支给百姓的四十万贯也由盐利支出,实行钞法后,本路失去了盐利收入,财政上出现了混乱,地方官府只能靠坑害百姓来平衡财政。可知实行官搬官卖法时,地方上从榷盐收入中得到数量可观的利益。

南宋孝宗时期,朝廷想在广西、福建二路推行钞盐制,引起较大争议。《宋史》载:

> [绍兴八年]广南去中州绝远,土旷民贫,赋入不给,故漕司鬻盐,以其息什四为州用,可以粗给,而民无加赋。昭州岁收买盐钱三万六千缗,以七千缗代浔、贵州上供赴经略司买马,余为州用。及罢官卖,遂科七千缗于民户,谓之縻费钱焉。九年,罢广东官卖,行客钞法,以其钱助鄂兵之费。①

据此,绍兴八年以前,广南盐行官搬官卖法,各州可从盐息中得到十分之四,这是州财政的重要支柱。又讲昭州岁收盐息每年可得盐钱三万六千贯,除七千贯上供外,其余为州用,似比一般州郡获益更大。绍兴九年,改行钞法,情况发生了变化。具体变得怎样,史未明载。《会要》又记:②

> [乾道四年六月四日]是日,宰执进呈看详广西钞盐利害,蒋芾奏曰:"盐利旧属漕司,应副诸州岁计,自卖钞盐,漕司遂以苗米高价折钱,又有招籴、和籴之名,民受其弊。今朝廷更不降盐钞,只令漕司认发岁额二十一万缗,则漕司自获盐息,折米、招籴之弊皆可去。"

据此,实行钞法前,盐利归地方,实行钞法后,路、州二级官府原先能得到的盐利都没有了,转运司只好通过苗米高价折收现钱、招籴、和籴来弥补亏空,致使此时朝廷又令改钞法为官搬官卖。但记载较为含糊,未言及改钞法前盐利分隶的具体比例。《会要》又载:

> [淳熙]三年二月二十八日,诏:"广西转运司将每岁所收官盐息钱以十分为率,三分拨付诸州,七分充漕司岁计。"先是,广(州)[西]

---

① 《宋史》卷一八三《食货志·盐》。
② 《宋会要·食货》二七之二四。

经略张杙言:"广西官般官卖盐,旧来六分漕计,四分诸州岁用。自乾道元年再行官卖以后,漕司收其八分,州军止得二分。窃虑州军实匮,因而作名色科取于民。"故有是命。①

据此,最初("旧来"),广西行官搬官卖法,盐息十分之六归转运司,十分之四归诸州。自乾道元年到淳熙三年以前一段时间,官盐息钱转运司得十分之八,诸州得十分之二,此后,改为转运司得十分之七,诸州得十分之三(从盐场买盐所付盐本钱等在外)。这很明确地说明了广西盐利的分隶情况。

福建八州郡,分为沿海下四州和内陆上四州,上四州食盐行官搬官卖法,情况与广西有些相似。《宋史》载:

> 淳熙十三年,四川安抚制置赵汝愚言:"汀州民贫而官盐抑配视他州尤甚,乞以汀州为客钞。"事下提举应孟明及汀州守臣议。孟明等言:"上四州军有去产盐之地甚迩者,官不卖盐,则私禁不严,民食私盐则客钞不售,既无翻钞之地则客卖销折,所以钞法屡行而屡罢。四川阔远,犹不可翻钞,汀州将何所往,故钞法虽良不可行于汀州,惟裁减本州并诸县合输内钱而严科盐之禁,庶几汀民有瘳矣。"复下转运赵彦操等措置裁减,以岁运二百万四千斤会之,总减三万九千三十八缗有奇。又免其分隶诸司,则汀州六邑岁减于民者三万九千缗有奇,减于官者一万缗有奇,所补州用又在外。盖上四州财赋绝少,所恃者官卖盐耳。②

因汀州官盐抑配严重,赵汝愚建议改行钞法。讨论的结果,是维持官搬官卖,减少上缴的盐利,同时减少分隶诸司者,所惜说得较笼统,未涉及当时盐利分隶的具体情况。《宋史》又载:

> [景定]三年,臣僚言:"福建上四州山多田少,税赋不足,州县上供等钱银、官吏宗子官兵支遣,悉取办于卖盐,转运司虽拘榷盐纲,实不自卖。近年创例自运盐两纲,后或岁运十纲至二十纲,与上四州县

---

① 《宋会要·食货》二八之三。《宋史全文》卷二六系张杙奏于淳熙二年八月甲戌,引录文较繁,今不取。又《宋史》卷一八三《食货志·盐》亦载此事,可参看。

② 《宋史》卷一八三《食货志·盐》。

所运岁额相妨,而纲吏搭带之数不预焉。州县被其挽夺,发泄不行,上供常赋,无从趁办,不免敷及民户,其害有不可胜言者。"有旨:"福建转运司视自来盐法,毋致违戾;建宁府、南剑州、汀州、邵武军依此施行。"①

此述福建转运司与上四州在盐利上发生矛盾,转运司侵夺了上四州的盐利,朝廷下令制止了转运司的做法,保证了上四州的正常收入。文中也未讲福建转运司与上四州在盐利上究竟怎样分割,但我们从中可以体会出盐利在二级官府间是有分割的。

在南宋上四州的方志中,关于盐利的分隶的记述比《宋史》更具体。例如,汀州方志载:

[汀州]盐课:本州合发朝廷纲运、官军认赐,全借卖盐趁办……每年解纳本路运司盐息钱七千六百五贯四百一十六文省,提举司吏禄钱三百一十二贯文,及支拨通判厅头子赡学钱一千二百八十四贯七百二十文省。②

文中未言及分隶比例,也未记本州所得数,但详载了分隶转运司等三处的钱数,使我们对汀州盐利的分隶有了粗概的了解。同书又载:

宁化县运福盐……解提举司吏禄见钱二十贯五百文省,十七界会一百二贯五百文。州净利钱三百六十二贯八百八十八文省,十七界会一千八百一十三贯五百文。通判厅赡学盐头钱见钱二百伍十一贯四百二十二文省,十七界会一千二百五十七贯文。

这里从县的角度记述了盐利的分隶,其中有给提举司的,有给本州的,有给通判厅的。与州的情况不同的是,其钱数包括现钱和纸币两种。又如建宁府方志载:

[建宁府]在城四坊,泄变盐货……每月以九日卖大上供,其钱专解上供库,余解府司。以二十一日卖小上供,所卖到钱解转运司,其余分隶提举司经总制库及府司诸库。若纲本盐钱,则解盐钱库。

① 《宋史》卷一八三《食货志·盐》。
② 《永乐大典》卷七八九〇引《临汀志》。

诸县助学盐钱,则解学事库。诸纲市利盐钱,则解公使库。诸县折纳
春冬衣盐钱,则解军资库。……其府县吏禄盐钱,则于小上供日解提
举司……而经总制司分隶盐,遇小上供日,即解钱一百贯于经总制库
送纳。又有变卖诸县衣粮率分盐钱,解坑冶库。①

此记述既未言分隶的比例,也未言分隶的钱数,但是我们却可从中知晓盐
利要分成几份,即分为上供、经总制、给提举司、给本府几种用途,分别输
送转运司库、盐钱库、学事库、府军资库及坑冶库。这足以使我们感受到
本府盐利分隶的复杂性。

四、榷酒收入的分隶

榷酒分隶与商税分隶颇相似,也是从朝廷专项强令上缴开始的。宋
初榷酒没有每年上缴数,它是混在地方上供钱当中的。据陈傅良记,宋仁
宗庆历二年,因西部战争,"初收增添盐酒课利钱岁三十七万四千一百三
十余贯上京,则酒课上供始于此,从王琪之请也。今户部所谓王福(祠)
部一文添酒钱是也。熙宁五年正月四日,令官务每升添一文,不入系省文
帐,增收添酒钱始于此,则熙宁添酒钱也。崇宁二年十月八日,令官监酒
务上色每升添二文,中下一文,以其钱赡学。四年十月,量添二色酒价
钱,上色升五文,次三文,以其钱赡学,则崇宁赡学添酒钱也。五年二月
四日,罢赡学添酒钱。政和五年十二月十一日,令诸路依山东酒价升添
二文六分,入无额上供起发,则政和添酒钱也。"以上仅是榷酒收入的专
项上缴,增设了不少窠名,大抵都源于酒的提价,尚不明确朝廷与地方
的分隶。然而到了南宋,同样是提价,却明确了朝廷与地方的分隶。陈
傅良记:

建炎四年十一月十二日,曾纡申请权添酒钱,每升上色四十二
文,次色十八文,以其钱一分州用,一分充漕计,一分提刑司桩管,则
建炎添酒钱也。绍兴元年五月六日,令诸州军卖酒亏折本钱,随宜增

---

① 《永乐大典》卷七五一二引《建安志》。

价,不以多寡,一分州用,一分漕计,一分隶经制。前此酒有定价,每添一文,皆起请后行之。至是,州郡始自增酒价而价不等矣。十二月十八日,令添酒钱,每升上色二十文,下色十文,一半提刑司桩管,一半州用。三年四月八日,令煮酒量添三十文,作一百五十文足,以其钱起发。五年闰二月二十三日,置总制司,六月五日,令州县见卖酒务不以上下每升各增五文,隶总制,而总制钱始于此。六年二月二十二日,令卖煮酒权增升十文,以四文州用,六文令项桩管赡军,是为六文煮酒钱。七年正月二十二日,令诸州增置户部赡军酒库一所,以其息钱三分留本州充本,余钱应副大军月桩,无月桩处起发,是为七分酒息钱。八年六月十日,令两浙诸路煮酒增添十文足,并蜡蒸酒增添五文足,内六文隶总制。九年七月二十九日,以都督府申请,权添煮酒一十文,内四文本州糜费,六文三省枢密院桩管,激赏库拘收,是为六分煮酒钱。而又有发运司造舡添酒钱,每升上色三文,次二文,提举司量添酒钱,不以上下色升一文,盖不知所始。绍兴十一年二月八日,并为七色酒钱,隶经制,而坊场名课亦数增长,与(而?)蜀之折估不与焉。则绍兴添酒钱也。①

据他所记,南宋榷酒收入普遍实行朝廷与地方的分隶制,分隶的情况各地不尽相同,所惜他未说明四川地区的情况。

《宋史》所记与陈傅良所述有所不同。其记酒的分隶始于北宋宣和年间,其谓:

> [宣和]三年,发运使陈遘奏:"江、淮等路官监酒直,上者升权增钱五,次增三,为江、浙新复州县之用。"其后尚书省请令他路悉行之。诏如其请,所收率十之三以给漕计,余输大观库。②

如此所记确切,则酒的分隶始于北宋末。《宋史》又记:

> [绍兴]三十年,以点检措置赡军酒库改隶户部。既而户部侍郎邵大受等言:岁计赖经总制窠名至多,今诸路岁亏二百万,皆缘诸州

① 《文献通考》卷一七《征榷考四》。
② 《宋史》卷一八五《食货志·酒》。

公使库广造,别置店酤卖,以致酒务例皆败坏。诏罢诸州别置酒库,如军粮酒库、防月库、月桩库之类,并省务寄造酒及帅司激赏酒库,凡未分隶经总制钱处,并立额分隶,补趁亏额。三十一年,殿帅赵密以诸军酒坊六十六归之户部(见九年),同安郡王杨存中罢殿帅,复以私扑酒坊九上之,岁通收息六十万缗有奇。以十分为率,七分输送行在,三分给漕计。盖自军兴以来,诸帅擅榷酤之利,由是县官始得资之以佐经费焉。①

这说明绍兴三十年以前,存在政策漏洞,即有些官府造酒处未纳入分隶体系,致使朝廷榷酒收入受损。绍兴三十一年,杨存中上缴了一些原属军队的酒坊,朝廷对此部分酒坊收入作了特殊分隶规定,即十分之七上缴朝廷,十分之三归地方。又《会要》载:

> [淳熙]三年六月十日,臣僚言:"诸路漕司有一分五厘钱、二分折酒钱,于酒税钱内每贯或取二百或五十至八十,大郡一岁不下二三万缗,小者亦不下万余缗,各令通判置历拘收,往往拨入公帑,馈遗亲旧。乞封桩,以备水旱兵革之费。"户部勘当:"欲依所请,取诸郡籍历参校每岁支用剩数,具申朝廷酌度,令认数收管。"从之。②

此记载反映榷酒收入中有一部分是隶属转运司的,有官员指出,此部分收入往往被转运司官员转为公使钱滥用,此官员主张将此部分收入改隶朝廷封桩。户部的意见较为措辞含糊,只说将"支用剩数""认数收管",似并未完全采纳全数上缴的意见。

　　榷酒收入分隶的制度也体现在方志中。如常州方志载:

> 三酒务生酒日酤,旧额伍伯壹拾贯伍伯肆拾文,今收趁不等,内增收伞本钱肆拾贯文,经总制钱柒拾叁贯柒伯玖拾文,本州钱贰伯贰拾玖贯叁伯肆文,大军钱壹伯贰拾肆贯捌伯陆拾文,四分伞本钱贰拾肆贯伍伯一文,漕司并降本钱壹拾捌贯捌伯壹文。煮酒日酤旧额伍伯贰拾陆贯伍伯贰拾陆贯伍伯陆拾捌文,今收趁不等。内增收伞本

---

① 《宋史》卷一八五《食货志·酒》。
② 《宋会要·食货》六四之一一三至一一四。

钱肆拾贯文,经总制钱肆拾玖贯伍伯壹拾叁文,本州系省钱、增造还本钱贰伯肆拾贯贰伯贰拾玖文,大军钱壹伯伍拾贯伍伯肆拾柒文,四分籴本钱贰拾叁贯伍拾一文,漕司钱壹拾贰贯柒文,正额移用钱壹拾壹贯贰伯贰拾陆文。①

此将生酒、煮酒收入分述,所述分隶都是具体钱数,未明比例数,但我们仍可看出哪些是上缴朝廷的,哪些是给漕司的,哪些是留本州的。又庆元府(明州)的方志载:

> 慈溪、奉化、小溪三务隶省场……生煮酒糟四百四十一贯一百二十四文:经总制司一百一十贯二百五十八文,移用司五十三贯五百一十六文,本府二百八十六贯三百五十文。②

此所述并非本府榷酒的全部收入,却是其中的重要部分。从中可知本府榷酒收入要分别输送给经总制司、转运司下属的移用司及本府。同书又记述了庆元府下属各县的情况,其中记鄞县的情况:

> (以宝庆三年为准)小溪务系省场……收息钱四千二百四十七贯一百七十文,诸司四千一百八贯三百三十八文,经总制司二千六百四十三贯一百八十八文,籴本司九百三十五贯四百七十四文,移用司五百二十九贯六百七十六文,本府一百三十八贯八百三十二文。糟钱一百一十一贯八百八十八文,诸司三十六贯七百九十六文,经总制司二十四贯八百九十八文,移用司一十一贯八百九十八文,本府七十五贯九十二文。③

此述鄞县榷酒收入有卖酒、卖糟两部分,而分隶诸司、经总制司、籴本司、移用司、本府。

综上所述,几种税利收入的分隶大抵都是因朝廷向地方加征财赋引起的,往往都呈现出上缴数不断增加的趋势。分隶突出地体现了在财政收入方面朝廷与地方既统一又矛盾的复杂关系。南宋时期,分隶的不合理,往往导致州县违法征敛、坑害百姓。这从陈傅良记述薛季宣的事迹中

---

① 史能文:《咸淳毗陵志》卷二四《财赋》。
② 罗濬:《宝庆四明志》卷五《郡志·叙赋》。
③ 罗濬:《宝庆四明志》卷一三《鄞县志·叙赋·酒》。

可以得到反映。

> [授知湖州]公至郡逾月,户部奏言:诸州经总制钱皆出场务酒税杂钱,分隶以纳。今多隐余,分隶不尽,得自便恣用。请更为令。监司纳历,州县以凡日收钱摭实系历分隶,否则劾闻。令下,吏相顾莫敢建明者。公独首奋为当路言之。其略曰:旧额凡杂纳钱以十分为率分隶,四为籴本,六为系省钱。其后乃始增以二分分隶总制钱。是时州县未病之也,然亦寖寻于奇羡矣。久之,乃裒羡钱,校数岁之最为额,以十分分隶之,七为总制增税,三为在州钱,愈非旧比,已复积有上供、月桩大兵、打船修船,六分赡军、移用、降本、竹木等钱,科色不胜繁矣,而隶额如故,既不足以应计,且岁费弥广,郡用弥匮,由此场务凿空以取赢,虽有奉法吏,思以宽弛予民而不得骋。若复隶额外之征,掇其强半,官吏自救不给,民病甚矣。且以湖之都务,籴本、系省初为钱二十三万五千六百有奇,自总制之起,为钱五万八千九百有奇,与故合犹日课二十九万四千余钱而已,重以七分增税,为钱三十五万三千七百有奇,又重以上供若大兵之须,凡四十万八千钱有奇,使今旦旦得八十万钱充入经总制之额,其余为上供诸杂须钱,且患苦不足,况不盈此,乡所谓系省在州之数悉阙亡有,约此推见他管库尽然,郡将安仰。如不得已,宜以日收钱先桩上供诸杂须之余,乃系历分隶,庶或可行,不然不敢奉诏。版曹恚,逮庶胥,俾持条法诣曹自解。公辨益力,台谏官感发,相继疏争之,上乃寝前奏。①

此所谓"场务酒税杂钱"概念较为含糊,至少应包括榷酒与商税收入,"杂钱"也未明究竟包括哪些。但其讲分隶的比例却是清楚的,起初是四六分,后来是倒四六,再后是七三分。其中又讲了湖州都酒务的情况,竟实际上是全都上缴,无法留州。而朝廷户部却认为各州未能按要求分隶,下令要求严格管理。朝廷与州郡在分隶上的矛盾表现得十分清楚。作为知州,薛季宣认为,如此"郡用弥匮,由此场务凿空以取赢,虽有奉法吏,思

---

① 陈傅良《止斋集》卷五一《右奉议郎新权发遣常州借紫薛公行状》、薛季宣《浪语集》卷三五附录《宋右奉议郎新改差常州借紫薛公行状》。乾道九年十二月撰。

以宽弛予民而不得骋。若复隶额外之征,掇其强半,官吏自救不给,民病甚矣。"最终在薛季宣等的强烈反对下,户部被迫收回成命。这表明分隶不合理的情况确实存在。

分隶制度是宋朝财政管理上复杂关系的集中体现。

第 三 章

三司理财体制

宋朝理财体制的演进,可以粗略地划为两个阶段:三司理财阶段、户部理财阶段。三司理财体制仅存在于宋初至元丰改制前的百余年间,远不如户部理财体制存在时间长,但三司理财体制却同周秦汉唐(玄宗以前)的理财体制颇有差异,在财制史上有一定地位,故作专章叙述。

第一节 三司的组织结构及职权范围

一、三司诸部诸案

三司理财体制中,居于主导地位的财政机构是三司,史籍谓三司"于天下财计无所不统"①,可见其重要。要了解三司理财体制,须先了解三司,了解其内部结构及其与其他官僚机构的关系。

三司由盐铁、户部、度支三司或称三部组成。太宗、真宗时两度分三司为三,各司分设使,然时间较短,一般各司只设副使,隶于三司使、副使

① 《宋会要·食货》五六之一〇。

之下。三部职掌各有侧重:"盐铁,掌天下山泽之货,关市、河渠、军器之事,以资邦国之用。度支,掌天下财赋之数,每岁均其有无,制其出入,以计邦国之用。户部,掌天下户口、税赋之籍,榷酒、工作、衣储之事,以供邦国之用。"①简言之,盐铁、户部主要负责敛财,度支主要负责支出。而盐铁与户部,一者主要负责征商禁榷收入,一者主要负责田税榷酤收入。三者职权范围又不严格上述界限,互有交叉。与初唐尚书省户部四司比较,突出的是盐铁取代金、仓二部,反映了宋在财政收入上对禁榷的依赖。三司之内,库务仓储之事分别由仓案、衣粮案等负责,并不统于一司。宋廷于三司之外,另设提举诸司库务司和提举仓场司,以加强对仓库的管理并监督财赋的收支。

三司根据理财业务具体内容的诸方面,设有二十余案,分隶于盐铁、户部、度支三部,三司及各部设案数目及名称时有变动,前后不一,据北宋孙逢吉记,太祖、太宗时三司共设二十四案:兵、刑、胄、铁、商税、茶、颗盐末盐、设、赏给、钱帛、发运、百官、斛斗、粮料、骑、夏税、秋税、东上供、西上供、修造、竹木、曲、衣粮、仓。咸平四年,并夏税、秋税两案为一,称户税案;并东西上供两案为一,称上供案;并竹木入修造案、仓入衣粮案,这样共减四案。大中祥符七年,增设常平案,则三司共二十一案。② 在设二十四案时,先是盐铁辖六案,度支辖十四案,户部四案。乾德五年,改令三部各辖八案。此后又改定:盐铁辖八案,即兵、刑、胄、铁、商税、茶、颗盐末盐、设;度支辖八案,即赏给、钱帛、发运、斛斗、百官、粮料、常平、骑;户部辖五案,即两税、曲、上供、修造、衣粮。③ 这自当是真宗大中祥符七年以后的情况。另外,记于记载者还有河渠案、帐案等,或为后所增设,或为各案名称之变。上述二十余案中,有些案仅从名称上还难以知其职掌,史文有所说明:

兵案:"掌衙司、军将、大将、四排岸司兵卒之名籍,及库务月帐,

———————

① 《宋史》卷一六二《职官志》。

② 参见《宋会要·食货》五六之九、《职官分纪》卷一三《三司》。按,《宋史》卷一六二《职官志》载盐铁辖五案,内无刑案,而于细文中述"景德二年,并度支案为刑案"。

③ 参见《职官分纪》卷一三《三司》。

吉凶仪制,官吏宿直,诸州衙吏、胥吏之迁补,本司官吏功过,三部胥吏之名帐及刑狱,造船、扑盗、亡逃绝户资产、禁钱。"

　　胄案:"掌修护河渠、给造军器之名物,及军器作坊、弓弩院诸务诸季料籍。"

　　铁案:"掌金、银、铜、铁、朱砂、白矾、绿矾、石炭、锡、鼓铸。"

　　设案:"掌旬设、节料、斋钱、餐钱、羊豕、米面、薪炭、陶器等物。"

　　赏给案:"掌诸给赐、赠赙、例物、口食、内外春冬衣、时服、绫、罗,纱、縠、绵、布、鞋、席、纸、染料,市舶、榷货务、三府公吏。"

　　钱帛案:"掌军中春冬衣、百官奉禄、左藏钱帛、香药榷易。"

　　粮料案:"掌三军粮料、诸州刍粟给受、诸军校口食,御河漕运、商人飞钱。

　　骑案:"掌诸坊监院务饲养牛羊、马畜及市马等。"

　　斛斗案:"掌两京仓廪屯积,计度东京粮料,百官禄粟厨料。"

　　百官案:"掌京朝幕职官奉料、祠祭礼物、诸州驿料。"

　　修造案:"掌京城工作及陶瓦八作、排岸作坊、诸库簿帐,勾校诸州营垒、官廨、桥梁、竹木、排筏。"

　　衣粮案:"掌勾校百官诸军诸司奉料、春冬衣、禄粟、茶、盐、鞋、酱、傔粮等。"①

上述二十余案是三司的职能办事机构,分别负责三司职事的某一方面。此外,三司又下设若干子司,它们主要负责财政上监督,审核、防漏、补阙的事务。其职掌一般是同上述二十余案的职掌纵横交叉的。

二、三司诸子司

　　壹、三部勾院:三部勾院或三部分立,或合而为一,前后屡有变更。②

----

① 并见《宋史》卷一六二《职官志·三司》。
② 见于记载者,开宝五年底,将盐铁、户部二勾院合为一,度支勾院存留。淳化三年,合二院为一院,后复分而为三。至道二年合三为一,次年复分。咸平六年复分,大中祥符八年复分,熙宁七年复合。

史言其"掌勾稽天下所申三部金谷百物出纳帐籍,以察其差殊而关防之"。① 端拱元年,直史馆罗处约上疏言:"今三司勾院,即［唐］尚书省比部,元为勾覆之司。"② 至道中,陈恕言"勾院、磨勘两司出于旧制,关防之要,莫加于此"。③ 可知勾院的职责主要是财务上的监察审核。

贰、磨勘司:史言其"掌覆勾三部帐籍,以验出入之数"。④ 章如愚谓"驱磨财计,检察凭由,悉归磨勘司"。又谓磨勘司"掌勾考,唐比部职也"。⑤ 勾院、磨勘司均掌财计勾覆之事,又都被认为所行为唐比部之职,则二者当系各分担一部分原唐比部所负之责任,从记载看,勾院侧重于外路州军,磨勘司则侧重于京师三司直辖及百司诸曹。

叁、主辖支收司:史言其"掌官物已支未除之数,候至所受之处,附籍报所由司而对除之。天下上供物至京,即日奏之,纳毕,取其钞以还本州"。⑥ 陈恕言其"先因从京支度财货,转输外地,此除彼附,照验稽滞"。"凡支拨官物,便给除破文凭,却于所司置簿记录,催到收附文记"。⑦ 据此,主辖支收司主要负责在财赋转移过程中关防疏漏,以免财赋流失。

肆、拘收司:史言其"凡支收财利未结绝者,籍其名件而督之"。⑧ 据此,其主要负责财赋收支未结帐前的催督。

主辖收支、拘收二司在较长时间里由判磨勘司官兼管,说明三者关系密切,也表明主辖收支、拘收二司的重要性次于磨勘司。

伍、理欠司:原名征欠司,仁宗即位,改名蠲纳司,天圣三年,改理欠司。史言其"掌理在京及天下欠负官物之籍,皆立限以促之"。⑨ 宋初又有三司凭由司,或三部分设,或合为一,"常在京官物支破之事。凡部支

---

① 引文并见《宋史》卷一六二《职官志·三司》。
② 《长编》卷二九。
③ 《长编》卷四〇、《宋史》卷二六七《陈恕传》,另参见《陈恕传》所附《刘式传》。
④ 《宋史》卷一六二《职官志·三司》。
⑤ 《群书考索》后集卷四《祖宗旧制》又同卷《六部》。
⑥ 《宋史》卷一六二《职官志·三司》。
⑦ 《长编》卷四〇、《宋史》卷二六七《陈恕传》。
⑧ 《宋史》卷一六二《职官志·三司》。
⑨ 《宋史》卷一六二《职官志·三司》。

官物,皆覆视无虚谬,则印署而还之。支讫,复据数送勾而销破之"。① 至道二年,三司凭由司并入理欠司。咸平元年,又曾分理欠司职事新立勾簿司,景德四年废。

陆、开拆司:史言其"掌受宣敕及诸州申牒之籍,发放以付三部"。② 大体其职掌类似近代之秘书处。或三部分设,或合为二,或合为一,前后变化不一。

柒、发放司:"掌受三司帖牒而下之。"③

捌、勾凿司:"掌勾校三部公事簿帐。"④

玖、催驱司:又称生事催驱司"掌京城诸司库务末帐,京畿仓场库务月帐,凭由送勾,及三部支讫内外奉禄之事"。

拾、受事司:"掌诸处解送诸色名籍,以发付三部。"⑤又有记载谓其"受诸处送到罪人"。⑥ 或刑徒为诸色名籍中比较主要的一种。

发放、勾凿、催驱,受事多系由开拆司中分出,故在较长时间里由判开拆司官兼领。此五司主要负责收发文书帐籍及检核三司自身财务出纳。

拾壹、衙司:史言其"掌大将、军将名籍,第其劳而均其役使"。⑦ 三司大将、军将是最低级不入品武职人员,多作押纲、守藏等事,仁宗天圣年以前,一般由州军选送担任过职役、家境富裕者充当,此后有令取消州军选送,当是在京城雇募或由军兵中选补。三司大将、军将人数颇众,熙宁七年,"诏大将、军将以一千五百人为额"。⑧ 由于皇宫内也时常调用三司大将、军将充役,故衙司以宦官一人与判开拆司官合掌。

以上各司,存在时间较长,另有一些子司存在时间较短。例如河渠

---

① 《宋史》卷一六二《职官志·三司》。
② 《宋史》卷一六二《职官志·三司》。
③ 《宋史》卷一六二《职官志·三司》。
④ 以上三段引文并见《宋史》卷一六二《职官志·三司》。
⑤ 《宋会要·职官》五之三八。
⑥ 《宋史》卷一六二《职官志·三司》。
⑦ 《宋会要·食货》五六之一一,又《宋会要·职官》五之四〇。
⑧ 《宋史》卷一六二《职官志·三司》。又河渠司事详参见《宋会要·职官》五之四二。推勘院事参见《长编》卷一六、《职官分纪》卷一三《三司推勘官》、《宋会要·食货》五六之二一。

司,仁宗皇祐三年设,嘉祐三年罢,而于三司之外置都水监。又如推勘院,开宝八年设,寻罢。嘉祐五年复设,治平三年罢,熙宁二年复置,元丰元年罢。史言其"掌推劾[盐段、户部、度支]诸部公事"。① 主要负责审理有关财务的案件。另还有行帐司、提点司等,存在时间更为短暂。三司诸子司所掌,每一司都涉及三司不只一案的事务,故说它们与三司诸案是纵横交叉的。

另外,有一机构与三司关系密切,即金耀门文书库,它专掌三司积年案牍帐籍。它由三司军大将掌管,其锁钥乃由三司使亲自掌管。②

三、三司的官吏

三司官吏众多,三司使以下主要有:

三司副使:以员外郎以上曾任陕西、河北、河东三路转运使或东南六路发运使者充。在正使阙位时,三司副使即主持三司事务。

三司判官:以朝官以上曾任诸路转运使、提点刑狱者充。协助三司使处理日常事务。

盐铁、户部、度支副使:分别为三部首长,因有三司使,故三部无正使。史载其"旧以员外郎以上充"③,后如何变化失述。章如愚谓其"位亚待制,乃称省副,恩数视大卿监"。④ 又谓三部副使"侍郎之任也"。⑤ 说明三部副使官阶大约与侍郎、大卿监(如司农卿)相当。

三部判官:史载其"旧以朝官充",⑥后来变化失述。章如愚谓"其资序视转运使"。⑦ 其职责是协助三部副使处理本部事务。

子司判官:又称判子司官,多是一员兼判几司,如磨勘司判官兼判主

---

① 参见《长编》卷六四、《宋会要·食货》五二之一一、一二。
② 《宋史》卷一六二《职官志·三司》。
③ 《群书考索》后集卷四《元丰罢三司使副》。
④ 《群书考索》后集卷四《六部》。
⑤ 《宋史》卷一六二《职官志·三司》。
⑥ 《群书考索》后集卷四《元丰罢三司使副》。
⑦ 《群书考索》后集卷四《元丰罢三司使副》。

辖支收、拘收司,都理欠司判官兼判凭由司,开拆司判官兼判发放、勾凿等司。章如愚谓"其资序视提刑"。① 三部判官、子司判官均可称"省判"。为了避免理财官吏调动过频,宋廷曾选用资历较浅的官员任判官,任满升官而不徙任。②

推官、巡官:太祖乾德四年,"三司各置推官一员,令总断逐司公案,兼专掌句司公事,仍别给印"。③ 后太宗太平兴国三年,因"商税、胄、曲、末盐四案最为繁剧",乃"各置推官","诸案寻亦皆置推官,或置巡官,悉以京朝官充"。④ 淳化四年,重将三部合为一司设三司使时,三司也设推官三员。⑤

此外,三司又设勾当公事若干员,"掌分左右厢检计、定夺、覆验、估剥之事"。⑨推勘院有推勘公事若干员。三部各有孔目官、都勾押官各一员,勾覆官若干员。见于记载者尚有勾当粮料院、勾当专句司官等。

入品官之外,又有吏员。太平兴国初年,三司有"吏千余人"。⑥ 景德元年,诏令裁减三司官吏数,乃定:"三部并诸司定留八百九十七人。盐铁百五十六人,度支百八十二人,户部二百一十七人,三勾院百人,都磨勘司三十四人,都主辖支收司二十三人,拘收司四十一人,都凭由司四十九人,都理欠司四十六人,开拆司五十人。"⑦三司人数众,官署建筑规模相应也巨。仁宗天圣初年,"新修三司成,凡一千一百七十二区"。⑧ 熙宁年中,三司道火灾,"焚屋千八十楹"。⑨ 这都反映了三司机构的庞大。

---

① 《长编》卷七。
② 司判官多为六员,其中三员分判勾院,另三员分判余诸司。参见《宋朝事实类苑》卷二五《官职子仪制》。
③ 《长编》卷一九。
④ 参见《长编》卷三四。
⑤ 《宋史》卷一六二《职官志·三司》。
⑥ 《长编》卷一九。
⑦ 孙逢吉:《职官分纪》卷一三《三部诸司属吏》。
⑧ 《长编》卷一〇二。
⑨ 《长编》卷二五六。

四、三司的职权范围

元丰改制前的三司与初唐尚书省户部同为封建国家理财核心机构，两者相比，三司的职权范围比户部扩大了许多。三司下辖盐铁、户部、度支三部，户部下辖户部、度支、金部、仓部四司，仅从这一点看，三司职权并不比户部有什么扩大。但从三司诸案诸子司的设置及其魂权上，却可看出三司职权的扩大。南宋林駉谓："夫夏官之胄案，秋官之磨勘、衙司，冬官之修造、河渠，自唐五代以来而地官之所不与，我朝悉属三司。故造作军器属之胄案，土木之役属之修造，河防之役属之河渠。"①这即是说，唐尚书省工部及有关寺监所掌各种修造事务，因与财计关系密切，宋时大部分隶于三司。前已述及，勾院、磨勘等子司职掌中大部分系原唐尚书省刑部属下比部职掌，即是说，三司的财政监察权是原唐户部所没有的。此外，如唐尚书省刑部所掌吏役刑徒、礼部所掌膳食等事也归入三司。正是由于职权范围的扩大，三司使才成为北宋前期宰相主政、枢密主兵、三司使主财的三巨头之一。三司的职权范围显现超出了单纯财政的范围，变成了封建国家总理经济事务的机构。②

三司没有官员的委任权，官员的委任属于理政的系统。但三司使对于负责各种与财计直接关联机构的负责职官却有举荐权。仁宗皇祐五年，有专门下给三司的诏书，内言："自今京师百万仓，左藏库、都商税务、榷货务、东西八作司、文思院、事材场、南北作坊、店宅、曲院、内香药库、裁造院、作坊、料物库、西染院、陕西折博务、解州盐池、缘边便籴粮草、诸茶场榷货务、转般仓、米仓、银铜坑冶场、盐井监仍旧举官监当。"③说明这些与财计关系密切的官职都是由三司使荐举的。又欧阳修记："京师诸司

---

① 《古今源流至论》后集卷二《三司》。
② 《宋文鉴》卷八七田况《皇祐会计录序》："周官六典，文昌万事，过半在于兹（三司）矣。以秦汉言之，则兼大农少府将作水衡之职，以唐五代言之，则包租庸地税户口国计之名，其寄重忧，非群司之拟也。"
③ 《长编》卷一七五。

库务,皆由三司举官监当,而权贵之家子弟亲戚,因缘请托,不可胜数,为三司使者常以为患。"①包拯奏疏中言及:"先降条贯,勾当榷货务须是三司副使同罪奏举方可差除。"②又哲宗元祐二年诏书中讲到"左右厢店宅务、诸司诸军审计司、粮料库、香药院、北抵当所、粳米上中下、麦料上下诸界旧隶三司举官"。③ 都可证实三司使荐举与财计关系密切的官员的权力,这种荐举权对上述官职(差道)的委任起决定的作用。

这里应述及三司与各路转运司、府州军监的关系。转运司、府州军监不是三司的下属机构,没有严格的隶属关系,但是按照制度,各路、府州军监等凡事关财计的,都要听命于三司。三司在财政上统辖地方的依托,主要是财政上的决策权和有关的考课制度。宋朝规定地方存留财赋一律系省,所谓省,即指三司。因此三司对地方所有赋入都有原则上的支配权。太宗淳化五年,令诸州置应在司,每岁将本州财赋"元管、新收、已支、见在钱物申省"。④ 真宗景德二年,"诏三司每岁较天下税籍登耗以闻"。⑤元丰元年又规定,地方"应在官司支系省钱物及抛降计置出纳移用,并关申三司相度指挥"。⑥ 由于诸如此类的规定,即如司马光所言:"天下钱谷自非常平仓隶司农寺外,其余皆总于三司,一文一勺以上悉申帐籍,非条例有定数者不敢擅支。"⑦早于他,苏辙也曾讲:"举四海之大而一毫之用必会于三司……夫天下之财……常以转运使为不可独信,故必至于三司而后已。"⑧这说明三司对于地方财政收支是有相当约束力的。

考课制度也是三司控制地方财政的重要杠杆,这对以理财为主要职责的转运司尤为直接。太宗淳化年中规定,诸路转运使副"如规划得本处场务课利增盈……边上就水陆利便般运粮草不折于民者",可得优赏。

---

① 《归田录》卷二。
② 《包拯集》卷六《请罢王涣榷货务》。
③ 《长编》卷三九六。
④ 《通考》卷二三《国用考》。
⑤ 《长编》卷六〇。
⑥ 《长编》卷二八七。
⑦ 《长编》卷三六七。又同书卷八六王旦谓:"一毫所赋皆归于县官而仰给焉。"
⑧ 《栾城集》卷二一《上皇帝书》。

其"点检寻常钱谷公事","亦仰具状开说,当议比较在任劳绩"。① 仁宗康定元年,三司奏准实施转运司官奖惩条例:"诸道转运使副今后得替到京","将一任内本道诸处场务所收课利与租额,递年都大比较",按盈亏分数黜降或升陟。② 皇祐初年,三司又制定了范围更广的转运司官考课条例:"一户口之登耗,二土田之荒辟,三盐茶酒税统比增亏递年、租额,四上供、和籴、和买物不亏年额抛数,五报应朝省文字及帐案齐足。"③如上的转运司官考课办法,使转运司官的升黜与三司对其劳绩的评价密切关联,实际上把转运司置于近乎三司下属的地位,故时人竟有将转运司称为三司子司者。④

三司与州军长吏也有类似的关系。太祖开宝七年,"令诸州知州、通判、判官……县令所掌盐曲及市征、地课等,并亲临之,月具籍供三司,秩满校其殿最,欺隐者当置于法"。⑤ 而三司的勾院,乃是专门比较勾校诸路州军财计的机构。

由于三司有如上的权力,故得"指挥百司、转运使、诸州如臂使指"。⑥但是三司的财权也不是无限的,严格说在财政方面它也并不是无所不统的。这主要是皇权对财政的干预和在财赋收支方面反映皇权存在的内藏等库的分立,将留在下节另述。

第二节　元丰改制前的内藏管理体制

宋太祖乾德年中,大约在平定川蜀之后,初建封桩库——讲武殿

---

① 《宋会要·食货》四九之七。
② 参见《宋会要·食货》四九之一三。
③ 《长编》卷一六六。
④ 参见张咏《乖崖集》卷八《升州重修转运司公署记》。按,三司对转运使的任免也能发挥一定影响,《长编》卷四三载咸平元年诏令三司使举荐转运使候选人。
⑤ 《长编》卷一五。
⑥ 《长编》卷三六七。

库,即内藏库的前身。其所度财败来源有二:平定荆湖、川蜀的缴获,"岁终用度赢余之数"。^① 太宗太平兴国三年,大约在"漳泉、吴越相次献地"之后,正式建立了内藏库。关于内藏库同原封桩库的关系,记载纷纭,大体有二:一谓内藏库与封桩库只是名称变化,二谓内藏库由他库改成,而以原封桩库易名隶焉。^② 此后内藏库长期存在,直至宋亡。

一、内藏库的收入

要了解内藏库的性质及管理体制,须先对内藏库的收支情况有所了解。

史载,真宗大中祥符五年,扩建内藏库而"分为四库:金银一库,珠玉、香药一库,锦帛一库,钱一库"。^③ 内藏座的这种设置,反映了内藏财赋在品类结构上的特征,这种结构的形成,是与内藏收入财赋的品类结构相对应的。以下分金银、珠宝香药、锦帛、钱币四方面考察内藏的收入。

金银系山泽之入,按照周、汉以来的惯例,是应归入帝王私藏的,宋朝大体也袭用此制。内藏金银收入来源有二:坑冶,商人博买禁榷品于榷货务入中。陈傅良述,神宗熙宁二年,命三司判官张讽查实内藏岁入财赋数,"讽取自嘉祐至治平十年以来输送之数,见得川路金银自皇祐三年并纳内库,余福建、广东、淮南、江南东则各有窠名分隶,而十年之间所入殊不等"。^④ 又有记载,此年十月诏"江南等路提点银铜坑冶司所辖金银场冶收到金银课利,今后并依久例尽数入内藏库"。^⑤ 从二处记载及其他记载可得知,仁宗时或者早于仁宗时四川、福建、广东、江东等路的坑冶金银

①　《长编》卷六。
②　参见《长编》卷一九正文及注文。参见《长编》卷一九正文及注文。
③　《宋史》卷一七九《食货志·会计》。
④　《通考》卷二三《国用考》。
⑤　《宋会要·食货》五一之六。

已输入内藏。① 但似乎并不是全部坑冶金银都入内藏的。② 熙宁二年,因"近年诸路所纳金银甚耗减",乃"以诸路岁上供内库金银拨赴三司,朝廷酌中数令三司岁认送内库封桩"。商讨的结果,"诏诸路金银并纳左藏库,岁出金三万两、银十五万两赴内藏库,为永额"。③ 此制实未实施即罢,复令坑冶金银悉输内藏,随后确定了东南发运司岁输内藏库金三百两、银五十万两的定额。④ 真宗景德初年,诏令"榷货务入中金银并纳内藏库"。⑤ 然未见岁额。此制后来未见有变,或是长期沿用。

太宗初年,"令内藏库使翟裔等于左藏库择上绫罗等物"转入内藏。⑥ 又令川蜀岁织锦段输内藏。至道二年,又"诏河北三十五州军、淮南二十一州军、山南东道十州、京东应天府、江南升润州绢并纳内藏,自余纳左藏"。⑦ 这样,匹帛成为内藏岁入财赋的重要品类。仅从州军数量(共六十九)看,接近全宋约三百州军的四分之一,且上述州军又多系绢帛产地,所输总额虽未见记载,却可粗断不会下于数十万匹。

珠宝香药为皇室重要奢侈消费品,同时也为财赋的一种表现形式。真宗景德四年,"诏杭、明、广州市舶司般犀牙、珠玉到京,并纳内藏,拣退者纳香药库。诸色香药亦以细色纳内藏,次者纳香药库"。⑧ 据说真宗还颇以为得意地题诗道:"每岁沈檀来远裔,累朝珠玉实皇居。今辰内府初开处,充韧尤宜史笔书。"⑨

内藏收入的钱币来源稍复杂。首先,宋朝每岁新铸得钱币的分配就

---

① 《长编》卷一〇九、卷一一一等处载仁宗初年益州路有"宦者挟富人请置场采金",或与金银输内藏有关。

② 如前引熙宁二年十月诏书,下文又言及有不系坑冶司的其他路分坑冶,而陈傅良言各有窠名分隶,都说明并非全部坑冶金银都入内藏。又《长编》卷三四八载元丰七年荆湖路称转运司坑冶收银"久来不系起发赴内藏之数"。

③ 《宋会要·职官》二七之六、《群书考索》后集卷六四《续国朝内藏库》。

④ 参见《宋会要·食货》五一之五、六,《宋会要·职官》二七之六。

⑤ 《宋会要·食货》五五之二二又五一之一。

⑥ 参见《宋史》卷一七九《食货志·会计》。

⑦ 《群书考索》后集卷六四《续国朝内藏库》。另参见《长编》卷八八、卷二六五所载河北、淮南部分州军输绢帛于内藏的记载。

⑧ 《宋会要·食货》五二之六、七。

⑨ 叶梦得:《石林燕语》卷二。

颇复杂。南宋绍兴末年，提点江淮等路坑冶铸钱李植讲："岁额钱内藏库二十三万缗，左藏库七十余万缗，皆是至道之后额数。"①他所言数字是否准确暂且不论，他讲的岁额新铸到钱的分配显然是经过简略的。史载："旧额内帑岁收新以一百五万（江、池、饶、建四监）而每年退却六十万，三年一郊，又以一百万输三司，是内帑年才得十一万六千余缗，而左藏得九十三万三千余缗。"②内言"旧额"，未明为何时之额。李焘述，内藏库"岁出缗钱六十万以助三司，盖始于天禧三年十二月"。③史载，"天圣以后"，"三岁一赍军士，出钱百万缗"，"以佐三司"。④又仁宗景祐元年，三司度支判官谢绛上言："内藏库岁铸钱百余万缗，而岁给左藏库及三年一郊度岁出九十万缗，所余无几。"根据这些记载，上言旧额乃是真宗、仁宗交替之际所立之额。熙宁五年，内藏库言："勘会饶、池、江、建等州递年额铸钱一百五万贯，并额外增剩钱，久来并纳内藏库，每年却退钱六十万贯并三年一次支南郊钱一百万贯赴三司。显见往复。欲乞下三司，自今年额铸钱一百五万贯内支一十一万六千六百六十七文、并饶池江建州监铸到额外剩钱并纳本库外，余钱并令左藏受，更不令本库逐年退钱六十万贯并每次南郊支钱一百万贯与三司。"⑤此记载数额与前述旧额颇符，惟内藏又增入饶池等监额外剩钱。说明真宗或仁宗时所立分配制度至熙宁五年以前一直沿用。这种分配使得内藏钱币额定岁入数与岁净得数之间有很大差距，这就造成计算内藏钱币收支数额的不同方法和不同结果。神宗时大兴鼓铸，造币数量有很大增加。据元丰年中毕仲衍所撰《中书备对》，时全宋岁铸铜钱四百九十六万贯（折二钱占相当比重）。其中仁宗以后设置的各钱监岁铸一百八十六万贯应副诸路。江、池、饶、建四监岁铸一百六十万贯，于中拨二十万贯为信州买银本钱，又三十五万贯为额外添铸钱直入内藏库。所余一百零五万贯为年额数，内十五万贯输左藏，九

① 《系年要录》卷一八五。
② 《宋史》卷一八〇《食货志·钱币》。
③ 《长编》卷一二〇。
④ 《宋史》卷一七九《食货志·会计》。
⑤ 《长编》卷一一四。

十万贯输内库,内藏又岁拨三十三万余贯予三司为南郊费(按,未载岁退六十万贯给三司事)。另外,广南钱监所铸除应副买铜本钱外,岁复输小钱二十万贯入内藏。① 如所载无误,则时内藏约岁入钱币一百四十万贯,扣除南郊支费反馈三司者,则为一百一十万贯。

除每年新铸钱部分入内藏外,内藏还另有一些其他钱币收入。如景德二年,"诏榷货务入中金银见钱并纳内藏封桩,其绸绢丝帛纳左藏,仍据数兑左藏见钱入内藏"。② 此制是否久行,不得而知。又大中祥符七年,"诏:店宅务每年纳课利十四万一百九十七贯送内藏库,其钱陌不整,自今令兑盐院钱十四万二百贯充"。③ 店宅务又名楼店务,太宗时"以所收钱供禁中脂泽之用"。④ 又所言仅为京师店宅务。神宗时行新法,曾调钱币收入入内藏。熙宁三年,"诏岁以京东常平息钱纳内藏库"。⑤ 元丰元年,"诏在京、开封府界见封桩阙额诸军请受可并送内藏别封桩"。⑥ 又"诏:诸路应发坊场钱百万缗,令司农寺分定逐路年额,立限于内藏库寄纳"。⑦ 坊场钱百万贯入内藏后成久制,使内藏岁入钱币数有很大增加。另外,皇帝可能还通过合同司临时调三司钱币入内藏。

内藏岁入财赋总额是难于精确计算的。据陈傅良述,熙宁二年以前,"内藏库止是牧簇给费之余或坊场课利,不以多寡,初无定额"。⑧ 这大约是讲总的情况,具体某一个方面、某一收入窠名,显然如前所述是有定额的。李心传记,太宗时,"岁入不过钱百余万缗、银十余万两"。⑨ 疑未将绢帛、金、香药等收入计入,故不是全面的统计。史载:"内藏岁入金帛,皇祐中二百六十五万七千一十一,治平一百九十三万三千五百五十

---

① 《长编》卷二三〇。
② 参见《宋会要·食货》一一之八、九。
③ 《宋会要·食货》五一之一。
④ 《长编》卷三〇。
⑤ 《群书考索》后集卷六四《财用》。
⑥ 《宋会要·职官》二七之一二、《长编》卷二九五。
⑦ 《宋会要·职官》二七之一二、《长编》卷二九五。
⑧ 《通考》卷二三《国用考》。
⑨ 《朝野杂记》甲集卷一七《内藏库》。又见《玉海》卷一八三,系年于至道中。

四。"①其所含确切财赋品类及单位也未交代清楚。又史言，"神宗盛御之初，诏立岁输内藏钱帛之额，视庆历上供之数"。② 然庆历上供之数已无可察考。③

二、内藏库的支出

内藏库财赋支出根据其用途可以分为五个方面：皇室消费、赏赐、军费、恤灾、助三司经费。章如愚谓，内藏等库"蓄积以待非常之用，军兴赏赉则用之，水旱灾伤赈济则用之，三司财用乏则出以助之，诸路财用乏则出以助之"。④ 所言颇含溢美意，却也非凭空乱吹。

皇室消费为内藏财赋支出的大宗，但是皇室极惧怕外人窥知详情，千方百计予以遮蔽，故不见有综合性的统计。至于此方面开支的一般情况，则前文已述及。

所谓赏赐，尤以庆典（例如南郊祀典）赏赐数额为巨。史载："天圣以后，兵师、水旱费无常数，三岁一赉军士，出钱百万缗，绸绢百万匹，银三十万两，锦绮、鹿胎、透背、绫罗纱縠含五十万匹，以佐三司。"⑤内钱百万缗前已言及，在与岁入缗钱抵销而只计岁净入时，可不认为是岁出，但绸绢锦绮等却无可抵销，以岁计之也有六十万匹两之数。

内藏支出用于军费者并无定数，此类事却频繁见于记载，其数目往往颇可观。如景德元年闰九月，"内出银三十万两付河北转运司贸易军粮"。⑥ 宝元元年九月，"出内藏库锦绮绫罗一百万，下陕西路市籴军

---

① 《宋史》卷一七九《食货志·会计》。
② 《宋史》卷一七九《食货志·会计》。
③ 各地土贡理应归隶御前，其中除即时消费者外，当也有相当数量入内库，惟史籍似的未述及此。南宋赵与时统计《元丰九域志》所载，土贡物有近三百种，其中纺织品二千余匹，多属名贵特产，见其《宾退录》卷一〇。
④ 《群书考索》续集卷四五《财用》。
⑤ 《宋史》卷一七九《食货志·会计》。又《长编》卷二四。熙宁五年，神宗言内藏库因两经优赏而钱币缺乏，可参见。
⑥ 《长编》卷五七。

储"。① 皇祐二年八月，"出内藏库绢一百万，下河北都转运司权易大名府路安抚司封桩钱市籴军储"。② 熙宁三年九月，"赐陕西转运司内藏库绢百万，以其半分四路封桩，余令贸易收籴缘边军储"。③ 如此之类，难以枚举。

内藏财用于赈恤主要目的是所谓布扬皇恩。此项支出数额大不如军费，次数也少，但也不乏记载。例如仁宗嘉祐元年七月，"出内藏银绢三十万赈贷河北"。④ 以内藏财代替灾区百姓赋税也是赈恤的一种方式。如明道二年，"以京东饥，出内藏库绢二十万下三司代本路上供之数"。⑤ 景祐元年，"以淮南岁饥，出内藏绢二十万，下三司代其岁输"。⑥

内藏财赋用于补助三司或地方经费，也多与战争、庆典、灾害有关。如大中祥符九年春正月，"发内藏钱五十万给三司"。⑦ 似与"天书降"后连年费用广及田赋歉收有关。景祐元年五月，"出内藏库缗钱一百万赐三司"。⑧ 与大面积受灾有关。另外，三司等还不时向内藏借贷，有时无力偿还，拖延日久，终被蠲免。李焘记："自乾德、开宝以来，用兵及水旱赈给、庆赐赏赉，有司计度之，所阙者，必籍其数以贷于内藏，俟课赋有余即偿之。淳化后二十年间，岁贷百万，有至三百万者，累岁不能偿，则除其籍。"⑨ 由于太宗、真宗在位时期内有一段三司年年借贷，故真宗天禧三年末，决定每岁由内藏定拨六十万贯钱币给三司，同时诏"切戒三司毋得复有假贷"。⑩ 然而六十万贯之数仍无法补足三司岁出亏欠之数，此后仍不时向内藏借贷。仁宗明道二年至景祐三年，因天灾，"才四年而所借钱帛

① 《长编》卷一二二。
② 《长编》卷一六九。
③ 《长编》卷二一五。
④ 《宋史》卷一二《仁宗纪》。
⑤ 《长编》卷一一三。
⑥ 《长编》卷一一四。
⑦ 《长编》卷六七。
⑧ 《长编》卷一一四。
⑨ 《长编》卷六七。
⑩ 《长编》卷一二〇。

凡九百七十万二千有余"。① 借贷多数是偿还了的,蠲除的是少数,两者各自准确数目则难以考定。

三、内藏库的性质、作用及与三司的关系

史言:"凡货财不领于有司者,则有内藏库,盖天子之别藏也。"②这可谓言简而意赅,指明了内藏库性质的根本点,即它是不领于有司而直接受皇帝控制的贮财之所。在这个意义上,宋人或称内藏之财为天子私财,或抨击内藏之设为唐琼林、大盈之比。但是,从前文对内藏支出的分析可以看出,内藏财赋并不只是用于皇室自身,有相当数量的财赋是用于军费以及赏赉、恤灾、补助经费等。故史文又载:"内藏库,掌受岁计之余积,以待邦国非常之用。"③这种说法本不全面,因为它完全没有涉及皇室自身的支费,但却迎合了帝王标榜自己以国事为先的心理,故宋朝各代君主也常有类似议论。太祖创封桩库,即讲其目的在于:"军旅饥馑,当予为之备,不可临事厚敛于民。"④又讲要将此库财用于收复幽燕等。真宗则言内藏库"乃为计司各经费耳"。⑤ 仁宗也谓:"国家禁钱,本无内外,盖以助经费耳。"⑥他们的这些言论,后来成为贤明大臣劝谏皇帝不要滥用内藏财赋的口实。例如司马光上书仁宗讲:"祖宗置内藏以备饥馑兵革非常之费,非以供陛下奉养赐予之具也",⑦因而要求仁宗裁节皇宫浮费。宋朝君主让内藏库兼顾皇宫内外支用,其目的似有三:一是强制性储存财赋。从太祖、太宗创建此库的动机看,含有对理财官吏不放心的因素,总觉得这些人不甚爱惜国财,担心其不留意储蓄,怕将来遇到特殊情况无以

---

① 《长编》卷一二〇。
② 《宋史》卷一七九《食货志·会计》。
③ 《宋史》卷一六五《职官志》。
④ 《长编》卷六。
⑤ 《长编》卷六七。
⑥ 《长编》卷一一三。
⑦ 吕祖谦:《类编皇朝大事记讲义》卷一一《仁宗·省财费》。另如叶清臣等也曾有类似劝谏言论,见《宋史》卷二九五《叶清臣传》等。

应付。另外,太祖、太宗都有意收复幽燕,用兵费财,他们也有切身体会,乃决心以此强制性节省开支。故初建此库,主要是贮战争缴获和岁用剩余。二是直接掌握左右财政的权力。宋朝君主特别注意驾御群臣,对臣下颇怀戒备之心。皇帝通过内藏亲自掌握数量可观的财赋,对三司使是一种有效的制约,这可以成为皇帝直接操纵财政的有效途径。从现存记载推计,元丰改制前内藏岁入出额约在五百万贯匹两上下,而宋朝岁入直接由中央控制者(包括用于边费而转入沿边三路财计者)约三千万贯石匹两,两相比较,可知内藏财赋如何支用,对于整个财计的调节是起重要作用的。三司历年多须向内藏挪借,皇帝通过拒绝或允许,在一定程度上可限制三司使的行动。三是有利于掩盖皇室费财的真相。将皇室支用同其他如军费等开支混在一起,有遮人耳目的作用,使人难以了解皇室支用财赋的准确数额,减少人们对皇室用财的注意和议论。历代皇帝大都贪图享乐,但他们的享乐行为又常常受到大臣们的指责,君王们为摆脱大臣们监督的视线而尽情享乐,曾想出许多办法。宋朝内藏财赋的支配办法,难保就不包含上述动机。而宋朝君主起劲地标榜内藏为计司备非常之费,更使人感到有此地无银三百两之嫌。

这里还应言及,前引史文谓内藏库"掌受岁计之余积",也是打了埋伏的。从前文对内藏库收入的分析可知,真宗以后内藏有不少固定收入窠名,即是说不管岁计盈亏,这些财赋照例输入内藏。故神宗初年,三司使田况曾讲:"[内帑之贮]虽异乎唐室方贡之物,亦非邦计之羡余。"①显然,如果真的只有岁计之余才入内藏,那么三司就无须频繁地甚至是逐年地向内藏借贷了。

由于内藏库的上述性质和宋朝统治者赋予它的特殊使命,就决定了它的特殊管理制度及其与三司的特殊关系。据南宋林駉记:"[宋初]内之私帑储蓄……我朝尽归三司。""内庭分贮羡余之财,三司亦领之。"他又引《蔡官制》语,谓上供财赋"别有科名决分贮内库者,皆三司使总

_____

① 《历代名臣奏议》卷二一五。

之"。① 据此,太祖、太宗之世,三司对内藏财赋虽无擅自支用权,三司使却了解内藏岁入数和存贮数,依此调节财计。真宗咸平六年,"诏内藏库专副以下不得将库管钱帛数供报及于外传说,犯者处斩"。② 大约此后三司即不能掌握内藏库的财赋贮存量了。又据林駉记,景德年中,真宗规定内库非时取索财赋必经三司,③而定额窠名三司则可从地方所前财务帐籍上窥知,因此三司此时尚能了解内藏库岁入大数,且在一定限度内可以限制内藏库额外征调。但这一规定至大中祥符元年被改变。此年禁中设合同凭由司、三司设承受御宝凭由司,三司失掉关防之权,此后内藏吏得以任意取索三司之财。三司使只是通过年终结帐才能知入于内藏财赋的总数。④ 三司使只知当年入内藏粗数,却不了解内藏存贮数,影响其履行计度财赋的职责。大中祥符八年,"丁谓充使日,自陈度支经费,宜知都数。上勉从其请,仍令副使以下不得预闻"。⑤ 于是,三司使又重新获得了了解内藏存贮数的权力。但此制似未久行,英宗即位前后,司马光、吕诲等上疏言及"今内藏专以内臣掌之,不领于三司,其出纳之多少、积蓄之虚实,簿书之是非,有司莫得而知也"。⑥ "内藏、奉宸诸库非有司关掌,故外臣莫得知其登耗"。⑦ 此时三司使似已不能知内藏贮存情况。粗略地讲,元丰改制以前,三司使对于内藏财赋大体是知入不知出,对于存贮情况,则是有时知有时不知。三司使对于内藏岁入情况的了解,大约可通过地方、榷货务、铸钱司等所申帐籍所载。其中地方输内藏的财赋,似多由三司代为催督,史载:"内库所须[布帛],则有司下其数供足。"⑧又熙宁年中,"诏诸路金银输内藏库者,岁以帐上三司拘催"。⑨ 这些都是三司

① 《古今源流至论》后集卷二《三司》。所引《蔡官制》应即蔡元道《祖宗官制旧典》。
② 《长编》卷五四、《宋会要·食货》五一之一。
③ 参见《古今源流至论》续集卷二《内帑》、《宋会要·职官》五之三四至三七。
④ 参见《长编》卷六八正文及细文引王铚《百一编》。
⑤ 《长编》卷八五。
⑥ 《司马文正公传家集》卷二五《论财利疏》。
⑦ 《宋朝诸臣奏议》卷一〇七《上英宗乞会计内库出入裁损过当》。
⑧ 《宋史》卷一七五《食货志·布帛》。
⑨ 《宋史》卷一七五《食货志·会计》。

了解内藏岁入财赋的渠道。

由皇帝亲自掌握的库藏,内藏库以外还有奉宸等库。奉宸库由宋初的宜圣殿内库、穆清殿库、崇圣殿库、崇圣殿真珠库、崇圣殿乐器库合并而成。康定元年始用此名,"掌内中所降金银珍宝及旧所藏祕备内中须索"。① 奉宸库主要掌珍宝,故在财政中的地位远不如内藏重要。

第三节 三司体制的利弊及时人的议论

一、三司体制的优缺点

三司理财体制,是盛唐以后在税制、军制发生巨大变化的条件下形成和发展的。它的发生和发展,又是在社会动荡的不正常历史环境之中。户部四司为三司三部所取代,反映了禁榷收入在财政中地位的提高。三司使地位的上升、各种修造事务和财务监察事务大部分系属于三司使,反映了战争和募兵制给财政造成的巨大压力,以及由这种压力所要求的财政上的高度集权。由此就决定了三司理财体制的优点和缺点。它最突出的优点就在于它的高度统一性、一体性,即它不但能统一管理赋税征收,而且在一定限度内也能统一管理财政支出,甚至能通过财政监察权,有效地贯彻统一调度财计的意图。用宋人的话来说,即是"利权不分"。② 林駧称赞三司理财体制是体现了"立功以实不以文"的原则,③也本于此。三司在一定范围内能控制各方面的开支,这在宋代尤为重要,宋朝高度中央集权,地方收入管理权收归中央,供养军队、官吏等各方面的负担也相应地归于中央,稍有放松,就有入不敷出的危险,因此,客观上需要一个强

① 《宋会要·食货》五二之一七。另参见朱弁《曲洧旧闻》卷一、蔡絛《铁围山丛谈》卷五有关记载,此库北宋末并入内藏库。

② 《群书考索》续集卷四五《祖宗时利权不分》。

③ 《古今源流至论》后集卷二《三司》。

有力的理财权力中心。三司的体制大致上适应了这种需要。

　　事物的缺点往往是同其自身的优点相关联的。三司体制的优点源于它的财政管理一体化,其弊病大体也出于此。三司既于财计之事无所不统,而且不但管朝省财计,又要干预地方财计,又要负责财务监察;不但负责财务出纳,还要负责土木建筑、军器制造、水利工程以及一些民政事务。这样,就使得它的责任过于繁重,需要处理的事务过于众多,在当时的社会条件下,无论其机构如何复杂庞巨、权力如何集中强大,要有效地控制整个财政机器的运转而不出问题,也是极其困难的。至道年中,太宗曾批评三司道:"今三司但欲增置关防以塞奸幸,不知纲目既众,簿书愈多,奸幸弥作。"①他把责任归之于三司是不公平的,纲目众、簿书多的根源在于宋朝政治、军事、财政等各方面过分地中央集权和这种极端集权给理财机构带来的难以克服的困难。时三司伍责官员陈恕讲:"封域浸广,财谷繁多,三司之中,簿牒填委。朝廷设法,督责尤严,官员吏人,救过不暇。"②之所以搞得三司官吏救过不暇,就是因为朝廷为三司规定了难以胜任的繁重使命。真宗咸平四年,又有上封者言:"三司官吏积习依违,天下文牒,有经五七岁不为裁决者。案牒凝滞,吏民抑塞。"③仁宗嘉祐年中,"三司簿书不治,其滞留者自天禧以来末帐六百有四,明道以来生事二百一十二万"。④ 神宗熙宁五年,详定帐籍所言:"检会诸州军供申诸色文帐到三司,始自天圣九年本司人吏旷职,上下因循,徒有点算之名,而全无覆察之实,积弊岁久,官吏苟简,更不行遣送勾甚多。"⑤为了清理积压帐目,当时特成立了三司帐司,调集数百人,结果成效甚微,终于罢止。对于三司许多事务拖延不作处理,君臣们往往责难三司官吏懈怠无能、办事无效率,这固然是问题的一个方面,然而却不是问题的根本,考察北宋元丰年以前财政史情,三司事壅帐滞的根本原因,在于政、军、财诸方面的集权,特别

---

① 《长编》卷四〇。
② 《长编》卷四〇。
③ 《长编》卷四八。
④ 《东坡七集·东坡集》卷三三《陈公弼传》,另见《宋史》卷二九八《陈希亮传》。
⑤ 《宋会要·职官》五之二七。又据《通考》卷二三《国用考》引苏辙奏,时"于三司取天下所上帐籍视之,至有到省三二十年不发其封者"。

是财政上的集权。苏辙在神宗即位初曾上疏批评财政上的过分集权，他说："吏冗……尤甚者莫如三司之吏，世以为多而不可捐，何也？国计重而簿书众也。臣以为不然。主大计者必执简自处……今则不然，举四海之大而一毫之用必会于三司，故三司者案牍之委也。案牍积则吏不得不多，案牍积而吏多，则欺之者众，虽有大利害不能察也。夫天下之财，下自郡县而至于转运使，相钩较足以为不失矣。然世常以为转运使为不可独信，故必至于三司而后已。"①自然，苏辙并未看到，财政上的集权乃是由政治、军事上的集权派生出来的。政治、军事、财政上的过分集权是北宋众多弊病的总根源。

　　除三司理财体制本身的问题而外，与之同时存在的宰相主政、枢密主兵、三司主财的体制也有弊病，这就是范镇所言：三者"各不相知，故财已匮而枢密院益兵无穷，民已困而三司取财不已，中书视民之困而不知使枢密减兵、三司宽财以救民困者，制国用之职不在中书也"。② 本来，依照当时体制，宰相、枢密、三司之事应由皇帝本人来协调的，但由于封建世袭制所决定，皇帝多是平庸无能之辈，不可能总是很好地担负起此种协调职责，于是三者不协调的问题便越来越严重。宋初以来，对官僚体制未能进行彻底的整顿，现存宰相理政系统、枢密理兵系统、三司理财系统之外，前代遗留的三省六部诸寺监等未纳入三系统的官僚机构未被撤销，使得官僚机构的设置臃肿而杂乱，改革官僚体制是势在必行的。

二、士大夫对于三司体制的批评

　　三司体制除存在上述弊病之外，因其形成于动乱年代，其机构设置不免遗存动乱年代的痕迹。首先，三司使、三部副使都称使，顾名思义，乃是皇帝的私人代表。这同初唐三省六部诸寺监堂堂正正的朝廷命官有正规不正规的区别。三司使而下各级官署、官职的名称大都产生于动乱年代

---

① 《栾城集》卷二一《上皇帝书》。
② 《苏东坡集》卷三九《范景仁墓志铭》。另见《长编》卷一七九。其同时人蔡襄也有类似看法，见《蔡忠惠公文集》卷二二《国论要目》。

临时设置,其职掌范围的划分和名称的确定,往往有不够审慎之处。三司本身的弊病连同它具有的不正规色彩,使得士大夫们不断地对它以及与它相关的整个官僚体制提出批评。

士大夫们的批评意见可以归纳为几个方面:

首先,有些人看到了上述三司事丛务繁、办事效率不高的弊病,对此提出批评。例如太宗端拱年中直史馆罗处约讲:"三司之名兴于近代,堆案盈几之籍,何尝能省览之乎?"①他认为三司使事权过重,"黾勉从事者姑务其因循,尽瘁事国者或生于睢盱,因循则无补于国,睢盱则不协于时",②其弊病必须通过废罢三司才能补救。此后批评三司务繁事滞者不少,但将其与三司体制存废联系在一起的却不多见。

对三司体制持否定态度、主张废罢三司体制者议论最多的,是认为三司之设出于权宜,不正规,只有初唐省台寺监之制才是长久之制。罗处约即讲及此,说:"三司之制非古也,盖唐朝中叶之后,兵寇相仍,河朔不王,军旅未戢,以赋调管榷之所出,故自尚书省分三司以董之。"③由于有了三司,省台寺监中许多官司形同虚设,"今则仓部、金部,安能知储廪帑藏之盈虚? 司田、司川,孰能知屯役、河渠之远近"。"迨及九寺、三监,多为冗泛之司,虽有其官,不举其职。伏望陛下当治平之日,建垂久之规,不烦更差使臣,别置公署。如此,则名正而言顺,言顺而事成"。④ 显然,他认为三司使乃是皇帝所差使臣,三司是临时别置公署,名不正言不顺。数载以后,淳化年中,权御史中丞王化基献《澄清略》,也持相同看法,而在此基础上又有发挥。文称:"尚书省上应天象,对临紫垣,六卿拟喉舌之官,郎吏应星辰之位,斯实乾文昭著,政事具明。方今省曹之名,未称朝廷之盛。夫三司使额,乃近代权制。判官、推官、勾院、开拆、磨勘、凭由、理欠,孔目、勾押、前行、后行,皆州郡官司吏局之名也。"⑤他要求恢复省台寺监旧

① 《长编》卷二九,另见《宋史》卷四四〇《儒林·罗处约传》。
② 《长编》卷二九。
③ 《长编》卷二九。
④ 《长编》卷二九。
⑤ 《长编》卷三二。另见《宋史》卷二六六《王化基传》。

有各种官名,"尽去其州郡职局鄙俗之名"。① 罗处约、王化基的这种意见在士大夫们中间颇有代表性,他们向往太平盛世,对初唐省台寺监之制的崇拜已有若干迷信成分,而认为三司体制名不正言不顺,必须恢复初唐旧制而废罢三司体制。后至道年中,又有宋琪、王炳等人提出类似意见。②真、仁两朝,"议者多以正名为请。咸平中,杨亿首言:文昌会府(按,即尚书都省,详《通典》)有名无实,宜复其旧"。③ 又有右司谏、直史馆孙何上疏,力主将"三部还之六卿",以成"太平之业,垂统立制"。④ 杨亿、孙何之议未付实施,"既而言者相继,乞复二十四司之制"。⑤ 其中与众稍异者,是仁宗至和二年宣徽院使、判延州吴育的上奏。他要求恢复尚书省各部,却认为三司也可不废。其奏下两制(起草诏书者)定夺,结果"言者谓尚书省职局今并入三司及诸司分领,事难遽更"。⑥ 显然,省台寺监官僚体制同北宋前期的政、军、财分立的体制是水火不相容的。

　　士大夫们中间广泛地存在的向往恢复初唐省台寺监体制的心理,终于导致了元丰年中的大改官制。省台寺监体制的恢复,宣告了北宋政、军、财分立体制的终结,也就进而使户部理财体制取代了三司理财体制。

① 《长编》卷三二。另见《宋史》卷二六六《王化基传》。
② 参见《长编》卷三九、《宋史》卷一六八《职官志》。
③ 《宋史》卷一六一《职官志》。
④ 《长编》卷四五。
⑤ 《宋史》卷一六一《职官志》。
⑥ 《长编》卷一八一。按,范仲淹也曾提出对现行官制进行改良,建议中书、枢密兼理众务,见《范文正公奏议》卷上《奏乞两府兼判》。陈舜俞也讲道:"不以《六典》治天下,终苟道也;不以台省九寺五监十六卫治天下,终危邦也。"见《都官集》卷三《经制》。

第 四 章

户部理财体制

元丰四年,改行新官制,户部理财体制代替了三司理财体制。当然,变更官制的准备工作大致在神宗即位之初就开始了,而新官制的落实至元丰六年才基本告成,有些下级官吏名称的一体化,则拖到徽宗即位以后。因此,也可以说,新旧官制的更替经历了一个较长的过程。户部理财取代三司理财,这在宋朝财制史上具有划时代的重要意义。

第一节 理财首脑机构事权的削减

以新官制下的尚书省户部同旧官制下的三司比较,最明显的区别就是户部的职权范围比三司大大缩小了。

一、尚书省户部的机构设置

要了解户部理财体制全貌,要了解户部同三司全部的区别,须先对户部的机构设置有所了解。

元丰新官制是以《唐六典》为蓝本的,因而大体仿效初唐官制。尚书省为政权最高执行机构,与之并行有中书省侧重于立法,门下省侧重于监审,合称三省。尚书省下设六部二十四司,户部为六部之一,下统户部左曹、户部右曹、度支、金部、仓部五司,左右曹之分似为宋朝新创,右曹的出现,显然与推行新法密切相关。左、右曹依旧习惯可看成一司,故有人认为户部仍旧是有户部、度支、金部、仓部四司。

章如愚记:"户部掌天下之户口、土地、钱谷之政令,贡赋、征役之事。以版籍考户口之登耗,以税赋持军国之岁计,以土贡辨郡县之物宜,以征榷抑兼并而佐调度,以孝义婚姻继嗣之道和人心,以田务券责之理直民讼,凡此归于左曹。以常平之法平丰凶、时敛散,以免役之法通贫富、均财力,以伍保之法联比闾、察盗贼,以义仓振济之法救饥馑、恤艰阨,以农田水利之政治荒废、务稼穑,以坊场河渡之课酬勤劳、省科率,凡此归于右曹。"①言语虽多,归纳起来却也简单,大体左曹掌常赋兼理民政,右曹掌与新法相关各种事务。北宋时,左右曹各设五案,然不得其详。南宋前期,左右曹设案情况有变。左曹仅设三案,即户口案、农田案、检法案。右曹则设六案,即常平案、免役案、坊场案、平准案、检法案、知杂案。有些案之下又设窠科。各案分职如下:

户口案:"掌凡诸路州县户口、孝义、婚姻、良贱、民间债负,州县升降户口、官员增收漏户酬赏,改立官户,分析财产,科差人丁,典卖屋业,陈告户绝财产,索取妻男借贷钱物之类。"②

农田案:"掌农田及田讼,务限奏丰稔、验水旱虫蝗、劝课农桑、请佃地土,令佐任满赏罚,缴奏诸州雨雪,检按灾伤逃绝人户。"

左曹检法案:"掌凡本部检法之事。"此案下设三窠(科):二税窠、房地窠、课利窠。二税窠掌二税受纳、驱磨隐匿、支移折变。房地窠"掌诸

---

① 《群书考索》后集卷八《官制·户部尚书》。按此文与《宋史》卷一六三《职官志·户部》略同,以后者校正前者讹误。又孙逢吉《职官分纪》卷九《户部尚书》:"国朝户部左曹掌天下诸路州县户口、农田、贡赋、税租之政令,及孝义、婚姻、继嗣、良贱、田务、券债、酒曲、园宅凡课人之事。右曹掌常平免役之政令,坊场、河渡、水利、伍保、没官田产、义仓、赈济、公使之事并皆隶焉。"

② 《宋会要·食货》五六之四〇至四一,另参见《宋史》卷一六三《职官志·户部》。以下各案所引文字同此。

州楼店务房廊课利,人户侵占官地,裁减房地钱,催促僧道免丁钱,土贡献助之类。课利窠"掌诸州军酒务课利,比较增亏,知、通等职位姓名,人户买扑官盐(应为监之误)场酒务祖额酒息,卖田投纳牙契"。

常平案:"掌常平、农田水利及义仓、赈济、户绝田产、居养鳏寡孤独之事。"

免役案:"掌免役、不系教阅保伍。"

坊场案:"掌坊场河渡,裁定公使,支酬衙前纲运路费。"

平准案:"掌市准、市易、抵当、医药、石木炭等。"

右曹也设检法案,当也掌本曹检法事。另有知杂案,当负责诸案所不掌而又属右曹职掌范围内不能遗漏之事。左曹无知杂案,却另设开拆知杂司,级别虽略低,职掌却是相类的。以上所言为户部左、右曹职掌及内部结构。以下再看度、金、仓三司。

度支:"参掌计度军国之用,量贡赋税租之入以为出。凡军须边备,会其盈虚而通其有无。若中外禄赐及大礼赏给,皆前期以办。岁终,则会诸路财用出入之数奏于上,而以其副申尚书省。""凡上供有额,封桩有数,科买有期,皆掌之。有所漕运,则计程而给其直。凡内外支供及奉给驿券,赏赐衣物钱帛,先期拟度,时而予之。"①据此,度支负责财赋的统筹计度、调配、年终会计之事。度支或设六案,或设五案,前后不一。分六案,则为度支、发运、支供、赏赐、掌法、知杂,其中掌法案或不设,则总为五案。

金部:"参掌天下给纳之泉币,计其岁之所输,归于受藏之府,以待邦国之用。勾考平准、市舶、榷易、商税、香茶、盐矾之数,以周知其登耗,视岁额增亏而为之赏罚。凡纲运濡滞及负折者,计程帐催理。凡造度、量、权、衡,则颁其法式。合同取索及奉给、时赐,审覆而供给之。"简言之,金部主要负责钱币收入贮存,兼理度量衡之制等。金部设案,或七或六,七案时乃为左藏、右藏、钱帛、榷易、请给、掌法、知杂,与度支类似,或不设掌

---

① 《宋史》卷一六三《职官志·户部》,另参见《群书考索》后集卷八《官制》。以下金部、仓部所引文字同此。

法案,则总为六案。

仓部:"参掌国之仓庾储积及其给受之事。凡诸路收籴折纳,以时举行;漕运上供封桩,以时催理;应供输中都而有登耗,则比较以闻。岁以应用刍粟前期报度支,均定支移、折变之数。其在河北、陕西、河东路者,书其所支岁月,季一会之。若内外仓场帐籍供申愆期,则以法究治。"简言之,仓部主要负责粮食的催收、籴买和贮存。仓部一般设六案:仓场、上供、籴籴、给纳、知杂、开拆。其中开拆或代之以掌法。

大体五司之分工:左曹掌常赋之制,右曹掌新法之行,度支掌计度支出,金部掌金帛入存,仓部掌粮米入贮。

户部首脑称尚书,副职称侍郎。尚书只一员,侍郎则或一员,或二员,或三员。五司长官称郎中,副职称员外郎。员外郎以下有主事、令史、书令史、守当官、贴司等吏员。左右曹北宋时共有吏人约百人,南宋裁减为七十人。度支北宋时五十一人,南宋裁减为四十六人。[①] 金部北宋时吏人数不详,南宋裁减为二十三人。五司合计,北宋时约二百五十人,南宋时约二百人,较之旧日三司,约为三分或四分之一。

二、三司事权部分散于五曹寺监

前述三司与初唐尚书省户部主要的不同,是它兼管了原先户部所不掌管的花费钱财的事务(如军器制造、土木建筑、礼器制造等)和部分监察事务。自然,在效法初唐的元丰官制下,三司所掌的那些花费钱财的事务和监察事务,就要划归户部以外的机构主掌了。

在元丰新官制下,尚书省工部成为官府修理、制造、兴建等事务的主管机构。马端临述:"[国初]凡城池土木工役皆隶三司修造案,本曹无所

---

① 此据《宋史》卷一六三《职官志·户部》。另《宋会要·食货》五一之四七载:乾道"六年五月四日,度支言:依指挥条具并省吏额。见管主事二人,令史五人,书令史一十三人,守当官一十二人,正贴司二十人,私名四人。今减书令史一名,守当官二人,正贴司三人,以五十人为额。诏依……淳熙十三年十二月九日,诏度支减守当官二人、贴司一人、私名二人。"则乾道六年裁减前计有吏五十六人,淳熙十三年裁减后为四十五人。

掌。元丰官制行,尚书省工部掌天下城池、宫室、舟车、器械、符印、钱宝之事,百工山泽沟洫屯田之政令。"①马氏此处所言有些毛病,宋初不只是修造案所掌城池土木工役不隶工部,下文所言"百工山泽沟洫屯田之政令"等事统统不隶工部。而在新官制下,这一切都归工部主管。

宋代官府修、造、建之事,主要有四个方面:河集治理、军器制造、土木建造、坑冶铸钱。

新官制下,河渠治理之事隶于工部属下水部和都水使者。宋初,此事原由三司河渠案主管,仁宗皇祐年中将河渠案扩大为河渠司,嘉祐年中废河渠司,其事隶都水监。元丰改制后都水监长官改称使者,以便不与寺监不理外事的惯例矛盾。又"水部员外郎,参掌沟洫、津梁、舟楫、漕运之事。凡水之政令若江淮河渎汴路堤防决溢疏导雍底之约束,以时检行,而计度其岁用之物"。② 据此,水部是制定方针政策的机构,具体治理黄河等事务则由都水使者属下去经营。另外,水部所掌似还不只是河渠治理,还包括造漕船等事,这些事务原也是归三司管辖的。

新官制下,军器制造之事隶于工部本部和军器监。宋初,此事由三司胄案掌管,神宗时始置军器监。元丰改制,工部本部掌器械之政、百工之事,军器制造当在其内。又有御前军器所,北宋时"其役兵有万全军匠三千七百人,东西作坊工匠五千人"。③ 南宋初归隶工部,军、匠、夫初为千人,增为四千五百余人,后减,以二千五百人为额。御前军器所之外,其余军器制造具体事务归于军器监、都作院、作院。故章如愚讲:"自三司之胄(原文误为曹)案为军器监,而缮修械杖之费(原文误为具)户部不得预,曰都作院属于诸道宪司……属于刑曹钩考检校,户部莫得而知。"④军器监南宋初合并入工部本部,后复分置。另外,兵部属下库部似也干预军器制造,史载:"库部……掌……戎器、供帐之事,国之武库隶焉。凡内外

---

① 《通考》卷五二《职官考》。
② 《宋会要·职官》一六之三。
③ 《朝野杂记》甲集卷一八《御前军器所》。
④ 《群书考索》续集卷四五《财用·祖宗时利权不分》。

甲仗器械,造作缮修,皆有法式……"①而宋人也谓:三司"胄案乃今库部,属夏官(兵部)"。② 库部与工部在这方面如何分工负责,难考其详。

新官制下,土木建造之事归隶工部本部和将作监。宋初,此事由三司修造案主管,熙宁年中恢复将作监职事。改制后,工部本部掌城池宫室之大政,具体京城附近土木建造事归将作监。故林駉谓:"自元丰改官制以后……三司之修造案为将作监,而百工兴作之用户部不得考。"③而他又引蔡元道《官制》:"[三司]修造[案]乃今工部……隶之冬官(工部尚书),地官(户部)不得统焉。"④

新官制下,坑冶铸钱之事归隶工部属下虞部及少府监。宋初,坑冶铸钱事由三司铁案主管。改制后,工部掌钱币之政、籍坑冶岁入之数。其属下虞部"参掌山泽苑囿场冶之事而举行其禁令。若地产茶盐矾及金银铜铁铅锡则兴置收采,以其课入归于金部"。⑤ 故马端临谓"坑冶归虞部"⑥为三司事权分散之一事。

财政监察在元丰改制后主要由刑部属下比部负责。宋初,"凡勾会内外赋敛经费出纳逋欠之政,皆归于三司勾院、磨勘理欠司"。⑦ 元丰改制后,"比部掌勾稽文帐,周知百司给费之多寡。凡仓场库务收支各随所隶,以时具帐籍申上比部驱磨审覆而会计其数。诸受文历每季终取索审核,事故住支及赃罚欠债负则追索填纳,无隐昧则勾销除破"。⑧ 另外,原三司处理京师百官涉及财务的案件的审理、推勘之事,改制后归隶大理寺。前文述及三司推勘公事之职主要在于纠察惩处财计官员中贪污违法事。改制后其事归于大理寺右治狱。元祐三年,"三省请罢右治狱,依三

---

① 《宋史》卷一六三《职官志·兵部》。
② 《古今源流至论》续集卷二《国用》引《蔡官制》。
③ 《古今源流至论》续集卷二《国用》。
④ 《古今源流至论》续集卷二《国用》。
⑤ 《宋会要·职官》一六之三。
⑥ 《通考》卷五二《职官考·户都》。
⑦ 《宋会要·职官》一五之四七。
⑧ 《通考》卷五二《职官考·刑部》,另参见《宋会要·职官》一五之五。

司旧例置推勘检法官于户部"，①绍圣复元丰之制。

除兴造、监察事务外，还有一些原三司所掌事务改制后不属户部。较突出的有：原三司衙司所掌事务改制后由刑部属下都官司主掌，原三司所掌官田事务改制后由工部属下屯田司主掌等。

前述三司衙司及三司兵案掌数以千计的下级军官和役兵、刑徒等，这些人改制后即隶于都官司。马端临记："都官掌在京百司吏职补换更替，或以功过展减磨勘则依条例行之。诸路州军编配羁管等人置册以记其在亡。"②又史载："若定差副尉（原注：旧为军大将），则计其所历，而以役之轻重均其劳逸，给印纸书其功过，展减磨勘岁月。"③这都具体说明了原三司所管下级官吏、刑徒等改制后由都官司而不是由户部主管。又宋初，"凡屯田之政令隶三司（具体负责此事的案、司失载）……元丰改制，［屯田］员外郎始实行本司事"。④史载屯田司"掌屯田、营田、职田、学田、官庄之政令，及其租入、种刈、兴修、给纳之事"。⑤再元祐年中苏辙曾讲："三司帐设旧职，今分隶［尚书省礼部属下］膳部、光禄寺。"⑥

据上述可知，原三司所掌事务，元丰改制后，有相当部分由尚书省户部以外五曹及同这五曹联系紧密的寺监主掌。

三、户部与太府寺、司农寺

太府寺、司农寺，是元丰新官僚体制下两个很重要的与财计关系密切的机构。它们所掌职事也绝大部分是原来三司管辖的。但是，它们同前述尚书省五曹及军器、将作、都水等寺监有所不同，它们同户部的关系密切，其地位接近于户部的下属。

① 《宋史》卷一六三《职官志》。
② 《通考》卷五二《职官考·刑部》。
③ 《宋史》卷一六三《职官志》。
④ 《宋会要·职官》一六之二。
⑤ 《宋史》卷一六三《职官志·工部》。
⑥ 《宋朝诸臣奏议》卷五八《上哲宗论户部三弊》。

太府寺、司农寺元丰改制前后职权范围变化很大。改制前,太府寺机构虽存,然"凡财货廪藏贸易、四方贡赋、百官俸秩""皆隶三司,本寺但掌供祠祭香币、帨巾、神位席及造斗秤升尺而已"。① 其他寺监多"设主判之官以典事,惟太府则否,其职悉入三司诸案,故主判之任罕置"。② 可见改制前太府寺近乎名存实亡。元丰改制后,太府寺成为职掌最为繁重的机构之一。具体讲:"凡四方贡赋之输于京师者,辨其名物,视其多寡,别而受之。储于内藏者,以待非常之用;颁于左藏者,以供经常之费。凡官吏、军兵奉禄赐予,以法式颁之,先给历,从有司检察,书其名数,钩覆而后给焉。供奉之物,则承旨以进,审奏得画,乃听除之。若春秋授军衣,则前期进样,定其颁日,畿内将校营兵支请,月具其数以闻。凡商贾之赋,小贾即门征之,大贾则输于务。货之不售者,平其价鬻于平准,乘时赊贷以济民用;若质取于官,则给用多寡,各从其抵。岁以香、茶、盐钞募人入豆谷实边。即京都阙用物,预报度支。凡课入,以盈亏定课最,行赏罚。"③因太府寺事务繁剧,时人称其官长为忙卿。其事务繁剧的程度,也反映在隶属于它的官司上。隶于它的机构共计二十五个,其中左藏、内藏、奉宸、元丰、祗候、布、茶、杂物诸库为贮存财货之所,粮料、审计二院负责颁发京师地区官兵奉禄,都商税务、汴河上下锁、蔡河上下锁为征商之机关,市易司、榷货务、杂买务、杂卖场负责贸易之事,交引库掌边籴、便钱等事。另有抵当所、和剂惠民药局、店宅务、石炭场、香药库等,情况不一。南宋时所领机构有增有减,大体增少减多,太府寺职事较北宋时略简。

司农寺,宋初"掌供借田九种,大中小祀供豕及蔬果、明房油,与平粜利农之事"。④ 大体当时司农寺较太府寺职事略多,主要是各路州军常平仓籴粜不隶三司,而由司农寺主管。神宗行新法,司农寺成为推行新法的主要执行机构。元丰改制后,乃"掌仓储委积之政令"。⑤ 稍具体些讲:

---

① 《宋会要·职官》二七之一。
② 《宋会要·职官》二七之一。
③ 《宋史》卷一六五《职官志》。
④ 《宋会要·职官》二六之一。
⑤ 《宋史》卷一六五《职官志》。

"凡京都官吏禄廪,辨其精粗而为之等;诸路岁运至京师,遣官阅其名色而分纳于仓庾,藁秸则归诸场,岁具封桩、月具见存之数奏闻;给兵食则进呈粮样,因出纳而受赂刻取者,严其禁;有负失者,计其亏数上于仓部。凡诸路奏雨雪之阙与过多者,皆籍之。"①北宋时,司农寺下辖机构五十:粮仓二十五、草场十二、排岸司(掌装卸漕粮支给雇直等事)四、园苑四、下卸司、都曲院、水磨务、柴炭库、炭场等。显然,其所辖机构数虽比太府寺多,重要性却次于太府寺所辖诸机构。司农寺职事在诸寺之中也是较剧的,故时人称其长官为走卿,言其为粮草等事终日奔波。

由以上叙述可知,太府、司农寺首先是负责储财的机构,太府侧重钱帛、司农侧重粮草,由于掌贮,故支发廪禄之事就由其兼领。二者所掌又远不限于贮存、颁禄,司农寺兼管卖酒曲,太府寺则兼管征商、贸易、钞引诸事。应当说明,元丰官制有寺监不治外事的原则,故司农、太府寺所掌基本上局限于京畿地区。然而,它们的职权范围却涉及了京畿地区财政往来的各个方面,或者可以说,京畿范围内,封建国家财政上很大一部分具体事务,都是由它们掌管的。

太府、司农寺与尚书省户部虽有上下之别,却不是类如三司与三司子司那种严格隶属关系。依元丰官制,"以三省统六部,以六部统九寺五监,尊卑上下秩然有不可紊之序"。② 但这乃是笼统言之,而从文献记载中,找不到关于太府、司农隶属户部的明文规定。不过,"元丰官制,寺监不决者,上尚书省本部"。③ 即是说事关方针大计,寺监须申报尚书省有关各部。太府寺所掌大体与金部对应,司农寺大体与仓部对应,故司农卿尽管品阶高于仓部郎中,却不得不"日惟仓部要束是听,位虽高,势出仓部下"。④ 太府寺与金部也有类似关系。尽管如此,太府、司农寺既为户部以外的独立机构,在具体事务上有决定权,则其行事难免与户部有矛盾之处。户部与太府、司农寺没有严格隶属关系,也或多或少削弱了户部控

① 《宋史》卷一六五《职官志》。
② 《中兴圣政》卷一四。
③ 《宋会要·食货》五六之三一。
④ 《(咸淳)临安志》卷六《行在所录》张维《续记》。

制财政的能力。

四、户部权限缩小对财政的影响

户部取代三司,宰相重新获得财权,同时,将一般的经济事务同纯粹财政事务分开,将财政监察与一般管理分开,这无疑包含有合理因素。但是我们考虑问题绝不能离开宋朝的特殊国情,即由于实行募兵制,由于冗官冗费,其财政负担空前沉重。又由于过于中央集权的政体,这种沉重的财政负担很大部分压在中央理财机构的肩上。这些情况就造成了中央理财机构必须是强有力的,中央理财机构权力的削弱,势必对财政有不良影响。

元丰改制,户部只为尚书省六曹之一,上受制于宰相,旁掣肘于五曹,内分权于右曹,地位、权势都大不如昔日三司。南宋吕祖谦讲,由于户部长官权力不足以权衡财计,故士大夫们多以户部"为迁官之地,簿书之弊犹不能救,不过按其数而督之,视其籍而书之,况望其较诸道之有无、制国用之多寡哉?"①章如愚更言:"自元丰改官制,户部尚书全无计相之权,职在行朝廷之文移,仅能经略在京官吏诸军俸禄而已。"②

哲宗即位,司马光上奏分析了户部理财体制的弊病,他说:

> 祖宗之制,天下钱谷自非常平仓隶司农寺外,其余皆总于三司,一文一勺以上悉申帐籍,非条例有定数者不敢擅支。故能知其大数,量入为出,详度利害,变通法度,分画移用,取彼有余,济彼不足,指挥百司、转运使、诸州如臂使指……自改官制以来,备置尚书省六曹二十四司及九寺三监,各有职事,将旧日三司所掌事务散在六曹及诸寺监。户部不得总天下财赋。既[不]相统摄,帐籍不尽申户部,户部不能尽知天下钱谷之数。五曹各得支用钱物,有司下符不敢不应副,

---

① 《皇朝类编大事记》卷九《仁宗·三司使》。

② 《群书考索》后集卷四《官制·祖宗旧制》。另参见《朝野杂记》甲集卷一七《三司户部沿革》。又《朱子语类》卷一一一《财》言及宰相与户部尚书在理财上的矛盾地位及户部实际权限。

户部不能制。户部既不能知天下钱谷出纳见在之数,无由量入为出。五曹及内百司各自建白理财之法申奏施行,户部不得一一关预,无由尽公共利害。今之户部尚书,旧三司使之任也,左曹隶尚书,右曹不隶尚书,天下之财分而为二,视彼有余,视此不足,不得移用。天下皆国家之财,而分张如此,无专主之者,谁为国家公共爱惜,通融措置者乎?譬如人家有财,必使一人专主管支用,使数人主之,各务己分所有者多,互相侵夺,又人人得用之,财有增益者乎?故利权不一,虽使天下财如江海,亦恐有时而竭,况民力及山泽所出有限制乎!①

司马光的话可谓切中时弊,抓住了新理财体制的病根,即财无专主、利权不一。其表现最突出者是两方面:一是户部分左右曹,各分管一部分赋入,而户部长官与负责右曹事务的户部侍郎互不统属。二是元丰改制时,对五曹寺监支用财赋须经户部审准这一点未作明确规定,结果造成"应支用钱物五曹与寺监皆得自专"。② 进而形成"他司以办事为效,则不恤财之有无;户部以给财为功,则不论事之当否,彼此各营一职,其势不复相知"③的局面。

根据司马光的提议,元祐年中采取了如下的补救措施。

甲、户部尚书兼领左右曹,设都拘辖司"总领内外财赋之数,凡钱谷帐籍,长贰选吏钩考"。④ 户部尚书必要时可直接上奏皇帝,而不由宰相转达。让尚书兼领左右曹,是司马光建议的。

乙、将在京库务财务帐籍和诸路州军财务帐籍收归户部审核。⑤

丙、诸曹寺监支用钱物"合关申并归户部"。⑥ 在京场务许户部检察,其人员奖罚须经户部审核。⑦ 军器、将作、少府、都水、太府、光禄等寺监,

---

① 《宋朝诸臣奏议》卷五八、《长编》卷三六八。
② 《群书考索》续集卷三三《宋户部财宜归一》。
③ 苏辙:《栾城集》卷四〇《请复三司诸案札子》。
④ 《宋史》卷一六三《职官志·户部》。另参见《宋会要·食货》五六之二六、《长编》卷五一九。
⑤ 参见《宋会要·食货》五六之二五。
⑥ 《宋会要·食货》五六之二六。
⑦ 参见《宋会要·食货》五六之二六。

"凡有所为,户部定其事之可否,裁其费之多寡,而工部任其工之良苦,程其作之迟速"。① "应申请创修、添修、计置收买材料钱物,改铸钱料,兴废坑冶之类,并先由户部看详检覆,候与定夺许令造作物数,从本部关赴本辖部,分督责寺监依功限差工匠造作。内河防急切申禀不及者,听逐急应副,事毕亦申户部点检"。

丁、"左右厢店宅务、诸司诸军专计司、粮料院、香药库、北底梗(抵当?)所、粳米上中下、麦料上下诸界旧隶三司举官者",现仍"令户部奏辟。著为令"。②

戊、官兵请受添给起支、增改须申报户部。③

己、置户部推勘检法官,治理在京有关财务的案件,相应地罢废大理寺右治狱。

这些改良措施,加强了户部理财能力,使户部有可能了解财政收支的全貌,对不急需、不合理的开支有所节制,在一定程度上改变了财无专主的形势。

绍圣以后,全面否定元祐之政,上述改良措施均被废罢,财无专主的问题又严重起来。徽宗即位初,有人建议依照元祐法修改财制,虽得诏准,未及实施。④ 崇宁以后,蔡京专权,"制礼作乐,种种蠹国,劝上以奢费,内兴营缮,外拓境土。而又宦官专局应奉,及淫巧缮修与夫除戎器、去边患之费凡百端,皆不先关户部,但各作决,科次请于朝廷,或兼取于户部者,非若三司使有专按以关防也"。⑤ 入南宋,又有大臣议及"户部以给财为务,工部以办事为能",⑥想合二部为一,未果。然为了解决主财机构软弱无力的问题,乃采取以执政大臣提领财用的办法。建炎初,以同知枢密院张悫提举措置户部财用,后张悫迁中书侍郎,仍兼此职。绍兴五年,以参知政事孟庾提领措置户部财用,充总制使,相应地立总制司。乾道二

① 《长编》卷四二二。另参见陆游《老学庵笔记》卷九。
② 《宋会要·食货》五六之二七。
③ 参见《宋会要·食货》五六之二八。
④ 参见陆游《老学庵笔记》卷九。
⑤ 《群书考索》后集卷五四《财赋总论》。
⑥ 《通考》卷五二《职官考·工部》。

年,命宰相兼制国用使、参知政事同知国用事,置国用司。后罢。嘉泰四年,以"财赋之司无所统摄",①复行乾道之制,直至开禧北伐受挫。理宗端平年中,大臣杜范上言谓:"今大农虽曰总天下财赋,然分于四总者大农不得而察,贮于南库者大农不得而知,藏于内库者大农不得而与,事权无所统摄而蠹弊必倚伏其间。"他要求"效祖宗时三司使专设一官,以执政领之,使周知天下钱谷出入有余不足之数,设其属籍而会之,核其失陷,稽其蠹弊。一岁之所入必足以供一岁之所出,不足则讲求节用事宜,痛加裁减,条具奏上而施行之"。②嘉熙二年,理宗以财用事委参知政事李宗勉,以楮币事委签书枢密院事余天锡。淳祐六年,置国用所,以亲近宗室端明殿学士赵与欢提领户部财用,主之。此前后,宋廷甚至曾设想将户部从尚书省分出,与其他掌财官司合并,另立专局以统财计,③实际上等于重新设立一个类似三司的机构。这些情况说明,户部尚书的地位和权力,难以胜任统管封建国家财政的重担,要有效地掌管财政,必须有一个地位和权力超过尚书省六部尚书的官职和相应的机构。这个机构必须能及时地掌握财赋收支的全面情况,必须能有效地控制各部门的财赋支出。

第二节　户部财赋与朝廷财赋、内藏财赋的分立

自神宗即位以后,依照王安石冢宰制国用之说,将理财中枢机构户部置于宰相下属的地位,从而结束了宋初以来宰相不干预财计的局面。④宰相干预财计,就使得理财中枢机构之上,除了皇帝之外又增加了宰相。

---

① 《宋会要·职官》六之二三。
② 《杜清献公集》卷五《军器监丞轮对第二札》。
③ 参见《清正存稿》卷一《壬子聚讲癸丑论政府制国用并乞厘正检正官名札》。
④ 尚书省设十房,其"户房掌户说……等应户部、度支、金部、仓部所上之事"(《宋会要·职官》四之四)。

相应地,除了储于内藏的御前财赋之外,又新增了由皇帝、宰相合掌而主要由宰相负责的朝廷财赋。这样,在原来三司所掌财赋的基础上,便产生了户部财赋与朝廷财赋的分立,在宋朝中央即朝省范围内,财赋就分为御前、朝廷、户部三大部分。

一、朝廷封桩钱物的出现

朝廷封桩钱物的出现与推行新法密切联系。蔡元道谓:"本朝财用,旧属三司。自熙宁改法,王安石为相,始持冢宰掌邦计之说,与三司分权。凡赋税、常贡、征榷之利方归三司,而摘山煮海、坑冶、榷货、户绝、没纳之财悉归朝廷,与常平、免役、坊场、河渡、禁军阙额之类,皆号朝廷封桩。"①李心传赞同此说,谓:"神宗用王荆公计,凡摘山煮海,坑冶、榷货、户绝、没纳之财(原注:此旧三司窠名,属左藏库)与常平、免役、坊场、河渡、禁军阙额、地利之资悉归朝廷。"②两处文字言有未尽未明,即归三司的征榷与隶朝廷的摘山煮海收入如何区分。从记载看,所谓征榷之利归属三司者,主要是商税、榷酒等收入,所谓摘山煮海之利隶朝廷封桩者,主要有末盐钞钱、解盐钞钱、茶租钱等收入。朝廷封桩财赋可分三类:一是旧三司窠名,用于调充边费者,主要是钞引。二是各项新法所得。三是以节支的名义封存的地方财赋。钞引由榷货务(市易西务)代管,新法所得由司农寺代管,节支者由地方代管(就地封存)。三者由中书(宰相官署)差堂后官置簿总辖。③ 以节支名义封存的地方财赋构成较为复杂,见于记载者有阙额禁军钱、禁军差出衣粮钱、清汴水脚钱、外江纲船、卖盐宽剩钱等,其中阙额禁军钱数量较多。④ 改官制后,元丰六年,"诏废罢监牧糜费封桩钱令枢密院承旨司专根究主领,余应封桩钱物令尚书都司取索置簿拘

---

① 《古今源流至论》续集卷二《国用》引《蔡官制》,另参见《九朝编年备要》卷二六《置元丰库》。

② 《朝野杂记》甲集卷一七《内藏库》。

③ 参见《宋会要·职官》四之一九。

④ 此项收入政和年中曾隶枢密院而不隶尚书省,详见《宋史》卷一九四《兵志》。

管"。① 其中与新法关联者,改制时即由司农寺移之于户部右曹,其所掌
既为朝廷封桩钱物,故户部右曹不隶本部尚书而直接对宰相负责。由于
"朝廷"的含义包括皇帝在内,故元丰七年规定"朝廷封桩钱物令尚书省
岁终具旁通册进入",②以使皇帝知晓其数。

朝廷封桩财赋在北宋的主要体现者有元丰、元祐等库,在南宋的主要
体现者有左藏南库、左藏封桩库等,以下分别专述之。

二、元丰、元祐等库

元丰库、元祐库、崇宁库、大观库、宣和库都是储存朝廷财赋的库,它
们的创立和存在,都同王安石新法关系密切。

元丰库始建于元丰三年。蔡京的儿子蔡絛曾撰文述元丰库创立的
缘起:

> 元丰库、大观库者,皆谓之朝廷库务。国家沿袭唐五代之制,财
> 用尽付三司有自来矣。及熙宁初议改法,因取财利之柄寖归宰相。
> 及元丰官制行,既无三司而为户部,户部岁入之额凡四百余万缗,是
> 独昔日三司之一事而已。三司昔时所应入者,则或在朝廷。既在朝
> 廷,此所以立元丰库也。况又当崇、观之间,鲁公前后措置,所入元丰
> 库若香药、犀象、粗细物货珠玉金帛不知纪极矣。元丰库之制,虽天
> 子不可得而用,倘有所用,必有司具数上之朝廷,宰执聚议同上奏陈,
> 降圣旨下库始可支拨,况宰执议论或有所不同者,盖目前行之甚严如
> 此也。……又元丰库一日数内,鲁公偶见有佛牙真者十二枚,因叹息
> 曰:此亦何用贮积乎? 命左司详加试验,得佛牙真者七枚,因分赐诸
> 大禅寺,斯可见其充牣。……[金人围汴京索要钱财]又虏人所须,
> 虽河北、山东精绢动千余万匹,亦出元丰库与内藏。内藏物帛盖少于
> 元丰,积镪则甚多……③

---

① 《宋会要·职官》四之一九。
② 《长编》卷三五〇。
③ 章如愚编:《群书考索》后集卷六四《财赋门·续本朝内藏库》引蔡絛《史补》。

他的话可以归纳为三点:一、元丰等库的创立同宰相重掌财权相关。二、元丰等库所储是朝廷财赋,有别于户部掌管的财赋及皇帝私藏。三、元丰库所贮除见钱外还有香药、犀象、珠玉、金帛,甚至还有佛牙。四、元丰库一直存在到北宋末年。但他有意无意地忽略了元丰等库财赋同新法的关系。另有记载说明了元丰库财赋的具体来源及与新法的关系:

> 本朝财用旧属三司,自熙宁改法,王安石为相,始持冢宰掌邦计之说,遂与三司分权。凡税赋、征榷常贡之利方归三司,而摘山、煮海、盐场、坑冶、绝户没官、禁军阙额之类,皆号朝廷封桩。法行既久,储积赢羡。是年于司农寺南创元丰库贮之,三司不与焉。及官制行,户部岁入才四百余万缗,其它尽入元丰库以待非常之用云。应有所用,必有司月数上之宰执,聚议同奏降旨下库,始可支焉。盖虽天子不得而用,其制之严如此。自熙宁以前,诸道榷酤坊场率以酬衙前之陪备官费者。至熙宁行役法,乃罢酒场听民增直以雇取其价,以给衙前。时有坊场钱。至元丰初,司农请发坊场百万缗输中都,至是遂置库贮之。后五年十月,诏户部右曹于京东、淮、浙、江、湖、福建十二路发常平钱八百万缗输元丰库。①

据此,元丰库财赋的来源有包括"阙额禁军"等名目的朝廷封桩钱、坊场钱、常平司钱。宋哲宗元祐元年十二月,"诏诸路元丰七年已前坊场、免役宽剩钱许留一半,余置场和买可变转物货,其物货逐旋起发于元丰库送纳"。② 元祐三年正月,"改封桩钱物库为元祐库,隶尚书省左右司"。③ 此封桩钱物库本在榷货务,其财"系备边、河防及缓急支用",④大约即是贮存末盐钞钱等利入之所,此时移于旧司农寺址立新库。同年二月七日,"诏江南东西、荆湖南北、福建、成都府、梓、利,夔路元祐二年已前封

---

①　陈均:《九朝编年备要》卷二〇神宗皇帝元丰三年"置元丰库"。参见《宋会要·食货》五二之一四,《长编》卷三二四、卷三三〇,《宋史》卷一七九《食货志·会计》等记载。

②　《长编》卷三九三。

③　《长编》卷四〇八。

④　《长编》卷四〇九。

桩钱物召人入便,或计置金帛发赴元祐库"。① 三月,改元丰、元祐库为元丰南北库。② 五月,"以元丰北库为司空吕公著廨宇,其封桩钱物并就南库,以元丰为名,专主朝廷封桩钱物"。③ 绍圣四年九月,"三省言:陕西路沿边州秋田收成虑阙籴本。诏于元丰库支封桩钱四百万贯,令户部依例印给解盐引,付陕西转运司分委诸路乘时广行籴买。"④这是不多见的支出元丰库财赋用于边费的事例。发运司折斛钱,熙宁年间规定入朝廷封桩,元祐年间准许户部支用,绍圣四年重新规定入朝廷封桩财赋,元符二年更明确归"元丰库拘收封桩,准备朝廷支使。如户部辄敢侵用,并依《擅支使朝廷封桩钱物法》"。⑤ 崇宁元年,又诏"诸路诸司将诸县应见管金帛并尽数发赴元丰库送纳"。⑥ 三年,又诏户部将因改铸大钱而增溢钱额二百万贯输内藏、一百万贯输元丰库。⑦ 此前后"诸路封桩禁军阙额除三路外,与常平、坊场、免役、纸绢、贴输东北盐钱及鬻卖在官田屋钱,应前收桩管封桩权添酒钱、侵占房廊白地钱、公使遗利等钱,并输元丰库"。⑧ 大观年间,宋廷曾规定,"元丰库桩小平钱一千五百万贯外,余听出入"。⑨ 政和四年七月己亥,诏:"元丰、大观东西库见拘催朝廷封桩钱物,并仰依条限催促拘收,如违,并依三催不到究治法。"⑩《宋史》又记:"石公弼字国佐……时斥卖元丰库缣帛,贱估其直,许朝士分售,皆有定数,从官至二千匹。公弼得券上还之,宰相有已取万匹者,即日反其故。"⑪这说明当时元丰库不但贮存了大量现钱,还贮存了数量可观的绢帛。靖康年间,元丰

---

① 《宋会要·食货》五二之一六、《长编》卷四〇八,按,同书卷四〇九载同年四月丁酉罢止此事。

② 参见《太平治迹统类》卷二九。

③ 《长编》卷四一〇、《宋会要·食货》五二之一四,事又见《玉海》卷一八三《食货·府库》。

④ 《长编》卷四九一。

⑤ 《宋会要·食货》五二之一五、《长编》卷五一〇。

⑥ 《宋会要·食货》五二之一五。

⑦ 《宋会要·食货》五二之一五。

⑧ 《宋史》卷一七九《食货志·会计》。

⑨ 章如愚编:《群书考索》后集卷六〇《财用门·铜钱类》。

⑩ 章如愚编:《群书考索》后集卷六四《财赋门·续本朝内藏库》引蔡絛《史补》。

⑪ 《宋史》卷三四八《石公弼传》。

库尚在,元丰库总共存在了四十多年。又据上引,元祐库只存了一二年,就被并入元丰库,存在时间短暂,影响较小。

宋徽宗崇宁年间,曾创建崇宁库,似性质与元丰库相同,但记载阙失严重。仅见《会要》载:"大观元年闰十月十七日敕节文:崇宁库桩见钱及一千余万贯,左右司官特转一官,仍减二年磨勘。"①知其存贮见钱数量可观。又《宋史》记,宋廷曾下令将部分绢帛输送崇宁库,②崇宁末年,宋廷曾下令将回收来的当十钱输送崇宁库。③ 其他无考。

蔡絛又讲了大观库的情况:

> 大观库者,其制同元丰。然大观库独贮天下坑冶,所以终始未尝动。又不若元丰库时有支用也。大观库既贮坑冶金银及细软香药等物,大观东库,大观本一库,所以有谓之大观东库者,以又有大观西库故也。大观西库,鲁公以昔日所铸当十钱之精致,靳之,故以大观西库独贮钱而已。大观西库,当政和初,榷货务以客人入纳甚盛,务中积锱物盈溢,因申乞借大观西库收贮。未几,大观西库复满,其积锱无虑三四千万缗,此政和二年至四年之盛时也。自五年后君臣寖解体,挠政者寖争出日用亦寖多。逮宣和元年二年之间,大观西库一空矣。独元贮当十钱如故而已。然大观东库未尝一有所出。虽端研亦三千余板。张滋墨者,世谓胜李庭珪,亦无虑十万斤,百物若是。……靖康之初,都邑既首遭攻围,因倾金银以赂敌,皆出大中(观?)诸库,故甚盛。及后再围破(城?)而赂敌之入反不及前,至敛掠甚苦者,雅不知帑藏先空,前者金银之盛,悉自大观诸库故也。④

抿上引,大观库最初是贮存坑冶收入的。后来分为东西二库。西库专门贮存当十钱。政和二年至四年,所贮钱多达三四千缗(超过全宋财政岁出入的三分之一)。大观东库所贮品类较多,有砚台、墨等,还有金银、绢帛。又据上引,大观库与元丰库有一点不同,即元丰库支出较多,而大观

---

① 《宋会要·食货》二五之八。

② 《宋史》卷一七五《食货志·匹帛》。

③ 《宋史》卷一八〇《食货志·钱币》。

④ 章如愚编:《群书考索》后集卷六四《财赋门·续本朝内藏库》引蔡絛《史补》。

库支出较少。

关于大观库贮存坑冶之利的缘由，《四朝国史志》讲得更为清楚：

坑冶宋朝旧有官，置场监，或民承买，以分数申于官。旧隶诸路转运司，本钱亦资焉。其物悉归内帑。崇宁以后，广搜利冗，榷赋益侔，凡属之提举司者谓之新坑冶，用常平息钱与剩利钱为本，金钱等物往往皆积之大观库，自蔡京始也。[①]

大观二年三月，漕运改用直达纲法，宋廷下令将籴本五十五万九千八百余贯输送大观库。（《宋会要·食货》五二之一一）同年同月，宋廷又下令将一部分当十、当五、当三大钱输大观库。（《长编纪事本末》卷一三六《当十钱》）《宋史》载，大观初，"尚书省言：大观库物帛不足，令两浙、京东、淮南、江东西、成都、梓州、福建路市罗绫纱一千至三万疋各有差。[大观]二年，又令京东、淮南、两浙市绢帛五万及三万疋，并输大观库。"（《宋史》卷一七五《食货志·布帛》）大观、政和年间，又规定将官抵当库出限不赎金银珠子等输大观库存贮。（《宋会要·职官》二七之二〇）可知，大观库同元丰库一样，不但贮存钱币，而且兼贮绢帛、金银及珠宝等。

关于宣和库，宋徐自明《宋宰辅编年录》卷一二记，宣和七年四月，蔡京再罢相，言者复论其子蔡絛罪，于是，宋廷下诏："蔡絛比建议宣和库令置式贡司，掌凡四方式贡之余，以待天子之用，拨元丰、大观、榷货务库金银并入宣和库。朕抚世隆平，昭德崇俭，而絛安意建议请创置式贡司于宣和库，张官置吏，又分六库以括四方钱币，万民之贡，又欲空府库之所有以实之，违典式，兴聚敛，绌国用，启私藏。可特落职。"（宋徐梦莘《三朝北盟会编》卷五〇引《秀水闲居录》、宋王称《东都事略》卷一〇一《蔡京传》、《宋史》卷四七〇《奸臣传·蔡京》所记略同）《宋史》又记："最后建宣和库，有泉货、币余、服御、玉食、器贡等名，盖蔡絛欲效王黼，以应奉司贡献要宠，事不足纪。"（《宋史》卷一七九《食货志·会计》。按《三朝北

① 章如愚编：《群书考索》后集卷六二《财用门》引《四朝（国史）志》，参见《文献通考》卷一八《征榷考》。

盟会编》引《秀水闲居录》记五库名为式贡司库名,非宣和库子库名,难知孰误。)据此,宣和库创建时间不详,内储见钱、金银,有些是由元丰库、大观库移入。因其内有式贡司,故其财赋似大量被徽宗私用。至于宣和库与式贡司究竟是怎样的关系,限于记载,无法确知。

这里必须说明,有人认为元丰、元祐、大观诸库同内藏库性质没有根本性区别,都属内帑,都是由皇帝掌握支配权的贮财之所,这是不确切的。

这种认识的存在实源于宋人。南宋史家李心传曾辨析元丰库非崇政殿库:

> 元丰五年十月壬申,发常平钱八百万缗成元丰库。注:张舜民《小史》云:神宗于崇政殿后设二十四库,或即元丰库。尝考《实录》卷末云:每库以诗一字目之,诗凡十二字,又别置库,赋诗二十字,不知库名(出李焘《长编》)。按,《国史食货志》,上即景福殿库聚金帛,元丰元年始更库名,凡三十二字。以《真宗实录》考之,景福殿库、崇政殿后库、内藏库皆一库也。盖艺祖始下诸国,聚其金帛于讲武殿后廊,谓之封桩库。太平兴国三年十月,改左藏北库为内藏库,改封桩为景福内库,并隶内藏,而讲武殿旋改为崇政。张芸叟所云即内藏耳。元丰库神宗所创,在太府寺南,非崇政殿后库明甚。①

查李心传所言《长编》,见今本卷三三〇,所言张舜民讲"以《真宗实录》考之,景福殿库、崇政殿后库、内藏库皆一库也"。今本点校者认为不是张舜民的话,且此句今作"元丰库或即崇政殿后库,当考"。语气含推测和不肯定性。李心传在另一处讲述元丰库道:"[元丰]五年,又取苗、役羡财为元丰库,直隶朝廷,在内藏之外"下有一段自注,也讲了这个意思:"《长编》载:元丰库即崇政殿库。按崇政殿库乃内藏也,本在讲武殿后,讲武后改为崇政。元丰库在太府寺南"。② 不管被李心传批驳的是李焘还是张舜民,总之可以说明宋人已有人将元丰库与内藏库混为一谈。当

---

① 《旧闻证误》卷二。
② 《朝野杂记》甲集卷一七《财赋·内藏库》。

然,李心传在这里明确将元丰库、内藏库作了区分,但是,他在"内藏库"的标题下讲述元丰等库,他还讲:"大观东西等库……无虑皆天子私藏",也很容易使人产生元丰等库与内藏库性质相同的印象。比他还过分的是洪迈,他的《容斋三笔》在"元丰库"的标题下,讲的全是内藏库的事。另外,类书《群书考索》与《玉海》,也都将元丰等库列入"内藏库"标题下讲述。这怎能不使人产生误解! 最后还应言及《宋史》卷一六五《职官志》,它在记述元丰库时加了小注,引的竟是宋神宗为内藏库命名时写的诗,这种做法也易使人误解。当然,这种认识的存在,也同宋徽宗时期将元丰等库的财赋用于皇帝本人私用有关,其中宣和库与花石纲关系密切,更容易造成宣和库是天子私藏的印象。

其实,元丰等库与内藏库是不同的。

首先,元丰等库的位置都在皇宫以外。孟元老述东京内外诸司,将内藏、奉宸等库列入内诸司,左藏,大观、元丰、宣和等库列外诸司,说明其位置前者在皇宫内,后者在皇宫外。又上引李心传述:"元丰库在太府寺内。"李焘也记元丰库设于司农寺南。又记元祐库乃设在司农寺旧址(均见前文)。可知元丰等库确在皇宫之外。

其次,元丰等库的隶属关系及财赋支配办法也同内藏、奉宸等库不同。上引陈均记,元丰库财赋"应有所用,必有司具数上之宰执聚议同奏,降旨下库,始可支焉。盖虽天子不得而用,其制之严如此"。① 可知从原则上讲,皇帝不能像支配内藏财赋那样随意支配元丰库财赋。各书均明载,元丰库所贮为朝廷封桩钱物,李心传谓,元丰库"直隶朝廷",与元祐库等"皆号朝廷库务",②这同内藏库直属御前显有区别。前文述及,朝廷封桩钱物只是在岁终才由尚书都省制旁通册呈报皇帝,可见平时其管理权主要掌于尚书都省。苏辙记,元祐年中他与宰相吕大防发生争议,苏辙怕元丰库财支用过多会用光,主张奏请拨赐内藏财赋用于边费以减少元丰库支出,吕大防则以不用内藏财赋为自己的成绩,不愿听从苏辙意

① 《九朝编年备要》卷二〇。另上引蔡絛《史补》等所述略同。
② 《朝野杂记》甲集卷一七《内藏库》。

见。苏辙又明记元丰库时隶尚书省,他时任尚书右丞,元丰库的管理乃在其职权范围之内。①他和吕大防的争论说明:一、宰相对元丰库财赋有较大的支配权;二、皇帝对内藏财赋与元丰库财赋爱惜程度明显有别。北宋末年,宰相吴敏对钦宗讲:"朝廷有元丰、大观库,犹陛下有内藏库。朝廷有阙用,需于内藏,必得旨然后敢取,户部岂可擅取朝廷库务哉。"②他的话把元丰、大观库的性质及与内藏库的区别说得清清楚楚,而且说明户部取朝廷封桩财赋不但要申奏皇帝,而且要得宰相同意。

最后,从支用方向看,元丰等库财虽与内藏财同有储待非常之功用,但元丰等库一般只用于国家非常之用,较少用于皇室消费,而内藏财赋有相当数量用于皇室消费。

三、南宋时的朝廷封桩财赋

南宋时封建国家中央所得财赋分为四部分,即内藏御前财赋、总领所供军财赋、户部财赋和朝廷封桩财赋。这从绍熙年中何澹等奏疏中可以得到明显的反映。③

南宋朝廷财赋与户部财赋的区分是明确的。高宗绍兴二十五年,户部侍郎钟世明讲:"天下财赋窠名不一,有归之朝廷者,有归之户部者……比年以来,朝廷每月支降养食钱三十万缗,又于数内克还给关子钱,而户部窠名钱物又有为朝廷支用者,户部所得无几。"④孝宗时大臣李椿曾对朝廷财赋与户部财赋的划分提出批评:"朝廷与户部遂分彼此,告借之与索偿,有同市道。"⑤朝廷与户部在分配赋入上存在不合理现象,据

---

① 参见《龙川略志》卷八《陕西粮草般运告竭可拨内藏继之》。又《宋史》卷一七九《食货志·会计》载元祐元年苏辙上奏时将元丰库、内库并列(参见《栾城集》卷三六《乞招河北保甲充军以消盗贼状》、卷三八《乞令户部役法所会议状》),说明元丰库不是内库之一。

② 《宋史》卷一七九《食货志·会计》。

③ 参见本书第一编第四章第二节有关内容。按,南宋时宰相亦有理财的责任和权力,故《历代名臣奏议》卷九九载宋理宗时侍御史李鸣复言:"进退人才,宰相职也;通制国用,亦宰相事也。"

④ 《系年要录》卷一七〇。

⑤ 《中兴圣政》卷六〇。

朱熹讲:"凡诸路财赋之入总领者,户部不得而预也。其他则归户部,户部又未尽得。凡天下之好名色钱容易取者、多者皆归于内藏库、封桩库,惟留得名色极不好、极难取者,乃归户部。"①其中归封桩库者即朝廷封桩财赋。可知新法虽被废除,朝廷封桩财赋却被保留下来,只是我们无法详细考知其来源。朝廷财赋与户部财赋的区分,大约至南宋后期相沿而未改。② 理宗时大臣牟子才曾批评这种管理办法道:"户部,司天下财赋者也,然国用房盐之财斡于宰相而不斡于户部。朝廷之上,所商者盐笑、所括者田契、所问者钱谷,甚非古人置相之义。呜呼! 版曹所掌朝廷之财也,国用所掌亦朝廷之财也,均为朝廷之财何至自相区别困于多事耶?"③所言国用房之财为宰相主掌,当即是朝廷封桩财赋。如前所述及,南宋时期朝廷封桩财赋来源较复杂,具体窠名已难考详。但榷货务茶盐钞引收入的一部分,当为其中重要来源,因为自北宋末年或南宋初年始,榷货务都茶场已直隶于尚书都省了。

朝廷封桩财赋在行都的主要体现是左藏南库和左藏封桩库。左藏南库,由南宋初的激赏库,御前激赏库演化而成,孝宗即位改用此名。李心传谓:"南库移用皆自朝廷,非若左帑直隶版曹为经费也。"④郑伯谦谓:"渡江之后,又别置激赏[库]即今之南库是也。虽宰相领之,谓之兼制国用,而内外已判然不相干矣。"⑤时人的这些议论,讲明了左藏南库的性质。乾道六年,因户部缺乏,曾对财赋窠名在户部(左藏)与朝廷(南库)之间进行调整。⑥ 此年左藏南库又分为上下两库。⑦ 淳熙二年复合二为一。⑧ 淳熙十年,左藏南库名义上拨隶户部,"而都省令户部管认南库钱

---

① 《朱子语类》卷一一一,又见《黄氏日抄》卷三七《晦庵先生语类》。
② 《黄氏日抄》卷九六《知吉州兼江西提举大监麋公行状》:"今财计在版曹者少,在国用封桩者多。"
③ 《历代名臣奏议》卷三一〇《太阳交食应诏陈十二事疏》。
④ 《朝野杂记》甲集谷一七《左藏南库》。
⑤ 《太平经国之书》卷一〇《理财》。
⑥ 《中兴圣政》卷四九、《宋史全文》卷二五。
⑦ 《宋史》卷三四《孝宗纪》。
⑧ 《宋会要·食货》五一之九。

二百九万余缗",①则南库管理权虽归户部,所贮却主要是都省即朝廷钱物。淳熙十二年,左藏南库改名为左藏封桩下库,余仍旧。财赋入南库窠名见于记载者,有增收无额钱、沙田芦场租税、出卖乳香钱、出卖度牒钱。南库财除军用外也用于振济,如淳熙八年出南库钱付浙东振窠支用。②

左藏封桩库创建于孝宗时,具体年份失载,从记载看,当在淳熙二年以前。此年十一月,"太常少卿兼提领左藏封桩库颜度言:封桩上下库与左藏南库上下库金银钱物混同。乞将南上下库及封桩上下库并为二库,以左藏南库、左藏封桩库为名,并不用上下二字"。③ 其奏获准施行。时人李彦颖谓:"虞允文建此库以备边,故曰封桩。"④则封桩库或建于乾道五年、六年中虞允文为相时。史言:"孝宗以户部经费之余,则于三省置封桩库以待军用。"⑤可知封桩库创立的目的与元丰库颇有类似之处。李心传又述"其法非奉亲,非军需不支"。⑥ 淳熙末年,封桩库财赋时被征调入内库,"省司不敢执",⑦说明此库主要负责者为省司。史载,此库"淳熙九年以都司提领"。⑧ 则此库自此明确隶尚书省都司左右司。孝宗在位期间,封桩库财赋颇夥。淳熙六年,本库"共管见钱五百三十万余贯"。淳熙十年,增至三千余万缗,⑨淳熙十三年,"[上]库中所储金至八十万两,银一百八十六万余两,又有籴本钱、度牒钱,而下库复储见缗常五六百万"。⑩ 在状况最佳时期,封桩库岁入约四百六十余万缗,所出仅二万缗以下。⑪ 孝宗去世以后支用渐多。李心传述:"至淳熙末年,往往以犒军

---

① 《宋会要·食货》五六之六一。

② 以上诸事分别参见《中兴圣政》卷六二,《宋史》卷三四《孝宗纪》、三五《孝宗纪三》,《宋史》卷一八五《食货志·香》,《宋会要·食货》五一之九等。

③ 《宋会要·食货》五一之九。

④ 《宋史》卷三八六《李彦颖传》。

⑤ 《宋史》卷三九八《倪思传》。

⑥ 《朝野杂记》申集卷一七《左藏封桩库》。

⑦ 《朝野杂记》申集卷一七《左藏封桩库》。

⑧ 《宋史》卷一六一《职官志》。

⑨ 两年贮数参见《中兴圣政》卷五七、六〇,《玉海》卷一八五《食货·会计》。

⑩ 《朝野杂记》甲集卷一七《左藏封桩库》、《玉海》卷一八五,另参见《宋会要·食货》五二之一八。

⑪ 参见《宋史》卷三九八《倪思传》。

或造军器为名拨入内库,或睿思殿,或御前库,或修内司……庆元后,每[岁]封桩库取拨钱辄数十万缗,银亦数万两,黄金亦数千两,盖以奉神事亲之费也。六年六月,拨封桩库钱一百万缗,修奉太上皇后攒宫。七月,拨二十万缗入内藏库。八月,拨钱五十万缗并银二万两,充秋季供奉太皇太后使用;又拨金二千五百两、银二万两充明堂使用;又拨八十万缗修奉太上皇帝攒宫。一季之间,所援金银见钱直二百五十万缗。"①另据载,自淳熙十五年后,每年封桩库输会子四十五万贯入内藏。② 这些记述说明,南宋朝廷封桩财赋有不小部分被用作皇室消费,其中或转输内藏,或直作所谓供亲,这使得朝廷财赋与内藏财赋的界限愈加模糊。大约开禧年前后,封桩库上下两库曾合而为一,故端平年间提领封桩库赵必愿题名谓:"嘉定七年,又分户部所掌钱物隶本所,于是有上下库之别。上库廪名,则曰折帛、曰总制、曰增盐、曰三分盐袋、曰增额、曰不排办人使。下库廪名,则曰煮酒、曰酒息、曰营田、曰盐场、曰芦柴、曰坍江、曰沙田额、曰五厘关子,为数至夥。"③南宋粮储也有隶朝廷封桩者,这主要是行在、镇江、建康三处丰储仓。史载:"初,绍兴以上供米余数桩管别廪,以为水旱之助,后又增广收籴。淳熙间,命右司为之提领,后以属检正,非奉朝廷指挥不许支拨。别置赤历,提领官结押,不许衮同司农寺收支经常米数。"④说明其性质及收支办法同左藏南库、封桩库相类。时人李椿曾谓:"米有丰储仓之积,钱有南上库之桩",⑤也说明其性质相近。

南宋时财计并不充裕,所谓经费之余本来无几,而财制上却要求分出内藏、朝廷两笔经费之余、储待非常的财赋,这正如李椿之言:"所谓积者、桩者,本非有余,移东就西、夺彼与此尔。"⑥朝廷财赋总之于宰相,户部财赋总之于户部尚书,宰相为户部尚书顶头上司,于是便出现了如陈傅良所讲的那种情况:"经费一领于大农而增羡币余之入南库受之,其名顾

---

① 《朝野杂记》甲集卷一七《左藏封桩库》。
② 参见《宋会要·食货》五二之一九。
③ 《(咸淳)临安志》卷八《院辖》,另参见《梦粱录》卷九《库》。
④ 《宋史》卷一六五《职官志·司农寺》,另参见《宋会要·职官》二六之二〇。
⑤ 《历代名臣奏议》卷二七一。
⑥ 《历代名臣奏议》卷二七一。

不甚美乎？然而操制国之权与司农孰为轻重？增羡者谥有迁擢，经赋办否则莫能黜陟也……是以比岁经赋日耗而南库之积日滋。"①掌财之臣不愿坐待诛谴，"必且他为谬巧以苟道岁月之责，是以上不加赋而民生嗷嗷……有司巧为斡旋，暗相资奉，旁缘科色，诛求锱铢"。② 这成为导致财政管理混乱的一个原因。

南宋时又有三省枢密院激赏库，其财赋多取之于临时性杂入，其支用主要是三省枢密院官更伙食津贴等，在财政中地位不甚重要。

四、户部月支与左藏库

元丰改制后，户部职权范围比旧日三司大为缩小。各种非经常性开支（例如战争、赈恤等）原则上分别由内藏和朝廷封桩财赋开支，相应地，各种赋入隶内藏和朝廷封桩者也就不在户部管辖之内。朝省水利兴修、军器制造及土木建筑等及地方经费多系依例行事。户部真正能有效地发挥其管理调度作用的天地已很为有限，李心传讲，改制以后"版曹但能经画中都百官诸军廪给而止"。③ 早于他的蔡絛也谓："元丰官制行，既无三司而为户部，户部岁入之额凡四百余万缗，是独昔日三司之一事而已。"④ 这四百余万缗显然讲的就是中都百官诸军廪给支费数，不过只是缗钱一项，另有金帛、粮米等未计在内。既然户部的有效管理只限于中都（京师）官吏俸禄与军兵廪给，则此后中都吏禄兵廪月支与户部月支就成了基本相同的概念。我们将改制前京师地区岁入出情况，与改制后户部岁入出（即一岁中户部月支之和）汇为一表（书末附表65）。

左藏库，宋初即有之。在三司理财体制下，它主要储存地方经费之余输送京师而不入内藏的财赋，这些财赋主要供京师吏禄兵廪支用，可能也有一部分用于边费。太平兴国二年，分左藏为三库，命官分掌。淳化三

---

① 《止斋集》卷二九《壬辰廷对》。
② 《止斋集》卷二九《壬辰廷对》。
③ 《朝野杂记》甲集卷一七《三司户部沿革》。
④ 《群书考索》后集卷六四《续国朝内藏库》。

年,分左藏库为左藏库与右藏库,各领钱、金银、匹帛三库,交替给受。次年,废右藏库,左藏分而为四:钱、金银、丝绵、匹帛。① 大中祥符年中,又并而为左藏南北两库。元丰改制,左藏库隶太府寺,其事务主要系于金部。政和六年建成新库,改为左藏东西二库。南宋因之。东库储币帛绅绅之属,西库储金银泉券丝纩之属。② 绍熙元年,主库官记:"东西库岁入以端计者率百四十万,以缗计者率一千万,给遣称是。大军居十七,宫禁百司禄赐裁三之。间有非泛浩繁之费,则请于朝,往往出内帑、封桩以补所阙。"③李心传则述:"淳熙中,左藏库帮过三衙百官请给,成岁为钱一千五百五十八万余缗,银二百九十三万余两,金八千四百余两,丝绵一百十八万余两,绢帛一百二十六万余匹,以直[计]之,金银钱帛共约计三千万缗,而宗庙宫禁与非泛之费不与焉。"④两人所记数略有差别,当是取数时间不一所致。显然,这就是所谓户部之财(粮米在外),从钱数看,左藏库多入出数与中都吏禄兵廪岁入出数是接近的,换言之,左藏库财赋主要(或绝大部分)用于中都吏:禄兵廪即户部经费开支。

五、户部理财体制下的内藏库

元丰改制后,"以金部右藏案主行内藏受纳宝货、支借拘催之事,而奉宸、内藏库受纳又隶太府寺"。⑤ 名义虽如此,实际上金部,太府寺"所领,不过关报宝贷之所入为数若干,其不足若干,为之拘催岁入之数而已。至于支用多少不得以会计,文籍舛缪不得以稽察,岁久朽腐不得以转贸,

① 参见《长编》卷一八、三三及《太平治迹统类》卷二九。
② 参见《(咸淳)临安志》卷八《院辖》,《通考》卷六〇《职官考》,《宋史》卷一六五《职官志·太府寺》。按,左藏库非仅京师一处。前引《宋史》载"西京、南京、北京各置左藏库"。又强至《祠部集》卷三三有熙宁四年北京《重建左藏库记》。《宋史》卷三〇六《张去华传》又载太宗征太原时有随驾左藏库,自为临时权设。
③ 《(咸淳)临安志》卷八《院辖》。
④ 《朝野杂记》甲集卷一七《左藏库》。
⑤ 《宋朝诸臣奏议》卷五八上官均《上哲宗乞令户部太府检察内藏诸库》,《长编》卷三七四等。

总领之者,止中官数十人"。① 元祐初年,大臣请求"令户部、太府寺于内藏诸库得加检察而转贸其岁久之货币",②二年,"诏内藏库物听以多寡相除,后勿为例"。③ 李焘谓:"置库百余年,至是始编(遍?)阅之。"④即是说,清点内藏财赋,这是有宋以来第一次。诏书中明言后勿为例,则非久制,乃是一时权宜之法。至绍圣初,内藏财赋受金部、太府寺管辖或检查的规定更被废除,故大臣有"论内藏库不隶户部太府寺"的奏疏。⑤ 徽宗时,"内侍总领内藏,予夺颛己,视户部如僚属"。⑥ 南宋绍兴十三年,高宗明诏"内库不隶户部、太府寺,有司辄敢会问与供报者,皆坐之"。⑦ 这样,内藏等库与金部、太府寺名义上的隶属关系也被切断了。宁宗嘉定十一年,应大臣盛章等奏请,"令外廷检核内帑",⑧唯记载未说明实施详情。

内藏库在元丰改制以后财赋收支也略有变化。从收入看,元祐初,为了刺激转运司开发金银坑冶的积极性,并帮助转运司克服财计乏竭的困难,诏令诸路坑冶课利七分起发赴内藏,三分充转运司漕计。崇宁三年罢此制,令坑冶金银复尽输内藏。大观年中复元祐之制,靖康元年因军情紧急又复熙宁、崇宁之制。⑨ 南宋渡江,初只有内藏、激赏二库。激赏库本不隶御前而隶都省,秦桧为相,"每三宫生辰及春秋内教,每年寒食节与诸局所进书,皆献金币",将激赏库物不断拨入内藏库,"由是内帑山积"。⑩ 秦桧死,激赏库更改称御前激赏库,所贮即变为御前财赋,激赏库

---

① 《宋朝诸臣奏议》卷五八上官均《上哲宗乞令户部太府检察内藏诸库》、《长编》卷三七四等。

② 《宋朝诸臣奏议》卷五八上官均《上哲宗乞令户部太府检察内藏诸库》、《长编》卷三七四等。

③ 《长编》卷四〇五。

④ 《长编》卷四〇五。

⑤ 参见《宋朝诸臣奏议》卷五八蔡蹈《上哲宗论内藏库不隶户部太府寺》。

⑥ 《宋史》卷三五五《虞策传附弟奕》。

⑦ 汪应辰:《文定集》卷二《应诏陈言兵食事宜》。另参见(咸淳)临安志》卷六《行在所录》。

⑧ 刘克庄:《玉牒初草》卷一、《宋会要·食货》五一之八。

⑨ 参见《宋史》卷一七九《食货志·会计》及《通考》卷二三《国用考》引陈氏语。

⑩ 《朝野杂记》甲集卷一七《内藏库》,另《系年要录》卷一八三载年节等从激赏库,向内藏调入财赋情况可参见。

变为内帑。于时,天下赋入"半归内帑",群臣多有议论。孝宗即位,乃将御前激赏库改为左藏南库,隶属朝廷,又下令减少年节因贡奉转入内藏的财赋数。就定额入内藏的财赋窠名讲,南宋初期较北宋似无大变化。从见于记载者如川锦绢帛、坊场钱等多属旧有,惟所谓大礼银绢不知所始。据朱熹讲:"虞允文之为相也(按孝宗乾道五年),尽取版曹岁入窠名之必可指拟者,号为岁终羡余之数而输之内帑,顾以其有名无实、积累挂欠、空载簿籍不可催理者拨还版曹,其说为曰:内帑之积,将以备他日用兵进取不时之须。"①据此,乾道年中曾对输入内藏的财赋窠名进行过调整。又有记载,乾道六年前后,左藏西库岁输内藏库金三百两、银五万两、钱一十五万贯,②然未见同时期左藏东库及地方直输内藏之数。淳熙末年以后,每年以存备犒军的名义输会子四十五万贯入内藏库。③ 光宗以后,临时征调财赋入内藏的情况又有增加。"绍熙中始数取封桩钱入内藏"。④ 宁宗时又曾调淮东总领所财赋入内藏。⑤

为了确保内藏财赋不被移作他用,北宋元丰六年定制:"应输内藏库金银钱帛如出违本年,或转移他用,如擅支封桩钱法。"⑥南宋淳熙元年规定:诸路提刑司保奏知州、通判得赏或升迁,"委户部并司勋审会内藏库,如无亏欠本库上供诸色钱物,方许放行"。⑦ 淳熙十年诏:诸路州军催纳内藏钱物"如有违慢,仰本库开具所欠州军当职官吏取旨施行"。⑧ 这说明元丰改制以后对内藏库财赋的催征较前有所加强。

从支出看,元丰改制后内藏库的支出方向未见明显变化。见于记载最多者仍是用于军费。元祐六年诏:"自元祐六年每岁于内藏库支缗钱五十万,或以幼绢金银相度支兑,赴元丰库桩管,补助沿边军须等支

① 《朱文公文集》卷一一《戊申封事》。另见《宋史》卷四二九《道学传·朱熹》。
② 参见《宋会要·食货》五六之七。
③ 参见《宋会要·食货》五二之一九。
④ 《朝野杂记》甲集卷一七《内藏库》。
⑤ 参见《宋史全文》卷二九上、《宋会要·职官》四一之六三。
⑥ 《长编》卷三三九。
⑦ 《宋会要·食货》五一之六。
⑧ 《中兴圣攻》卷六〇。

费。"①这是定额支拨。又有临时性支拨,如元符二年,支发银绢二百万匹两用于西边,内藏库所存绢支用过半,使哲宗颇为震惊。② 南宋绍兴末年,曾一次出内藏钱九百万缗犒军。③ 另也有用于赈济的事例。④

南宋末年,战争不止,军费激增,支用浩繁,导致内帑空乏。乃"大征宿负于列郡,哀数多而期会迫急",⑤竟有以"御宝黄册催内藏坊场钱"之事。⑥

---

① 《长编》卷四六六、《宋会要·职官》二七之一五。
② 参见《长编》卷五〇五。
③ 参见《系年要录》卷一九三。
④ 参见《宋史》卷一七八《食货志·赈恤》隆兴元年条等。
⑤ 黄溍:《黄文献公集·补遗》卷一一《桂隐先生小传》。
⑥ 《宋季三朝政要》卷二。

第 五 章

财政法规及会计、监察、审计等制度

第一节 宋朝财政方面的法规及其修订

到了宋代,中国封建社会已趋成熟,各方面的法制越来越健全。宋朝同前朝相比,更加重视法律和制度的建设。为了有效加强统治,宋朝不断颁布新的政令,每隔一段时间,官方就对已颁布的政令进行整理,消除其彼此矛盾的地方,废弃其过时的内容,编成一种称为"编敕"的文献,令臣民遵行。后来,官方又感到光编"敕"还不够,又将禁绝某种的法令("令")、量化的奖惩条例("格")及让下级官府定期按格式申报的表格("式")合为一编,称为"敕令格式"。再后,为了便于应用,又按内容将敕、令、格、式重新编排,称为"条法事类"。"编敕""敕令格式""条法事类"还有性质类似的其他名目的官文书,都既有制度效力,又有法律效力,是官方强制施行的。在上述的综合性官文书中,都包含有财政方面的内容。宋朝还专门针对财政或与财政关系密切的事务颁布了许多政令,也编定了专门针对财政或与财政关系密切的事务法规文书汇编。

一、宋朝颁行的重要财政法规汇编

　　三司是北宋前期和中期主掌国家财经大权的官司,与三司相关的敕令大多是与财政有关的。宋真宗咸平二年(999)户部使索湘、盐铁使陈恕、度支使张雍等编成《三司删定编敕》六卷,又依照三司的二十四案分为二十四门,诏令颁行。这是第一部三司编敕。景德二年,又编成《三司新编敕》三十卷。宋神宗熙宁七年,编成《三司敕式》四百卷。元丰年间改革官制,三司被户部取代(管理范围也有较大变动)。元祐初,编成《元丰尚书户部度支金部仓部敕令格式》,共六百六十二册,另有"申明画一"一册。此后情况失载。

　　熙宁年间,为推行新法,在路一级又新设了一个监司,那就是提举常平司,常平司被赋予的第一项使命,就是推行青苗法、免役法,于是,不久就有了《熙宁新编常平敕》二卷(一说三卷)。宋哲宗时,宰相章惇主持下,又编成了《常平免役敕令》。南宋绍兴十七年,宰相秦桧主持下编成《绍兴重修常平免役敕令格式》五十四卷,连同附件共四百九十九卷。①

　　茶盐禁榷收入是宋朝财政的主要部分之一,更是货币收入的基石。宋真宗大中祥符年间编成《茶法条贯》二十三册。宋神宗元丰年间编成《江湖淮浙盐敕令赏格》六卷,又编成《湖南广东西盐法条约总目》《茶法敕式》(卷数均失载)。南宋绍兴二十一年,编成《重修江湖淮浙京西路茶盐敕令格式》二百六十卷。②

　　官员军兵的俸禄,是财政支出的主要部分。宋仁宗嘉祐年间,编成《嘉祐禄令》十卷。宋神宗时期,先后编成《熙宁新定皇亲禄令》十卷、《皇亲禄令并厘条敕式》三百四十卷。宋徽宗政和年间,编成《政和禄令格》等三百二十一册。南宋绍兴六年,编成《绍兴重修禄秩新书》五十八卷,看详一百四十七卷。绍兴八年,编成《绍兴重修禄秩敕令格及申明看详》

---

　　① 参见《宋会要·刑法》一之四一。
　　② 《宋会要·食货》三一之一〇,参见《系年要录》卷一六二、《宋会要·刑法》一之四一、《朝野杂记》乙集卷五《炎兴以来敕局废置》。

八百一十卷。①此外,还有针对不同人群的赏赐、例赐、杂津贴等物质待遇方面名目繁多的法规汇编,如《支赐式》《熙宁新定孝赠式》《诸军班直禄令》《熙宁详定诸色人厨料式》等。

仓库是储赌之地,宋朝专门编辑有库务方面的法规汇编。宋英宗治平二年,编成《在京诸司库务条式》一百三十卷。元丰改官制后,为适应新的体制,元祐六年,又编成《元祐诸司库务敕令格式》二百零六册。南宋绍兴十二年,编成《库务通用敕令格式》八卷。

救灾减税,与财政关系密切,李心传记述南宋编撰、颁下宽恤诏令汇编书的情况:

> 宽恤诏令者,始绍兴二十二年八月,王瞻叔知荆门军,代还入见,请命有司编集《中兴以来宽恤诏令》,而知惠州郑康佐者,亦言守令奉行诏书不虔,请编类成书以赐。从之。二十五年九月乃成,凡二百卷,号《绍兴宽恤诏令》。其后淳熙、庆元皆有之。淳熙书成于十二年夏,庆元书编于五年终。②

此外,含有财政内容或与财政关系密切的法规汇编还有许多,例如:《景德农田编敕》五卷,《群牧司编敕》十二卷,《元丰司农敕令式》十五卷,《诸路转运司编敕》三十卷,《直达纲运法并看详》一百三十一册,《绍兴宽恤诏令》二百卷,《隆兴以来宽恤诏令》三百卷,等。

二、法规汇编的内容及作用

宋朝是个高度中央集权的国家,同时,宋朝每年的财政收支数目又空前巨大,其管理负担就异常沉重。为了化解这一矛盾,宋朝统治者积极地推进财政管理的法制化,上述法规汇编,就是此种努力的集中体现。在上述财政法规汇编中,朝廷对于各州郡的各项收入都规定了征收办法,税则,规定了各州郡每年上缴给皇室、给朝廷的财赋数额及时限,存留州郡

---

① 绍兴二书分见《系年要录》卷一〇五绍兴六年九月丁亥、同书卷一二二绍兴八年十月丙辰及《玉海》卷一三五《绍兴重修禄秩新书》。

② 《朝野杂记》甲集卷四《制作·绍兴淳熙庆元宽恤诏令》。

的财赋则区分为所谓"封桩财赋"和"系省财赋",前者严禁地方(路、州、县三级)动用,"系省财赋"的动用除有制度规定者外,也要申报朝廷,得到批准后才能动用。在上缴朝廷的财赋中,有的不一定输送京师,有的要输送边疆,有的要输送其他指定地点。所以,各州郡具体的某一项收入,往往也有朝廷关于其走向的规定。为了适应国家的复杂的需求,时常要求各地将上缴朝廷的财赋由现钱转换为某种实物,或由此种实物转换成另一种实物,这种要求往往固定化,逐渐也变成一种制度(如福建路必须上缴一部分白银,成都府路必须上缴一部分高级纺织品等)。这进一步使各种制度化的规定联成一个整体,大大加强了朝廷财政与地方财政、各地财政间的关联性。

与现代不同的是,违反重要规定的惩罚往往与刑法联系。如南宋有敕令:"诸上供钱物承诏令蠲免者,转运司画时除豁其数,如违,杖一百。诸转运司除诸州依格上供数外,移用钱物,侵过本州有额上供所余三分之一者,徒二年。诸转运司欠年额上供钱物,而以未起便封桩数规免,违限虚作已桩发,及隐漏不实者,徒二年……""诸经总制钱起发违限,并供申帐状隐漏者,各徒二年。"①尽管实施时一般都以赎法处置,并不真的对官员施杖刑或徒刑,但在行政管理中加入刑法,却是古代的特色。

宋朝财政法规中的奖赏制度也是很细的,其细致的程度,往往令今人感叹。例如南宋孝宗时期的漕运赏格:"命官管押诸路纲运无少欠(谓非川峡四路者),全纲(谓见钱二万贯以上者),余物依条比折计数,下条准此。三百里,五分纲五百里,三分纲一千里,减磨勘一年。全纲五百里,五分纲一千里,三分纲一千五百里,减磨勘二年。全纲一千里,或五分纲一千五百里,减磨勘三年。全纲一千五百里,转一官。应募官押纲无欠损者,全纲三百里,五分纲五百里,三分纲一千里,升一季名次。全纲五百里,五分纲一千里,三分纲一千五百里,升半年名次。全纲一千里,或五分纲一千五百里,免试。全纲一千五百里,不拘名次指射差遣,仍免试。"②

① 《庆元条法事类》卷三〇《财用》引。
② 《宋会要·食货》四五之一三至一四。

再看征收经制钱赏格："命官知、通考内收经制钱及额无拖欠违限（谓如额钱二十万贯收及二十万贯已上方合推赏），二十万贯以上减磨勘二年，一十五万贯以上减磨勘一年半，一十万贯以上减磨勘一年，五万贯以上减磨勘半年，一万贯以上减磨勘一季，一万贯以下升一年名次。"①赏格中明显地包含着量化管理的因素。有钱物量，有里程量，有奖赏量，还可根据复杂情况进行折计。

再看《庆元条法事类》所载《各州起发上京供年额钱物状》（式），它不但要求州郡填写本州应上供钱的和实际上供钱的数额，还要填写应上供而未上供钱的详细用途。如果是依上司指令购买了物品，则要写明发文的编号、物品名称、价格、购买时间等。要填写上供钱物起运的时间、运达时间、负责人、所缴纳的仓库。如果是依朝廷命令截留，则要填写命令的编号，事因，是否需要补缴等。如果是地方因税收未能及时收纳，导致上供拖延及数额不足，则要填写事因，所欠数量，何时补足等。总之，这个"式"把各种可能出现的情况都考虑到了，极其周密和复杂，可谓面面俱到，滴水不漏。

从朝廷到地方，各个官署，各种事务，都有相应的法规汇编，有的甚至不止有一种法规汇编可供参考。这样，在宋朝，事实上是很难找到"无法可依"的情况的。这在一定程度上，减少了下级官吏向上级官吏或朝廷请示、申报的数量，简化了行政事务。

三、法规繁多的弊病

宋朝财政管理方面的法规、制度有越来越细密的趋向，法规有越衍越繁的趋向，如前所述，法规汇编动辄上百上千卷。而统治者的着眼点，在于注重防范各种弊端，忽视了鼓励人们积极进取，这就产生了越来越严重的问题。宋仁宗庆历年间范仲淹推行新政，就曾议及法条太繁，在诏书中言及："先王用法简约，使人知禁而易从，后代设茶盐酒税之禁，夺民厚

_____

① 《庆元条法事类》卷三〇《经总制》。

利,刑用滋章。今之编敕皆出律外,又数改更,官吏且不能晓,百姓安得闻之。"①宋神宗时,一度出现下层官员畏惧做知县、县令的情况。大臣吕公著上奏言:"臣窃以为当国家有道之时,付之以百里之地,有民人社稷之重,则士子所宜愿为,今乃设一切之令,强所不欲,与坐殿负犯者亡异,此殆郡县法网太密,而劝别之道不明,吏有尽心奉法治行明白者,未闻有所褒异,一罹微文则不能自免于谴斥。"②元祐初年,司马光执掌了朝廷大权,他向朝廷提建议简化法规,说:"近岁法令尤为繁多,凡法贵简要,令贵必行,则官吏易为检详,咸知畏避。近旨中书门下后省修成尚书六曹条贯,共计三千六百九十四册,寺监在外。又据编修诸司敕式所申,修到敕令格式一千余卷册。虽有官吏强力勤敏者,恐不能遍观而详览,况于备记而必行之。其间条目苛密、抵捂难行者,不可胜数。"③苏轼也在替他人草拟的奏疏中讲:"今编敕续降动若牛毛,人之耳目所不能周,思虑所不能照,而法病矣。"④而时人毕仲游上书司马光,也议论此事说:"太祖之时,谓《建隆敕》者不过数百条,而《天圣编敕》则倍于建隆,《庆历编敕》又倍于天圣,《嘉祐编敕》复倍于庆历,至于熙宁、元丰之敕乃益增多于嘉祐几千条,而续降敕令与夫一司一路一务一州一县者,复几万条,而引用此例以相附著者,至不可胜纪。虽有通才强识之士莫能晓习,而附会苟贱之人乃得恣为观望以便其私……则所谓法者乃无法之极者也。"⑤他认为法条太多只会给坏人钻空子提供便利。大臣苏颂也批评说:"今日之弊,良由关防伤于太密,而画一伤于太烦"。⑥

南宋思想家叶适更对此进行了深入批判,说:"本朝所以立国定制,维持人心,期于永存而不可动者,皆以惩创五季而矫唐末之失策为言。细者愈细,密者愈密,摇手举足,辄有法禁,而又文之以儒术,辅之以正论。

① 《长编》卷一四三。
② 《宋名臣奏议》卷六八《上神宗乞宽假长民之官》。
③ 《传家集》卷五五《乞令六曹删减条贯白札子》,《长编》卷三八五。
④ 《东坡全集》卷六六《代吕申公上初即位论治道》。
⑤ 《西台集》卷七《上门下侍郎司马温公书》。
⑥ 《苏颂集》卷一六《论省曹寺监法令繁密乞改从简便》。

人心日柔，人气日惰，人才日弱，举为懦弛之行，以相与奉繁密之法。遂揭而号于世曰：此王政也，此仁泽也，此长久不变之术也。以仁宗极盛之世，去五季远矣，而其人之惩创五季者不忘也。"①又说："今内外上下一事之小，一罪之微，皆先有法以待之，极一世之人志虑之所周浃，忽得一智自以为甚奇，而法固已备之矣，是法之密也。虽然，人之才不获尽，人之志不获伸，昏然俛首一听于法度，而事功日隳，风俗日坏，贫民愈无告，奸人愈得志，此上下之所同患，而臣不敢诬也。故法度以密为累，而治道不举。"②他还指出，由于官员实行任期制，而胥吏没有任期，官员在任期内往往对相关法规不能通晓，而胥吏长期服务于某一官署，往往比官员更熟悉相关法规，使得官员常常受制于胥吏，造成管理上的混乱。

　　他们的分析表明，宋朝的法规、制度以消极"防范"为宗旨，搞得过于细密，妨碍了人们有所作为，奋发上进，其消极作用越来越突出，对财政管理的消极影响也越来越大，这个历史教训是很值得后人记取的。

第二节　会计制度

　　宋朝有一些重要的财政制度，前文或未言及，或言之不详，以下专述之。

　　我国自周秦以来官方就很重视财务会计。周朝有司会、司书、宰夫等职掌会计事务，汉朝、唐朝有年度上计制度。宋朝虽取消了地方长官或财务官员定期聚集京师申报财政收支数的上计制度，但定时申送财务帐籍和财务报表（计帐）的制度较前代要严格得多。由于中央集权，对财务帐籍的分类、格式、内容等方面的规定，也较前细密得多。财会事务所受统治者的重视程度也比前代提高了。

---

① 《水心别集》卷一二《法度总论》。
② 《水心集》卷四《实谋》。

一、宋朝会计活动和会计制度概况

宋朝统治者非常重视财政会计,在三司主掌财政期间,多次申命三司定时报告财政收支情况,而且要其呈交能反映全宋财计具体情况的统计数字和统计表册。太宗淳化三年,诏令"三司每年具见管金银、钱帛、军储等簿一本以闻"。① 真宗咸平五年,诏令三司"天下钱谷大数每年比较,于次年条奏"。② 仁宗天圣元年,"命官较茶盐矾税岁入登耗以闻"。③ 皇祐二年,"命近臣同三司较天下财赋出入之数"。④ 嘉祐三年,"诏三司岁上天下税赋之数,三岁一会亏赢"。⑤ 神宗熙宁七年,"诏三司岁会天下财用出入之数以闻"。⑥ 熙宁十年,复"诏三司月具在京所支金银钱帛总数以闻"。⑦ 三司申报各方面收支统计数字、编定呈奏各种财务报表,必然依仗地方和有关方面的会计工作。太宗淳化五年,令各州郡"具元管、新收、已支、见在钱物申省"。⑧ 至道元年,又颁州县二税版籍式。⑨ 此后,州县田赋簿又有空行簿、实行簿之分,空行实催时填写,实行系将填好的实行簿复制存档。⑩ 这些都反映了地方的会计制度与会计活动。其他方面的会计活动及制度虽很少见于记载,然也可从三司、州郡的情况中推想其大概。

神宗时期,注重理财,对会计也更重视。史载,"时天下承平,帝方经略四夷,故每以财用不给为忧,日与大臣讲求其故,命官考三司簿籍,商量

① 《宋大诏令集》卷一八四《三司岁具金银钱帛簿以闻诏》。
② 《长编》卷一。
③ 《玉海》卷一八六《天圣节浮费》。
④ 《玉海》卷一八六《天圣节浮费》。
⑤ 《玉海》卷一八六《天圣节浮费》。
⑥ 《宋史》卷一五《神宗纪》。
⑦ 《长编》卷二八三。
⑧ 《通考》卷二三《国用考》引止斋陈氏语。
⑨ 参见《长编》卷三八。
⑩ 参见《长编》卷一〇一、《宋史》卷一七四《食货志·赋税》。

经久废置之宜,凡一岁用度及郊祀大费,皆编著定式"。① 这样,就必然把会计置于重要地位。在此方面突出的举措,是熙宁五年设置提举帐司,熙宁七年设置三司会计司。设提举帐司的目的,是清理和审查三司多年积压的各处申送的帐籍。此司集中吏员数百,自熙宁五年至元丰三年,"费钱三十九万缗,而勾磨出失陷钱止万缗",②终于罢止。设三司会计司,是因为"三司总天下财赋,其出入之数并无总要考校盈虚之法"。③ 设置由宰相亲自提领的会计司,拟"以天下户口、人丁、税赋及场务、坑冶、河渡、房园之类租额年课及一路钱谷出入之数,去其重复注籍,岁比较增亏及其废置各件、钱物羡余横费等数"。④ 此司存在未及一年,只制定了一州一路会计式奏上,随即被罢。两司之设受挫,其原因归根结底还在于财政上的过分集权。元丰年改官制,也顾及了会计制度。户部长官职掌内有:"周知其(国用)出入盈虚之数"一项。⑤ 另度支郎中职掌中又有:"岁终则会诸路财用出入之数奏于上,而以其副申尚书省。"⑥然而由于财权分布的不合理,户部的会计职责在履行时似存在困难。哲宗元祐年中设拘辖司和帐司,将"府界、诸路、在京库务及常平等文帐悉归户部",⑦虽主要旨在提高户部理财的能力,实也兼有改善会计管理的意义。拘辖司绍圣年中被罢,政和包中改名催辖司而复设。南宋时拘辖司、帐司均见记载。⑧ 又南宋史正志言,北宋时"一州之帐状司法主之,一路之帐状漕属主之,率诸路帐状上之户部,既已有帐司矣,又以别本关之比部,专以纂辑"。⑨ 既言比部,自是元丰改制后的情况,由他的话可窥知帐司的作用及其与比部的关系。徽宗即位初,曾令县、州,路分别立财用都籍,又令各

---

① 《宋史》卷一七九《食货志·会计》。
② 《宋史》卷一七九《食货志·会计》。
③ 《长编》卷二五七。
④ 《长编》卷二五七。
⑤ 《宋史》卷一六三《职官志》。
⑥ 《宋史》卷一六三《职官志》。按,南宋时度支职掌仍有会计岁出岁入一项,见《宋会要·食货》五一之四六等。
⑦ 《宋史》卷一七九《食货志·会计》。另参见《宋会要·食货》五六之二五。
⑧ 《中兴圣政》卷五八载孝宗时因有催辖司而不设总计司事。
⑨ 《宋会要·食货》一一之二四、二五。

路每岁以钱谷出入名数上户部,①也是改良会计体制的举措。

南宋初,"比部省[吏]并,曹帐司裁减吏额,拘催帐状,不复来上",②"典籍散漫,会计之事一切委而不讲"。③ 绍兴年中,复"置提举帐司,总天下帐状,以户部左曹郎官兼之。右曹岁具常平钱物总数,每秋季具册以闻"。④ 孝宗时再加整顿,先令地方将"每岁应干合拨上供窠名钱帛粮斛数目置籍","岁终逐一开具造册"。⑤ 后来又置度支都籍,定时将户部五司所辖收支汇总申奏。⑥ 理宗嘉熙年中,又自"朝廷给降印册,别其窠名,颁之漕司,下之州郡。每季以册上于朝,会萃为书,藏之计簿房"。⑦ 南宋的会计制度在实际执行上可能比较混乱,但就以文字形式存在的制度本身来讲,仍是比较完备的。

两宋财政会计方面一件重要的活动就是编撰《会计录》,其规模之大,次数之多都是前所未有的。

二、宋朝各时期的《会计录》

一般认为,宋朝的《会计录》源于唐朝李吉甫的《元和国计簿》,前此是否有专门的会计著作,即汇录有各种财政统计数字并附有分析说明文字的著作,史无明文,或未可断言其无。宋朝最早的《会计录》,是真宗景德年中三司使丁谓主持编撰的《景德会计录》。然而早于他,咸平年中盐铁使陈恕曾主持编撰了《咸平占额图》。"占额图"一名令人费解,查唐朝开成初年王彦威曾上《占额图》,其内容主要是分析军、民,财三者比例关

---

① 参见《宋史》卷一七九《食货志·会计》及《宋会要·食货》五六之三三。

② 《宋会要·食货》一一之二四。

③ 《群书考索》续集卷四五《精会计》。

④ 《宋史》卷一六三《职官志·户部》。

⑤ 《宋会要·食货》一一之二一至二三。

⑥ 参见《中兴圣政》卷四七、《宋会要·食货》五一之四六。按,庆元年中条法规定的财务报表(帐状)格式见附表。

⑦ 《宋史全文》卷三三。另《庆元条法事类》一书收集了不少地方财政会计式,反映南宋中期会计制度的严密。

系的,这固然有别于《会计录》,但有些内容却是与《会计录》相同的。①
南宋林駧谓:"景德四年三司使丁谓上《景德会计录》,时议封禅,上虑用
度不足,以问谓,谓奏府库充实,遂以《会[计]录》来上。"②封禅与天书降
相连,当在大中祥符元年,迟于《会计录》撰成,然所谓天书降乃是真宗假
造,丁谓参预密谋,编撰《会计录》与天书降、封禅等有联系是可能的。再
从《会计录》的内容看,乃是讲景德四年比咸平六年赋入增长如何多的,
书中又附录各地宫馆祠宇等内容,林駧所言或不无根据。此书共六门
(一称卷)四十目。真宗时期另一《会计录》为大中祥符九年林特所上,主
要反映大中祥符八年全宋户口、财赋收支情况,其规模与结构失载。仁宗
统治时间虽长,其间似只有庆历、皇祐两次撰成《会计录》。《庆历会计
录》仅二卷,反映庆历三年在京及十九路钱帛刍粮出纳情况,主持者不
详。《皇祐会计录》在记载中有二:一为皇祐二年田况撰,六卷;二为皇祐
二年至四年王尧臣、王守忠、陈升之等撰,七卷。可能两种记载所述都是
同一《皇祐会计录》,因为二说时间接近,此时间内不宜撰成两《会计录》。
至于二说之差异,乃是秉笔者认识的不同和传闻的错讹所致。皇祐年中
田况一直任三司使,主持者当首推田况,且现存有他为《会计录》写的序
可证。此书大约是将庆历年中三个年度收支情况与皇祐元年作比较。英
宗时期有《治平会计录》,成书时神宗已即位。此书主要主持者是蔡襄,
但治平四年成书时他已离三司使之任,故由继任者韩绛呈献神宗。此书
六卷,内容涉及治平与皇祐两时期财赋、军兵、宗室、吏员数量的比较。此
时期又有《治平经费节要》一书,共八卷,"具经常出入之数,分三秩:上秩
户口赋税,中秩应奉上供,下秩诸色经费"。③ 欧阳修于参知政事任上,将
中书大臣所当知晓的兵、民、官吏、财用数目编集成《总目》,以备皇帝不
时提问,此为元丰年中撰中书备对之滥觞。神宗时期尽管重视会计,但是
否撰成会计录却有疑问。章如愚引早于他官史之笔谓:"熙宁三年,条例

① 参见《旧唐书》卷一五七《王彦威传》、《册府元龟》卷四八六等处记载。
② 《古今源流至论》后集卷三《会计司》。《群书考索》后集卷六三《会计录》引《圣政编年》与之略同。
③ 《玉海》卷一八五《治平会计录》。

司始取三司簿籍考观本末,与使副同商度经久废置之宜,一岁用度及郊祀大费皆编著定式。诏用其议,以刘瑾等编三司岁计及南郊式,金君卿等编三司籍簿,条例司总领焉。"①文字之中并未明言编撰《会计录》,且刘、金二人编撰成果如何也未有交代。南宋张绚谓熙宁有会计之书,也未知系指刘、金等人所编撰者,抑或另有《会计录》。可能性较大者是熙宁年中未撰成《会计录》,而只在清理三司帐务的基础上确定了三司岁计出入定额和郊祀支费定额。元丰年中,检正中书户房公事毕仲衍受命编撰《中书备对》,此书共六卷,因其中二卷有上中下之分,故又称十卷,述"国家内外宫制、诸道赋入、礼仪、法律等,凡二百二十五门(一说为一百二十五门)"。②《中书备对》的编撰反映了宰相权力的增强,其内容则不仅有财计,财计只是其中一部,但这一部分数据详博,或与《会计录》内容接近。哲宗时期撰有《元祐会计录》,此书始撰于元祐二年,初户部尚书为李常,后易韩忠彦,另苏辙等参预编撰。元祐四年书成,然不知何故竟未呈送哲宗面阅。全书五门三十卷,今存苏辙所作《总序》、《民赋序》与《收支序》。哲宗绍圣年以后至北宋灭亡,虽曾见有大臣建编撰《会计录》之议,却未见有反映全宋财计的《会计录》问世。然徽宗即位初,大臣陈瓘进《国用须知》或也含有关会计的内容。大观年中,河北转运司官任谅著《河北根本录》,"凡户口升降、官吏增损与一岁出纳奇赢之数,皆披籍可见"。③宣和七年,两浙转运副使程昌弼奏准编撰《宣和两浙会计总录》,拟反映两浙地区"多寡出入盈虚登耗之数"。④是否成功,不得而知。上述两书虽局限一地区,然河北为沿边,两浙值动荡之后,又有其特殊性,故也均非一般的地区性会计之书。

南宋高宗绍兴五年,大臣张绚建议撰《会计录》,虽获诏准,然"其后

① 《群书考索》后集卷六三《财用·会计录》引《四朝国史志》。按,文献均未述及所谓《熙宁会计录》的具体形制、内容。
② 《玉海》卷一八五《元祐会计录》引《书目》。另参见《长编》卷二八七、三〇七。《通考》卷一八五《职官考》及《西台集》卷一六《毕仲衍行状》。
③ 《玉海》卷一八五《会计录》。《宋史》卷四二八《道学·杨时传》载,杨时也曾奏乞编《宣和会计录》。
④ 《玉海》卷一八五《会计录》。

户部第具去岁收支数以闻而已。① 绍兴三十年,权户部侍郎钱端礼组织人力将当年"一岁之费编类成册进呈",②其规模当不如前述各《会计录》,这就是所谓《绍兴会计录》。孝宗乾道年中,都大发运使史正志建议撰《会计录》,事未果。淳熙六年底,又有人建此议,未知结果。③ 光宗绍熙初,大臣何澹请撰《会计录》,获准,结果不见明确记述,从现存淳熙末、绍熙初若干财政方面统计数字看,可能是撰成了的。此前后湖南官吏宋文仲撰有《桂阳军会计录》④,是关于一个州军的会计书。宁宗庆元年中,赵师炳、杨文炳等人撰成《庆元中外会计录》,全书共五十八册,述绍熙元年至庆元元年左藏库、诸仓及总领所等出纳增损及十二路州军收支增减情况。理宗端平元年曾拟编撰《端平会计录》,结果不详。粗略说来,两宋每个皇帝在位期间都有《会计录》或会计之书撰成。

三、编制《会计录》的目的与《会计录》的内容

编制《会计录》,显然有别于一般的会计活动,它不是着眼于当年当月或现时期的财政收支,而是对过去某一段时间内的财政收支分门别类地进行统计和研究。统治者动员很大的人力物力来编制《会计录》,研究以往一个时期的财政收支等情况,其动机何在呢? 大体不外乎以下几方面:首先,通过《会计录》可以较精确地反映出封建国家财力的历史状况、近期状况和变化趋势,有助于在此基础上统一认识,进而确定封建国家政治经济宏观决策。即如苏辙所言:"网罗一时出纳之计",使其"本末相授,有司得以居今而知昔,参酌同异,因时施宜,此前人作书之本意也"。⑤又南宋张绚谓:"国之财用,必得节制之法,节财之要,必资会计之书,所

---

① 《中兴圣政》卷一七。
② 《系年要录》卷一八七、《宋会要·食货》五六之四七。《攻媿集》卷九二《钱端礼行状》载钱氏言"尝总一岁出入之数比较五年增损多寡,为《会计录》上之"。
③ 参见《中兴圣政》卷四九、五七等。
④ 陈傅良:《止斋集》卷二〇《湖南提举荐士状》。
⑤ 《栾城后集》卷一五《元祐会计录序》。

以察其登耗、量其多寡,参酌损益,因时制宜,故用度有常而民不困……谨视其书。上下遵守,此作《会计录》之本意也。"①其次,编定《会计录》,使得统治者手头常备一份各项财政收支详细数据,无疑给日常处理国事可提供参照之便。如南宋史正志言:《会计录》"搜罗详密,纤悉具备","朝廷每有施行,不复待报于外,按图阅籍,如指诸掌","如镜之照,如权之称",②可时时发挥作用。各项财政收支指标的确立,也多资之于《会计录》。如《皇祐会计录》成,诏令"取一岁中数以为定式"。③ 神宗时确立各项财赋收支定式当也参考了会计录的资料。再次,统治者令人编制《会计录》,也包含有总结各项财政制度、财政措施得失成败的经验教训、寻找增收节支有效途径等意图。田况为《皇祐会计录》作序称:"今昔之隆污置废之是否,庶可见其崖略",④即言及总结经验教训。张绚建议撰《会计录》时,则以"裁减浮费、增益邦赋"为理由。⑤ 后钱端礼更明讲:"国家财赋,经费浩瀚……而日见匮乏,静惟其弊,必有所缘。"他呈上《会计录》,是希望"诏三省、枢密院、台谏、两省侍从同户部公共商榷,究见弊原"。⑥ 庆元年中,姚愈提议撰《会计录》,也是针对当时相当广泛地存在的财赋流失渗漏问题。仁宗以后,几乎每一次《会计录》编定以后,宋廷都要举行一次裁减浮费的活动。尽管效果或大或小而多不理想,却可说明编撰《会计录》与宋廷努力减少开支有关。自然,每次《会计录》的编撰都是一次财务大检查,往往能从中发现一些财政管理上的问题和漏洞,这也是编撰《会计录》的一个推动力。

从前面已述及的情况可知,《会计录》的篇幅一般都是不少的,内容自然也就颇丰富。宋朝《会计录》没有全书存留于今者,存留者只是其中个别的序文和只言片语,难以详知其细情。然从现存资料中我们可以得知,《会计录》汇集了大量数据,可反映财政收支的各主要方面的情况。

---

① 《玉海》卷一八五《绍兴会计录》。
② 《宋会要·食货》一一之二四、二五。
③ 《长编》卷一七二。
④ 见《宋文鉴》卷八七。
⑤ 《玉海》卷一八五《绍兴会计录》。
⑥ 《系年要录》卷一八七。

景德、皇祐、元祐三个时期的《会计录》内部结构略如下表。

景德会计录（丁谓）	户赋	郡县	课入	岁用	禄食	杂记
皇祐会计录（田况）	户赋	课入	经费	储运	禄赐	杂记
元祐会计录（李常、苏辙）	收支	民赋	课入	馈运	经费	（附现在通表）

　　显然，户赋（民赋）与课入，是反映财政收入两大部分——两税收入与禁榷官工商收入的。岁用（经费）与禄食（禄赐）是反映财政支出的。储运（馈运）是反映财赋转输与储存的。三部《会计录》各部分安排顺序与结构上的其他差异，又反映了强调重点的不同。《皇祐会计录》较《景德会计录》少了郡县而增加了储运，强调了财赋储存与运输在财政中的地位。《元祐会计录》改变了把户赋放在首位的做法，将收支列于首位，又附现在通表，显然是要突出财政收支的拮据和潜在危机。此外，各《会计录》又往往同时收录几个年度的收支数字，进行分析比较，在收支储运等数字之前，多附有说明性文字，叙述各部分数字增减缘由及编撰者的分析评论。有些会计录还有户口数字和地图。章如愚谓："自景德、皇祐、治平、熙宁、元祐，主计者必有会计成书，其户口之籍、舆地之图、用度之多寡、赋予之厚薄，其名、其色、其制、其数，莫不备矣。"①他对《会计录》内容的概括不算太夸张。

　　《会计录》的出现，是社会进步的体现，是财政管理不断理性化的体现，具有积极意义。从现有记载看，宋代《会计录》也有明显的不足。较突出的是由于参加者、时间等的差异，造成了统计口径的差异，收录范围的差异。例如，各《会计录》对"总收""总支"的定义有差异，造成了数据间的差异有时不尽合理。这妨碍了前后情况的比较，影响了编撰者想说明的观点的说服力，影响了《会计录》的质量。

---

① 《群书考索》续集卷四五《财用·精会计》。

四、宋朝财政收支的预测和先期安排

宋代流行岁计、年计等财政用语,是指维持某一范围内年度财政收支的平衡。由于收与支相比较,支出的安排更受重视,故也有径将岁出称为岁计或年计的。由于财政收支经常处于紧张状态,各级官府都很重视所属的岁计问题,经常议论和研究,于是,在一些领域内就产生了财政预测和先期计度安排。

宋朝某些范围内的财政预测和先期安排,首先是建立在会计制度的基础上的,每年通过会计而得到丰富的财政数据,给财政预测与先期安排提供了重要条件。其次,宋朝比较注意完善和严密各项收支制度,赋税课利各有祖额、递年额,官吏军兵廪禄各有差等数额,公使钱、郊祀、岁币也有规范,土木建造等也有常例,这些制度也给财政预测与先期安排提供了方便。①

北宋时,沿边各路开支浩大,官府对其收支经常进行测算。例如,庆历年中,欧阳修先后出使河东、河北,了解到河东都转运司岁收现钱二百一十七万余贯,岁支一百九十九万余贯,供赡厢禁军十二万余人。② 河北"官吏在职者一千二百余员,厢禁军马义勇民兵四十七万七千人骑,岁支粮草钱帛二千四百四十五万,而非常之用不与焉"。③ 显然,上述河东、河北地区的收支数字是经过认真核算的。其中河北地区岁支数中不含非常性开支,自是相对稳定的经费支出额。把握经费开支在现阶段的常额,这本身就含有财政预测的意义。元丰二年,宋廷委员核定陕西岁计:会"五路应屯之兵以率岁费,通一岁丰凶之中以约物价,量三司、转运司常亦之数以赋五路而加足焉,以立每岁之定法"。④ 核定的结果,"实收应副实支

---

① 《长编》卷四〇九载,为了加强户部理财能力,元祐三年宋廷规定,在京各官司岁计应用之物,"阙则前一年,其不可留者前半年,并计度申所隶处审实",申尚书省户部。
② 参见《欧阳文忠公文集》卷一一五《乞罢铁钱札子》。
③ 《欧阳文忠公文集》卷一一八《论河北财产上时相书》。
④ 《长编》卷二九八,另参见同书卷二九九。

外,尚有四十四万余贯不足年计,奉圣旨只令[转运司]本司应副"。① 这种先期安排显然是在对以往收支进行核算和分析,对未来收支进行预测的基础上作出的。此前后经制熙河兰会路边防财用司成立,元丰七年,此司"上岁计合用钱帛粮草。诏岁给钱二百万缗,以本司十案息钱、川路苗役积剩钱、续起常平积剩钱各二十万,榷茶司钱六十万,川路计置物帛赴凤翔府封桩坊场钱三十五万,陕西三铜钱监铜锡本脚钱二十四万八千,在京封桩券马钱十万,裁减汴纲钱十万二千充"。② 这里的先期安排不但有收支总额,而且有收入来源及份额,可算是相当精细的。不只是西北沿边有收支预测和先期安排,其他地区也有类似情况。如元丰七年,开封府界提点司(地位相当外路转运司)言:前此三年"本司岁计乞朝廷特赐及借支钱四十万缗才充用。今诸县夏秋所收颇有足额,比旧增六十余万,乞以所余二十万缗佐他司之用"。③ 这是讲开封府界提点司在预测次年财计有所盈余,故预作申请调出财赋的安排。又元丰六年,广西路因预计下一年度入不敷出,曾向朝廷申奏,请求从广东、湖南调入财赋。后经调查,乃是计算有误,"于会计数内失收见在卖盐赃罚杂赏钱共一十万缗"④,故无须调入,有关官吏因此受到责罚。这也是转运司先期计度安排的一个实例。

南宋时期,各总领所掌握军费开支的大部分,是财政收支的大头,故宋廷很重视预先测定其收支额并作出适当安排。例如,记载中有孝宗乾道八年户部计度安排乾道九年湖广总领所岁计的公文,其中言"本所依指挥拘催诸路乾道九年合发钱银外,少阙钱三百八十二万五千五百贯",⑤这之中户部拟支江西长短茶引计七十万贯。又载淳熙十六年户部对淳熙十七年湖广总领所岁计的安排如下:总额八百一十余万贯,其中七百零七万余贯系沿用淳熙九年旧数,一百零二万余贯系本年追加数。旧

① 《长编》卷三四二。
② 《长编》卷三四八。
③ 《长编》卷三五〇。
④ 《长编》卷三四〇。
⑤ 《宋会要·食货》五六之五五、五六。

数中五百零七万余贯为诸路州军纲运钱,二百余万贯为朝廷科降钱。朝廷科降钱来源如下:四川总领所应得纲运钱十五万贯、江西茶短引十五万贯、四川合上供纲运钱三十万贯、朝廷补偿蠲免四川应输钱六十万贯、京西提举司钞盐钱三十万贯、江西茶长引二十万贯、榷货务乳香套二十万贯、本所现存茶引钱二十七万贯。本年追加一百余万贯全部支给茶引。① 这说明预测和先期安排总领所岁计之事是搞得颇细致的。南宋时又多见定额定窠的安排岁计的办法。如前文已述对州郡财计即多用此法。绍兴二十六年,又"诏诸官司料次钱令户部取酌中一年数目立为定额,每年不得过今来所立数目。如支用不足,即具数申取朝廷指挥"。② 由此,各官司岁用普遍实行了定额制。方志中载有南宋后期江东安抚司岁计来源:提领户部酒库所岁输四万余贯,建康府三属县酒、税钱八千余贯,本司雪窖卖冰收入三千贯,坊场利息收入约一万贯。③ 其取财也是定额定窠的。

宋朝中央机构中主掌岁计的是度支(改制前为三司之一司,改制后为户部属下之一司)。三司之度支司"掌天下财赋之数,每岁均其有无,制其出入,以计邦国之用"。④ 职掌中已含有预先计度收支之意,但不明确。户部之度支司职责中有:"凡内外支供及奉给驿券,赏赐衣物钱帛,先期拟度,时而予之。"⑤此言先期拟度,即是先期计度安排,这方面职责已颇明确。度支要先期拟度全宋岁计,除靠地方申奏本部预测情况外,还须有关官司提供情况。故工部"凡营缮,岁计所用财物,关度支和市"。水部疏导河渠等,也要先期"计度其岁用之物"。⑥ 仓部"岁以应用刍粟前期报度支,均定支移、折变之数"。⑦ 这些也有先期计度安排岁计的意义。

当然,宋朝的财政预测和先期计度安排还不是全面的,有不少疏略脱离实际之处,这同现代的财政年度计划、年度预算是无法相比的。但是,

---

① 《宋会要·职官》四一之六一。
② 《宋会要·食货》五一之四四。参见《(景定)建康志》卷二三《军须库》。
③ 《宋史》卷一六二《职官志·三司》。
④ 《宋史》卷一六三《职官志·户部》。
⑤ 《宋史》卷一六三《职官志》。
⑥ 《宋会要·职官》一六之三。
⑦ 《宋史》卷一六三《职官志》。

这种不全面、不科学的财政预测与先期计度安排,毕竟是财政预算制度的发端。

第三节　财政监察和审计制度

宋朝并没有系统的完备的财政监察和审计制度。其财政监察与官吏的考课、财政会计及一般的行政监察等制度往往混在一起。宋朝虽有审计机构,却缺乏严密有效的审计制度,因而作用不显著。

一、财政监察如何实现

宋朝严格地讲没有系统的财政监察体制,但有些制度、有些机构具有财政监察的性质、意义或作用。

宋人已朦胧地认识到相对独立的财政监察体系的必要性。文人郑伯谦论理财,谓:"《周官》……出纳移用之权尽总于太府,而司会至掌皮则不过纠察钩考之而已,然太府则下大夫为之长,而司会则反以中大夫为之长,司会之权反重于太府,何也? 曰:此圣人之深意也,以会计之官稽掌财、用财之吏……计天下之财而财不在其手,钩考为甚公……至于李唐,此弊不革,财虽掌于士大夫之手,而纠察稽考犹未有执其权者。且三司使之名,一曰盐铁,二曰租调,三曰度支,度支以相会计,其名非不美也。然当时三司独设副使,以三司使为之长,则度支要是三司使之属耳。其官长治财而其属考之,于势为不顺。宋朝三司使其属官亦有磨勘司,均之为失周官之意也。"①郑氏对周朝典制的赞扬,含有儒生崇拜三代的倾向,是非自不须深究,而他对财政监督重要性的强调却是有积极意义的。他在论说中有两点失当,一是他把宋朝三司设使、副使的情况说成是李唐的情

---

① 《太平经国之书》卷一一《会计》。

况;二是他把会计、计度与监察混为一谈,未作分别。宋朝度支只有副使,是三司使的下属,但度支司的主要责任是调度与会计,它虽有通过会计稽考隐漏阙失的责任,但却是次要的。在中央机构中,以财政监察为主要职掌的是三司(部)勾院与磨勘司,即所谓"凡勾会内外赋敛、经费出纳、逋欠之政皆归于三司勾院、磨勘理欠司"。①(按,其中逋欠之政由理欠司负担)太宗雍熙二年,立有勾院官吏奖赏条例:"纠本部陷失官钱,及百千赏以十之一,至五千贯者迁其职。"②另外,还有帐司,不常设,主要是覆审帐籍,也有监察的意义。地方财政监察,未见专门的机构,似主要靠监司互察、监司察州县、知通令丞等互察等办法。元丰改制以后,度支郎中与改制前三司度支副使相比,职责范围变化不大,也主要不是负责财政监察。财政监察的主要执行机构是刑部属下的比部,即官修史志所言"钩考帐籍及赃罚欠负之事隶焉"。③ 马端临述比部成掌颇详,谓:"比部掌勾稽文帐,周知百司给费之多寡。凡仓场库务收支,各随所隶,以时具帐籍申上,比部驱磨审覆而会计其数。诸受文历每季终取索审核,事故住支及赃罚欠债负,则追索填纳,无隐昧则勾销除破。"④元祐初,司马光执政,集财权于户部,一度将部分勾考财计事由比部移入户部所属仓部,二年后复归回比部。北宋后期,比部员外郎梅执礼勾考中曾查出伪茶券价值三千缗,是比部勾考财计之事例。⑤ 但南宋时,比部事或由都官郎中兼管,其受重视程度或有减低。比部隶于刑部而不隶户部,这较之三司勾院、磨勘司为三司使之属相对独立性较大,具有监财与掌财分立的特征,这是有积极意义的。但元丰改制后,宰相直接握有财权,作为宰相隔级下属的比部郎中,仍然难以较完整地履行其监察职责。

元丰元年,宋廷诏令诸路转运司每三年申奏所辖州军收支现在钱物

① 《宋会要·职官》一五之四七。按,《长编》卷二九:"三司勾院即尚书省比部,元为勾覆之司。"《群书考索》后集卷四《六部》:"判磨勘司一员,掌勾考,唐比部职也。"
② 《宋史》卷一七九《食货志·会计》。
③ 《宋会要·职官》一五之五。
④ 《通考》卷五二《职官考·刑部》。
⑤ 参见《宋史》卷三五七《梅执礼传》。

等数,写成帐状,"送提点刑狱司驱磨保明",①然后上中书。"有不实……并治保明官吏,如驱磨出增隐钱物,并当等第酬赏"。② 这项规定显然有意让提刑司监察转运司及州郡财计。提刑司监察转运司财计可能早已有之,此时始正式见诸文字。这是元丰改制前夕的诏令。元丰改制后,此项制度仍保留,只是帐状呈送中书改为呈送尚书比部。诸路转运司监察所属州郡财计,这是明文规定的。当然,这种规定不太合理:转运司与州郡之间有隶属关系,在利害关系方面有不少共同之处。州郡通判有监州之称,宋廷也有意让通判在各方面包括在财政上监察州郡长官。南宋建炎三年,"诏诸路按察官自通判至监司,岁具发擿过赃吏姓名置籍申尚书省以为殿最,即有失按而因事闻者重谴之"。③ 这乃是宋廷有意造成地方官司利害势差的一项举措。地方官司中没有专职的财政监察机构,不能说不是一种缺陷。

元丰改制后,对财政能发挥一定监察作用的还有御史台。御史台是专门的监察部门,其范围远不只财政。但所属察院有监察御史六人或三人,分掌六察,六察之一是专察户部及其所属的。御史台主要监察对象是在京各官司。南宋绍兴三年,御史台官员常同上言称:"元丰始置六察,上自诸部寺监,下至廪库场务,无不分隶。"④同年,宋廷诏"权货务都茶场许台谏取索及勾唤人吏"。⑤ 可证察院原则上须对掌财部门发挥监察作用。然而,京师大小官署约五六百处,而察院官总共不过二十余人,具体落实到财政监察方面,其作用是很有限的。

元丰改制前三司又有推勘院,然几经兴废,具体所掌不详,既以推勘

---

① 《长编》卷二九一。
② 《长编》卷二九一。按,南宋淳熙五年,"复监司互察法"。见《宋史》卷三五《孝宗纪》。又《庆元条法事类》卷五《职制》载有监司考课互申法,卷三二《点磨隐陷》载提刑司必须按时抽查转运司及属州帐历,都属此类。
③ 《中兴圣政》卷六。
④ 《宋会要·职官》一七之二〇。
⑤ 《系年录》卷六七。又《宋史》卷四五《理宗纪》载,诏令监司守臣以举发赃吏为殿最,若监司守臣失举,"而台谏论列,则监司守臣皆以殿定罚"。也反映出台谏官有监察财政官员的职能。

为职,当也有监察作用。元丰改制,其事归大理寺右治狱,元祐三年归回户部,其后归属不详。

二、粮料院及其职掌

宋朝官吏、军兵都经常迁徙,他们领取俸禄的地点经常变动,官吏军兵俸禄结构、类别、品级又颇复杂,在此前提下准确而及时地发放俸禄就是件困难事务,宋朝解决此一问题的办法就是发给官吏、军兵证明身份和俸禄细数的表册(历。按,军兵有时按指挥或营若干人合用一历)以及作为临时性支领钱物凭证的券。官吏、军兵凭券历可随时随地领取俸禄。官兵的券历发放的直接管理者就是粮料院。

宋初,以三司大将为都粮料使,州郡设粮料使。太祖开宝六年,在京都粮料使、西京粮料使改用京官。太宗太平兴国五年,在京分设诸司,马军、步军三粮料院,八年,马军、步军二院合一,雍熙四年复分。此时粮料院官始参用朝官或以诸司使副充,仍隶三司。各州粮料院官渐成为监当官,大的州郡以京官充。① 元丰末年,在京马军、步军复合为一院,与诸司粮料院并隶太府寺。南宋,因设四总领所饷军,故除行在诸军、诸司粮料院外,又设分差镇江府诸军粮料院、分差建康府诸军粮料院、鄂州户部粮料院、分差户部利州粮料院、分差户部鱼关粮料院,分隶各总领所。在京和分差各粮料院监官,一般以曾任知县者出任,地位与州郡通判接近。

史载,元丰改制前,粮料院隶三司,"掌文武官诸司诸军给受奉料,批书券历"。② 改制后,粮料院隶太府寺,"掌以法式颁廪禄,凡文武百官、诸司诸军奉料,以券准给"。③ 可知粮料院隶属关系虽前后不同,职掌却变化不大。粮料院虽掌支发俸料券历,然而确定官兵俸禄大政方针及确定

---

① 《长编》卷一三载,开宝五年十月己酉诏:"诸州……粮料使……并以三年为任。"张咏《乖崖集》卷八《大宋赠左监门卫将军上官公神道碑》载上官某先后任宁州、鄜州、洋州粮料使。《古今合璧事类备要》后集卷八一《监当》,载赵抃曾任监潭州粮料院,胡宗愈曾任监楚州粮料院。

② 《宋史》卷一六二《职官志·三司》。

③ 《宋史》卷一六五《职官志·太府寺》。按,此文系转录《四朝国史志》文字。

各类人员俸料数额却不在粮料院职权范围之内。元丰改制前，上述事项由三司度支赏给，钱帛、粮料，百官诸案分掌。凡官兵请俸，须度支诸案批给正勾省帖，粮料院根据省帖及有关规定出给请受历或文旁，请俸者持历或文旁赴有关仓库支领。如省帖内有不合规定者，粮料院有权纠正。故宋廷规定："左藏支俸钱衣赐勘旁，如旁数小于帖数，即据旁支，大于帖数，即子细根勘。"①又规定，如文旁有伪，"只勘粮料干系官吏情罪，勒令陪填所支钱数。如左藏库公然将外来不是粮料院封文旁支遣，只勘左藏库干系人情罪陪填"。② 可见凡属支领俸禄，必须经过粮料院的审核。元丰改制后，俸禄方针大计由户部度支掌管，各类人员俸禄数额由太府寺具体确定。凡支发俸禄，由太府寺"指定依某年月日条式合支名目则例月分姓名贯百石斗钱米数行下所属粮、审院勘验批放。如系无法式，或虽有法式而事理疑惑不能决者，即申度支取决"。③ 南宋中后期，曾出现"百官司并诸军帮支借给或遇升改增添食钱之类，其粮料院只凭诸处诸人帮到券历便与批勘，更不经由度支"④的情况。宋廷乃令"诸百官司并诸军但干请给，并须经由度支审度行下方得照条帮勘，如未曾经由度支，即不许粮料院擅行帮勘"。⑤ 可知粮料院没有制定政策和原则的权力，它的主要责任是覆核和支发领取俸禄钱物的凭证。

这里，应顺带言及北宋时在京粮料院官印的形制。仁宗景祐年中，为了防止私人伪造粮料院官印冒请钱粮等，采纳篆文官王文盛的意见，铸"三面圆印"。其制："面阔二寸五分，于外围周匝篆纪年及粮料院名，凡十二字。以围篆十二辰，凡十二字。中央篆正字，上连印钮，令可转旋，以机穴定之。用时月分对年中互建十二月，自寅至丑终始循环，每改元即更铸之。"⑥这种活动组合旋转印章的创制和行用，无疑是财务管理上的一个进步。

① 《宋会要·食货》五一之二一。
② 《宋会要·职官》五之六五。
③ 《宋会要·食货》五一之三六。
④ 《宋会要·食货》五一之四九。
⑤ 《宋会要·食货》五一之四九。
⑥ 《长编》卷一一九。

《宋史·职官志》《宋会要·职官》《通考·职官考》等都不载宋代州郡有粮料院,但是,记载中却颇有州郡粮料院的,见于记载设有粮料院的州郡有:苏州(平江府)、扬州、西京、泗州、潭州、楚州、江陵府、江宁府(在总领所创建以前)、陈州、南京、杭州(临安府)、成都府、吉州、大名府(北京)、庆州、真州、蔡州、舒州、邕州等。①

北宋毕仲衍记:"[景祐元年,郊祀赏军,南京应天府]有军士出谓众曰:'诸公为赏不平,先取者价善,后取者价恶。我军之赐,半无善价。'……(监南京粮料院毕从古)召前数人谓曰:'物有新故,而价有善恶。汝欲尽得新赐,谁当取其故者。以新分旧,价乃平均,又何易乎!'"②此事发生在宋仁宗在位前期,南京(应天府)粮料院不在京师,也不可能隶属于总领所(当时尚未创立),故显然是北宋时期的州府粮料院。引文反映出,此粮料院具体负责本地驻军俸禄发放,故作为监院的毕从古才有机会表现自己的才干。

又有记载:

> [宋徽宗建中靖国元年]十月四日,都省批送下权知开封府司录参军公事王旂状:"切见天下勘给官吏军兵请受及勘支官物,并须先由粮料院批勘,封送勾院点检、勾勘讫,仓库方得依数支。今天下州府粮料院批勘,而判勾即皆专委通判。盖通判是本州按察官,使之判勾,则其势可以点检粮料院违条妄支官物及诸般差错作弊等事……"从之。③

引文明言"天下州府粮料院",且讲明"天下勘给官吏军兵请受及勘支官物",是由粮料院批勘,而由州郡通判判勾,因为通判官阶高于粮料院官。又有记载:

> 政和元年八月二十二日,臣僚上言:"一岁之入,莫大于租税,而

---

① 近有友人发给我"粮料院铜印"彩照,印文为"永静军粮料院之记",如此印不伪,则宋代不但重要州府有粮料院,而且较一般州府更小的军也设粮料院,说明州郡设粮料院较为普遍。

② 《西台集》卷一六《毕从古行状》。

③ 《宋会要·职官》五七之五〇。

诸县税簿,不依条式,人户纳毕,亦不驱磨,及酒税课利,仓场库务交
界官物,买扑酒坊河渡并房园地基等课利,诸县镇杂收系省钱,多不
置都簿拘籍,欺弊不少。又诸军请给,分擘小历,因缘侵冒,岁终不曾
选官驱磨。诸州支费,并由粮料院勘给,多不依条帮旁,致有诈
伪⋯⋯今后将逐州月申见在钱物参照,仍亲点对逐州递年实收实支
钱物,置籍将逐州磨勘司月申粮料院已勘给物数参较,以备计度均
节⋯⋯"诏令诸路漕臣详臣僚所言事理,更切相度,如委无骚扰不
便、有补漕计,则仰仿此点检施行。①

这里讲"诸州支费,并由粮料院勘给",讲的显然不是京师的粮料院,而是
地方州郡的粮料院。

又《会要》载:

[宣和七年正月]十九日,诏:诸路转运司钱物应支用者,旁帖并
经所在州粮勾院勘勾,右入《政和给赐令》。二月七日又诏:诸不经
粮勾院勘勾者,徒一年。②

南宋条法有类似规定,谓:"诸转运司钱物本司应支用者,旁帖并经所在
州县粮审院勘审。""诸转运司应支用钱物不经粮、审院勘审者,杖八
十。"③"勾院""勘勾"因避宋高宗讳分别改作"审院""勘审"。违者刑罚
也略有改变。但转运司支用钱物时,要经所在州粮料院勘审,这一规定却
是前后一致的。

又南宋条法载:

诸粮料院无官专监者,录事、司户参军同知,仍分掌给纳(原注:
遇阙官委司法参军)。④

引文中所言粮料院,并未明言系京城的、抑或隶于总领所的或是州郡的,
但所言"录事""司户""司法"都是州郡职务,故所言不可能是讲京城的
粮料院。如果是讲隶于总领所的粮料院,则照理应在行文中加入"所在

① 《宋会要·食货》四九之二六至二七。
② 《宋会要·食货》四九之三三。
③ 《庆元条法事类》卷三七《给纳》。
④ 《庆元条法事类》卷四《职掌》。

州"一类用语。所以,所言粮料院应是指一般州郡粮料院。又同书载:

> 诸勘请官物勘给送审计院审讫,封旁付给处粮料院,每月具已勘
> 旁及物数开("开"为"关"之形近误)磨勘司对帐,申转运司。①

此粮料院既要每月将勘旁等数申转运司,则所言也应是一般州郡粮料院。同书又引绍兴二年三月二十二日敕:"……应州县除见任及久来寄居外,如过往官员初到州府申乞请给,并委职官一员先行检察讫,然后过粮料院放行请受。"②过往官员到州府申乞请给后,不可能到京城或总领所所在地粮料院再办手续,应也是由所在州府的粮料院"放行请受"。再同书载:"诸军差出小券,粮、审院立号注籍拘管(原注:缴到券毁抹讫勾销)……候回及到所诣处官司,限壹日随所赍公文拘收,送磨勘司及审计院驱磨讫,保明申州,付粮料院收入大历,抹券架阁。"③军人出差后返回,"保明申州"后,有关文书所交付的"粮料院"也只能是本州的粮料院。

这些记载都反映了州郡粮料院的存在,及在日常社会生活中发挥着与隶属三司、太府寺、总领所的粮料院类似的作用。

三、审计司和审计制度

审计制度和审计司宋以前未见记载,似创于宋。南宋淳熙年中有审计司官所撰题名述:"审计非古官也,而原于古。古者凡官府皆有要会,而财用稍食之会尤详。国初以三司使总邦计,司各有院,以乘中外泉谷出入之政,盖会计之府也。然案牍丛委,典者不能遍察,而奸容焉。淳化三年,始用户部使樊知古奏,剔其冗籍,复别为院,置官颛领之,以听稍食之要贰。置院之初,特掌骑兵徒兵给受之数,犹未及诸司也。元丰三年,合步骑两院为一,遂以其一主诸司。自宫禁朝廷下至斗食佐史,凡赋禄者以式法审其名数而稽其辞名者,唯郊赐给已乃审。禄有疑予,则诏以法。凡四方之计籍上于大农,则逆其会。凡有司调度、会赋出则诚焉。设员二,

---

① 《庆元条法事类》卷三七《勘敕》。
② 《庆元条法事类》卷三七《勘敕》。
③ 《庆元条法事类》卷宗一七《架阁》。

曰左右听(厅),分案六,史八人。"①这里须作几点说明:首先,审计司原来不叫审计司,而叫专勾司,南宋初,因"勾"字犯御名讳,始改称审计司。故李焘记太宗淳化三年,"置勾当马、步军专勾司官各一人,从户部使樊知古请也。寻合两司为一"。② 其次,元丰三年始有诸司审计司,而次年乃改官制,故于三司理财体制下,大抵只有诸军专勾司,而没有诸司审计司,则审计司权限范围远没有题名中所述那样广泛。史文述:三司属下"勾当马步军专勾司官一人,以京朝官充。掌诸军兵马逃亡收并之籍,诸司库务给受之数,审校其欺诈,批历以送粮料院"。③ 大约元丰三年以前,专勾司只是审核军兵俸禄,其他则由勾院、磨勘司兼管。再次,题名所述审计司属员数应只是一时之额。绍兴元年有减省审计院官吏之诏,规定减省后的审计司有:"主押官一员,前行二人,后行七人,贴司三人。"④又次,题名未述及南宋各总领所设立审计司事,各总领所属下各有审计司,其长官多由所在州通判或总领所属官兼领。⑤ 最后,关于审计司的职能,据题名所载,包括三个方面:一是审核官吏,军兵俸给禄赐;二是审核四方岁计;三是审核财政规画。这与近代审计机构的职能颇接近。北宋前期如上所述是不太可能全部具备这三方面职能的,元丰改制后是否真的全部具备这三方面职能,也不无疑问。史籍中关于审计司开展工作的具体记述不多。绍兴三年,监行在诸司审计司官受到奖励,原因是"验获揩改绫纸伪冒"⑥,当是发现了涂改官告中关于品级待遇文字的问题,此事可与时人关于"国家之赋禄以粮[料院]、审[计司]为关键"⑦的议论。总领所属下的审计司,也明显地主要是执行审核军队官兵赋禄的职能。文献

---

　　① 《(咸淳)临安志》卷八《诸司诸军审计司》。按,《群书考索》后集卷一二《官制·审计院》、《古今合璧事类备要》后集卷四九《四辖·审计院》、《通考》卷六〇《职官考·审计院》及《梦粱录》卷九《六院四辖》也载有类似文字,疑都源于此。

　　② 《长编》卷三三。

　　③ 《宋史》卷一六二《职官志·三司》。

　　④ 《宋会要·职官》二七之六一。

　　⑤ 参见《宋会要·职官》四一之四四,《通考》卷六二《职官考·总领》,《宋史》卷一六七《职官志·总领》,《(景定)建康志》卷二六《官守·总领所》。

　　⑥ 《宋会要·职官》二七之六二。

　　⑦ 《古今合璧事类备要》后集卷四九《四辖·审计院》。

又载,南宋条法中规定州郡上供钱物帐状(报表)须于次年正月中旬送审计院磨审并于帐状末尾题署,①这说明审计司有权审察地方财政的部分或全部的事务。至于审计司如何审察其他官司所辖财计,如何审察封建国家的财政规画,则不见有具体记载。②

《宋史·职官志》《宋会要·职官》《通考·职官考》都未记州郡有审计(专勾)司,但是记载中却有州郡审计司的活动。

南宋大儒朱熹在对学生谈自己做地方官的体会时曾讲:"做官须是立纲纪,纲纪既立,都自无事。如诸县发簿历到州,在法本州点对,自有限月。如初间是本州磨算司,便自有十日限,却交过通判审计司,亦有五日限。今到处并不管着限日,或迟延一月,或迟延两三月,以邀索县道,直待计嘱满其所欲,方与呈州。初过磨算司使一番钱了,到审计司又使一番钱,到倅厅发回呈州,呈覆吏人又要钱。某曾作簿,知其弊,于南康及漳州皆用限日。他这般法意甚好,后来一向埋没了。"③他讲的是南康军和漳州的情况,二州郡都远离总领所驻地,也远离京师,所言审计司显然既不是京师的,也不是总领所的审计司,而是州郡的隶于通判的审计司。据他所讲,各县财务帐册,须经州郡审计司审核。

又《会要》载:

[建中靖国元年]十月四日,都省批送下权知开封府司录参军公事王㴞状:"切见天下勘给官吏军兵请受及勘支官物,并须先由粮料院批勘,封送勾院点检勾勘讫,仓库方得依数支……"④

这里讲:"勘给官吏军兵请受及勘支官物",都要"先由粮料院批勘,封送勾院点检勾勘"。说明州郡普遍设有"勾院",即审计院之前身。

南宋条法又有如下规定:"诸仓库见在钱物,所属监司委通判岁首躬

---

① 参见《庆元条法事类》卷三〇《上供·仓库令仓库式》。

② 《宋会要·食货》五六之七二载臣僚言:"国家诸费,臣不得尽知,去岁蒙恩备数诸司审计司,自淳熙、绍熙及陛下践阼之后,应在京诸司之俸,因得以详考前后数目。"据此,审计司所知晓者,主要是诸司诸军经费数。

③ 《朱子语类》卷一〇六《外任·漳州》、《朱文公政训》。

④ 包伟民先生《宋代地方财政史研究》(上海古籍出版社2001年版)第二章《州军财政制度》三《州军财政管理机构》、四《属县财政》(第61—71页),早地征引了此史料,特此说明。

诣仓库点检前一年实在数,令审计院置簿抄上,比照帐状。"①同书又载:"诸上供钱物状,逐州次年正月中旬依或(式)攒送磨勘司、审计院,各限五日磨、审讫,申转运司覆验,限三月终缴申尚书户部。"②又同卷载各州《起发上京供年额钱物状》固定格式中,在详列上供年额钱物品类及数量等后,有"审计院勘同系书如常式,磨勘司勘同系书如常式"二项。又载各州《无额上供钱物状》固定格式中,也列有"磨、审如常式"一项。悉心体味,这里所言的磨勘司、审计院,都不大可能是都城或总领所的磨勘司、审计院,因为它们往往离各州较远,有的达数百或上千里,各州将帐状都送交设于都城、总领所的磨、审院,磨审后再缴转运司,这是绝难想象的,唯一合理的解释,就是引文中所言磨勘司、审计院都是设在本州的。

此书又载:"诸转运司钱物本司应支用者,旁帖并经所在州县粮、审院勘审。"③此记载再次明确无误地表明,宋代州县也有粮料、审计机构(将粮料院、审计院合称为"粮、审院"是宋代史籍中常见的),它们在转运司支用本司钱物时,行使事前审计的职权。

此书载:"诸军差出小券,粮、审院立号注籍拘管(原注——下同:缴到券毁抹讫勾销)。同行人虽多,总为一券,限即时给。并印缝,具元差事因、所诣处及军分、姓名、请给则例、逐名克折或未请勿[总?]数,管辖人同印书批勘。如官司及写券人点检与券不同,或稽程及不由所诣驿路并送所属究治。候回及到所诣处官司,限壹日随所赍公文拘收,送磨勘司及审计院驱磨讫,保明申州,付粮料院收入大历,抹券架阁(无大历处保明讫批勘,即不回者,所诣官司报出券处销籍)。"④此规定讲,军人因公出差,路途中支领钱粮等事前要在粮、审院备案,事后一日之内要缴磨勘司、审计院磨、审,然后"申州",付粮料院注销存档。这里讲限一日就交磨勘司、审计院磨审,此后再申州,则所言审计院不应是远在都城的或设在总领所的审计司。所以,这里讲的磨勘司、审计司、粮料院一般也应指设于

①　《庆元条法事类》卷三七《给纳》。
②　《庆元条法事类》卷三〇《上供》,另见同书卷三二《点磨隐陷》。
③　《庆元条法事类》卷三七《给纳》。
④　《庆元条法事类》卷一七《架阁》。

各州郡的机构(当然,都城或总领所驻地军人出差或许情况特殊)。

同书又载:

> 诸勘请、官物勘给,送审计院审讫,封旁付给处粮料院,每月具已勘旁及物数开(关?)磨勘司对帐,申转运司。

> 诸身分请给合支券者,并于料钱历内批勘,不得因事添给,唯从军许更文(支?)一道(通旧不得过两道),事毕或任满日缴纳纳所在粮、审院驱磨。

> 诸县官在县镇寨者,其请给本州勘审,各限一日批付近便仓库给。①

上引三条记载表明,州县官的奉禄支领前及事后均要经本州审计院、粮料院的审核。其中第二例讲事后由"所在粮、审院驱磨",即明确讲不一定送都城或总领所的粮、审院。故而,同书所载对审计、粮料院失职官吏的惩罚规定,②应也主要是针对各州审计、粮料官吏的。

此书又载有《保明(官员)开破应在官物酬赏状》《保明磨勘出税租亏失酬赏状》,除各详列有关官员任职时间、开破应在钱物或磨勘出税租亏失详数及有无曾受处罚等外,后均列有"审计院、磨勘司审、磨并同,官吏姓名(按当指审、磨官吏姓名)"一项。③ 同书又有《保明理欠官催纳分数酬赏状》,内亦有"审计院、磨勘司审磨并同,官吏姓名"一项,而特标明"此项用朱书,余式准此"。④ 说明为醒目,此项文字系用红笔书写。可知在决定各州应在司官员、核查税租收入官员、理欠官员能否受奖赏时,审计、磨勘司官吏的审核证实是必经程序,且受到特别重视。大约当局认为审计院、磨勘司应在防止财赋流失方面发挥特别的作用。

此书又载:"诸封桩禁军阙额请给,粮、审院每季置册,开具勘审过某指挥阙某色人数、逐等则例、合桩衣粮色数(赏给朔服等并准此),州取索

① 三则引文均见《庆元条法事类》卷三七《勘敕》。
② 《庆元条法事类》卷三二《理欠》。
③ 见《庆元条法事类》卷三一《应在》、卷四八《税租帐》。
④ 《庆元条法事类》卷三二《理欠》。

点检,具申枢密院。"①既言粮、审院勘审结果由州点检,则此处所言粮、审院必也为州的粮料、审计院。可知各州封桩禁军阙额请给财赋,也要由各州粮料、审计院勘审。同书同卷又有《封桩禁军阙额请给关状》定式,内有"仍准旁帮书勘审,关仓库者审计院随旁封付"的内容。同书同卷又有《封桩禁军阙额请给旁》定式,内有"依常式帮书勘审"一项。② 也可为佐证。

上引记载说明,州郡普遍设审计(专勾)司,作为财务收支的审核机构,在地方财政管理中发挥着重要作用。

从朝廷到地方,粮料院、专勾(审计)司以及磨勘司等,形成了一个财务检标识符复察系统,对于防止财政收支的疏漏有重要作用,这是财政管理上的一个进步。

第四节　财务行政方面的几项重要制度

理财官吏的选任、考课、奖惩等,是财政管理的重要内容。如果将财政管理分为管人与管财两方面,那么,本节着重讨论管人的方面。

一、理财官吏的选拔和任用

首先申明,这里所言理财官吏,乃包括专职与兼职两种,宋朝单纯以理财为职的官司是不多的,故难以严格区分专职理财与兼职理财两种官吏。

宋朝重视财政,对财政方面负主要责任的官职的委任较为重视,尤其三司使、户部尚书的选任多取精明强干的大臣。③ 再者,北宋前期为了使

① 《庆元条法事类》卷三一《封桩》。
② 并见《庆元条法事类》卷三一《封桩》。
③ 《长编》卷三六载,淳化五年太宗讲:"多士满朝,朕试令索班簿阅之……于其中求一材中转运使、三司判官者了不可得,虽多,亦奚为?"于众官中独言转运使、三司判官,可见对理财官吏的重视。

执政大臣粗通财计，"选除执政、侍从，必先选历钱谷"，①形成惯例。这对理财官吏的构成也有重要影响。宋朝的科举没有财政方面的长期沿用的专门科目，尤其初入仕者更不能由精通财计而经科举得官。但是，在财政部门任职的吏人可以通过积累勋劳、长官推荐而得官。宋朝较为重视从已入仕的人员中选拔理财官吏。仁宗时，立京朝官科考六项，其中"才识兼茂明于体用科""详明吏理可使从政科"，包含有选拔理财官吏的意义。仁宗末年，司马光上书建议："朝廷宜精选朝士之晓练钱谷者，不问其始所以进，或进士，或诸科，或门荫。先使之治钱谷小事，有功则使之权发遣三司判官事。及三年而察之，实效显著然后得权三司判官事。又三年，更有实效，然后得为正三司判官。其无实效者，退归常调，勿复收用……每三司副使阙，则选三司判官及诸路转运使功效尤著者以补之，三司使阙，亦选于副使以补之。"②英宗治平年中，曾部分地采纳了他的意见，突出的是专门对三司判官的选拔制度做了改革。哲宗即位初，司马光又建议以十科取士，其第九科为从已入仕人中选"善治财赋、公私俱便"之人。此建议被采纳。③ 但是，由于宋朝过分推崇儒道，也由于广大人民对理财官吏不择手段聚敛民财的不满，士大夫们中间将"理财"等同于"谋利"的认识逐渐流行，蔑视理财职事、蔑视专职理财人员的风气逐渐滋长。士大夫们尤其看不起中下级诸如仓库场务监当一类的理财官职，"往往以为浼己不肯亵就"。④ 这种风气也影响到朝政，专以理财为职的官吏在升迁等方面往往受到歧视。⑤ 南宋陈傅良谓："今夫皆州县官也……由幕职教授若曹官令佐得之则人以为宜，由仓场库务官则人以为怪；皆在京官也……由检鼓诸院得之则人以为宜，由审计、榷货之官则人以为怪；等而上之，由卿监为侍从，则以太常、秘书、国子为宜，而以太府、司农为怪；由侍从则以

---

① 《古今源流至论》续集卷二《国用》引《蔡官制》。
② 《司马文正公传家集》卷二五《论财利疏》。
③ 参见《司马温公文集》卷八《乞以十科举士札子》。
④ 王栐：《燕翼诒谋录》卷五。
⑤ 北宋仁宗初年，韩琦任监左藏库，众人多劝他改求馆职以利升迁，说明此时已有重馆职而轻理财职事的倾向，见朱熹《三朝名臣言行录》卷一。

学士、给舍、诸曹尚书为宜,而以户部尚书为怪。"①这样,理财官吏的社会地位有下降的趋势和被人歧视的一面,这对于理财官吏的选拔自也有不利的影响。

宋朝官员实行任期制,每任一般为二至四年。由于考课、磨勘和在职官吏可以参加科举考试等制度,许多官吏任期未满,即已升迁或罢黜。这使得各级理财职位上的官员调动频繁,严重地妨碍了财政管理的正常进行。针对这种情况,宋朝不得不硬行规定官员每任实际任职的最短时间,②而这种规定不能长久地坚持和贯彻。仁宗末年司马光详论此事,谓:"夫官久于其业而后明,功久于其事而后成……近岁三司使、副使、判官大率多用文辞之士为之,以为进用之资涂,不复问其习不习于钱谷也。彼文辞之士习钱谷者固有之矣,然不能专也。于是乎有以簿书为烦而不省,以钱谷为鄙而不问者矣。又居官者出入迁徙有如邮舍,或未能尽识吏人之面、知职业之所主已舍去矣。臣顷者判度支勾院,甫二年耳,上自三司使,下至检法官,改易皆遍,甚者或更历数人。虽有恪勤之人,夙夜尽心以治其职,人情稍通,纲纪粗立,则舍之而去。后来者意见各殊,则向之所为一皆废坏。况怠惰之人因循苟且、惟思便身、不顾公家者乎?"③官制等方面的弊病,造成了对官员"责任效而遗远谋"的客观效果。官员们中间普遍存在如下心理:"吾居官不日而迁,不立效于目前以自显,顾养财以遗后人使为功,吾何赖焉。"④其所以然,乃是"朝廷用人之法驱之使然也"。⑤ 与之时间相近,蔡襄也上书论此事,谓:"官守不久,借如三司使、副、判官皆专管财利……发运、转运使均输征赋、廉察风俗,列郡太守问民疾苦,比皆至重之寄……今之除授,但作践历资序。内则踯迹相蹑,立登贵仕;外则州郡迎送,略无暇日。"又谓:"三司管天下之利,而使、副、判官才至又迁,簿书首尾尚未能通晓,所言目前细碎诛剥之事以自塞责,岂肯

<hr>

① 《止斋集》卷三五《代胡少钦监酒上婺守韩无咎书》。
② 例如《燕翼诒谋录》卷五记,庆历年中语令官员每任任职时间不得少于二年。
③ 《司马文正公传家集》卷二五《论财利疏》。
④ 《司马文正公传家集》卷二五《论财利疏》。
⑤ 《司马文正公传家集》卷二五《论财利疏》。

为久计而兴大利?"①所言与司马光之言意思相类。另苏轼等人也有相近的看法。英宗时曾依照上述诸大臣的意见对某些有关的制度做了改革,但问题之根源并没有改变。神宗初年,苏辙上书,又言及"诸道之职司,三司之官吏"不久其任的情况,并言"方今天下之官泛泛乎皆有欲去不久之心,侍从之官逾年而不得代则皇皇不乐"。②可知不久其任的问题不仅存在于理财官员中。至哲宗即位,大臣文彦博又奏言理财官久任问题,言:"今之户部,实主邦计。尚书、侍郎、郎中、员外,未闻精选久任,唯见屡迁数易,欲使何人专任其责,国之大计安所望哉?"③后上官均也讲:"内任则六曹侍郎、寺监长贰,其在外则诸路监司及辅郡藩方,率多感易。"④王觌谓:"诸路监司移易频数,坐席未暖已或有欲去之心。"⑤可见,官制的变更并没有改变官不久任的局面。察其根源,乃与官多职位少有密切的联系。此问题至南宋仍然如故,章如愚谓:"今之尚书版曹,所以总财货之权,其次则有司农,有常平,有转运,有坑冶,往往朝而处之、暮而易之,未有能通知其本末之所在者。虽知赋税之当减者也,茶盐之当去也,榷酤之当罢也,铸钱之当多也,楮币之当重也,坑冶之不可以不盈也,铜器之不可以不禁也,大抵随事而议,随弊而救,而不深明其所以然之故。此其患在于士大夫以财赋之职为假途也。"⑥另外,与财政关系密切的州郡长官徙调也很频繁。孝宗时周必大讲:"诸州长吏,倏来忽去,婺州四年易守者五,平江四年易守者四,甚至秀州一年而四易守。"⑦与财政相关的官员的频繁调动,给财政管理带来恶劣的影响,财政事务与一般行政管理有所不同,它需要更多的专业知识,需要更多的长远规划和通盘考虑,而负责官吏的频繁调动,就使得上述客观需要失去了变为现实的可能,这是宋朝财政管理上致命的弊端之一。

---

① 《蔡忠惠公文集》卷九《进黼扆箴状》。
② 《栾城集》卷二一《上皇帝书》。
③ 《文潞公集》卷二七《答奏》。
④ 《宋朝诸臣奏议》卷七三《百官·久任》。
⑤ 《宋朝诸臣奏议》卷七三《百官·久任》。
⑥ 《群书考索》后集卷五二《财·唐赋》。
⑦ 《宋朝诸臣奏议》卷七三《百官·久任》。

二、在财政范围内的官吏考课与奖惩

这里讲财政范围内的官吏考课奖惩,不讲财政官吏的考课奖惩,也是由于理财官吏往往兼理他务的缘故。

宋朝官员的考课制度在太宗末年以后渐趋完备,其基本内容是:设置专门管理官员的管理机构:审官东院(原为审官院,元丰改制后为尚书左选,主管文官京朝官),审官西院(设置较迟,前此其事由枢密院掌管,元丰改制后为尚书右选,主管武臣京朝官),流内铨(元丰改制后为侍郎左选,主管幕职州县官即下级文官),三班院(元丰改制后为侍郎右选,主管大小使臣即下级武官)。官员每年一考,若干年月(依出身、品级和他类别而异)一次总的评定,即磨勘。磨勘以逐年考绩为基础,其结果决定升黜。每位官员都有官方发给的功过簿(历)和加盖有皇帝印玺的"御前印纸",用以记录功过和考绩,由指定的官司管理填写,以为考课磨勘的依据。这套办法大体也适用于财政管理,财政管理上又有一些特殊的补充规定。三司判官是三司日常事务的主持者,太祖乾德四年对其考课专门下有诏令,内言:"逐司判官各置历批书课绩,与判使通署,每至年终,当议考校黜陟。""应三司使如点检得判官等起请行遣不当公事,亦置历批书。诸道转运使如见三司⋯⋯所行公事及申奏起请改正条件,亦仰置历批上,逐季进呈,以凭校定考第,明行黜陟。"①对三司使也有类似的考课办法。如太宗淳化五年(时三司使改称总计使)诏:"三司总计使及十道判官等,自今年七月以前奉行公事及课最殿罚并令条奏,自今年八月以后各给御前印纸,使判官吏书其绩,满岁考校,以黜陟之。"②元丰改制后,户部所属官员也有相应的考课制度。据时人庞元英记:"吏部颁给印历,六曹尚书、侍郎。左右仆射、左右丞批;""二十四司郎中、员外,本曹尚

① 《长编》卷七。
② 《宋会要·职官》五九之五。

书、侍郎批,以书逐考功过焉。"①史文又载:"元祐尝立吏、户、刑三部郎官课。"②徽宗崇宁元年,有大臣建议:"严立条约,每岁终委省寺监之长考其属官之成,六曹尚书考其郎官之成,尚书都省视六尚书之成,成者陟之,不成者黜之。"于是"诏令吏部修立每三岁郎官黜陟之法"。③ 崇宁三年,对尚书省各曹郎官进行考核,结果度支郎中、金部员外郎均因处理生事及迁枉不当违滞事有效率而受到奖赏。④ 南宋户部等处官员考课情况殊少记载,当与北宋时相差不远。

宋朝比较重视转运司官员的考课,自宋太宗时起,"转运使给御前印纸,岁满上审官院考校之"。⑤ 其考课内容不限于财政,而有关财计者不但于中占的比例很大,而且还附有具体指标,使得转运司官员不得不把主要精力放在理财事务上。关于转运司官员考课宋廷历次发布的敕令,前文多已述及,以下仅将载于南宋庆元年间颁行的条法中的转运司官考课式转录如下:

一、税租管额并本年收逐色各若干(具一路都数,谓应纳正耗及合零就整并畸零实数,如遇灾伤即具减放分数)

某官职姓名任内

管额

税　钱物各若干(开逐色都数,下项并准此),谷各若干。

租(钱物、谷各依上文开具)。

本年

税　受纳:钱物各若干,谷各若干。开阁减免(谓分并出本路或兴造除放若逃绝灾伤倚阁、减免、展限、拖欠之类。如内有无者即不具。下项租课准此):钱物各若干,谷各若干。

租(按,格式内容与税相类,略)。

---

① 《文昌杂录》卷四。
② 《宋史》卷一六〇《选举志·考课》。
③ 《宋会要·职官》五九之一二。
④ 《宋会要·职官》五九之一二。
⑤ 《宋会要·职官》五九之七又参见同书五九之五。

比管额增或亏若干分厘。

一、酒税务(坊场、河渡、房园、茶、盐、矾、坑冶、铸钱监、市舶等场务并准此,无即云无)各具租额并递年及本年收诸色课利,逐色各若干(并具一路都数。如遇灾伤即具减放分数)。

某官职姓名任内

酒务 租额几处收钱若干(如有别色并纽计见钱。余课利准此)。递年(谓前一年)几处收钱若干。本年几处收钱若干。

比租额增或亏若干分厘

比递年增或亏若干分厘

税务(按,格式、内容与酒务相类,略)。

一、前一年并本年各收籴到谷若干(止具一路都数,如遇灾伤即具减故分数。按,以下细目略)。

一、前一年并本年本路都收钱物各若干,支外见在若干(止计本司所管本路都数,即不得将诸司及朝廷封桩等钱物通计在内。按,以下细目略)。①

条法中并且规定:"转运司移用钱物不当,致在有糜费及亏损官钱,或场务不因灾伤而课额亏减,或措置无术而岁计不足,及应合拨还诸司及别路所欠钱物而失于措置,致大段亏少"②者,都以失职论处。此所载条法内容,不知始行于何时,然从其规定可以看到,财政事务处理是否得当,在转运司官员考课中所居重要地位。

宋朝以"四善三最(后增一最,为四善四最)"考课州县守令,其内容包括个人品行、行政、刑狱,财计等许多方面,然其他方面内容多失之空洞,唯有财计方面的考课多有具体指标。因而,守令的考课中财政方面内容,虽不如转运司官员那样占很大的比重,但也有不容忽视的地位,特别在南宋尤其如此。在地方赋入中,田赋的收入是基本的收入,因而州县官考课内容里自不能缺少此项。然同前代相比,宋朝尤重视所谓场务课利

① 《庆元条法事类》卷五《考课》。
② 《庆元条法事类》卷五《考课》。

收入，并把它作为州县官考课的重要内容。太祖开宝七年规定："诸州知州、通判……县令所掌盐、曲及市征、地课等，并亲临之，月具籍供三司，秩满校其殿最。"①真宗大中祥符六年，"诏茶、盐、酒、税及诸物场务自今总一岁之课合为一，[以]租额较之，有亏则计分数，其知州军、通判减监临官一等区断。大臣及武臣知州军者止罚通判以下"。② 前此已有"岁课增羡知州、通判皆书历为最"的规定。仁宗康定元年又诏："天下州县课利场务，自今逐处总计大数，十分亏五厘以下，其知州、通判、幕职、知县各罚一月俸。一分以下（当为上）两月俸，二分以上降差遣。其增二分以上升陟之。"③徽宗崇宁二年又规定，知州、通判、县令佐在所属上供、留用经费充足的前提下，"仍以场务、房园等课利通比租额数增一倍转一官"。④ 南宋庆元年条法也有如下规定："诸课利场务年终比较租额，亏……满五厘……监官罚俸半月，每一分收各加一等，至三分五厘止。……令佐、都监、寨主减监官一等。知州（缘边者免）、通判、职官曹官又减一等。"⑤这些规定说明，两宋把所属场务课利收入同州县长官的考课奖惩联系起来。

宋朝对州郡上供财赋的按时输送很是关切，这也是州郡长官考课的重要内容，其具体措施前文多已述及。此处须作补充的是，南宋时对向州郡征调的总领所供军钱粮、折帛钱、经总制钱、无额上供钱等都有考核奖惩条例。例如，孝宗乾道四年规定："诸路总领所岁终将所辖州军当发钱物之数十分率之，欠及二分，知、通各展磨勘二年。欠数即多，取旨重罚。办集无阙，减磨勘二年。"⑥又例如，高宗绍兴二十五年诏："诸路州军知、通今后拘收无额钱物及一万贯，与减一年半磨勘；及一万五千贯以上，与减二年磨勘；如止及五千贯，依已降指挥与减一半。"⑦类似的规定不胜枚举。这些很具体、附有数额或比率的奖惩条件，使得考课中有关财政方面

① 《长编》卷一五。
② 《长编》卷八一。
③ 《长编》卷一二七。
④ 《宋会要·职官》五九之一二,事又见《长编纪事本末》卷一三二《讲议司》。
⑤ 《庆元条法事类》卷三二《财用·鼓铸》。
⑥ 《宋会要·职官》五九之二三。
⑦ 《宋会要·食货》三五之三一,类似记载又见于同书三五之四二、四三等处。

的内容往往有举足轻重的意义。例如孝宗淳熙年中蔡戡任广东监司官，他在评定所属知州府考绩时，被评为臧最与否最者，都分别与财政优劣有密切联系。其中被定为否最的知德庆府官，任内有"吏谭颖盗用官钱三千余贯。财赋亏陷，用度窘急，官兵俸给累月不支"，①这些乃是他被列为倒数第一的主要过失。

对于各种以场务课利收入为主职的所谓监当官，其考课基本上以钱数或物数为准。场务监官任满，不但须持有本州批书的功过历册，还要由本州给予解由和都帐，说明"在任监临一界课绩"及"对比前界年月日收数，并立祖额、递年比增亏"，②方得磨勘。前文也述及南宋场务监官的奖惩条例。榷货务官、市易务官等，也分别有岁收课利钱数标准，以为考课奖惩依据。

考课与奖惩密不可分，而奖惩的范围必然要大于日常考课所规定的范围。宋朝奖励主要有赏赐钱币或实物与减磨勘年，提前转官晋级两种。惩罚则主要有罚俸、追赔、展磨勘年、停职、降级、判刑事罪等。宋朝因考课条例繁多，奖惩也就经常甚至频冗，有关记载极多。值得注意的是，在财政范围内，官员因处置失当而遭责罚的事例颇多，连高级官员也是如此。例如，太祖乾德三年，"权判三司赵坐军食损坏，失于检视，夺一季俸"。③ 仁宗天圣初年，因变动茶法失当，"推治元议省吏，计覆官、旬献官皆决配沙门岛。元详定枢密副使张邓公（士逊），参知政事吕许公（夷简）、鲁肃简（宗道）各罚俸一月，御史中丞刘筠、入内内侍省副都知周文质、西上阁门使薛昭廓、三部副使，各罚铜二十斤。前三司使李谘落枢密直学士"。④ 庆历四年，仅因陈留县移桥事处理不妥，拟定"权三司使王尧臣罚铜七斤，权户部副使郭难……罚铜六斤，皆以公罪坐之。户部判官、国子博士填钺罚铜七斤……并以私罪坐之"。⑤ 后经大臣范仲淹等力谏，

① 并见《定斋集》卷二《臧否守臣奏状》。
② 《宋会要·职官》一一之一〇。
③ 《长编》卷六。
④ 沈括：《梦溪笔谈》卷一二，事又见《长编》卷一〇四、《宋会要·食货》三六之二〇。
⑤ 《长编》卷一四八。

才得从轻处置。转运司官因过失而遭处罚者也屡见记载,如元丰年,"河北东路转运副使陈知俭、判官汪辅之,各特罚铜二十斤。坐三司言,会计河北东路熙宁十年收支、实阙钱帛等,比知俭、辅之元奏之数少七十三万余缗"。①

显然,考课奖惩条法的细密,给财政有效地管理带来不少的益处,它是在辽阔领域内实施财政中央集权制的重要保证。但条法的过分细密,也必不可免地给全面贯彻造成一系列困难。条法越是细密,越难避免出现漏洞和彼此矛盾之处。这使得有些条例受当时各方面条件的限制无法长期有效地实施,有些条法上的漏洞和失当则给官吏营私舞弊提供了条件,反而由此加剧了管理上的混乱。至于细密的条法捆住不少有为官吏的手脚,使其无法施展自己的才能和抱负;或者把官吏的注意力大部分吸引到财政方面而贻误其他政事,这些也是其弊病。北宋时蔡襄曾讲:官吏考课勋劳动辄有奖励条例,"至于茶盐酒税之局,物物皆有赏格,下至吏人百姓,莫不皆然,此为政之弊也"。② 他的话可谓切中时弊。

三、对赃吏的惩处(附仓法)

宋人所谓赃罪,分为入己赃、不入己赃二类,对入己赃处理较重。入己赃又分二类,一是受贿;二是贪污公家财物。宋太祖时重修《刑统》,内有对这两类赃吏惩处的条例。对于受贿者,以绢计赃,枉法者"一尺杖一百,一匹加一等,十五匹绞"。未枉法者"一尺杖九十,二匹加一等,三十匹加役流"。"过五十匹者奏取敕裁"。"无禄者减一等"。对于贪污公家财物者,规定:"诸监临之官受所监临财物者,一尺笞四十,一匹加一等,八匹徒一年,八匹加一等,五十匹流二千里。""乞取者加一等,强乞取者准枉法论。"③又有一种监守自盗罪,《刑统》不载,李焘记,大中祥符八年以前,"监临主守自盗及盗所监临财物者","自五匹徒二年,递加至二十

---

① 《宋会要·职官》六六之五。
② 《蔡忠惠公文集》卷二二《国论要目·原赏》。
③ 《宋刑统》卷一一《枉法赃不枉法赃》《受所监临赃》。

五匹流二千五百里,三十匹即入绞刑"。此年改为"三十匹为流三千里,三十五匹绞"。① 可知监守自盗罪重于受所监临财物罪。观以上律条,可知在规定上对赃吏的惩处是严厉的,对于贪赃枉法受贿者惩处尤重,大约意在防止官吏破坏正常社会秩序。虽有如上律条,但并未得到始终如一地贯彻。李心传记:"自祖宗开基,首严赃吏之禁,重者辄弃市。真宗以后,稍从宽贷,然亦终身不用。"②从记载看,太祖、太宗时期对赃吏的惩处最为严厉,判死刑者较多。见于记载者,太祖开宝四年至七年,因赃被处死的官员有邱舜卿、王元吉、张穆、张恂、李友仁等;太宗太平兴国二年至七年,因赃被处死者有周楚、赵承嗣、卢佩、徐迁、张希永、张白、张俊等,其中赵承嗣一案,参预其事的小吏七人一并处死。③ 此间因赃入死罪而获宽减者多是有军功之人。④ 太宗末年以后,因赃处死的事例逐渐减少,获宽减事例渐多。仁宗时,苏舜钦言:"本朝自祥符以来,一用宽典,吏有奸赃狼藉,未尝致于深刑。"⑤大体属实。此后官员因赃处死者几乎不见记载,因赃被杖脊黥流者也极为罕见。仁宗时范仲淹讲,国家法令"烦而无信,轻而弗禀,上失其威,下受其弊"。⑥ 哲宗时邢恕讲,国家"用法稍宽,官吏犯自盗,罪至极法,率多贷死"云云,⑦都是针对此种情况。

北宋太宗末年至徽宗即位以前,虽较少使用死刑、黥流惩处赃吏,但官员赃罪并未因此泛滥,相反,官员贪污受贿事并不多见,这是由于官员们的贪污受贿行为受到以下情况的制约:首先,官员如果犯有徒以上赃罪,将对此后的仕途生涯产生很不利的影响。宋廷规定,曾犯赃罪徒以上者不能任亲民官,不能监在京仓场库务,⑧等等,这样这些官员便失去了许多建立功业的机会。宋朝广泛地实行官员荐举制,被举者往往可获提

---

①　《长编》卷八五。按《庆元条法事类》卷九《馈送·旁照法》摘录此条。

②　《朝野杂记》甲集卷六《建炎至嘉泰申严赃吏之禁》。

③　参见《长编》卷一二至一五、卷一八至二三,《宋会要·职官》六四等有关记载。

④　例如乾德五年王全斌案、开宝九年张铎案等,参见《长编》卷八、卷一七等。

⑤　《苏舜钦集》卷九《上集贤文相书》。

⑥　《范文正公奏议》卷上《答手诏条陈十事》。

⑦　《宋史》卷二〇一《刑法志》。

⑧　参见《长编》卷一〇八、卷一一四、卷一八一、卷二六一及《系年要录》卷一〇七、卷一〇九等有关记载。

前晋级或获得重要差遣的机会,然而多数时间里,宋廷关于荐举的命令中,都规定凡曾犯赃罪者不在被荐举之列。① 宋朝实行官员定期磨勘晋级制,宋廷规定,凡曾犯赃罪者比其他官员要延长时间磨勘。宋朝允许下级官员参加锁厅科举考试,但曾犯赃罪者被剥夺了此种权利。② 这些规定使得官员一旦犯了赃罪,就几乎永远失去了受到重用的可能。其次,官员如果犯了赃罪,受辱终生。宋代新儒学流行,新儒学强调心灵的纯净,士大夫比较重视名节,官员们犯了赃罪,会受到士大夫们的鄙视,用时名相王旦的话讲,即"终身不齿善良","为辱极矣"。③ 宋朝的一些制度则加重了犯赃罪官员的困辱。如宋廷规定,犯赃罪的官员不得改名,"每赴选调,必首载其赃滥"。④ 哲宗时官员寄禄官带左右字,唯曾犯赃罪者不带。⑤ 宋廷又规定曾犯赃罪官员致仕,不得享受荫子恩,有的还要降等除官,使这些官员在子孙面前丢脸。⑥ 再次,犯赃罪尽管一般不处死、黥流,但所受处罚并不轻,多被编管远地,且遇赦常常不得叙复。犯两次赃罪,一般就被除名,永不录用。最后,官员犯赃罪要连累举主和上司。宋廷规定,官员犯赃要追查他近期升迁及任现职的荐举人,荐举人要定罪。⑦ 官员犯赃上司不觉察,上司也要受处罚。⑧ 由于有以上种种情况,尽管在上述时期宋廷并未对犯赃官员施以极刑,但也没有导致官员犯赃现象的迅速增加。⑨

　　南宋时期,财政管理混乱,官员合法收入又偏低,使得官员贪污受贿之风渐成难以遏止之势。尤其是所谓公使苞苴,近乎成为官吏公开贪污受贿的途径。前引郑兴裔(李心传)文已论及此事,他宋人也多论及此,

---

① 参见《长编》卷五三、卷九五等处记载。
② 参见《长编》卷一七三等处记载。
③ 《长编》卷八五。
④ 《长编》卷八五。
⑤ 参见《长编》卷四三五、《系年要录》卷五一、《齐东野语》卷二〇《文臣带左右》等记载。
⑥ 参见《长编》卷一二三、卷一四五及《系年要录》卷一七九等处记载。
⑦ 参见《长编》卷五七、卷九一、卷一一一等处记载。
⑧ 参见《长编》卷一〇四、卷一一一、卷一二四、卷一二五、卷一六四等处记载。
⑨ 微宗时期吏治混乱,官员贪赃者较多。俞文豹记"绍圣后始立三免法,不死不黥不杖",如属实,对官员贪赃有放纵作用。

我们还可从时人对清廉官员颂扬性文字中窥见公使苞苴泛滥的严重性。例如李俊甫记，许巽知滁州“时监司邻郡互送，月至三百缗，巽悉付公帑，积至一万四千余缗”。① 黄岩孙记，苏钦受任为利路转运使，在兴元遇军帅吴璘，璘“宴集之外，馈送几万缗，蜀锦数十匹，铺设供帐悉以充馈”。② 另《宋史》载，常楙任知平江府，卸任时“有送还事例，自给吏卒外，余金万楮，楙悉不受”。③ 李诚之知新州，旧例“酒库月解钱四百五十千以献守，诚之一无所受”。④ 许巽、苏钦诸人，为官员中罕见的清廉者，能拒绝馈遗，得垂名后世，而多数官员显然不能如他们那样拒绝，于是成千上万的公款便流入私人腰包。此时期州郡长官离任时“席卷公帑”的记载颇多，⑤也与此有直接联系。有些权贵更巧立名目强求下属送礼，嘉泰年中，宰相陈自强一次受各处馈遗达六十万缗。⑥ 除了馈遗以外，南宋其他形式的贪污受贿也日益泛滥。理宗嘉熙四年诏书言：“比岁以来，贪浊成风，椎剥滋甚，民穷而黦槖不厌，国匮而囊橐自丰。”⑦连诏书也讲“贪浊成风”，可见问题之严重。

南宋时宋廷面对官员贪赃现象的滋长，也曾作出努力，企图扭转颓势。高宗时，在重申北宋对赃吏的惩治规定之外，又增加了“犯枉法自盗罪至死者籍其资”的新规定。⑧ 孝宗时曾重申此制。宁宗时，对因赃贬逐官员的辩雪、叙复等事作出了比北宋更严格的规定。⑨ 理宗时“贪吏布满天下”⑩，宋廷多次申严有关制度。景定二年，甚至规定监司郡守以检劾赃吏数目多少为殿最、行赏罚，⑪这种规定无疑会导致混乱。贾似道等奸

① 《莆阳比事》卷五。
② 《仙溪志》卷四《宋人物》。
③ 《宋史》卷四二一《常楙传》。
④ 《宋史》卷四四九《忠义·李诚之传》。
⑤ 参见《宋会要·职官》七〇至七四有关记载。按，《宋会要·职官》七九之二四载嘉定年中，地方官馈遗有“下马钱”“发路钱”“折送钱”“夫脚钱”等众多名目。
⑥ 参见《宋史》卷三九四《陈自强传》。
⑦ 《宋史全文》卷三三。又《续通鉴》卷一六三真德秀奏：“今货贿公行，熏染成风……”
⑧ 《朝野杂记》甲集卷六《建炎至嘉泰申严赃吏之禁》。
⑨ 参见刘克庄《玉牒初草》卷上。
⑩ 《松桓集》卷一《论取士法疏》。
⑪ 《宋史》卷四五《理宗纪》。

臣打着整治赃吏的旗号,排斥异己,陷害忠良,制造出不少冤案。

赃吏问题的严重化是财政管理混乱的表现和结果。

仓法,又称诸仓丐取法,始颁行于神宗熙宁三年。据说当时神宗发现京师诸仓支发兵士月粮时普遍有亏减克扣情况,乃令三司起草法令,严厉禁止,随又根据中书建议,增加仓场吏人禄,此法即是仓法,其适用范围主要是不入品的吏人。其法规定:"在京应干仓界人,如因仓事取受粮纲及请人钱物,并诸司公人取受应干仓界并粮纲钱物,并计赃钱。不满一百徒一年,每一百钱加一等,一千流一千里,每一千加一等,罪止流三千里。其过致予者,减首罪二等。徒罪皆配五百里外牢城,流罪皆配千里外,满十千即受赃为首者配沙门岛。"①这种惩处异乎寻常的严峻,将其与前述监守自盗刑罚比较,监守自盗赃五十匹判流二千里,而仓法赃二千已判此刑,赃满十千已配沙门岛。显然,在犯赃钱数相同的情况下,行此仓法则比刑律监守自盗判得重得多。后来,扩大仓法实施范围,"又增中书,审官东西三班院、枢密院、三司、吏部流内校南曹、开封府吏禄,受财者以仓法论"。②"内则政府,外则监司诸州胥吏,率多增禄,而行此法"。③ 推行仓法的目的,如史文所言:"吏禄既厚,则人知自重,不敢冒法,可以省刑。"④其结果并不理想,"良吏实寡,赇取如故,往往陷重辟,议者不以为善"。⑤ 元祐年中,曾议罢废,未知其果。绍圣年以后仍旧推行。南宋时少有行仓法的记载,似不普遍行用。⑥

史言:"宋承唐、五季之后,太祖兴,削平诸国,除藩镇留州之法,而粟帛钱币咸聚王畿;严守令劝农之条,而稻、粱、桑、枲务尽地力。至于太宗,国用殷实,轻赋薄敛之制,日与群臣讲求而行之。传至真宗,内则升中告

---

① 《长编》卷二一四。事又见《宋会要·职官》五七之九二、《宋会要·食货》六二之一○等。

② 《宋史》卷一七九《食货志·会计》。

③ 《宋会要·职官》五七之九二。

④ 《宋史》卷一七九《食货志·会计》。

⑤ 《宋史》卷一七九《食货志·会计》。

⑥ 《宋会要·职官》五七之一○○载绍兴十三年,有大臣言时有重禄刑法而无重禄待遇,请重新审定有关规定。诏令刑部将有关文件汇集上报尚书省。后果不详。

成之事举,外则和戎安边之事滋,由是食货之议,日盛一日。仁宗之世,契丹增币,夏国增赐,养兵西陲,费累百万……取民之制,不至掊克。神宗欲伸中国之威,革前代之弊,王安石之流进售其强兵富国之术,而青苗、保甲之令行,民始罹其害矣。哲宗元祐更化,斯民稍望休息;绍圣而后,章惇倡绍述之谋,秕政复作。徽宗既立,蔡京为丰亨豫大之言,苛征暴敛,以济多欲,自速祸败。高宗南渡,虽失旧物之半,犹席东南地产之雄,足以裕国。然百五十年之间,公私粗给而已。"①撰此文者看来对宋代经济与财政有较深入的研究,以上叙述宋代财政纵的演化多近史实。然细加讨论,也有关当之处。首先,叙述中未言宋太祖、太宗及此阶段统治集团对后来国势积贫积弱所应负的责任。事实上,宋初的许多重要举措,都同后来国势变化有直接联系。宋初财政状况确实比北宋中期以后的状况要好得多,宋人也往往以为"祖宗"时一切皆好,然而许多祸根都是此时期埋下的。包养冗多的官吏、军兵,本是秕政,然中晚唐五代,战乱不止,势不得已,不应厚非。然太祖、太宗,作为开国帝王,却没有对此进行改革,非但不予改革,反又将包养的范围扩大。突出的是增加了杂役军兵的数量,如递铺兵、漕运兵、治水兵等。包养者增,就要多敛财。本来中晚唐五代百姓赋税负担已经很沉重了,禁榷制度对社会经济的破坏作用已经很明显了,而太祖、太宗时期没有切实地减轻百姓赋税负担,又严密和强化了禁榷制度。宋初财政收支的宽裕,乃真以这种代价换取的。由于百姓赋税负担沉重,经济的恢复和发展颇不理想:京东西大片土地荒芜,川蜀、江浙经济发展并未超过五代最好水平,西北沿边百姓大批内流。这种状况至真宗、仁宗甚至以后长期不得改观。宋初为消除藩镇割据隐患,加强了中央集权,但是,矫枉过正,过分地集权,特别是皇权的恶性膨胀,给后来的政治、经济与财政都造成了恶劣影响。当然,太祖、太宗的敛财、聚财,有图谋平定西北的动机,尚有可为之辩解之处,而真宗非但不去完成统一大业,反而丧心病狂地大搞封建迷信活动、大肆挥霍财赋,完全是一种倒行逆施。真宗时期另一应当指责之处,是放任冗官发展,形成磨勘恶习,仁宗时期

---

① 《宋史》卷一七三《食货志序》。

本当应时立制,痛革前弊,却无所作为,一概姑息。庆历新政,本是转机,却随即扼杀,一仍旧贯。皇权膨胀,贤臣名将均受猜忌,不得其用,而军兵冗多却达到登峰造极的地步。对于北宋前期的统治集团的这些过失,引文或则略而未言,或则言而未尽。其次,引文美化神宗而贬低王安石,也不够公允。王安石新法之主要弊害,乃在于增加了百姓负担。而敛财聚财本是神宗为新法确定的目标。清人王夫之评论曰:"帝(神宗)初莅政,谓文彦博曰:养兵备边,府库不可不丰。此非安石导之也,其志定久矣。"①又言:"夫神宗之误,在急以贫为虑,而不知患不在贫,故以召安石聚敛之谋而敝天下。"②所论颇当。将新法之弊归罪于王安石一人,认为神宗于此毫无责任,显然不妥:再则,必须看到,神宗与王安石敛财,是要效法汉武帝,彻底消除外患,以作为整顿内政的基础。这个动机有可取的一面。王安石企图以保甲取代募兵,也不失为一种可贵的尝试。神宗和王安石主要过失之所在,乃是他们不认识百姓负担已经过重不可复加,不认识须在不增加百姓负担的前提下去寻找富国聚财之路,不认识各项新法在实际上增加百姓负担的严重性。他们急于求成,结果遭到挫折,断送了宋朝复兴的希望。王夫之谓:"[神宗时]箕敛天下而召怨,以致败亡,则财之累也。"③又谓:"宋自神宗而事日难为矣。"④可称入木之见。最后,引文谓南宋"席东南地产之饶",实则又有川蜀之富,东南、川蜀均是北宋财赋渊薮。南宋虽据有北宋经济发达之地区,国势却未能复张,其原因大致如陈傅良所言,主要是未能接受北宋灭亡的教训,于北宋蠹国害民的弊政在关键处无所改革,故而重蹈覆辙,积贫积弱甚于北宋。至南宋中期以后,已不是什么"公私粗给"了,而是寅吃卯粮、上下煎熬、勉强维持了。其灭亡的原因主要在内部而不在外部。

史文又言:"终宋之世,享国不为不长,其租税征榷,规模节目,烦简疏密,无以大异于前此,何哉? 内则牵于繁文,外财挠于强敌,供亿既多,

---

① 《宋论》卷六《神宗》。
② 《宋论》卷六《神宗》。
③ 《宋论》卷一《太祖》。
④ 《宋论》卷六《神宗》。

调度不继,势不得已,征求于民。谋国者处乎其间,又多伐异而党同,易动而轻变……因革纷纭,非是贸乱,而事弊日益以甚矣。"①此言讲出了宋朝财政失败的三个重要原因:繁文、强敌、政策多变。其中繁文含义广泛,其中包括作为冗费重要形式的郊祀等,也包括管理上的制度繁多,文书冗滥。作为管理上的繁文,显然与宋朝过度的集权有着因果关系。宋朝财政上的过度集权,突出地表现在皇权恶性膨胀,设法使官员们彼此制约而不充分地予以委任。另外,在朝省与地方的关系上,重朝省而轻地方,将地方财政权限缩减到很小范围内。皇帝本人和朝省直接管理的事务既多,力难胜任,就不能不借助于各种制度。冗多的制度应运而生。与财政直接有关的例如官兵考核奖惩升黜制度、财务管理制度、帐籍管理制度禁榷制度等,大制度之下又有小制度,复杂而细密。官员不得专任,地方不得专决,大事小事,动辄申报、上奏,于是申文、奏文、回文、诏敕往来频繁。又有繁浩的帐状,北宋时一小小京师店宅务竟有各种簿历数百,②可见一斑。宋朝的繁文真可谓前无古人了。繁文的结果,就是加剧了管理的混乱、降低了管理的效能。

宋朝财政上的政策多变,根源于宋代的官制,也与皇权膨胀有关。政策多变的直接原因是任人不专、官不久任。任人不专、官不久任,就使得官员们普遍存在只求近效不顾远利的心理,同时,凡欲有为的官员,难免有急躁情绪。因为谁也不晓得自己的任期和获得信任的时间有多长,都想尽快做出成绩。这就不可避免地造成政策多变。任人不专、官不久任,与官员的冗多、官员的考核升黜制度直接相关,同时,皇帝对重臣及杰出人才怀猜忌之心、怕他们发展培植个人势力也是其中重要原因。由于宋朝财政的政策多变有如上所述的根源,也就决定了这种多变求近效者多、图远利者少,变来变去,并没有变好,折腾的结果是财政状况越来越糟。

在关于理财的方针大计方面,我国封建时代经常有开源与节流之争,即开辟新财源与节减开支孰先孰后之争。在宋代,这种争论也很激烈,最

---

① 《宋史》卷一七三《食货志序》。

② 参见《宋会要·食货》五五之一〇等,又《历代名臣奏议》卷二七〇陈瓘《进国用须知》;"朝廷遣使会计边费已用之数,所得者簿历盈车,不可覆考,重有烦费,无补于事。"

突出的是司马光与王安石的争论。司马光强调节流,王安石强调开源。司马光讲天地生财是个定数,不在官则在民,这种认识固然是我国封建经济发展迟滞的反映,然而完全否认国家管理对于经济发展的能动作用无疑是保守的。不过,正如他所指出的,封建时代许多当权者所谓开源,往往是变换方式加重百姓负担。其后王夫之也有类似看法,谓:"凡流俗之说言富国者,皆不出于聚财之计。"①这样开源,越开源越枯,如南宋陈良祐所言:"生财乃所以病民,国用愈见不足。"②王安石对开源未尝没有好的设想,但是其开源措施中凡不敛财于民者大部落空,新法基本上成为加赋敛民之法,其结局是令人深思的。另一方面,应当看到,封建国家财政开支有不断增加的趋势。这种增加有某种难以遏止的内动力。宋人对此已有所觉察。北宋名盐铁使陈恕就曾讲:"三司中惟起支为难,盖一起支则无由止也,不可不慎。"③南宋吴博古也谓:"县官禄赐之费,月长岁滋,如江河下流,愈远愈阔,其浸淫未易障也。"④章如愚亦言:"天下之利源不可开,一开不可复塞。"⑤依现时的说法,封建时代的财政开支存在一种自发的增长刚性。在封建国家财力许可的范围内,皇室的消费、官吏军兵的人数及禄赐,都存在着易增不易减的问题。这对于中央集权体制下的宋朝也是不难理解的。因为同先秦分封制下财政体制相比,供财者与用财者之间的距离更加疏远;同初唐以前的财政体制相比,由于常备军及募兵制,由于禁榷与营利性经营的扩大,收支规模有很大增加。这使得具体用财者对于节财的必要性认识大为淡薄,平衡财计变成少数人关心的事情,而讲排场、图享受却是封建社会流行的风气,于是,大多数由封建国家所供养的人员经常考虑的,就是如何为本官司、为自己个人从大锅饭中多捞取一些油水。这就造成了财政开支增加的难以遏止性。所以,经常注意如何节流就应当是管理封建国家财政所必须的。就宋代情况而言,在北

---

① 《宋论》卷六《神宗》。
② 《中兴圣政》卷二九。
③ 龚鼎臣:《东原录》。
④ 潜说友:《(咸淳)临安志》卷八《诸司诸军审计司》。
⑤ 《群书考索》别集卷一〇《财用·利源不可开》。

宋仁宗、英宗时期,忽视节流的问题已很突出,冗兵冗官冗费给广大人民造成沉重负担,这种负担已经破坏了社会生产力的发展。马克思说:"小生产者是保持还是丧失生产条件,则取决于无数偶然的事故,而每一次这样的事故或丧失,都意味着贫困化,使高利贷寄生虫得以乘虚而入。对小农民来说,只要死一头母牛,他就不能按原有的规模来重新开始他的再生产。"[1]宋代以农立国,从事农业生产的主要是各类小生产者,封建国家直接或间接地增加他们的赋税负担,破坏了他们的再生产,从而也就破坏了整个社会的再生产。至于禁榷与官府营利性经营窒息流通渠道的恶劣作用,史家已有公论,此不赘引。总之,就两宋大部分时间讲,最有效的开源应是减轻百姓负担、缩小禁榷和官府营利性经营的范围。换言之,最有效的开源也就是节流。因此,对宋代财政而言,强调节流是具有积极意义的。

南宋学者叶适讲,宋朝治国有四累:财以多为累,兵以众为累,法以密为累,纪纲以专为累。他讲得不错,就以此作全书的结尾罢。

---

① 《资本论》第3卷,第678页。

附录表格

1. 宋朝财政收支概况表

年度	岁入	岁出	两税收入	品类	单位	根据文献及说明
至道三年（997）		86950000	70893000	钱、银、金、甲、绅、缣、绵、绸、丝线、布、粟、刍草等十一项	贯、石、匹、两、端、围	《长编》卷九七，《群书考索》后集卷六三《财用数目》载此岁支费各项数相加而成，分项数见另专表
同年			70570000	谷、钱、帛、金、银、丝绵、薪刍等十五项	贯、石、匹、两、围等	上栏为《宋史》卷一七四《食货志·赋税》所载赋税收入数，据原书，含宅税、地税而不含盐酒商税及坑冶等。下栏为《长编》卷四二载租税各品类数之合，含官田租。另参见专表
咸平六年（1003）	60266020			不详	贯、石、匹、斤	据《长编》卷六六、《宋会要·食货》一之二、《后山谈丛》卷四载景德三年差算人数及咸平六年数推算。疑仅是两税收入数，不含榷利等
景德三年（1006）	63731229			不详	贯、石、匹、斤	根据文献同上。疑也仅为两税数

续表

年度	岁入	岁出	两税收入	品类	单位	根据文献及说明
景德某岁			49169900	不详	不详	《宋史》卷一七四《食货志·赋税》
景德某岁	47211000 (65603000)	49748900 (63153800)		不详	贯、匹、石、两	《包拯集》卷一《论冗官财用等》载天下财赋岁出入数。又原文另载在京不含在京数,若理解为天下数不含在京数,则全来数如括号内所示
大中祥符八年 (1015)	73602769			钱、帛、粮斛、丝绵、禾草、金、银	不详	《长编》卷八六,《隆平集》卷三,另参见专表
天禧五年 (1021)	140298100	168044200		钱、金、银、绢、丝、绵等二十项	贯、石、匹、两、端、围、斤、条、片、束、颗、席	据《长编》卷九七,《群书考索》后集卷六三《财用数目》载此岁支收各项数相加计出,详情见另表
同年	150850100	126775200	64530000	不详	不详	《宋史》卷一七四《食货志·赋税》,卷一七九《食货志·会计》
同年			65138000 74366000	钱、绢、布、绵等二十项	贯、石、匹、斤、两、幅张、束、秤、茎、支、围、量	左两数分别据《长编》卷二,《通考》卷四《田赋考》计出,详情见专表
庆历八年 (1048)	103596400 (122592900)	89383700 (111784600)		不详	贯、石、匹、两	《包拯集》卷一《论冗官财用等》载天下财赋岁入出数。又原文另载在京不含在京数,若理解为天下数不含在京数,则全来数如括号内所示

续表

年度	岁入	岁出	两税收入	品类	单位	根据文献及说明
皇祐元年(1049)	126251964	(所出无余)		不详	不详	《玉海》卷一八五、《皇祐会计录》、《长编》卷一七二
皇祐某岁			53588565	不详	不详	《宋史》卷一七四《食货志·赋税》
治平元年(1064)	101905764	100399449		钱、绢、绸、粮、草	贯、匹、石、束	据《蔡忠惠公文集》卷一八《论兵十事疏》载各品类财物收支数相加而出,详情另见专表
同年			15949869	粮米	石	《长编》卷二〇三
治平二年(1065)	116138405	120343174		不详	不详	《通考》卷二四《国用考》
同年			20396993	粮米	石	《长编》卷二〇六
治平某岁			67767929	不详	不详	《宋史》卷一七四《食货志·赋税》
熙宁十年(1077)			52011029	银、钱、粮、绢帛、丝绵、杂色六项	贯、石、匹、斤、两、团、领、条、角、竿等二十几种	《通考》卷四《田赋》。杂色情见合二十几种专表。另详情另见专表
元祐元年(1086)	82491300	91908600		金、银、钱、绸绢、草	贯、石、匹、两、束	据《栾城后集》卷一五《元祐会计录收支叙》各品类财赋入出数相加而成。详情见专表

续表

年度	岁入	岁出	两税收入	品类	单位	根据文献及说明
绍兴三十一年(1161)	60000000			缗钱	贯	《系年要录》卷一九三。原文谓合茶盐酒算、坑冶、榷货、籴本、和买之约数。同书卷一八三载时江湖浙六路岁上供米额四百五十三万石,《通考》卷二三《国用考》载时内外诸军岁费米三百万石。《系年要录》卷一九九又载时大农之财岁入近五千万而内藏、激赏德全盛焉。会其多寡,比景德以上时十增其四。又可能以上诸军数均不包括四川。四川供军时岁用钱引二千六百余万贯,州县留用数失载。
乾道四年(1168)		55000000		缗钱	贯	《皇宋中兴两朝圣政》卷四七载赵不敌一岁内外支之数,当不合四川。
乾道八年(1172)			6000000	苗米	石	《宋史》一七六《食货志·常平仓》,疑不合四川。
淳熙末年	82000000			钱、楮	贯	《水心别集》卷一〇《外稿·实谋》载各分项额之合计数。详情见分项专表。又同书卷一五淳熙十四年《上殿札子》谓:"天下之钱岁入于官者八千万缗,而支费常不足。"

续表

年度	岁入	岁出	两税收入	品类	单位	根据文献及说明
淳熙末年	65300000			钱、会	贯	《朝野杂记》甲集卷一四《国初至绍熙天下岁收数》。不含四川
绍熙元年	68001200	（约与入等）		钱、会等	贯	《宋会要·食货》五六之六五。四川钱引、内藏收支不在内,详见专表
嘉泰初年		7400000		粮米	石	《朝野杂记》甲集卷一、七《丰储仓》载时内外岁支粮数,不含州郡留用
南宋中期	106500000			钱、楮	贯	《鹤山先生大全集》卷二一《答馆职策》载各分项数之合,疑所述不准确。魏了翁嘉泰二年始任国子监,嘉熙元年去世,此文不详作于何年
宝祐年中	120000000	250000000		不详	不详	《耻堂存稿》卷一《轮对奏札》原文:"凿空取办者过半而后办之术,则亦给一岁之用。其取而后办之术,则亦增内楮而占较大比之重。"可知数内楮占较大比之重,文中言及,故系时如左

附专表（1）至道三年宋朝财赋支费情况表（据《长编》卷九七、《群书考索》后集卷六三《财用数目》制）

一岁总费	8695万贯石匹两端围				
钱	1693万余贯	绢	333.3万余匹	丝线	164万两
金	14870两	绸	90.3万余匹	布	206.3万余端
银	62万余两	绵	5.9万余匹	粟	2194万余石
			745万两	刍	3200万围

附专表（2）至道三年租税收入情况表（据《长编》卷四、《通考》卷四《田赋考》制）

数量　项目	《长编》	《通考》
谷（万石）	2171	3170.7
钱（万贯）	465	465.6
绢（万匹）	162	162.5
䌷绸（万匹）	27.3	27.3
布（万匹端）	（未载）	28.2

数量　项目	《长编》	《通考》
丝线（万两）	141	141
绵（万两）	517	517
茶（万斤）	49	49
刍茭（万围）	3000	3000
蒿（万围）	268	268

数量　项目	《长编》	《通考》
薪（万束）	28	28
炭（万秤）	50	53
翎（万茎）	61	62
箭簳（万支）	87	89
黄蜡或黄铁（万斤）	30	30
合计（万贯石……）	7057	8091.3

按，永亨《搜采异闻录》卷四所载与《长编》近，又略于《长编》。

附专表（3） 大中祥符八年两税及茶盐酒榷利收入情况表
（据《长编》卷八六、《隆平集》卷三《户口》制）

两税收入钱帛粮斛	22764133
（两税收入）丝绵、鞋草	22836636
茶盐酒榷利收入钱帛金银	28002000
合计	73602769（按，原书没有计量单位）

附专表（4） 天禧五年宋朝财政各品类财赋收支情况表（据《长编》卷九七、《群书考索》后集卷六三《财用数目》制）

品类	总收	总支
钱（万贯）	2653	2714
金（两）	13400	13500
银（万两）	88.39	58
丝（万两）	417.2	363.2
绵（万两）	1899.1	1.650
绢（万匹）	155	4173.7
绸（万匹）	941.5	76.4
绫（万匹）	34.4	10.7
绝（万匹）	13.7	5.2
罗（万匹）	（失载）	2.7
纱縠（万匹）	2.3	1.1

品类	总收	总支
锦绮（万匹）	2.8	0.67
布（万匹）	305.7	129.7
茶（万斤）	76	36.6
盐（万席）	26.38	11.8
香药真珠犀象（万斤条片颗）	70	52.3
竹木篾箔（万条片）	360	123.2
五谷（万石）	2983	3458.2
草（万围）	3000	3438.3
木炭薪蒿（万斤束）	1000	450
合计	14298100	168044200

附专表（5）　天禧五年租税收入情况表（据《长编》卷四二、九七，《群书考索》后集卷六三《财用数目》，《通考》卷四《田赋考》制）

项目 ＼ 数量	《长编》	《通考》
谷（万石）	2279.2	3278.2
钱（万贯）	735.8	736.4
绢（万匹）	161	161.5
䌷绢（万匹）	18.1	18.1
布（万匹）	50.6	33.8
丝线（万两）	137.5	90.5
绵（万两）	399.5	399.5

项目 ＼ 数量	《长编》	《通考》
茶（万斤）	166.8	166.8
刍茭（万围）	1899.5	1899.5
蒿（万围）	168	168
薪（万束）	28	28
炭（万秤）	-0.4?	2.6
翎（万茎）	73.9	74.9
箭簳（万支）	134	136

项目 ＼ 数量	《长编》	《通考》
鞋（万量）	81.6	81.6
麻皮（万斤）	39.7	39.7
盐（万斤）	57.7	57.7
纸（万幅）	12.3	12.3
芦蕟（万张）	36	26
黄蜡或黄铁（万斤）	35	35
合计（万石贯……）	6513.8	7436.6

说明：表内数字依天禧五年比至道三年增减数及至道三年数计出。三书记载有异，《群书考索》与二者有异，《通考》与《长编》相同，故分二列。二列数各有短长，如《长编》等载至道三年布匹数（表内暂以此年布匹数计），又如载至道三年炭五十万秤，而天禧五年较之少五十万斤四千秤，则表内出现负数，显有误。然《长编》等载各谷数与《答高三笔》《答齐三笔》同，又载黄蜡一项《通考》记为黄铁，或较《通考》准确。另外，诸书均未载天禧五年新增的收入增减数，表内以全无增减计。

附专表（6）　治平元年财政主要项目收支及两税、军费情况表
据《蔡忠惠公文集》卷一八《论兵十事疏》制

品类	总收	二税收入	二税所占百分比	总支	管军及军班兵士支费	二税所占百分比	备注
钱	36820541贯	4932991贯	13.4%	33170631贯	9941047贯	29.9%	总支数不包括南郊赏给支费。原文谓管军及军班兵士所费在总支中"十分中三分有余"
绢绸	8745535匹	3763592匹	43%	7235641匹	7422768匹	102%	总支数不包括南郊赏给支费及绫锦等数。原文谓管军、兵士等支费与总支数比十分有余，已含南郊赏
粮	26943573石	18073094石	67%	30472708石	23172023石	76%	原文谓管军、兵士等支费占总支数十分中之"八分"
草	29396113束	—	—	29520469束	24980464束	84%	原文谓管军、兵士等支费占总支数十分中之"八分"。又本载二税数

附专表（7）　熙宁十年二税收入情况表（据《通考》卷四《田赋考》制）

品类	夏税	秋税	二税合计
银（两）	31940	28197	60137
钱（贯）	3852817	1733002	5585819
斛斗（石）	3435785	14451472	17887257
匹帛（匹）	2541300	131023	2672323

品类	夏税	秋税	二税合计
丝绵（两）	5844861	5495	5850356
草（束）	—	16754844	16754844
杂色（两角……）	1255992	944301	2200292
总计（贯石……）	16962695	35048334	52011029

附专表(8)　元祐元年财政主要项目收支情况表(据《栾城后集》卷一五《元祐会计录收支叙》《通考》卷二四《国用考》制)

品类	金(两)	银(两)	钱(贯)	谷(石)	绸绢(匹)	草(束)	合计(贯石……)
入	4300	57000	48480000	24450000	1510000	7990000	82496300
出	1600	117000	50300000	23710000	1680000	16100000	91908600

说明：原文谓岁入数系"除末盐钱后得此数"，未盐钱应指末盐钞钱。岁出数系"并言未破应在及泛支给赐得此数"。原文又有"一岁之入不足以供一岁之出"的结论。

附专表(9)　淳熙年中财赋入出概况表(据《水心别集》卷一〇《实谋》制)

收入项目	岁收入缗钱(万贯)		支出项目	岁支出缗钱(万贯)
茶盐榷货	2400		户部经费	1500
经总制钱	1500		四屯驻兵	6000
上供和买折帛	1000			
四川钱引	3300			
合计	8200		合计	7500

说明：叶适未曾任主持全末财计之职，所言仅为粗略估计之数。从收支项目看，内藏库、封桩库收支及地方州县留用部分未计在内，故所反映者仅为朝省收支主要部分。又当时楮币流行，除钱引外，还有会子、淮交、湖会，故所谓缗钱实含楮币。以下三表类此。

附专表（10） 淳熙末年朝省朝财政货币岁入（不含四川）概况表

（据《朝野杂记》甲集卷一四《国初至绍熙天下岁收数》制）

项 目	缗钱数（万贯）
上供钱（正赋）	200
经制钱	660
总制钱	780
月桩钱	400
茶盐酒算、坑冶、榷货、籴本、和买合计	4490
总 计	6530

附专表（11） 绍熙元年朝省朝财政货币支配概况表（据《宋会要·食货》五六之六五、六六制）

内藏收支及四川钱引 16102263 道不计，全岁共收入 68001200 贯	分配	朝廷 9651100 贯
		户部 18723100 贯
		四总领所 29006000 贯
		诸戌兵收马归正等截留 10620000 贯

附专表(12) 南宋中叶朝省财政货币收入概况表(据《鹤山先生大全集》卷二一《答馆职策》制)

岁入(不含以下各项)	6500万贯	岁入不含经制等钱,四川则只言盐钱,令人生疑,或有阙误
经制、月桩等钱	2000万贯	
两浙岁输缗钱	1200万贯	
四川之盐钱	950万贯	
总计	10650万贯	

2. 宋朝各盐产区盐产量比较表

时期\盐区	宋初		仁宗时		南宋前期	
产区	产量:石	百分比(%)	产量:石	百分比(%)	产量:石	百分比(%)
解池	866624	20.6	1526429	34	—	—
京东	32000	0.7	32000	0.7	—	—
河北	21000	0.5	30145	0.5	—	—
两浙	575000	13.7 / 65	507000	11.3 / 43.5	1985428	29.4 / 69.1
淮南	2154000	51.3	1456460	32.2	2683711	39.7
福建	100300	2.4	149208	3.3	331388	4.9
广南	—	—	513686	11.4	562749	8.3
河东	125000	3.0	121563	2.7	—	—
四川	323382	7.7	153090	3.4	1200000	17.7

续表

时期\产盐区	宋　初		仁宗时		南宋前期	
	产量:石	百分比(%)	产量:石	百分比(%)	产量:石	百分比(%)
合计	4197306	100	4489581	100	6763276	100

备注：此表宋初及仁宗时产数，据《宋史》卷一八二至一八三《食货志·盐》，南宋前期数，据《宋会要·食货》二三之一一三引《中兴会要》，但其中四川数原文失载，以《朝野杂记》甲集卷一四《蜀盐》所记补入。又关于南宋前期盐产量，各年书记载有所出入，各年度也高低不一。如《系年要录》卷一○记绍兴二十八年前淮盐年产380万石，时令以330万石为额。《宋会要·食货》二六之二九(下同)又《宋史》卷四○八《汪纲传》则记乾道六年浙盐产390万石。其中不少产量较之表中所列相差较大，谨录此以供参考。再，仁宗时京东区盐产量原书失载，仅以宋初数计之。表中所列数据未必十分准确，但以之表其大概。

3. 淮浙盐课利岁入情况表

时间	岁入课利情况	根据文献
乾兴元年	岁入东南末盐钞钱114万贯(按，东南末盐钞钱虽包括福建广南之数，但数量很小，十分之八以上为淮浙盐钞钱)	《长编》卷一一三
天禧末年	"时盐课积亏者十年"，经整顿"岁增课"数十万。复置盐场于杭、秀、海三州，岁入课又三百五十万"(按，讲浙盐课入一句文义不明，谨录原文)	《太平治迹统类》卷九
天圣四年	浙路海盐、华亭两县盐场岁收78.7万贯	《长编》卷一○四
天圣六年	岁入东南末盐钞钱180.3万贯，后即以此为租额	《宋会要·食货》二三之三五，《长编》卷一一三
景祐二年	岁入东南末盐钞钱220万贯	《通考》卷一五《征榷考》引止斋陈氏语
宝元元年	淮路盐息(疑当为末盐钞钱)岁入200万贯	《武溪集》卷一六《楚州盐城南场公署壁记》

续表

时 间	岁入课利情况	根据文献
嘉祐二年	岁入东南末盐钞400万贯	《长编》卷一八六、《太平治迹统类》卷二九
治平年中	京师岁入东南末盐钞钱227万贯,东南六路卖盐得钱329万贯	《宋史》卷一八二《食货志》
熙宁年中	两浙路熙宁五年下半年和六年上半年共增收盐课40万贯	《长编》卷二四七
元丰年中	江湖淮浙六路卖盐租额652.3万贯,实收585.2万贯(按,《玉海》卷一八一《元丰盐额》所载似源于此)	《宋会要·食货》二三之九至一五
元丰年中	京师岁入末盐钞钱约300万贯	《梦溪笔谈》卷一、《长编》卷一八〇
元丰年中	京师岁入东南末盐钞钱租额240.4万贯	《宋会要·食货》二三之一〇
元符年中	东南六路(不含福、广)转运司应得盐额钱201.2万贯	《宋会要·食货》二四之三四
宣和初年	榷货务岁入淮南盐利2405万贯,两浙盐利708万贯	《玉海》卷一八一《绍兴会计录》
北宋末年	淮盐息钱岁入1500万贯	《宋会要·食货》二六之八
绍兴年以前	"旧淮盐息钱"岁入800万贯(按,所言不知确指何时,如指北宋末年,则与前项相差远甚)	《朝野杂记》甲集卷一四《总论国朝盐笑》
绍兴初年	淮盐息钱岁入35万贯	同 上
绍兴九年	淮浙盐岁课770万贯	《系年要录》卷一二八
绍兴年中	淮浙盐利合计岁入3200万贯	《玉海》卷一八五《绍兴会计录》
绍兴末年	淮路泰州海陵一监盐课岁入600万贯以上	《清波杂志》卷一〇
乾道六年	两榷货务岁卖淮盐得钱2196.3万贯,卖浙盐得钱501.2万贯(按,合计2697.5万贯。时有行在、建康、镇江三榷货务,不知为何此仅言两榷货务)	《宋会要·食货》二七之三三、《宋史》卷一八一《食货志·盐》
嘉泰年中	东南六路二十二州共收末盐钱1920万贯	《朝野杂记》甲集卷一四《总论国朝盐笑》

4. 两宋若干榷盐收入数据分析表

时间	收入额（万贯）	根据文献	说明及分析
至道末年	235.8	《长编》卷九七	至道末年实赚盐钱七十二万八千余贯，末盐一百六十三万贯，合计左数。
景德年中	355	《乐全集》卷二四《论国计事》、《宋会要·食货》五六之七一	景德年数。绍兴盐酒税绢数（左）系为景祐年数。左四年度数疑以收入中直接归朝省（中央）支配的部分，未计入地方留用部分。理由有：一、沈括于神宗时记盐课历年"盈虚不常，大约岁入二千余万缗"。二、《通考》卷一五《征榷考》引陈博良语，景祐二年全宋盐钞钱即二百二十万贯，全宋盐收入而不计入地方留用部分。三、宋人按多将朝省收入说成是国家收入说成是国家收入均为左数。
景德年中	350	《武溪集》卷一六《楚州盐城南场公署壁记》	
庆历年中	715	同景德年中栏。又《朝野杂记》同。	
北宋中期	2000	《梦溪笔谈》卷一一	原文未明确岁入约数时间范围，此系作者写书时据作者写年代大率二千余万缗算。《群书考索》后集卷五六《榷盐》"祖宗盐利大率二千余万缗"。《锦绣万花谷》前集卷一五《唐末岁入[盐利]则二千万缗矣"。应本此。沈括曾为三司使估计应较全面，接近史实。
元丰年中	1203	《宋会要·食货》二三之九至一五	原文载末盐课入六百七十九万贯，解盐课二百四十万贯，合为此数。四川、河北、河东只有盐斤数，无钱数。广南全不载。故左数实不含四川，河东广等课利收入。左为左数人数
政和六年	4000	《宋史》卷一八二《食货志·盐》	原作榷货务"盐课通及四千万缗"，疑为一"界"三年之"通"数，而非一岁入数。

续表

时间	收入额（万贯）	根据文献	说明及分析
宣和元年	2500	《锦绣万花谷》前集卷一五《唐宋岁入》、《群书考索》后集卷五七《盐课人数》	左上为盐课岁入数，左下为榷货务岁入准浙盐利之和，二者系时相近，而榷货务所得准浙盐利反多于南宋朝盐课岁入总数，显有问题。疑《玉海》所记有一误。或将一界数误为一年数
宣和初年	3113	《玉海》卷一八五《绍兴会计录》	所入总数为一年数
宣和三年	10000 11000	《宋会要·食货》二五之一四	原文作"榷货务奏收盐钱一亿万及一千万贯"，又谓"两项并作一项推恩"，课利同时有两项，原文未加说明。前此榷货务二年收钱四千万贯已令史馆记录，政和二年至三年，与此时同相近而数额悬殊，疑此一亿贯连同书载政和六年四千万贯，七年六千万贯均为累计数
绍兴九年	1300	《系年要录》卷一二八	《朝野杂记》甲集卷一七《榷货务都茶场》载榷货务绍兴六年收茶盐香息钱一千三百万贯，以此推断，左数只是准浙钞盐收入数（年收）
绍兴二十四年	1560	《系年要·食货》五五之二七、《系年要录》卷一六七	榷货务岁入准浙钞盐钱数
绍兴末年	2100	《朝野杂记》甲集卷一四《景祐庆历绍兴盐酒税绢数》	原文谓此为东南与四川盐课总数，未知东南是否含广南、福建。又四川当以铁钱、钱引计数
乾道五年	2697.5	《宋会要·食货》二七之三三及《宋史》卷一八三《食货志·盐》	此为准浙卖钞盐收入人数（全年）。钞盐以外及四川、福建、广南数未计入
庆元初年	990.8	《宋史》卷一八二《食货志·盐》	疑此仅为行在一务所收钞盐岁入人数。原书载庆元元年是南宋盐课最丰时期，不应比相邻之数少

续表

时间	收入额（万贯）	根据文献	说明及分析
嘉泰初年	1920	《朝野杂记》甲集卷一四《总论国朝盐莱》	淮浙盐息岁入额,含六路二十二州,系时以成书时间为准。同书《蜀盐》载蜀盐课岁所谓盐息当系扣除盐本后余数。利岁约三百余万贯,应以钱引、铁钱计
宝庆元年	749.9	《宋史》卷一八二《食货志·盐》	疑此仅为行在一务所收钞盐岁入数
淳祐十二年	11815	《宋史》卷一八二《食货志·盐》	原书载:"收趁到茶盐等钱一万一千八百一十五万六千八百三十三贯有奇,比今新额四百万贯增一倍以上。"系行在在榷货务岁收数(淳祐十二年)。又宝祐四年"行在务岁场比新额增九千一百七十三万五千八百一十二贯有奇"。此时当以榷而计价,而榷货务都茶场所收十分之七人为盐钞收入,时财政岁入仅为一亿二千万贯,此财政岁入当相当。然左数仍显过大,疑也是三年一界之合数
宝祐四年	13173		

5. 宋朝榷酒岁入表

时间	榷酒岁入钱财数	根据文献
至道年中	325.9万贯 ｛榷酒铜钱121.4万贯 / 榷酒铁钱156.5万贯 / 卖曲钱48万贯	《长编》卷九七 / 《太平治迹统类》卷二九 / 《宋史》卷一八五《食货志·酒》
景德年中	428万贯	《乐全集》卷二四《论国计事》
天禧末年	1158.6万贯 ｛榷酒铜钱779.6万贯 / 榷酒铁钱291.9万贯 / 卖曲钱87.1万贯	同至道年中栏

续表

时　间	榷酒岁入钱财数	根据文献
庆历年中	1710 万贯	《乐全集》卷二四《论国计事》
皇祐年中	1502.6 万贯石匹等 ⎰钱 1498.6 万贯 ⎱金帛丝行刍粟等 40760 匹两石等	《通考》卷一七《征榷考·榷酤》
治平年中	1489.4 万贯石匹等 ⎰钱 1286.2 万贯 ⎱金帛丝行刍粟等 2032735 匹两石等	同　　上
熙宁十年	1296.2 万贯石匹等 ⎰钱 1293.2 万贯 ⎱金银帛粟铁等 29899 石匹两等	据《宋会要·食货》一九计出
绍兴末年	1400 万贯 ⎰行在 130 万贯 ⎰四川 690 万贯 ⎱东南诸路 500 余万贯	《朝野杂记》甲集卷一四《景祐庆历绍兴酒税绢数》《东南酒课》《四川酒课》

6. 榷酒添价情况表

时间	名称	增价数量	用　途	备　注
庆历二年	王祠部添酒钱	每升一文	上供朝廷	原文为"王福部",据《朝野杂记》改
熙宁五年	熙宁添酒钱	官务每升一文	上供朝廷	不入系省文帐
崇宁二年	崇宁瞻学添酒钱	官监酒务上色每升二文中下一文	瞻学	崇宁五年罢瞻学添酒钱
崇宁四年		上色升五文,次三文		

续表

时间	名称	增价数量	用途	备注
政和五年	政和添酒钱	诸路依山东例升添二文	十分之六入无额上供钱起发余留州	
建炎四年	建炎添酒钱	每升上色四十二文,次色十八文	三分之一州用,三分之一转运司漕计,三分之一提刑同桩管	按《朝野杂记》记此年冬每升增二十四文,谓之军期钱,与此稍异
绍兴元年		凡亏本处随宜增价不等	三分之一州用,三分之一转运司漕计,三分之一隶经制钱	自此州郡始为增酒价而价不等矣
绍兴元年		每升上色二十文,下色十文	一半提刑司桩管,一半州用	
绍兴三年		煮酒每升三文	起发上供	连同原价共一百五十文足
绍兴五年		每升五文	隶总制钱	总制钱始于此
绍兴六年	六文煮酒钱	煮酒每升六文	四文州用,六文全项桩管赡军	按《朝野杂记》记此年春,浙路煮酒每升共增一百一十五文,价至一百三十文
绍兴八年		两浙煮酒每升十文足,蜡蒸酒每升五文足	内六文隶总制钱	疑"六文"指十分之六余十分之四州用
绍兴九年	六分煮酒钱	煮酒每升十文	内四文本州糜费,六文三省枢密院桩管,激赏军拘收	
不详	发运司造舡添酒钱	每升上色三文,次二文	发运司造船	
不详	提举司量添酒钱	每升一文		绍兴十一年合并为七色酒钱,然不知所言七色究竟指哪七色？疑仅指绍兴年间所增者

7. 宋代榷茶收入统计表

时　间	榷茶课利收入	根据文献
平江南后	约400万贯（净利320万贯，诸州商税75万贯，食茶收入若干）	《长编》卷八引王旦语及《宋史》卷一八四《食货志·茶》引蔡京语
乾德三年	淮南五州岁入约100万贯	《玉壶野史》卷二、《长编》卷六、《宋史》卷二七〇《苏晓传》
至道末年	岁卖钱285.29万贯	《宋史》卷一八三《食货志·茶》
咸平元年	岁入茶利钱139.21万贯。按，此后至嘉祐年用此为租额	《梦溪笔谈》卷二、《群书考索》后集卷五六《榷茶》
咸平五年	岁入息钱140万贯	《群书考索》后集卷五六《财赋·榷茶》
景德元年	岁入茶课569万贯。按，当以沿边入中虚钱计之	《长编》卷六六、《群书考索》后集卷五六《财赋·茶课》
景德二年前	岁入73.8万贯。按，当以沿边入中实钱计之，可能扣除了茶本钱	《长编》卷六六引林特《茶法条贯序》
景德二年	岁入茶课410万贯。按，此年改用林特新法，虚钱减少	《长编》卷六六、《群书考索》后集卷五六《财赋·茶课》
景德三年	岁入茶课285万贯。按，此年仍用新法	同　　上
景德二、三两年	共课钱709万贯。按，此数为《茶法条贯序》所记之数	同上，又见于《宋会要·食货》三〇之三
景德年中	岁课约360万贯	《长编》卷一〇〇
祥符年中	岁课约500万贯。按，此数与下列各年数相差悬殊，《宋史》卷一八四《食货志·茶》引蔡京语记为北宋"盛时"之数，或较为近乎史实	《宋会要·食货》三〇之二一、二二引蔡京语
大中祥符五年前	岁入约200万贯（榷货务茶引钱）	《长编》卷六六、《宋史》卷一八三《食货志·茶》

时　间	榷茶课利收入	根据文献
大中祥符六年前	岁入榷货务茶引钱约300万贯	同上。另参见《包拯集》卷八《论茶法》
大中祥符七年	岁入榷货务茶引钱约390万贯	同　上
大中祥符八年	岁入榷货务茶引钱约150万贯	同　上
天禧年间	岁卖茶茶钱330.29万贯。按,《朝野杂记》甲集卷一四《总论东南茶法》记天禧三年东南收茶钱12万贯,除茶本外,止有息3万贯。此乃将十三山场课入误为整个东南收入,而将六榷货务之大数计之于外所致,详参见《长编》卷一〇〇所载	《宋史》卷一八三《食货志·茶》
天圣中	岁入数十万贯。按,李心传既有如上失误,此数也颇可疑	《朝野杂记》甲集卷一四《总论东南茶法》
景祐元年	除本钱外实收息钱59万贯,食茶本息又34万贯,茶商税入57万贯	《长编》卷一一八、《宋史》卷一八三《食货志·茶》引叶清臣语
至和年中	岁入课本息共167.2万贯	《宋史》卷一八四《食货志·茶》
嘉祐年中	岁净入钱109.4万贯。其中卖茶收入用嘉祐二年之中数54.21万贯,16.04万贯客茶交引钱用嘉祐元年之中数44.5万贯(按,卖茶税钱(不含川蜀)用嘉祐元年之中数10.69万贯,余为本钱数)	《梦溪笔谈》卷一二
嘉祐二年	岁课128万贯,内实收86万贯,本钱39万贯,子钱46.9万贯	《长编》卷一八九
通商以前	六务十三场岁课钱225.4万贯,其中六务196.46万贯,十三场28.94万贯。按,《宋会要·食货》二九之七载六务岁课额之净为215.38万贯,不详其时	《梦溪笔谈》卷一二

时 间	榷茶课利收入	根据文献
治平年中	茶租岁额 36.9 万贯（按,《朝野杂记》甲集卷一四《总论东南茶法》记为 33.8 万贯,互有小异）,治平三年茶商税钱 80.6 万贯（按,《通考》记治平年中内外总人茶税钱 49.86 万贯,与此相差较大,原因不详）,茶租茶税合计 117.5 万贯	同　上
熙宁七年前	蜀茶税岁人 29 万贯（按,《答斋三笔》卷一四《蜀茶法》记"凡税额总三十万",疑即此数之约数）东南茶租,税岁人约 80 万贯	《长编》卷二八四,《宋会要·食货》三〇之三三引蔡京语
熙宁七年	川蜀茶税钱,息钱岁人共 40 万贯（按,《答斋三笔》记为"岁增息为四十万",与此有异。）	《长编》卷三三四
熙宁七至十年	共人川蜀茶息,税钱 122.9 万贯	《长编》卷三〇三
元丰元年	川蜀茶"课利及旧界息税并已支见在钱"76.7 万贯（按,《答斋三笔》记为"通课及息耗"至 76 万贯。）	《长编》卷二九七
元丰二年	川蜀茶息,税钱岁以 50 万贯为额	《长编》卷三五〇
元丰五年	川蜀茶息,税钱岁人 50 万贯	《长编》卷三三四
元丰六年	川蜀茶息,税钱岁人 100 万贯,此年即以之为新额	《长编》卷三四〇,《系年要录》卷一六七
元丰一至五年	川蜀茶权除百费外获净利 428 万贯	《答斋三笔》卷一四《蜀茶法》,《长编》卷三三四
元丰七年	川蜀茶税,息钱岁人 160 万贯（按,苏籀《双溪集·遗言》谓除官兵所费外仅岁得七八十万贯）	《长编》卷三三四
元祐年中	茶商税岁计 70 万贯（按,或川蜀数不在内）	《宋史》卷一八四《食货志·茶》

续表

时间	榷茶课利收入	根据文献
元符元年	川蜀茶岁课入200万贯(按,《宋史·程之邵传》载元符中川蜀得茶课四百万贯,然似非一年之数)	《长编》卷五〇一
大观三年	东南七路茶息钱岁入125.19万贯,茶引钱59.25万贯,岁以100万贯上供	《通考》卷一八《征榷考》、《宋史》卷一八四《食货志·茶》
政和年中	东南茶行合同引法,岁入400万贯息钱。川陕政和五年收到茶息钱371.17万贯	《长编纪事本末》卷三七《水磨茶》、《朝野杂记》卷一四《总论东南茶法》、《群书考索》后集卷五六《财赋·榷茶》、《宋会要·职官》四之九九、一〇〇
建炎年中	川蜀茶行合同引法,岁入钱105.9万贯(按,绍兴初年,岁以川蜀茶马司余剩钱40万贯瞻军)	《系年要录》卷一六七、《朝野杂记》甲集卷一四《蜀茶》
建炎二年十一月至四年冬	川蜀茶引息钱共入170万贯(按,《中兴圣政》记为270万贯,或误)	《名臣碑传琬琰集》卷三三《李参墓志铭》、《赵开墓志铭》、《宋史》卷三七四《赵开传》
绍兴十四年	川蜀茶司岁入200万贯(按《宋史》卷一八四《蜀茶》系此于绍兴十七年,或误。《系年要录》卷一六七又记因增引价,岁人增多,茶司岁以余剩钱上供,多者达200万贯至300万贯)(按:此数内是否有榷茶外收入,不详)	《朝野杂记》甲集卷一四《蜀茶》、《宋史》卷一八四《食货志·茶》
绍兴二十四年	东南卖茶引岁入269万贯	《系年要录》卷一六七
绍兴二十五年	东南卖茶引岁入270万贯(按,疑乃据绍兴二十四年数估计)	《宋会要·食货》三之一一〇、《系年要录》卷一六七及《群书考索》后集卷五六《财赋·再考末朝茶法》
绍兴末年	东南卖茶引岁入270万贯(按,疑与前两项同出一源)	《朝野杂记》甲集卷一四《总论东南茶法》
淳熙初年	东南卖茶引岁入420万贯	同上

续表

时　间	榷茶课利收入	根据文献
嘉泰年中	川蜀茶岁入196万贯(按,时茶马司岁入共249.3万贯,除茶司岁入榷茶课利外,另有诸州博马物帛等52万贯。又宋廷令茶马司每岁以113万贯录送领所赡军,茶马司以买马费多为理由,每岁仅输数十万贯,淳熙十年,诏改为岁输50万贯)	《朝野杂记》甲集卷一四《蜀茶》
补充说明	(1)表中凡称"岁入"者,一般系原文即如此而未言系"课利"抑或"息"钱数。凡称"息"钱者,乃是扣除买茶本钱者,官不却并未扣除茶司官吏自身支费。凡称"课利"者,乃是得钱总数,包括本、息在内。南末及北末后期行合同引法,官不买茶,故无本钱,大致与此前的"息"钱相近。 (2)据李焘《续资治通鉴长编》记,赵开基铭记,旧所借初不偿一钱,而岁借初数,不知钱果安在。今转运司有"今转运司岁费约五十二万余缗,常平司又二十余万缗,自平二司岁借(实为支)买茶本钱约七十余万缗,考患榷利时收入情况未见记载。则北末末神宗时至北末末年,川蜀转运、常 (3)建茶嘉祐以后大部分时间仍行禁榷法,其收入情况未见记载。	

8. 宋朝榷矾课利收入情况表

时　间	矿产销量	岁课钱数	备　注
建隆年中	按,《宋会要·食货》三四之一载,"凡赋入之数总三百二十万五千八十九万斤",无年代,或为末初数	比旧增80万贯	据《通考》卷一六《征榷考》及《宋史》卷二六三《刘熙古传》、卷一八五《食货志》
太平兴国初		绢钱、金银、茶共计15万贯	《宋史》卷一八五《食货志》
端拱初		银、绢帛、茶共计16万贯	同　上

续表

时　间	矾产销量	岁课钱数	备　注
至道中	白矾 97.6 万斤　绿矾 40.5 万斤	17 万贯	《通考》卷一六《征榷考》、《宋史》卷一八五《食货志》
真宗末年	白矾 117.7 万斤　绿矾 42.8 万斤	23 万贯	
景祐四年	仅晋矾 55.7 万斤	仅晋矾 5 万贯	据《宋史》卷三三三《荣諲传》及欧阳修《欧阳文忠公文集》卷一一五《论矾务利害札状》。此七年度仅是晋矾一处课利,虽晋矾在北宋较重要,但与全宋数字仍有不小距离
宝元元年	仅晋矾 72.2 万斤	仅晋矾 5 万贯	
宝元二年	仅晋矾 35.1 万斤	仅晋矾 5 万贯	
康定元年	仅晋矾 36.5 万斤	仅晋矾 5 万贯	
庆历元年	仅晋矾 84.9 万斤	仅晋矾 17.46 万贯	
庆历二年	仅晋矾 85.5 万斤	仅晋矾 19.05 万贯	
庆历三年	仅晋矾 104.6 万斤	仅晋矾 20.5 万贯	
熙宁元年		3.64 万贯	《长编》卷三四一、《通考》卷一六《征榷考》等
熙宁六年		18.31 万贯	同上。且以之为新定额
元丰六年	(按,据《古今图书集成·职方典》卷八二六《庐州府纪事》引《无为州志》元丰元年无为军岁课矾 150 万斤)	33.79 万贯(《通考》作 32.79 万贯)	同上。以上三个数字原文记述含糊,疑均为晋矾课利
大观元年	(按,据《朝野杂记》甲集卷一四《矾》记,北宋末年淮南无为军昆山场矾定额岁额 120 万斤)	河北、河东、淮南三处定额共 57 万贯	《通考》卷一六《征榷考》。又《会要·职官》二六之三五载政和二年规定准南每年岁上供卖矾钱三万三千贯

续表

时　间	矾产销量	岁课钱数	备　　注
绍兴年中	无为军白矾岁额 60 万斤，韶州岁额 10 万斤，信州无定额	无为军昆山场岁收息钱四万贯。绍兴二十九年即以此为定额。其他产地收息无定详	《宋会要·食货》三四之一〇，《朝野杂记》甲集卷一四，《朝野杂记》甲集卷一四。另据他书记载，绍兴年中，榷货务共收香矾钱一百余万贯，但不知其中矾钱有多少

9. 宋朝市舶抽买比率情况表

时　间	抽买比率	根据文献
淳化年中	大抵十分抽一，货之良者市其半，榷货抽买外全买	《宋史》卷一八六《食货志·互市舶法》
咸平时期	视所载十算其一，市其三四	《玉海》卷一八六《食货·理财》
仁宗时期	杭明广三州视所载十算其一而市其三	《通考》卷二〇《市籴考·市舶互市》
仁宗时期	广州犀象珠玳瑁诸香奇物，官取其十一	《蔡忠惠公文集》卷三六《张赈之墓志铭》
仁宗后期	广州十税其一，原择良者，后精粗兼取	《范文正公集》卷一四《王丝墓志铭》
北宋后期	广州以十分为率，真珠、龙脑等细色抽一分，玳瑁、苏木等粗色抽三分，抽外官市有差。象牙重及三十斤，并乳香抽外尽官市	《萍洲可谈》卷二
绍兴六年	两浙细色十分抽解一分，粗色十五分抽解一分	《宋会要·职官》四四之一〇，二〇
绍兴十四年	蕃商以香药至者十取其四	《通考》卷二〇《市籴考·市舶互市》
同　年	蕃商香药贵细者十取其一	《系年要录》卷一八三

时　间	抽买比率	根据文献
绍兴十七年	三路舶司凡龙脑、沉香、丁香、荳蔻四色十分抽解一分,其余香药抽解四分	《系年要录》卷一五六、一八三注《宋会要·职官》四四之二四
隆兴二年前	(旧法,不详所始)十五取一,其后(不详其时)十取其一,又后(不详其时)择其良者如犀、牙十分抽一,又博买四分;真珠十分抽一,又博买六分	《通考》卷二〇《市籴考·市舶互市》
隆兴二年	象牙、珠、犀十分抽一之外,更不博买	同　　上
宝庆年中	庆元府(明州)旧法(不详向时)细色五分抽一分,粗色七分半抽一分。后(不详其时)行优润新法:高丽、日本船纲首、杂事十九分九抽一分,余船十五分抽一分。海南占城、西平及泉、广州船不分纲首、杂事、贴客等,例以十分抽一分。搬贩铁船二十五分抽一分。化外蕃船申上司候指挥抽解	《(宝庆)四明志》卷六《市舶》

10. 宋代市舶课利岁入情况表

时　间	岁入课利情况	根据文献
淳化年中	50万斤条株颗(当是象犀珠香之类)	《宋史》卷一八六《食货志·互市舶法》
皇祐年中	53万斤条株颗……(当是象犀珠玉香药之类)	《玉海》卷一八六《食货·理财》
治平年中	63万斤条株颗(当是象犀珠香之类)	《宋史》卷一八六《食货志·互市舶法》
熙宁六年	广州市舶司岁亏课20万贯。按,据此可知总岁入课利数必大于20万贯	《长编》卷二五二

续表

时间	岁入课利情况	根据文献
元祐元年	收54万缗,匹,斤,段……支23.8万缗,匹,斤,两,段……据此可知市舶司每岁支出量不少	《通考》卷二〇《市籴考·市舶互市》。按,《宋史》卷一八六《食货志·互市舶法》系此事于熙宁九年,疑误
元符年以前	十二年共收500万(单位不详)平均每年41.6万(单位不详,疑与上相类)	《通考》卷二〇《市籴考·市舶互市》引政和四年施述奏
崇宁以后	九年共收1000万(单位不详)平均每年111万(单位不详,同上)	同 上
绍兴二十九年前	岁入约200万贯。按,《朝野杂记》甲集卷一五《市舶本息》记为绍兴本年两舶司抽分及和买岁得息钱二百万缗	《中兴小纪》卷三三,《系年要录》卷一八三,《宋会要·职官》四四之二五
备注	《宋会要·食货》五五之二七,《系年要录》卷一六〇载绍兴二十七年权货务岁入香矾钱109.91万缗,绍兴三十二年岁入香矾钱119.94万缗。可参考。又表中北宋岁入数均未折成货币,而岁入数不知如何计得,是否已扣除博买本钱等。	

11. 唐宋坑冶岁入数比较表

时期	品类 岁入数	银(两)	铜(斤)	铁(斤)	锡(斤)	铅(斤)	根据文献
唐末	宪宗元和年中	12000	266000	2070000	50000	—	《宋会要·食货》三三之七至一八,《通考》卷一八《征榷考·坑冶》
	宣宗时	25000	655000	532000	17000	114000	
	英宗治平年中	315213	6970834	8241000	1330000	2090000	
	神宗元丰中	215385	14605969	5501097	2321989	9197335	

续表

时期＼岁入数＼品类	银（两）	铜（斤）	铁（斤）	锡（斤）	铅（斤）	根据文献
唐宋两年度平均数之比	1：13	1：23	1：5	1：54	1：49	

附：南宋坑冶数量及岁课下降情况表

比较项目＼坑冶品类	金	银	铜	铁	铅	锡
北宋后期坑冶数量	267	174	109	638	52	118
绍兴末年时被废弃坑冶数	142	84	45	251	15	44
北宋后期岁入数	—	—	7057260 斤	2162140 斤	3213620 斤	761200 斤
乾道二年岁入数	—	—	263160 斤	880300 斤	192240 斤	20450 斤
备注	表内数字根据《宋会要·食货》三四之三六、《宋史·食货志》卷一八五《食货志·坑冶》。北宋后期数字原文称为旧额之数，应为靠近南末时的北末年数字。					

12. 宋代坑冶岁入表

时间		金（两）	银（两）	铜（斤）	铁（斤）	铅（斤）	锡（斤）	水银（斤）	丹砂（斤）	根据文献
至道末年		—①	145000	4122000	5748000	793000	269000	—	—	《长编》卷九七,《通考》卷一八《征榷考·坑冶》
天禧末年		14000	883000	2675000	6293000	447000	291000	2000	5000	同　上
皇祐年中		15095	219829	5100834	7241001	98151	330695	2201	—	《通考》卷一八《征榷考·坑冶》
治平年中		5439	315213	6970834	8241000	2090000	1330695	2201	2800	同　上
熙宁年中?②		1048	129460	21744749	5659646	7943350	6159291	2115	2708	《宋会要·食货》三三之二七至二九
元丰元年	祖额	7597	411420	10711466	5482770	8326737	1983040	4937	1878	《宋会要·食货》三三之二七至二八卷一八《征榷考·坑冶》
	当年	10710	215385	14605969	5501097	9197335	2321898	3356	3646	
北宋末③		—	18600000	7050000	2160000	3210000	760000	—	—	《朝野杂记》甲集卷一六《铜铁铅锡坑冶》、《金银坑冶》
绍兴末年④		—	—	263169	880302（四川在外）	191249	20458	—	—	同　上
乾道二年	旧额	—	—	7057260	2162140	3213620	761200	—	—	《宋会要·食货》三三之一九、二○又三四之三六,《宋史·食货志》卷一八五《坑冶》
	当年	—	—	263160	880300	191240	20450	—	—	

时间	金(两)	银(两)	铜(斤)	铅(斤)	锡(斤)	水银(斤)	丹砂(斤)	根据文献
备注	①至道及天禧年金银岁入数"课利折纳互市所得皆在焉"。②此一列数原文未系年月，因其铜铅锡三项特高，暂系于照宁铸币最多之年。③此一列数李心传所记似与"祖宗"之数，似为北宋末年之数。存疑待考。故系此。④李心传所记绍兴三十二年铜铅锡之数与《宋会要》、《宋史》乾道二年数同一源，当是李心传误记，惟存于此以供参考。又李心传在其《系年要录》卷一四八记绍兴三十二年铜铅锡数同出一源，唯铁误记为三十八万余斤，当是李心传所记"岁贡银一千八百六十余万两，疑不准确，至少不是一万万斤。《宋史》卷一八五《食货志》记一八二百六十余万两，与坑冶所得岁入数不直接关系。又李心传所记"祖宗时"岁入银(银)岁不满三十万"，疑非坑冶岁入数，而是椎货等都茶场岁入银数。《宋史》卷一八五《食货志》记庆元二年铁"务岁所入(银)岁不满三十万"，疑是坑冶岁入银与坑治二年务场所入有直接关系。							

13. 宋朝屯营田岁入情况表

时间	屯营田收入情况	根据文献
咸平六年	庆路施、黔州屯田岁获粟万余石	《宋会要·食货》四之二
景德二年至天圣三年共二十年	襄州屯田共入三十三万五千九百余石，折价九万二千余贯。唐州屯田共入六万九千四百九十九万五千九百余石，折价二万五千余石，百余贯	《宋会要·食货》之二、《长编》卷一〇四《宋史·食货志·屯田》
天圣年中	保州屯田岁收稉糯稻近二万石	《宋会要·食货》四之二
天禧末年	河北屯田岁收二万九千四百余石	《通考》卷七《田赋考·屯田》
治平三年	河北屯田岁收谷三万五千四百余石	《玉海》卷一七七《屯田使》
元丰七年	河东木瓜源等岁收禾栗麦一万八千石草十万二千束	《宋会要·食货》四之五、《长编》卷三五一
绍兴六年	江淮屯营田岁共收约七十四万石，庄户所分一同	《宋会要·食货》三之二一、《玉海》卷一七七《绍兴屯田集议》《宋史全文》卷二四引隆兴二年准东总领，措置营田王弗语

续表

时　间	屯田营田收入情况	根据文献
绍兴七年	江淮营田共收本谷三十一万石,除客户六分官吏职田五厘外,官实收十一万余石	《系年要录》卷一〇九,《朝野杂记》甲集卷一六《营田》
绍兴七年	川陕屯营田岁收约二十五万石(按此疑以将李迨奏中推计数以为实数)	《通考》卷七《田赋考·屯田》
绍兴七年	川陕兴元、洋州岁收约二十万石	《宋会要·食货》二之二〇
绍兴十五年	剑外营田岁入三十万石粟,除粮种分给外,实入官十四万余石,金州岁入一万八千余石在外	《宋会要·食货》六之一五八,《北山文集》卷二〇《答栾恂元章》同书附《郑刚中墓志铭》
绍兴二十九年	两淮营田稻麦杂豆等岁入十六万七千余石	《宋史》卷一七三《食货志·农田》
绍兴年中	剑外营田岁约八十二万石	《朝野杂记》乙集卷一六《王德和括关外营田》
乾道末年	剑外营田岁约八十万石	同　上
淳熙初	剑外营田岁入约五万八千石	《朝野杂记》甲集卷一六《关外营田》
淳熙末至绍熙初	关外营田亩合升合计约九万八千石	《宋史》卷四〇〇《游仲鸿传》、《宋会要·食货》六之一五八
庆元年后	剑外营田岁入六万八千余石	《朝野杂记》甲集卷一六《关外营田》
嘉泰初年	剑外营田岁入八万石	《朝野杂记》乙集卷一六《王德和括关外营田》
嘉定十三年前	剑外营田岁入细色不及四万万石	《宋会要·食货》六之一五八
绍定六年	襄阳城外枣阳一带屯田,岁收十五万万石	《宋史》卷四一二《孟珙传》

14. 屯营田失利原因分析表

时　间	被罢营田地区	被罢主要原因	根据文献
端拱年中	河北东路	惧军兵生变	《宋史》卷二六七《陈恕传》
太宗末年	徽　州	侵占民田为扰	《通考》卷七《田赋考·屯田》
咸平二年	襄　州	差借耩夫为扰	同　　　上
天圣四年	襄州、唐州	得不偿费	《宋会要·食货》二之二、《长编》卷一〇四
庆历年中	陕西沿边	拓诸州牛为扰	《通考》卷七《田赋考·屯田》、《宋史》卷一七八《范雍传》
熙宁年中	河　　北	得不偿费	《长编》卷二二〇《宋史》卷一七六《食货志·屯田》
元丰二年	沅　　州	所收未偿及额	《长编》卷二九〇、二九九
元封八年初	河东木瓜原等	得不偿费	《宋会要·食货》四之五、《长编》卷三五一
元符三年	河东沿边	厢军不习耕种不服水土	《通考》卷七《田赋考·屯田》
绍兴十九年	江淮营田	扰民	《朝野杂记》甲集卷一六《营田》
乾道三年	淮西江东、淮东	得不偿费	《宋会要·食货》三之六三、六三之二一四二
乾道五年	兴元府、西利州、洋州	得不偿费，军兵侵渔差科骚扰百姓（按，《宋会要》系此于淳熙五年疑误）	《朝野杂记》甲集卷一六《关外营田》、《宋会要·食货》三之二八、六三之二一五四
乾道八年	庐　　州	得不偿费	《朝野杂记》甲集卷一六《屯田》
乾道九年	太平州	得不偿费	《宋会要·食货》六三之二一五二
淳熙五年	阶州、成州、扬州、岷州、凤州等	得不偿费	《通考》卷七《田赋考·屯田》、《皇宋中兴两朝圣政》卷五六

15. 关于和预买绸绢起始时间不同记载简表

起始时间	所见文献记载
太平兴国七年	《玉海》卷一八六,《通考》卷二〇《市籴考》
淳化年间	《群书考索》后集卷五四《财赋·杂赋·折帛》
太宗时	《东斋记事·补遗》,《(宝庆)会稽志》卷三《和买》,《挥麈后录》卷二,《能改斋漫录》卷一二
咸平二年	《长编》卷四四,《(嘉定)镇江志》卷五《和买》
景德年中	《隆平集》卷三《爱民》
大中祥符初年	《吹剑外录》,《泯水燕谈录》卷九
大中祥符三年	《(宝庆)四明志》卷五《夏税·和买》
大中祥符九年	《宋会要·食货》六四之三五,《朝野杂记》甲集卷一四《东南折帛钱》
大中祥符年中	《泊宅编》卷八,《玉壶野史》卷八
景祐初年	《挥麈前录》卷四(后为作者自己否定)

16. 折帛钱折价情况表

时　间	折　价　情　况	根　据　文　献
建炎三年	(两浙)绸绢每匹两贯	《朝野杂记》甲集卷一四《东南折帛钱》,《中兴圣政》卷四,《系年要录》卷二一
建炎四年	两浙每匹三贯省,西川每匹十一贯,东川十贯	《通考》卷二〇《市籴考》,《系年要录》卷四〇
绍兴元年	江浙每匹三贯足	《中兴圣政》卷九

— 783 —

续表

时间	折价情况	根据文献
绍兴二年	东南每匹三贯五百省	《通考》卷二〇《市籴考》
绍兴四年	东南每匹三贯足	《系年要录》卷五四,《中兴圣政》卷一一
	东南绸十分之二匹折四贯,十分之八匹折六贯,绢十分之二匹折四贯,十分之三匹折六贯	《朝野杂记》甲集卷一四《东南折帛钱》
绍兴五年	东南匹折五贯二百省	《通考》卷二〇《市籴考》,《中兴小纪》卷一七
	东南匹折七贯省(按,《宋史》记江西折六贯省)	《通考》卷二〇《市籴考》
绍兴七年	东南匹折八贯省	同　上
绍兴十五年	两浙夏税匹折七贯省,和预买匹六贯八百文省,江东匹折六贯	《宋会要·食货》六四之三七
绍兴十七年	两浙夏税匹折六贯省,和预买匹六贯五百文省江东匹折六贯	《系年要录》卷一五六,《宋会要·食货》六四之三六
绍兴二十六年	四川折绢匹九贯(税绢)	《宋会要·食货》三八之二一
隆兴二年	四川和买、激赏绢匹折钱引五贯二百文绸匹四贯五百文,丝两折六百四十文,绵两五百文	《中兴圣政》卷五六
淳熙五年	四川绢匹折七贯百文(税绢)	《中兴圣政》卷五六
嘉泰年中	浙东绍兴府税绢匹折七贯,和预买匹六贯百文	(嘉泰)《会稽志》卷五《折变》
宝庆年中	折价则例同嘉泰中绍兴府数浙东庆元府	(宝庆)《四明志》卷五《叙赋》
南末末年	江西抚州每匹绢初折合二十四贯时增为匹折四十二贯	《黄氏日抄》卷七五《乞照户部元行折绢袍袍解升省状》

17. 折帛比例情况表

时 间	两税、和预买绢丝绵折征价钱比例情况	根据文献
建炎三年	两浙路全折钱	《朝野杂记》甲集卷一四《东南折帛钱》等
绍兴元年	两浙路半折钱	《系年要录》卷四一、《中兴圣政》卷九
绍兴二年	诸路上供丝帛并半折钱	《系年要录》卷五四、《中兴圣政》卷一一
绍兴四年	前此江西洪州和买八分正色二分折钱,此年三分折钱	《宋史》卷一七五《食货志·布帛》
绍兴四年冬	东南各路税、和买绵全折钱、绢半折钱。江浙丝全折钱、绵半折钱	《系年要录》卷八一、《中兴小纪》卷一七
绍兴十六年	东南各路绢折三分、绸折八分	《宋史》卷一七四《食货志·赋税》、《宋会要·食货》六四之三七
隆兴初年	江浙诸路绢折三分、绸折八分、绵半折钱	《宋会要·食货》一○之一八
乾道年中?	东南各路绢折三分、绸折二分、绵半折钱	郑兴裔《郑忠肃奏议遗集》卷上《论折帛钱疏》
庆元二年	东南各路绢折三分、绸折八分	《宋史》卷一七四《食货志·赋税》
嘉泰年中	绍兴府会稽县税绸匹征折帛一丈三尺三寸(不足三分)税绵一两折纳五钱(五分)丁盐税绢匹折八尺(不足二分),和买匹折一丈(不足二分半)	《(嘉泰)会稽志》卷五《户口赋税》
嘉定二年	东南各路绸折八分,绢折三分,州县有令多折者	《宋会要·食货》六八之一九
嘉定年中	浙东台税和买半数折钱	《(嘉定)赤城志》卷一六《财赋》
嘉定十三年至绍定六年	浙东绍兴府和买折钱	《宋代蜀文辑存》卷八一李鸣复《请绍兴府和买绢一半理估疏》
端平元年至三年	浙东绍兴府和买全征本色	

续表

时间	两税、和预买绢绵丝绵折征价钱比例情况	根据文献
宝祐年中	浙西严州将税绢、和预买绢合一，本色及折帛各依物力钱数难杂征于百姓	《(景定)严州续志》卷一《赋税》
淳祐年中	数书中设题：税绢折帛三分，绸五分，和买一律七分。	《数书九章》卷一〇《户税移割》
备注	表内未加说明者均指绸绵丝绵丝绵。又表内未反映四川情况，四川似无折征钱的固定比例。如《宋会要·食货》三八之二二载四川"州县催理（和买、激赏）两项料物吊除合用正色外，将所余分数理估"，而对百姓比例更无具体分数理估求。《朝野杂记》甲集卷一四《东南折帛钱》载，绍兴十七年，东南诸路上供绸绢续罗绝绵本色三百六十万疋，征折吊二百五十六万余匹。	

18. 宋真宗时入粟补官爵价格表：(河北陕西沿边地区。
据《长编》卷五九,《宋会要·职官》五五之三二二制作)

所得官爵 ＼ 入粟地点	本州助教、文学	(进士)出身	簿、借职/尉职	奉职	寺监主簿	校书正字	大祝、奉礼郎	大理评事殿直	诸寺监丞、侍禁	大理寺丞、供奉官
河北定州、广信、安肃军；陕西环、渭、泾、原、庆、戎、镇戎、保安军	1000石	2000石	3000石	4000石	5000石	6000石	7000石	8000石	9000石	10000石
河北真定府、洺、邢、赵、贝、冀、博、瀛、雄、信安、乾宁、顺安、霸、永定、永静军；陕西仪、邠、鄜、秦、陇、凤州等	1100石	2400石	3600石	4800石	6000石	7200石	8400石	9600石	10800石	12000石

续表

所得官爵 入粟地点	大理寺丞 供奉官	诸寺监 丞侍禁	大理评 事殿直	大祝、 奉礼郎	校书 正字	寺主 簿	奉职	簿借 尉职	(进士) 出身	本州助 教文学
河北大名府,怀,磁,卫,相,澶州,通利军;陕西凤翔,河中府,同,陕,解,乾,耀,丹,坊,虢,成,阶州等	15000 石	13500 石	12000 石	10500 石	9000 石	7500 石	6000 石	4500 石	3000 石	1500 石

19～1 宋朝出卖度牒情况表

时　间	出卖度牒道数	折计钱数（贯）	根据文献及备注
嘉祐至治平共十三年	78000 余	不　详	《长编》卷二六八、《长编拾补》卷三、《古今源流至论》续集卷五
熙宁元年至八年九月	89000 余	11570000	同上（折价参考价格表，下同）
元丰元年	9360	1216800	《长编》卷三〇一、《宋会要·职官》一三之一
元丰二年	10942+	1422460+	同　上
元丰三年	6396	831480	《长编》卷三三五
元丰四年	4196	545480	同　上
元丰五年	9897	1286610	同　上
元丰六年	10127+	1316510+	《长编》卷三四一
元丰八年至元祐二年	住卖三年		《燕翼诒谋录》卷五
建中靖国元年	（额定）10000	2200000	《宋会要·职官》一三之二三，实际数可能额定多

续表

时　间	出卖度牒道数	折计钱数（贯）	根据文献及备注
崇宁年正月至四月	26000	5720000	《愧郯录》卷九引《崇宁边略》，依建中靖国年价计钱数
大观三年至三年	30000+	6000000+	《朱会要·职官》一三之二三
政和元年至三年	住卖三年		同上。又同书载政和四年复卖将以绍圣元年数为额
宣和七年	此年僧道总人数逾百万，有令权住卖五年，未能实行。见《燕翼诒谋录》卷五		
建炎三年秋七月一次	20000（另有紫衣、师号5000）	共约2400000	《系年要录》卷一五，给张浚用于军费
绍兴四年前每每年	约10000	1200000	《朝野杂记》甲集卷一五《祠部度牒》记绍兴初年数，《中兴小记》卷一八记绍兴四年前后数
绍兴九年八月	数不详（含紫衣、师号）	2000000	《宋史》卷二九《高宗纪》
绍兴十三年至绍兴三十年	住卖十八年		《朝野杂记》甲集卷一五《祠部度牒》
绍兴三十一年至乾道五年共五年乾道九年	120000+	48000000+	《朝野杂记》甲集卷一五《祠部度牒》，折钱以每道四百贯计。又《中兴圣政》卷四记绍兴三十一年至乾道三年共卖十万三千余道
开禧年中			《愧郯录》卷九载："开禧边衅之启，帑用不继，给牒颇多"，"不耕之夫，骤增数十万"
咸淳年中			《黄氏日抄》卷六九《戊辰轮对札子》载："和籴于焉助本，而楮币赖之相资。"

19~2 宋代度牒卖官价格表

时　间	价格（贯）	根据文献及说明
熙宁中	130	《燕翼诒谋录》卷五、《朝野杂记》甲集卷一五《祠部度牒》
元丰六年	130	《长编》卷三三六、三三八
元丰七年	130	《长编》卷三四二、《宋会要·职官》一三之二二。原书又载夔路铁钱原价三百贯,后减为一百九十贯
元祐四年	170	《长编》卷四三四,披剃钱任外
绍圣三年	200	《国朝诸臣奏议》卷一〇〇蔡蹈《上哲宗论赐扬场度牒》
建中靖国元年	220	《宋会要·职官》一三之二二
宣和七年	200	《宋会要·食货》七〇之二八,同书《职官》一三之二三。民间价每道七十至九十贯
靖康元年	150	《三朝北盟会编》卷七三
建炎二年八月稍前	110	《宋会要·职官》一三之二八,又紫衣价四十贯,师号三十五贯
建炎二年八月始	120	同上,又紫衣、师号价各增五贯。《皇宋中兴两朝圣政》卷三载四字师号二百贯
建炎三年八月	120	《系年要录》卷二六,然记事多同上揭书,或为一事而所系有歧
绍兴二年	120	《系年要录》卷六〇
绍兴六年	120	《系年要录》卷一〇〇,时民间仅值三十贯
绍兴三十一年	500	《宋会要·职官》一三之三四、《系年要录》卷一八一。另有缕绫纸钱十贯
绍兴三十二年十月稍前	512	《宋会要·职官》一三之三五
绍兴三十二年十月始	312	同　上
隆　兴　初	300	《朝野杂记》甲集卷一五《祠部度牒》
乾道六年正月稍前	500	《宋会要·职官》一三之三六

时　间	价格（贯）	根据文献及说明
乾道六年正月始	400	同上。另钱会中半，又川蜀折钱引七百一十七道
淳熙三年二月	450	《宋会要·食货》五一之九。《朝野杂记》甲集卷一五《祠部度牒》载此价为淳熙初所增
淳熙四年	450	《宋会要·职官》一三之三六，钱会中半
淳熙五年六月	450	《宋会要·职官》一三之三七，川蜀原价钱引九百道，现减为八百
淳熙十四年	700	《宋会要·食货》四一之一七。用为江西、湖南卖本
绍熙三年	800	《朝野杂记》甲集卷一五《祠部度牒》。原书又载嘉泰二年蜀中官价钱引一千道而民间却卖一千六百道
嘉定十四至十七年	800	《宋会要·食货》五〇之三四又六一之一四九、一五〇。又与之时间接近《真文忠公集》卷一七《申尚书省乞免降度牒状》也载每道官价八百贯。按，度牒多用于收兑旧会八百贯，价格另定。如庆元元年兑旧会每道一千贯，嘉定初兑旧会絮衣师号每帖一百贯，兑湖会每道一千五百贯，兑钱引九十界一千二百道等
淳祐年中	1500	《数书九章》卷一七《市物类·均籴货本》

20. 经制钱算名细表（主要根据《庆元条法事类》卷三〇《经总制》）

头子钱（内含税赋头子钱、官员役人请受及职田钱米头子钱，楼店务及仓场库务头子钱，常平卖酒盐头子钱等多种）	权添酒钱（内含王祠部钱、发运司造船钱等多种）	楼店务添三分房钱（内含楼务省房廊增添三分房钱，增添三分白地钱，户绝市易坊场并旧法笼简前等欠折至宇增收三分货钱等）
	慎量添买槽钱	
平准务四分息钱	增添田宅牙税钱	

21. 总制钱算名细表（主要根据《庆元条法事类》卷三〇《经总制》）

勘合朱墨钱	出卖系官田舍价钱	
头子钱（内含细目同经制钱）	人户出卖田宅业主现存典存典卖主户绝许令收赎并业主身亡典卖主贴买价钱等	茶竹蜡油单席钱（每引20文省）
添酒钱（内含黄运副上下等添酒钱，随宣增添煮酒钱，督府添酒钱，增添蜡蒸酒钱等多种）	免役一分宽剩钱	茶秤头钱（每引520文省）
		茶土产回税钱（每引587文省）
	耆户长雇钱	茶别纳钱（每引130文省）
	壮丁雇钱	违限公据力胜税钱
增添七分商税钱	振当四分息钱	出卖没官茶价钱
增添二分商税钱	官户不减半，民户增三分役钱	茶翻引贴纳钱（每引2贯省）
添纳租课钱	盐别纳钱	没官有引正茶价钱
得产人勘合钱	盐袋息钱（每袋50文省）	常平司七分钱
五分契税钱	秤茶增收头子钱（每斤1文足）	人户典卖田宅等干没限内陈首投税印契税钱
七分契税钱	茶秤息子钱（每引100文省）	
人户典卖田宅等干没限内陈首投税印契税钱	茶头子钱（每引8文省）	此外还有一些算名，具体不详
	茶麾零钱（每引2文省）	

22. 宋代商税岁入情况表

时 间	岁入（万贯）	根据文献及补充说明
至道年中	400	《长编》卷九七,《宋史》卷一八六《食货志·商税》。按《长编》谓此乃"关市津渡等税"钱数,或包括河渡钱在内
景德年中	450	《乐全集》卷二四《论国计事》。按《朝野杂记》甲集卷一四《景祐庆历绍兴盐酒税绢数》记此数同,故《朝野杂记》似误。查《宋会要·食货》五六之一一《玉海》卷一八五《庆历会计录》均与《乐全集》同
天禧末年	1204	同至道年栏
庆历年中	1975	同景德年栏面《朝野杂记》所载亦同
仁宗在位前期某年	2200	龚鼎臣《东原录》。此乃原书载土建中(字熙道)任职三司商税案时之数,据《宋史翼》卷二三本传所载事迹推断,土建中任此职当在仁宗在位前期
皇祐年中	786.39	《宋史》卷一八六《食货志·商税》
嘉祐三年后	700	龚鼎臣《东原录》
治平年中	846	《宋史》卷一八六《食货志·商税》
熙宁十年	旧 额 1106.91 除四川外 506.34 当 年 804.66 除四川外 641.81	《宋会要·食货》一五、一六。按,左数系据吴杰译、加藤繁著《中国经济史考证》第二卷三〇《宋代税考》(1963年商务印书馆版)商税统计表中各路商税数合计而成(原书统计数即据《宋会要》)。与各路分数和之数不吻合,不取。又此书中申明计算各路各场务尾数删除,故结果果应小于实际总和之数。另《宋会要》所言"旧额"不详所指,故暂系此以资比较。天下商税惟四川独重,对此《通考》卷一四《征榷考·征商》有如下解释:天下商税惟四川独重,虽屡改同小垒,其数亦倍蓰于内地之壮郡。然《会要》言,四蜀所纳钱铁,十才及绢钱之一,则数目虽多,而所取亦亦甚重。而熙宁十年以后,再定之额,他郡皆增于前,而四蜀独减千归,已亦以元额偏重之故欤!附此供参考)

两宋财政史(修订本)

23. 宋代钱币铸造数额表（每年）

时间	岁铸造数（万贯） 铜	铁	根据文献	说　明　及　补　注
开宝九年(976)	30(?)		《玉海》卷一八〇《开宝钱监》	升州一监铸数，此时宋初占江南，铸造数多，很可疑，估存备考。然《玉海》卷一八〇《中兴铸钱监》则记："国初……得永平监旧址，因之岁铸四十六万缗。"
太平兴国初年	7		《长编》卷二四，《梦溪笔谈》卷一二，《皇朝事实类苑》卷二一	《笔谈》谓此为平江后之数
太平兴国八年稍前	30		《长编》卷二四，《宋史·食货志》	《皇朝事实类苑》卷二一记为三十六万贯。《玉海》卷一八〇《至道永平监》记至道以前"饶之永平岁铸四十万贯"。《宋史·张齐贤传》记"岁铸五十万贯"
至道中	83		《长编》卷九七，《群书考索》后集卷六三《财用》	《玉海》卷一八〇《至道永丰监》记，至道二年于池州又置永丰监"共铸六十四万贯"。同卷《中兴铸钱监》引李擢言，"至道、咸平置永丰、广宁、丰国三监，总铸八十六万余缗"
太宗时		50(小)	《长编》卷五九	仅四川一域，福建等处未详，又末初四川行小铁钱与真宗景德后不同
咸平三年(1000)	135		《朝野杂记》甲集卷一六《东南诸路铸钱增损兴废本末》	江、池、饶、建四州岁铸数，四州是否别有铸造不详。《玉海》卷一八〇《至道永丰监》记为一百二十五万，疑为刊刻之误
景德中	183		《通考·钱币》，《长编》卷九七《群书考索》续集卷四五《财用》	《群书考索》记为景德之数
大中祥符八年(1015)	120		《乾道临安志》卷二《仓场库务》，《长编》卷八七	《临安志》《长编》均记为饶、池、江、杭四州钱监铸造数，未言建州

时 间	岁铸造数(万贯)		根据文献	说 明 及 补 注
	铜	铁		
天禧末年	105	21	《长编》卷九七,《朝野杂记》甲集卷一六《东南诸路铸钱增损兴废本末》,《通考·钱币》	铁钱数仅为四川造数,其他不详。又大中祥符年中铜矿多不发
天圣年中	100		《梦溪笔谈》卷一,《玉海》卷一八〇细文,《皇朝事实类苑》卷二一	
庆历年中	300(?)		《梦溪笔谈》卷一,《皇朝事实类苑》卷二一。蔡绦《国史补》按《群书考索》后集卷六〇《财用·铜钱》:"国初岁铸钱三百二十万",或也指此时	《中兴小纪》卷三七,《玉海》卷一八〇《中兴铸钱监》均引南末林觉庆历语称庆历、嘉祐以来岁铸一百八十余万缗,与此不同,有可能一百八十余万是大钱小钱的缗数,而三百余万则是折算后者为若干年平均铸造数,或则后者含铁钱数
庆历三年(1043)		43	《欧阳文忠公文集》卷一一五《乞罢铁钱札子》	欧阳修记庆历三年稍前河东岁铸铁钱十六万缗,又据《宋史》载皇祐中四川岁铸二十七万缗,左为两者合计数,陕西似也铸铁钱,数不详
皇祐年中	146	27	《宋史·食货志》	铜钱为饶,池,江,建,韶五州铸数,铁钱为嘉,邛,兴三州铸数,外此是否有铸造不详
治平年中	170	3	《宋史·食货志》	铜钱为饶,池,江,建,韶,仪六州铸造数,铁钱嘉,邛二州以诏令,停铸十年,独兴州岁铸三万缗
熙宁六年后	(600)		《梦溪笔谈》卷一,《鸡肋编》卷中引蒋仲舒本语	熙宁六年增设钱监多处,又时广行折二钱,不知所占比例。左为铜铁钱合计数,则为多少不详
元丰三年(1080)	506 (594.9234)	88.9234	《通考·钱币》引毕仲衍《中书备对》	有可能是额定数,则为前此某年实数,另此时定额与实造数多接近左括号内为铜铁钱合计数

续表

时间	岁铸造数（万贯）		根据文献	说　明　及　补　注
	铜	铁		
元祐四年后	281		《鸡肋编》卷中引蒋仲本语	原文为"见今十监，岁铸二百八十一万贯，而岁不及额"。从文序看，应指铜铁钱总数，从前后数额看，似应为铜铁钱数
崇宁四年（1105）	289.04		《玉海》卷一八〇、《皇朝编年备要》卷二六	《朝野杂记》甲集卷一六《东南诸路铸钱数损兴废本末》、《宋会要·钱币》、《通考·钱币》记饶池江建岁铸大观中数为一百二十四万缗上供，《通考》又记池江建岁铸一百一十六万缗逐路支用，未系时当也指此时期事。《皇朝编年备要》卷一六又据崇宁二年户部尚书吴居厚言："江池饶建四监岁铸缗钱一百二十余万，近年寖少。"
崇宁宣和间	（900）		《玉海》卷一八〇、《历代名臣奏议》卷三二一引牟子才奏	此数超过熙、丰观铸钱数不如熙、丰时多矛盾，姑存待考。又《群书考索》后集卷六〇《财用·铁钱》载："政和四年，铸铁钱五百二十七万一千八百贯，除支破物料及诸色糜费本钱外实收净息钱三百七十万四千八百贯。"
宣和六年（1124）	（300）		《宋史》卷一八五《食货志·坑冶》	原文："时江、淮、荆、浙等九路……铸钱院监十八，岁额三百二十余万缗"，似为铜钱铸数之和
绍兴元年（1131）	（50）	8	《通考·钱币》《宋史全文》卷一八	左括号内为定额六分之一，定额与实铸差距很大。《蜀中广记》卷六引《钱币谱》载建炎二年诏令四川置铸铁钱十年
绍兴二年（1132）	（25）	12	《朝野杂记》甲集卷一六《铸钱诸监》《通考·钱币》	左括号号内为定额数，实铸为定额二分之一，一时每年铸钱一千，率用铁钱二千四百文
绍兴十三年（1143）	10		《朝野杂记》甲集卷一六《铸钱诸监》	时铸钱使多方筹办，民大以为扰，郡邑至毁钱为铜以应命

续表

时间	岁铸造数(万贯)		根据文献	说明及补注
	铜	铁		
绍兴二十五年(1155)	14.6	16	《中兴小纪》卷三七,《玉海》卷一八〇,《朝野杂记》甲集卷一六《川陕铸钱》	《杂记》载绍兴二十三年四川铸铁钱十二万缗,二十五年大小钱各增二万,则应为十六万缗,又《系年要录》卷一六九,《古今合璧事宜备要》卷六五《川陕铁钱》载绍兴二十五年四川铸铁钱约十万贯
绍兴二十六年(1156)	23		《中兴小纪》卷三七,《玉海》卷一八〇《中兴铸钱》	一本作二十二万缗疑"一"为"二"之讹
绍兴三十一年(1161)	(50)10.1		《中兴小纪》卷四〇,《玉海》卷一八〇,《朝野杂记》甲集卷一六《铸钱诸监》	《朝野杂记》载,绍兴二十八年曾大敛民间铜器工部奏立五十万贯为额,然水止铸十万缗而止。《文定集》卷二《应诏陈言兵食事宜》载此年铸司纳仪及五万,而另以六万为羡余而献
隆兴年中		11	《蜀中广记》卷六七引《钱币谱》	利州绍兴监岁铸大小铁钱九万缗,邛州大小铁钱各一万缗,不知为实际钱数还是折计钱数
乾道六年(1170)		(40)	《朝野杂记》甲集卷一六《淮南铁钱》	乾道初,两淮始行铁钱,六年始在两淮铸铁钱,额定岁四十万贯,此后额一度增为六十万贯,后复减为四十万贯。京西、湖北铁钱由富民官监供应,岁二十万缗
淳熙三年以后	(15)		《皇宋中兴两朝圣政》卷五四,《宋史》卷三三四《孝宗纪》	《朝野杂记》甲集卷一六《铸钱诸监》记,至嘉泰年中仍用此额。其中小平钱一六万缗,折二钱六万六千缗,折计共十五万缗
淳熙七年至绍熙二年上半年		(40)	《水心文集》卷二《淮西论铁事状》	淮南铸铁钱每年平均造数,十年中同安、湖北等处未见记载。《宋史》卷一八〇《食货志》载淳熙十五年四川岁铸折二钱四万七千贯,至嘉定三年又铸三钱折四万

续表

时 间	岁铸造数（万贯）		根据文献	说 明 及 补 注
	铜	铁		
嘉泰年中	16		《朝野杂记》甲集卷一六《东南诸路铸钱增损兴废本末》	原载："渡江后，岁铸钱才八万缗，近岁始倍。"
嘉定元年稍后		30	《朝野杂记》乙集卷一六《四川行当五大钱事始》	四川行当五大铁钱，利、邛两监岁铸三十万贯，此数不详其为折讨钱数，抑或实缗数。仅为四川造数，两淮湖北等未详
嘉定年中	2 至 15		《平斋集》卷三《吏部沈公》	"冶司孝宗朝定铸额岁十五万缗，积久浸亏，六不及……岁铸钱额"，可知前此一度岁铸二万余缗，经整顿，复岁铸十五万缗旧额数
绍定年中		(27)	《游宦纪闻》卷二	淮南蕲春一铁钱监岁可铸二十七万缗
端平年中	15		《敝帚集》卷一《禁铜钱申省状》	"今冶司一年所铸不过一十五万贯"。又此后杜范《清献集》卷九《嘉熙四年被召入见第二札》载："钱监所铸之钱，比祖宗盛时仅二十之一。"又方大琮《铁庵方公文集》卷二〇《贾总卿》载："岁之铸不能二十万。"
淳祐初年	16		《梅野集》卷一《四月十二日进讲》	《又后村先生大全集》卷六七《朝奉郎谢奕祢以前任都大解发新钱纲及数转朝散郎》(淳祐年作)："冶铸岁以十五万缗为额，及额者赏，其来久矣。"
淳祐年中	19 至 20		《贵耳集》卷下	"饶州监所铸岁止十五万"，韶州监岁计十四万缗"。从现在出土及前代遗存南末后期铜钱看，有当五、当十、当二十、当百多种，然末知各种的铸造数量及比比例

24. 宋朝交子、钱引发行情况表

界分	发行时间	兑收时间	行用期(年)	发行额(万贯)	与前一界或两界并行所达最高额(万贯)	备　注
1	天圣元年(1023)	天圣三年(1025)	2	125.634	125.634(单界行使)	面额一贯至十贯,发放时临时书填。《宋朝事实》卷一五《财用》载第一界发行三百八十八万余贯,与此不同
2—24	(略)	(略)	2	125.634	125.634	此四十五年中,发行量、行用量无大变化。宝元二年,面额改为五贯,十贯两种。庆历年中,两次在陕西买买粮草,前者占总数五分之一。熙宁元年,面额又改为一贯。计数十万贯,前者占总数十分之六。此制长期沿用。熙宁初,曾在陕西、河东试行交子,随罢
25	熙宁四年(1071)	熙宁八年(1075)	4	125.634	125.634	熙宁五年,始令两界齐行。熙宁八年前后,陕西再度试行交子
26	熙宁六年(1073)	熙宁十年(1077)	4	125.634	251.268	吕陶记,四川彭州熙宁十年第二十六界交子每贯兑铁钱九百四十文,二十七界兑九百六十文。他又记,此前后"川中交子一贯,折为足钱,换得九百二三十文"
27	熙宁八年(1075)	元丰二年(1079)	4	125.634	251.268	
28—35	(略)	(略)	4	125.634	251.268	此八界发行量、行用期较前无大变化。元祐元年苏辙讲,近年交子每贯止卖九百余贯铁钱
36	元祐八年(1093)	绍圣四年(1097)	4	140.634	266.268	绍圣元年,令每界增印十五万贯
37	绍圣二年(1095)	元符二年(1099)	4	140.634	281.268	

续表

界分	发行时间	兑收时间	行用期（年）	发行额（万贯）	与前一界或两界并行所达最高额（万贯）	备 注
38	绍圣四年（1097）	建中靖国元年（1101）	4	188.634	329.268	元符元年，每界增四十八万贯
39	元符二年（1099）	崇宗二年（1103）	4	188.634	377.268	
40	建中靖国元年（1101）	崇宁四年（1105）	4	388.634	577.268	崇宁元年，每界增印二百万贯。交子复行于陕西
41	崇宁二年（1103）	大观元年（1107）	4	1531.634	1920.268	崇宁二年，每界增印一千一百四十万贯。崇宁四年、大观元年，每界复增共一千二十四万贯。崇宁四年令交子改名钱引，通行闽浙湖广以外各路。大观初，钱引贬值严重，甚者一贯只兑钱十数文，各地情况不一。
42	崇宁四年（1105）	（未收兑）	（4）	2655.634	187.268	兑界时如归一旧易一新。大观三年，诏令四十二、四十三两界钱引不复收兑
43	大观元年（1107）	（未收兑）	（3）	约2000至3000	约5000至6000	见 上 栏
44	大观三年（1109）	政和三年（1113）	4	125.634		钱引整顿，每界发行额依天圣旧额，行用地区限于铁钱钱区内
45	政和元年（1111）	政和五年（1115）	4	125.634	251.268	
46—52	（略）	（略）	4	125.634	251.268	此七界发行量、行用期、并行额等较前无大变化。据张商英奏，宣和年中，钱引价仍复旧

续表

界分	发行时间	兑收时间	行用期（年）	发行额（万贯）	与前一界或两界并行所达最高额（万贯）	备　注
53	建炎元年（1127）	绍兴元年（1131）	4	238（188）	314	以下小数点后尾数删去。建炎二年，每界增印五十万贯，合为一百万贯。建炎二年至五十四界复行发行前五十四界每界复增印五十万贯，其中五十三界与五十三界一百二界合计三百二十四万贯，尚有五十余贯。建炎三界一百二界合计三百二十四万贯，尚有五十四万贯余贯，尚有五十余贯。以下计数方法类此
54	建炎三年（1129）	绍兴三年（1133）	4	338（238）	417	建炎三年两界复共增一百万贯。绍兴元年两界复共增五十万贯。次年，两界再共增一百四十万贯，本界较上界增一百余万贯，较上界增二百余万贯
55	绍兴元年（1131）	绍兴五年（1135）	4	876（338）	677	绍兴三年，两界共增五百万贯。绍兴四年，两界复共增五百六十万贯
56	绍兴三年（1133）	绍兴九年（1139）	4	1276（876）	1753	绍兴五年，两界共增二百万贯，绍兴六年，两界又增六百万贯
57	绍兴五年（1135）	绍兴十一年（1141）	4	1426（1276）	2553	绍兴八年两界共增三百万贯
58	绍兴七年（1137）	绍兴十一年（1141）	4	1676（1426）	(2853) 3780	绍兴七年出现三界并行情况，应是前几界展年兑收所致。绍兴十年，两界共增五百万贯
59	绍兴九年（1139）	绍兴十五年（1145）	4	1676	3353	绍兴十三年后各界应停止展年兑收
60	绍兴十一年（1141）	绍兴十五年（1145）	4	1876（1676）	3353	绍兴十三年两界共增四百万贯

续表

界分	发行时间	兑收时间	行用期（年）	发行额（万贯）	与前一界或两界并行所达最高额（万贯）	备　注
61	绍兴十三年（1143）	绍兴十七年（1147）	4	1876	3753	此前钱引贬值严重，甚者三贯、四贯钱引方兑一贯铁钱，见郑刚中《送井都运出峡序》，袁甫《论会子札子》。绍兴十三年后增印钱引减少，且不再展税收，引价回升
62—67	（略）	（略）	4	由 1876 增为：1988	由 3753 增为：3977	绍兴十三年至二十九年不见有增印记载，然据李心传等所记绍兴三十年时两界总额及当年所增，可推计六十七界应为一千六百八十八万余贯，其与六十一界相差一百余万贯，不知系前会增印而失载，抑或绍兴十三年后有增累积而成，表中暂依后者计之。绍兴二十九年前后，钱引一贯约可兑铁钱八百文，说明引价回升
68	绍兴二十七年（1157）	绍兴三十一年（1161）	4	2073（1988）	3977	绍兴三十年，两界共增一百七十万贯
69	绍兴二十九年（1159）	隆兴元年（1163）	4	2073	4147	各书均载，绍兴三十年时两界共行用四千一百四十七万余贯
70	绍兴三十一年（1161）	乾道元年（1165）	4	2173	4247	绍兴三十二年此界增一百万贯印三百万贯，实只增此数。前此有诏许增
71	隆兴元年（1163）	乾道三年（1167）	4	2273	4447	隆兴二年此界增一百万贯
72	乾道元年（1165）	乾道五年（1169）	4	2173	4447	
73	乾道三年（1167）	乾道七年（1171）	4	2373	4547	乾道四年此界增一百万贯

续表

界分	发行时间	兑收时间	行用期(年)	发行额(万贯)	与前一界或两界并行所达最高额(万贯)	备　注
74—82	(略)	(略)	4	2173(或2273)同2373交替	4547增为4647	淳熙五年以后(偶数)界次界增百万贯,不详其时。两界之合由四千五百余万贯增为四千六百余万贯。此八界变化较小。
83	淳熙十四年(1187)	庆元元年(1195)	(8)	2368(2273)	4647	绍熙二年,令八十三界展一界行使,八十五界因此停发。为补因此造成的贯头钱、水火不到钱损失,增印一百九十万贯钱引(两界)
84	淳熙十六年(1189)	绍熙四年(1193)	4	2468	4837	
86	绍熙四年(1193)	庆元三年(1197)	4	2518(2468)	4837	庆元三年,两界复共增一百万贯
87	庆元元年(1195)	庆元六年(1200)	5	2418	4937	庆元五年,令钱引界展一年
88	庆元三年(1197)	嘉泰二年(1202)	5	2518	4937	嘉泰二年,复展年兑界之令。李心传等记,庆元、嘉泰间,两界共行四千九百万贯
89	庆元六年(1200)	嘉泰四年(1204)	4	2418	4937	
90	嘉泰二年(1202)	嘉定二年(1209)	(7)	2518	4937	此界本应开禧二年兑收,时逢开战,延期。《宋史》谓:"自开禧军兴后,用度不给,展年收兑,遂至两界,三界通用。"嘉定元年,官府用金银等兑收半界,余半界应于次年用九百万贯钱引等兑回
91	嘉泰四年(1204)	嘉定三年(1210)	(6)	2918	5337	《蜀中广记》载嘉泰末两界共五千二百余万贯,《朝野杂记》等载此界末增五百万贯,二者略相合。此界至嘉定三年始用金银钱吊等兑回

续表

界分	发行时间	兑收时间	行用期（年）	发行额（万贯）	与前一界或两界并行所达最高额（万贯）	备　注
92	开禧二年（1206）	？	？	2518	7954（三界并行）	第九十界未按时收税，形成三界并行局面。各书载，三界并行总额约八千万贯。嘉定三年初，钱引每贯兑铁钱四百文以下，用金银等兑回半界后，每贯兑五百余文，在关外可兑铜钱百七十文

第九十三界及以后各界情况：

第九十三界始行时间失载。嘉定元年官府收兑第九十界系用金银银钱帛，非用新钱引，然只兑收半界，余半界未作交代。疑此半界未行用第九十三界新引兑回，此与李心传"三界三兑"说可以相合。

嘉定三年兑收第九十界新引，只是用第九十一界行用应在嘉定三年以后。故第九十四界新引兑收了九十一界增发之数五百万贯。

《宋史·宁宗纪》载，嘉定十一年，增印行钱引五百万贯。

《宋代蜀文辑存》卷八〇李鸣复《论用兵五可忧疏》载：端平初，"蜀楮之出，至十七千有零矣"。则此时两界或三界钱引发行额已达一亿七千万贯，较开禧增加一倍以上。

淳祐九年（一说应为嘉定九年）钱引行至第九十九界，不行第一百界，而行第一界（即后一界）。

张端义《贵耳集》载，钱引行至第九十九界，钱引行用改为十年一界。

李曾伯《救蜀楮密奏》载：淳祐三年至宝祐三年十三年内印行两界钱引，与前此所行一界三界并行。最后一界，一贯可兑最先一界五贯，最后一界行用者折价前一界总共十二亿六千余万贯。宝祐二年，发行银会与三界钱引并行，银会一贯兑三界钱引百贯。宝祐三年，钱引三千贯兑银一两。宝祐三年春钱引二千贯杂粮一石，宝祐四年钱引五千贯杂粮一石。钱引五千贯杂粮一石。贬值如此厉害，"市井视之，粪土不如"。

续表

界分	发行时间	兑收时间	行用期(年)	发行额(万贯)	与前一界或两界并行所达最高额(万贯)	备注
						《宋史·食货志·会子》等载,宝祐四年,废要票钱引,创行四川会子与银会并行。此会或当与李曾伯奏表有关。
说明						1. 本表制作中曾参考王曾瑜《关于北宋交子的几个问题》一文及附表,(载中州书画社《宋史论集》);以及赵葆寓《宋代的四川钱引》一文及附表,(载中华书局《辽宋金史论集》第一辑)对其研究成果多有吸取,但也有若干修改,此事或与李曾伯密差有关。 2. 表内数字未必十分准确,尤其北宋末至南宋绍兴二十九年以前发行额系推算而出,不免误差,但可表其概况。

25. 两宋人关于军费及养兵支费在财政支出中所占比例的议论简表

所指时期	议论者	有关言论	根据文献
宝元二年前	富弼	自来天下财货所入,十中八九赡军	《长编》卷一二四
嘉祐、治平时	蔡襄	一岁所用,养兵之费居六七	《蔡忠惠公集》卷一八《论兵十事疏》
	蔡襄	天下六分之物,五分养兵	同上书同卷《国论要目·强兵》
治平二年	陈襄	六分之财,兵占其五	《古灵先生集》卷一八《论冗兵札子》、《历代名臣奏议》卷一二〇
仁宗至神宗时	张载	养兵之费,在天下十居七八	《张子全书》卷一三《边议》
皇祐以后(北宋)	王俭	一岁所用……耗于兵者常什八	《挥麈余话》及《通考·兵》引《枢庭备检》
南宋绍兴五年前	王俣	大计所入,充军须者十居八九	《系年要录》卷九六
绍兴三十年	高宗	今天下财赋十分之九耗于养兵	《系年要录》卷八七
绍兴三十二年	吴芾	大农每岁养兵之费十之九	《系年要录》卷九九

续表

所指时期	议论者	有关言论	根据文献
隆兴二年前	范成大	度支月给,诸军居十之九;三岁大礼,犒军居十之八	《黄氏日抄》卷六七《范石湖文·试馆职策》
乾道二年	(臣僚上言)	方今国家所管财用,供军之费十居七八	《宋会要·职官》六二之一○
淳熙十年前	孝宗	养兵费财,国用十分儿八分养兵	《皇宋中兴两朝圣政》卷六○、《续宋编年资治通鉴》卷一○
	周必大	(接孝宗语)尚不肯八分	《朱子语类》卷一○
淳熙前后	朱熹	财用……十分,八分是养兵	《朱文公集》卷一五《答张敬夫》
		今日财赋岁出以千百巨万计,而养兵之费十居八九	《皇宋中兴两朝圣政》卷六四
淳熙末年	孝宗	(谕皇太子)当今天下财赋以十分为率八分以上养兵	《象山先生全集》卷二六《石湾蒋雨文》
绍熙年中	陆九渊	养兵之费乃十八九	《止斋文集》卷一九《桂阳军拟奏事札子》
绍熙年中	陈傅良	今经费兵居十八,官居十二	《宋会要·食货》五六之七○
庆元二年前	姚愈	(户部月支)大略官俸居十之一,吏禄居十之二,兵廪居十之七	《后村先生大全集》卷一四五《龙学余尚书向神道碑》
嘉定以前	余嵘	(建炎以来赡赋)其耗于兵者几十之六七	《臞轩集》卷一《乙未馆职策》
端平以前	王迈	岁中之费,兵居其六五	

26. 北宋常备军人数变化情况

时间	总人数（万人）	禁军人数（万人）	厢军人数（万人）	根据文献
开宝年间	37.8	19.3	18.5	《宋史》卷一八七《兵志》、《文献通考》卷一五二《兵考》
至道年间	66.6	35.8	20.8	
天禧年间	91.2	43.2	48	
庆历年间	125.9	82.6	43.3	
皇祐年间	140			王铚《中枢备检》
治平年间	116.2	66.3	50.1	《宋史》卷一八七《兵志》
熙宁年间		56.86 按《梁溪全集》卷六一《乞募兵札子》："熙丰盛时内外禁军马步凡九十五万人，疑为禁厢军总数，非禁军数	22.76 按，原书载"府界诸司或因事招募之类不与焉"。又《长编》卷二一载熙宁四年三月神宗曾讲时有厢军五十余万，卷三五○细文推计厢军总数约四十二万人以上	《长编》卷二二八、《宋史》卷一八七《兵志》《长编》卷三五○《宋史》卷一八七《兵志》
元丰年间		61.22		《长编》卷三五○《宋史》卷一八七《兵志》
元祐七年		55余	30余	《长编》卷四七二

27. 北宋禁军军官支领俸钱情况表（据《宋史》卷一七一《职官志》制）

殿前司		侍卫马军、步军司	
官阶	俸钱（千/月）	官阶	俸钱（千/月）
自宣武都指挥使至归明神武、开封府马步军都指挥使	30—15（凡二等）	自员僚直、龙神卫都虞候至有马劲勇员	20—7（凡五等）
殿前左、右班虞候至天武，剩员都虞候	30—19（凡四等）		

续表

殿　　前　　司		侍卫马军、步军司	
官　阶	俸钱（千/月）	官　阶	俸钱（千/月）
殿前班指挥使至拣中、剩员傔直、广德指挥使	20—10（凡三等）	指挥使自员傔直、龙神卫至顺化	10—3（凡五等）
殿前班都知至招箭班都知	13—14（凡七等）		
殿前班副都知至招箭班副都知	10—3（凡五等）	副指挥使自员傔直、龙神卫至顺化	7—2（凡七等）
殿前押箭班至招箭都头复有押班（散招箭都头复押班之名者，如押班）	7—2（凡五等）	军使、都头自龙、神卫至看船顺化	5—1（凡七等）
兵士内员傔直复有副指挥使、行首、副行首，招箭班行行[首]	7—3（凡三等）	副兵马使、副都头自龙、神卫至顺化	3—1（凡五等）
御龙直副指挥使、都头、副都头、十将、虞候	10—3（凡五等）	军头、十将自龙、神卫至顺化	1.3—0.3（凡五等）
殿前指挥使至殿侍	5—1（凡五等）	员傔直有行首、副行首，押番军头、都知、副知、都知、副都知之名者，自行首至副副都知	5—1（凡六等）
捧日、天武指挥使至拣中、广德指挥使	10—4（凡四等）	高阳关骁捷左、右厢都指挥使	30
捧日、天武副指挥使至擒戎副指挥使	7—3（凡五等）		
捧日军使、天武都头至擒戎军使	5—1.5（凡五等）		

续表

| 殿　　前　　司 | | 侍卫马军、步军司 | |
官　阶	俸钱（千/月）	官　阶	俸钱（千/月）
捧日副兵马使至摘戎副兵马使	3—1（凡四等）	开封府马步军都虞候	20
天武副都头至广德副都头	2—1.5（凡二等）		
捧日军将至龙猛、骁骑、带甲剩员军头、十将	2—0.3（凡八等）	六军都虞候	5
天武将虞候至飞猛、骁雄将虞候等	0.5—0.3（凡六等）		

28. 宋代官员人数情况表

年　代	官员数	简　单　说　明	根　据　文　献
真宗时	9785	宗室吏员受禄者总数	《太平治迹统类》卷九,《长编》卷一六七《宋史》卷一七九《食货志》
景德年中	10000		《长编》卷三一〇载元丰三年中勾当三班院曾巩语
庆历年中	12700	京朝官与流内铨选人之合	《建炎以来朝野杂记》甲集卷一二《天圣至嘉泰四选人数》
皇祐年中	20000		《长编》卷三一〇载曾巩语
至和二年	15443	宗室吏员受禄者总数	《太平治迹统类》卷九,《宋史·食货志》

续表

年　代	官员数	简　单　说　明	根　据　文　献
治平年中	24000	幕职州县官 3300 员在内。按,《宋史·食货志》谓:"视皇祐无虑增十之三。"	《长编》卷二一〇载曾巩语
元丰初年	24549	文武现任官	方勺《泊宅编》卷一〇
元祐三年	34000	按,《长编》卷四一九载"一倍皇祐,四倍景德"	《长编》卷四一七
大观年中		《宋史·食货志》载:"今官较之元祐已多十倍。"	
政和二年	43000		《长编纪事本末》卷一二五《官制》
宣和元年	48377	选人小使臣以上	韩淲《涧泉日记》卷上,洪迈《容斋续笔》卷四《宣和冗官》
宣和年中	35000	文武官总数	《长编纪事本末》卷二二《讲议司》
乾道年中	10000	京朝官与选人总数	《朝野杂记》甲集卷一《天圣至嘉泰四选人数》
绍熙二年	33016	合四选之数	同　上
庆元二年	42000	合四选之数	同　上
嘉泰元年	37800	合四选之数	同　上
嘉定六年	38864	合四选之数	《朝野杂记》乙集卷一四《嘉定四选总数》
宝祐四年	24000	时南末只有一百余州	《宋史》卷四四《理宗纪》、《续通考》卷三〇《国用》

29. 北宋地方官员数统计表（大约元丰年间统计。根据庞元英《文昌杂录》卷五制作）

路分	文武职事官数	路分	文武职事官数	路分	文武职事官数
开封府界	50	两浙路	301	梓州路	150
京东路	307	江南东路	194	利州路	142
京西路	308	江南西路	164	夔州路	111
河东路	270	荆湖南路	120	广南东路	161
河北路	420	荆湖北路	153	广南西路	168
陕西路	522	福建路	114	总计十九路	4118
淮南路	305	成都路	158		

30. 北宋元丰改制前文武官员料钱、衣赐数额表（根据《宋会要·职官》五七制作，以《宋史·职官志·奉禄制校正》）

寄禄官名	料钱（贯/月）	衣　　　赐	备　　注
宰相、枢密使	300	春冬各绫二十匹，绢三十匹。冬绵百两，春罗一匹	《宋史》：待中枢密使同枢密使带使相，节度使同中书门下平章事已上，带宣徽使，带节度使移镇，前两府除节度使及节度使副，枢密使副、知院带节度使奉料钱同枢密使带使相
枢密使带使相	400	同　上　栏	
参知政事、枢密副使、宣徽南北院使、三司使、知枢密、同知枢密	200	春冬各绫十匹，春绢十匹，冬二十匹，冬绵五十两，春罗一匹	《宋史》：此栏又有检校大保签书枢密院事。《会要》俸料谓其同枢密十匹，疑误，应从《宋史》
签书枢密院事、盐铁、度支、户部使	150	同　上　栏	《宋史》：权三司使，权发遣三司使公事料钱，衣赐并同本官

续表

寄禄官名	料钱（贯/月）	衣　　赐	备　　注
三师　三公	120	春冬各绫十匹，绢三十匹，冬绵五十两，春罗一匹	《宋史》将诸学士置于此前，今从《会要》置于后
东宫三师，仆射	90	春冬各绫十匹，绢二十五匹，冬绵五十两，春罗一匹	《宋史》：绫各五匹，绢二十匹
东宫三少，御史大夫，尚书	60	春冬各绫七匹，绢二十匹，冬绵五十两，春罗一匹	《宋史》：衣赐春冬各绫五匹，绢十七匹
左右散骑常侍	60	春冬各绫三匹，绢十五匹，冬绵五十两，春罗一匹	
御史中丞	55	春冬各绫七匹，绢二十匹，冬绵五十两，春罗一匹	《宋史》：权御史中丞者给本官奉
太常宗正卿，左右丞、侍郎、中书门下侍郎	55	春冬各绫五匹，绢十七匹，冬绵五十两，春罗一匹	《宋史》：太常宗正卿、左右丞，侍郎充翰林承旨及侍读、侍讲各绫七匹，绢二十匹；中书舍人若充翰林学士，绫五匹，绢十七匹；他官充龙图阁学士，枢密直学士，并准此。龙图阁学士知制诰，同谏议之数
太子宾客	45	春冬各绫七匹，绢二十匹，冬绵五十两，春罗一匹	
观文殿大学士、资政殿大学士	随本官	随　本　官	
资政，端明学士	随本官	春冬各绫五匹，绢十七匹，冬绵五十两，春罗一匹	衣赐如本官例大即依本官例，小即依左数。《宋史》：翰林承旨，学士衣赐与《会要》不同，绫各五匹，绢十七匹
翰林学士承旨、学士	随本官	春冬各绫三匹，绢十五匹，冬绵五十两，春罗一匹	

续表

寄禄官名	料钱(贯/月)	衣　　赐	备　　注
翰林学士承旨、学士	随本官	春冬各绫三匹,绢十五匹,冬绵五十两,春罗一匹	五匹,绢十七匹
翰林侍读侍讲,阁学士,枢密直学士	依本官	春冬各绫五匹,绢十七匹,冬绵五十两,春罗一匹	《宋史》:翰林学士承旨、学士同此本官多者从多给
翰林承旨、学士	依本官	春冬各绫三匹,绢十五匹,冬绵五十两,春罗一匹(本官多者从本官)	(见上栏)
阁直学士,知制诰,待制	依本官	同　上　栏	《宋史》:龙图,天章阁直学士冬列学士前而衣赐同学士,又知制诰衣赐也同阁学士
给事中,中书舍人,大卿监,国子祭酒,太子詹事	45	同　上　栏	
谏议大夫	40	同　上　栏	
盐铁,度支,户部副使	50	春绫三匹,冬绫五匹,春冬绢各十五匹,冬绵五十两,春罗一匹	《宋史》:三司判官,子司主判,河渠勾当公事等料钱,衣赐并同本官数
谕德,少卿监,司业,郎中	35	春冬各绢十三匹,冬绵三十两,春罗一匹	同　上　栏
左右庶子,起居郎,舍人,侍御史,司谏,殿中传御史,员外郎,赤县令	30	同　上　栏	《宋史》:京朝官愿惠本官衣奉钱,衣赐随本官,又县令赤县丞县尉,料钱月十五贯
太子少詹事	29	同　上　栏	
正言,监察御史,太常博士	20	春冬各绢十两,冬绵三十两,春罗一匹	
国子五经博士,太常丞丞,宗正丞,秘书丞,殿中丞,著作郎,大理正	20	春冬各绢七匹,冬绵三十两,春罗一匹	

续表

寄禄官名	料钱(贯/月)	衣　赐　栏	备　　注
太子率更令、中允、赞善、中舍、洗马、六局奉御	18	同　上　栏	
秘书郎、著作佐郎	17	春冬各绢六匹,冬绵二十两	《宋史》衣赐另有春罗一匹
司天五官正	13	春冬各绢五匹,冬绵十五两,春罗一匹	
大理寺丞	14	春冬各绢五匹,冬绵十五两	
诸寺监丞	13	同　上　栏	《宋史》料钱作二十贯
大理评事	10	春冬各绢三匹,冬绵十五两	
三司、刑部检法法直,副直	10	春冬各绢五匹,冬绵十五两	料钱据《宋史》
太祝、奉礼	8	同　上　栏	《会要》载衣赐旧同司天监丞,不详旧指何时,后又如何变化
司天监丞	5	同　上　栏	
司天监主簿	5	春冬各绢三匹,冬绵十五两	
灵台郎	3	春冬各绢三匹,冬钱三贯	
保章正	2	同　上　栏	《宋史》不载其有随衣钱冬三贯
节度使	400	春冬各绢百匹,大绫二十匹,小绫三十匹,绵五百两,春罗十匹	《宋史》谓左为皇子兼侍中、皇族同中书门下平章事、亲王充节度使时添加衣赐数,而未载其他节度使衣赐添加额,只载有料钱额
节度观察留后	300	春冬各绢十匹,冬绵五十两	
皇族充节度观察留后	300	春绢加二十匹,冬绢三十匹,大小绫各十匹,春罗一匹,冬绵百两	衣赐添加额据《宋史》

续表

寄禄官名	料钱(贯/月)	衣　　　赐	备　　　注
观察使	200	春冬各绢十匹,冬绵五十两	料钱有月三百贯者
皇族充观察使	300	春冬各加绢十五匹,绫十匹,春罗一匹,冬绵五十两	衣赐添加额据《宋史》
防御使	200	春冬各绢十匹,冬绵五十两	遥领者料钱月减五十贯
皇族充防御史	200	春冬各加绢十五匹,绫十匹,春罗一匹,冬绵五十两	衣赐添加额据《宋史》
团练使	150	春冬各绢十匹,冬绵五十两	遥领者料钱月减五十贯
皇族充团练使	150	春冬各加绢十五匹,绫十匹,春罗一匹,冬绵五十两	衣赐添加额据《宋史》
剌史遥领掌兵者	50	同　上　栏	正任料钱月增五十贯
六军统军	100	同　上　栏	衣赐据《宋史》
诸卫上将军	60	春冬绫各五匹,绢十匹,绵五十两	
皇子充诸卫上将军	200	春冬绫各十匹,春绢十五匹,冬绢二十匹,罗一匹,冬绵五十两	衣赐、料钱均据《宋史》
左右金吾卫大将军	35	春冬绫三匹,绢七匹,冬绵三十两	
诸位大将军	25	同　上　栏	
皇亲任诸卫大将军领剌史	80	春冬各绫十匹,绢十五匹,冬绵五十两	不领剌史者料钱月减二十贯,《宋史》此下又有皇亲任诸卫领剌史一级
诸卫将军	20	春冬各绫二匹,绢五匹,冬绵二十两	
皇亲任诸卫将军	30	春冬各绫五匹,绢十匹,冬绵二十两	又有一等与庶姓同

续表

寄禄官名	料钱（贯/月）	衣　　赐	备　　注
率府率、副率、中郎将	13	春冬各绢五匹，冬绵十五两，春罗一匹	《宋史》：皇亲任者料钱，衣赐增加，不录
内客省使	60	春绢七匹，冬十匹，冬绵三十两	按由内侍充的诸司使副使略去
客省使	37	同　上　栏	《宋史》谓客省使春冬各绢十匹，若此，当含内客省使
引进使、四方馆使、阁门使	27	同　上　栏	
皇城使以下诸司使	25	同　上　栏	按皇亲任诸司使料钱月三十至四十贯不等
阁门通事舍人	20	春冬各绢七匹，春罗一匹，冬绵二十两	《宋史》冬绢作十匹
客省及皇城以下副使	20	春绢五匹，冬七匹，冬绵二十两	
内殿承制	17	同　上　栏	
崇　班	14	同　上　栏	
供奉官	10	春绢四匹，冬五匹，冬绵二十两	带阁门祗候者料钱月十二贯
侍　禁	7	春冬绢各四匹，冬绵十五两	带阁门祗候者料钱月十贯
殿　直	5	同　上　栏	带阁门祗候者料钱月九贯，又皇亲任诸司使至殿直春冬各绫二匹，绢五匹，冬绵四十两
三班奉职、借职	4	春冬各绢三匹，钱二贯	《宋史》此下复有崇班酒殿侍，下班殿侍
枢密都承旨、承旨	40	春绫三匹，冬绫五匹，春冬各绢十五匹，春罗一匹，绢五十两	
枢密副都承旨、副承旨、诸房副都承旨、中书提点五房公事	30	春冬各绢十五匹，冬绵三十两，春罗一匹	《会要》及《宋史》又载诸房副承旨春冬绢各十三匹

续表

寄禄官名	料钱(贯/月)	衣　　赐	备　　注
中书堂后官	20	春冬各绢十匹,春罗一匹,冬绵五十两	另月特支料钱五贯
中书、枢密主事	20	同　上　栏	
中书、枢密录录事、令史	10	春冬各绢十匹,春罗一匹,冬绵三十两	
中书、枢密主书	7	春冬各绢三匹,春钱三千,冬绵十二两	
中书、枢密院守当官	5	春冬各绢二匹,春钱一贯	
中书、枢密院书令史	5	春冬各绢二匹,春钱三贯,冬绵十二两,钱一贯	
开封府判官	30	衣赐随本官	《宋史》权知府,判官,推官判官料钱,衣赐并随本官。细文引旧志判官料钱二十贯,推官二十贯,又述司录如差员外郎以上官充,料钱,衣赐随本官
开封府推官、司录	20	同　上　栏	此栏及下栏据《宋史》补
开封府功曹、法曹	12	春冬各绢五匹,冬绵十五两	差京朝官充则料钱,衣赐随本官
开封府仓判、户、土、兵四曹	10	同　上　栏	
三京留守判官,府判官	30	春冬各绢十二匹,冬绵二十两	
节度观察判官	25	春冬各绢六匹,冬绵十二两半	
节度副使	30	(失　载)	
行军司马	25	如签书本州公事则同节察判官,若监当则无衣赐	
节度掌书记,观察支使	20	春冬各绢五匹,冬绵十两	

续表

寄禄官名	料钱（贯/月）	衣赐	备注
留守推官、府推官、节察推官	15	同上	
防、团副使	20	（失载）	
防、团判官	15	（失载）	
防、团军事推判官、军监判官	7—12	（失载）	
五万户以上州录事参军	20	（失载）	
五万户以上州司理、司法	12	（失载）	
五万户以上州司户	10		
按以下分三万户、万户	五千户	数等递减	
万户以上县县令	20	（失载）	
万户以上县簿、尉	12	（失载）	
按以下分七千户、五千户、三千户数等递减。又东京畿县县令因户口，京朝官等分若干等次。河南洛阳县县令、东京畿县县丞、县丞也分别享受优于一般县县令、县丞的待遇			
别驾、长史、司马、司士、文学	7	（失载）	
岳渎庙令	10	（失载）	
岳渎庙丞、主簿	7	（失载）	按，内侍官料钱衣赐一律略去

31. 北宋元丰改制以前官吏禄粟情况表（根据《宋史》卷一七一《职官志·禄粟》《宋会要·职官》五七之七至十制作）

阶　官	禄粟（石/月）	阶　官	禄粟（石/月）
宰相,参知政事,枢密使同中书门下平章事,枢密使、副使,知院事,节度观察留后知枢密院事及充枢密副使,同知枢密院事,并带宣徽使及签书,检校太保签书,中书门下侍郎,尚书左、右丞,太尉	100	签书枢密院事,三部使,权三司使	70
		权发遣三司使公事	35
		内客省使,景福殿使	25
		节度省使（管军及遥领者同）	150
		皇亲带节度使	100
枢密使带使相,节度使同中书门下平章事已上及带宣徽使,并前两府除节度使、副,知院事带节度使	200	留后（承宣）、观察、防御使	100
		皇亲遥领防御使	70
		团练使	70
		管军及遥领（团练使）	50
三公三少	150	刺史	50
管军及遥领（刺史）	30	诸县簿尉	3至2二等
赤县令	7	四京军巡判官	4
赤县丞	5	军、监判官,防、团推官	2
京府司录	5	司天监丞	4

续表

阶　官	禄粟（石／月）	阶　官	禄粟（石／月）
（京府）诸曹参军	4至3二等	司天监主簿、灵台郎、保章正	2
东京畿县知县	6至3四等	按:以上除管军者支六分米四分麦外,并米麦各半支给	
东京畿县主簿、尉	3至2二等		
诸州录事	5至3三等	人内内侍省供奉官	4
诸州司理、司法	4至3二等	（人内内侍省）殿头、高品	3
诸州司户	3至2二等	（内侍省）黄门	1.5
诸　县　令	5至3三等	按,内侍省供奉官至此并给粳米	
（人内内侍省）高班、黄门、人内内品、管勾奉表祗应、人奉祗应	2	（内侍省）黄门内品在京人事	2.5
打牧祗应	1.5	（内侍省）北班内品,前殿祗候内品,外处拣来并城北班,把门内品,扫洒院子及西京内品与北班内品,依旧在西京收管西京内品,郓、唐、复州内品	2
按,人内内侍省供奉官至此并给粳米	3		
（人内内侍省）祗候殿头、祗候高品、祗候高班、祗候内品、祗候小内品、贴祗候内品、人内内品、后苑内品、后苑散祗内品			

续表

阶官	禄粟(石/月)
云韶部内品	1(细色)
内侍省供奉官	3
(内侍省)殿头、高品、高班	3
(内侍省)殿头内侍、入内高班	1(米麦各半)
(内侍省)入内小黄门	1(细色)
(内侍省)寄班小底	4
按,以上并给月粮	
按,内侍省黄门内品在京人事以下除入内小黄门外,黄门外,并给月粮	
按,文献记载似有阙漏,又照宁四年增加选人禄粟变动不录	

32. 元丰改制前在京官员添支情况表(据《宋会要·职官》五七制作)

差遣与贴职名称	添支(贯/月)
权三司使、知开封府、权三司使公事	100
权发遣三司使公事	50
观文殿大学士、诸宫观使、[权]三部副史	30
观文殿学士、资政殿大学士、宫观判官、审刑、刑部、提举帐司检正检详官、判三司子司、提举诸司库务、管辖三司军大将、都提举市易务司、提点仓场、提点内弓箭库、府司录、宗室大宗正	20
判诸寺监一等	20
判诸寺监二等	15
宫观都监、勾当官	17
都知押班任宫观都监、勾当官	20

续表

差遣与贴职名称	添支（贯/月）
资政殿学士、端明殿学士、翰林学士、侍读、侍讲、枢密直学士、阁直学士、阁学士、理检使、知杂、群牧使、群牧副使、判兵部、谏官、开封府推官、宗正寺监丞	15
提举宫观曾任两府	30
提举宫观未曾任两府	20
提点	10
群牧都监	13
御史	12
银台司、审官三班院、吏部铨、登闻检院、鼓院、太常寺、太常礼院、官告院、礼部主判官、纠察在京刑狱、群牧判官、监察文院崇文院校书、直讲、教授	10
审官三班、吏部、司农、军器、将作、太常主簿	12
诸任京官当立至正录、法官至大学正录（以五等分立各自数额）	15—7
诸仓库务院勾当所管勾各以公事闲剧差定其数（原不具载）	

33. 宋朝月支官吏餐钱情况表（据《宋会要·职官》五七之一六、一七制作）

阶 官 及 任 职	餐钱（千）
宰相、枢密使、宣徽使、知枢密院	50
参知政事	35千
枢密副使、同知枢密、签书枢密	25
秘书监、判三馆及谏舍以上任三馆职者	5

续表

阶官及任职		餐钱(千)
天章阁侍讲		10
崇政殿说书		7
修撰、直馆阁、校理、直龙图阁、检讨、校勘官		3
国子监判监、直讲		5
知审刑院		15
审刑详议官		10
三司(属吏)		200
学士院		100
中书堂后官		120
枢密院(承旨以下)		270
宣徽院(属吏)		30
京城诸司库务仓场监官	朝官	20—5凡八等
	京官	15—4凡五等
诸司使副、承制、崇班		20—4凡七等
阁门祗候及三班		15—2凡九等
内　　侍		8—2凡七等

按，原书未载时期，因有三司，当是元丰改制前，不知是否为嘉祐禄令之附件。从记载看，似仅限于京师地区，外路情况不详。《宋史》又不载，只载官吏餐钱，从表内所载情况看，二者不是一回事。然《宋史》卷一七二《职官志》又载南宋"修官折食钱"，监修国史四十千，史馆修撰、直史馆、直史馆三十七费五百，本省长贰三十五，直集贤院十五，凡此皆是否为元丰改制前改制前的体例，惟不详是否北宋时体例，并依自来体例。所谓自来体例，应指北宋时体例。若是，则餐钱之外，另有折食钱。

34. 宋朝官员元随傔人衣粮餐钱情况表（据《宋史》卷一七一《职官志·傔人衣粮》制作）

官　　　阶	元随傔人数（人）或餐钱数（贯）
宰相，并文臣充枢密使同中书门下平章事，及枢密使	70人
枢密使带使相，侍中枢密使，节度使兼中书门下平章事以上及带宣徽使，并前两府除节度使及节度使移镇，枢密使、副，知院事带节度使	100人
参知政事，文臣充枢密副使，知院事，同知院事，及宣徽使不带节度使签书枢密院事，节度观察留后知枢密院事并充枢密副使，同知枢密院事，并带宣徽使签书枢密院事，三司使，门下侍郎，中书侍郎，尚书左、右丞	50人
检校太保签书枢密院事	35人
权三司使	30人
权发遣三司使公事	15人
三司副使，判子司	5人
观文殿大学士	20人
观文殿学士，资政殿大学士	10人
资政、端明、翰林侍读侍讲，龙图、天章学士，枢密直学士，保和、宣和、延康殿学士，宝文、显谟、徽猷阁学士	7人
玉清昭应宫，景灵宫，会灵观三副使（判官减半）	10人
节度使，留后改承宣使，观察使	50人
防　御　史	30人
团　练　使	30人
刺史、内客省使	20人
枢密都承旨	10人
副都承旨，副承旨，诸房副承旨，中书堂后官提点五房公事	7人

续表

官　　　阶	元随傔人数(人)或餐钱数(贯)
逐房副承旨	5人
中书堂后官至枢密院主事以上	2人
录事,令史,寄班小底	1人
自判三馆,秘书监,两制,两省带修撰	5贯
直馆阁,校理,史馆检讨,校勘及郎中以下带修撰者	3贯
直龙图阁,审刑院详议官,国子监书库官	5贯
京畿诸司库,务,仓,场监官	5—20贯(朝官)七等 3—15贯(京官)八等
诸司使,副,阁门通事舍人,承制,崇班	5—20贯九等
阁门祗候及三班	3—15贯十等
内　　侍	3—17贯九等
寄　　班	5—8贯三等

35. 元丰改制前府州军监长官添支情况表(根据《宋会要·职官》五七制作)

知州府军监官类别	钱(贯)	米(石)	面(石)	羊(口)	傔(人)	马(匹)
三师三公知判州府	60	10	10	10	30	7
前任两府并东宫三师,小射知判州府	50	7	10	10	10	5
三少,尚书,左右丞知判州府	30	7	7	10	10	5

续表

知州府军监官类别	钱（贯）	米（石）	面（石）	羊（口）	傔（人）	马（匹）
待郎至大卿监、学士至知制诰、待制知州府兼都总管、安抚经略使	30或20	7	10	10	10	3
朝官以上知荆南、永兴、扬、潭、江宁各府使	30	7	10	10	10	3
朝臣以上知广州	58	10	10	5	7	3
朝臣以上知凤翔府、洪州	20	5	10	7	10	5
朝臣以上大卿监以下知桂州	20	3	5	5	7	3
大卿监知府州军	15	5	10	7	10	5
朝臣知河阳、河中、许、襄、潭、相、沧、邢、恩、华、潞、晋、寿、庐、楚、越、苏、润、泗、常各府州	15	3	7	5	7	5
朝臣知兖州及知福建诸州、广南诸州军	15	3	5	5	7	3
朝臣知诸州（一）	10	3	5	5	7	3
朝臣知诸州（二）	10	3	5	5	5	3
朝臣知军监	10	2	5	3	5	2
京官知州府	7	3	5	3	5	2
京官知福建诸州、广南诸州军	10	3	5	5	7	3
京官知军监	7	2	3	3	3	2
京官知邵武、兴化、怀远各军	15	2	3	3	5	2
州县官知春州	7	2	3	2	3	2
丞、郎、给事、谏议以上朝臣带枢密直学士知益州	铁300	20	30	20	10	10
待制、少卿以上朝臣知梓州	铁200	10	20	10	5	5

续表

知州府军监官类别	钱（贯）	米（石）	面（石）	羊（口）	傔（人）	马（匹）
丞、郎至给谏，学士至待制知川峡诸府州	铁200	7	10	10	10	3
大卿监知川峡诸府州	铁150	5	10	7	10	5
朝臣知川峡诸府州	铁80	3	5	5	7	3
朝臣知川峡诸军监	铁60	3	5	5	7	3
京官知川峡诸府州	铁60	3	5	5	7	3
京官知川峡诸军监	铁50	3	3	3	5	3

36. 北宋元丰改制以后官吏职钱情况表（仅限于在京官吏，据《宋史》卷一七一《职官志·职钱》制作）

职 官		职钱（千）	职 官		职钱（千）	职 官		职钱（千）
御史大夫、六曹尚书	行	60	左右散骑常侍、御史中丞、开封尹（崇宁四年重定数）	行	100	太子宾客、詹事	行	50
	守	55		守	90		守	47
	试	50		试	80		试	45
翰林学士承旨、翰林学士		50	六曹侍郎（元祐中所置权六曹尚书依守侍郎，后复）	行	55	给事中、中书舍人	行	50
				守	50		守	45
				试	45		试	40

续表

职 官	官	职钱（千）	职 官	官	职钱（千）	职 官	官	职钱（千）
左右谏议大夫（元祐中所置罢六曹侍郎依谏议大夫，后罢）	行	45	太子左、右庶子	行	40	太子少詹事	行	35
	守	40		守	37		守	32
	试	37		试	35		试	30
太常、宗正卿	行	38	七寺少卿	行	32	太子左、右谕德	行	32
	守	35		守	30		守	30
	试	32		试	28		试	29
秘书监	行	42	中书、门下省检正诸房公事，尚书省左、右司郎中	行	40	起居郎、起居舍人，左、右司员外郎，枢密院检详诸房文字，尚书六曹郎中	行	37
	守	38		守	37		守	35
	试	35		试	34		试	32
七寺卿、国子祭酒，太常、宗正少卿、秘书少监	行	35	国子司业，少府、将作、军器监	行	32	七寺丞	行	22
	守	32		守	30		守	20
	试	30		试	28		试	18
殿中侍御史、左右司谏、太子侍读、侍讲	行	35	太子侍读，侍讲	行	25	秘书郎	行	22
	守	32		守	22		守	20
	试	30		试	20		试	18
左、右正言、监察御史	行	32	监察御史	行	32	太常博士、著作佐郎	行	20
	守	30		守	30		守	20
	试	27		试	27		试	18
诸司员外郎	行	35	太子中舍，太子舍人	行	22			
	守	32		守	20			
	试	30		试	18			

续表

职　官		职钱(千)
少府、将作、军器少监	行	30
	守	28
	试	25
大理司直、评事	行	22
	守	20
	试	18
少府、将作、军器、都水监丞	行	20
	守	18
秘书省校书郎	行	18
	守	16
	试	14
秘书省正字	行	16
	守	15
	试	14

职　官		职钱(千)
太常、宗正、知大宗正、秘书丞、大理正、著作郎、太医令	行	25
	守	22
	试	20
御史检法官、主簿	行	20
	守	18
宗学、大学、武学博士	行	20
	守	18
	试	16
律学博士	行	18
太常奉礼郎	行	17
	守	16
太常寺太祝、郊社令	行	16
		18
	守	16

职　官		职钱(千)
国子监丞	行	22
	守	20
大学正、录,武学谕	行	18
	守	17
	试	16
律学正	行	16
	守	15
	试	14

37. 北宋元丰改制前公用钱数额表(根据《宋史》卷一七二《职官志·公用钱》及《宋会要·礼》六二之二二三至三○制作)

官署	《宋史》载	《宋会要》载
节度使兼宰相	岁最多 2 万贯,其次 1 万贯至 7000 贯,凡四等	亲王同,未载分等
节度使	岁 1 万贯至 3000 贯,凡四等	岁五千贯,未载分等
节度观察留后	岁 5000 贯至 3000 贯,凡四等	(无详数)
观察使	岁 3000 贯至 2500 贯,凡二等	(无详数)
防御使	岁 3000 贯至 1500 贯,凡四等	(无详数)
团练使	岁 2000 贯至 1000 贯,凡三等	(无详数)
刺史	岁 1500 贯 500 贯,凡三等 按,观察使以下在京军校者,无公用钱	(无详数)
中书	(失载)	宰臣月各厨钱 50 贯,参政 35 贯。又有添支钱 140 贯,添厨钱 50 贯,制物堂后官以下共 172 贯,凡 523 贯
枢密院	(失载)	东厨月 350 贯,西厨 270 贯
玉清昭应宫使	月 100 贯	同
景灵宫使	月 70 贯	左
会灵观使	月 60 贯	左
祥源观都大管勾	月 50 贯	左
宣徽院	(失载)	月厨钱 80 贯
三司	(失载)	岁 1 万贯
开封府	(失载)	岁 1 万贯

续表

官　署	《宋史》载	《宋会要》载
门 下 省	月50贯	同　左
学 士 院	(失载)	月厨钱100贯
舍 人 院	月20贯	月30贯
崇 文 院	月70贯	同　左
秘 阁	月20贯	同　左
审官两院	(失载)	每院月各30贯
三 班 院	月50贯	月30贯
通进银台司	(无详数)	岁100贯
理 检 院	(不载)	月5贯
登闻检院	月50贯	月5贯
登闻鼓院	月50贯	月5贯
起 居 院	月10贯	同　左
尚书都省	(无详数)	岁200贯
兵 部	(失载)	岁1500贯
刑 部	月96贯	蕲州茶岁1800斤
官 告 院	月50贯	月5贯
御 史 台	月300贯	同左,又云每至年终计支200贯
太 常 寺	月25贯	月10贯
太常礼院	月10贯	月40贯

续表

官署	《宋史》载	《宋会要》载
宗正寺	月15贯	同左
大理寺	月253贯	月263贯250文(茶估)
国子监	(不载)	岁1000贯,增至12000贯
提举诸司库务司	(每给30贯,用尽续给,不限年月)	(与左全同)
司农寺	(失载)	岁3500贯
军器监	(不载)	岁2000贯
将作监	(不载)	岁2000贯
都水监	(不载)	岁2500贯
都提举市易司	(不载)	岁2000贯
太医局	(无详数)	月15贯
西京、南京	(无详数)	岁各6000贯
北京	(无详数)	岁8000贯
余天下府州军监	文武常参官内职知州者,岁给五千至百千凡十三等,少卿监以上,有增十千至百千者	详列各州都定额,可参见原书。合计56万余贯(岁),内有铁钱8万余贯足。有遗漏,又云高官知府州临时取旨加给
备注	按,《宋史》所载,内有官观使而无神宗时新创官司,当系神宗年以前,真宗末年以前的情况。然有些应载而失载者颇多。《会要》所载录为元丰改制以后,元丰改制以前的情况。两书所载均有错误,元丰改制前夕,公用钱岁支总额约在百万贯上下。据以供研究者参考。	

38. 北宋元丰改制前郊赉数额表（根据《宋会要·礼》二五制作）

品　阶	数额	品　阶	数额
皇亲将军（皇亲自将军以上并加袭衣、金带）	150两　150匹	枢密都承旨、承旨、副都承旨	50两　50匹
率府率、副率率	100两　100匹	枢密副承旨	50两　40匹
率府副率	50两　50匹	横行使、东班昭宣使	40两　40匹
诸司使、副使	50两　50匹	横行副使	30两　30匹
承制	40两　40匹	两省都知押班带御器械，诸司使副、大将军诸司使	40两　40匹
崇班	30两　40匹	将军诸司副使	20两　30匹
供奉官	30两　30匹	枢密院诸房副承旨	40两　40匹
侍禁	10两　20匹	阁门通事舍人	20两　25匹
殿直	10两　10匹	内殿承制	20两　20匹
驸马都尉观察防团刺史将军（并袭衣、金带、银鞍勒马）	350两　350匹	崇班内常侍、供奉官，阁门祗候	10两　20匹
侍禁借首	5两　5匹	（供奉官至借职）供奉官	5两　10匹
奉职借职	3两　3匹	马步军都军头团练使	150千
殿前都指挥使、副都指挥使并同使相，侍卫亲军马军、步军都指挥使副都指挥使绢减五百匹	1000两　1000匹	军都指挥使马步军都军头	100千
		马军步军军头	80千

续表

品　阶	数	额	品　阶	数　额
捧日、天武、龙、神卫四厢都指挥使	300两	300匹	马军步军副都军头	75千
四厢都团练使	300两	200匹	殿前诸班直、殿前指挥使、都虞候诸领遥郡至东西班不披带年小守内，不守内	自100千至5千凡十七等
四厢指挥使（殿前都指挥使至四厢指挥使并袭衣、金带、银鞍勒马）	200两	200匹	捧日锦直至龙神卫，自捧日第五军副指挥使至长行	自60千至20千凡四等
殿前指挥使都虞候	150两	100匹	皇子充亚献、三献	500两袭衣、金带、银鞍勒马
皇元孙亚献、三献（自都军头以下尽从本额赐钱）	200两衣物同上		皇孙、皇曾孙充亚献、三献	300两衣物同上
宰相、枢密使（宰臣充大礼使银、绢各加五百）（宰臣外任银、绢减半）	1500两	1500匹袭衣、带、银鞍勒马	三司使、权发遣使公事	350两　350匹余同上
亲王（亲王充开封尹银、绢各加千）	2000两	2000匹同上	权三司副使	250两　250匹余同上
知枢密院事、三师、三公、参知政事枢密副使、同知枢密院事、签书同签书枢密院事、宣徽南北院使（宣徽院使外任银绢绢减半）	1000两	1000匹余同上	学士、尚书	150两　150匹余同上
东宫三师、三少、仆射、观文殿大学士	750两	750匹同上	阁直学士、丞、郎、给事中（自学士已下充四使者银绢各加五十）	100两　100匹余同上
节度使（内上将军银、绢各加二百）	750两	750匹	谏议大夫、舍人、知制诰、待制（内充四使者银绢各加十）	40两　40匹余同上
节度留后	600两	600匹	大常卿至正言	20两　20匹

续表

品　阶	数　额	品　阶	数　额
观察使（自节度使至观察使，并袭衣、金带、银鞍勒马）	350两　350匹	太常博士至朝官	10两　10匹
防御使	250两　250匹	京官、幕职州县官	5两　5匹
团练使	150两　150匹	皇亲自刺史以上并加银鞍勒马	300两　300匹
团练使遥领者	50两　50匹	皇亲大将军（遥领防、团者同刺史）（遥领刺史者银、绢各加五十）	200两　200匹
刺史（防御使至刺史并袭衣、金带）	100两　100匹	拱圣左射至奉节、都指挥使遥领郡至长行	自100千至15千凡十等
皇亲上将军节度使	1000两　1000匹	在京吐浑小底并咸平契丹直、都指挥使至长行	自80千至15千凡七等
皇亲节度留后	700两　500匹	归明渤海至步斗、都指挥使至长行	自70千至15千凡七等
皇亲观察使、防御使、团练使	500两　500匹	捧日、天武第七军至定州蔡军散员、都指挥使至长行	自60千至13千凡七等
骁锐广捷、指挥使至长行	自40千至8千凡五等	拣中雄至就粮威果、都指挥使至长行	自60千至10千凡七等
广锐至相州禁军厅子、都虞候至长行	自50千至7千凡六等	在京排岸司管辖水军、奉化并广牧及开封府界递铺、指挥使至长行工匠	自7千至2千凡四等
天武、神、龙卫剩员至延州青涧、都虞候至长行	自50千至7千凡七等	军器三库至诸州马监、指挥使至长行工匠	自7千至2千凡五等
神虎至广西东西路有马雄略、都虞候至长行	自55千至6千凡七等		

续表

品　阶	数　额
拣中看仓草场神卫剩员并在京看仓草场剩员，都虞候使至长行	自40千至5千凡六等
……	……
沿河东北面诸处劲勇等至保州散员，都指挥使至长行	自10千至2千凡五等
高阳关忠顺，指挥使至长行	同上
饶、池、江、建、邛、嘉、雅、兴州铸钱监，指挥使至长行	自5千至2千凡四等
兖州景灵宫、太极观杂役，指挥使至长行	自10千至3千凡五等
诸曹司虞候、兽医剩员，斗子、门子	各1千
陕西沿边等处守把防托功役弓箭手保毅军兼户在极边者，军都指挥使至长行	自4千至300文凡七等
陕西沿边等处守把防托功役弓箭手保毅军兼户在次边者，军都指挥使至长行	自3千至250文凡七等
陕西沿边等处守把防托功役弓箭手保毅军兼户在近里者，军都指挥使至长行	自2千至200文凡七等
御书院御书祗候至库子	自2匹800文至钱2千
归化至拣充本指挥剩员，指挥至都虞候使至长行	自10千至2千凡六等
……	……
诸路不教阅厢军，指挥使至长行	自7千至2千凡三等
……	……
西京、商、虢、汝州采造务至河阴锁务，指挥至长行	自4千至1千凡四等
陕西沿边防秋现今上番义勇军，都指挥使至长行	自4千至300文凡七等
中书堂后官兼提点五房公事	25两　25匹
中书堂后官	15两　15匹
（中书职事）主事	10两　10匹
中书礼房录事、主书、守当官	10匹
（中书职事）守阙	5匹
（中书职事）私名	2匹
枢密院职掌主事并守阙	10匹,10两
太常礼院直官至归司礼生	50匹至10匹
军头至军医杂役、签务小分	1千至500文

续表

品　阶	数　额	品　阶	数　额

说明：
①享赐袭衣、带、鞍勒马等，因官阶而有差别，此不录。
②各种职官，品阶之凡参预祀典或为此出力者，另有加赐，一般从略。
③各种番号军兵赏赐漏略之处过繁，为减篇幅，略去一部分，以删节号代替。
④原书可能有脱漏错乱之处，本表未作改正。
⑤原书附注有旧时数额，均不录。
⑥郑赛数额的确定，兼顾差遣、阶、职官、学职等，表中用"品阶"一栏表示。

39. 若干次蠲免赋税数额表

时　间	事　由	数　量	根据文献
咸平元年	蠲通欠	1000万	《长编》卷四三
咸平五年	蠲通欠	800万	《长编》卷五五
真宗时	天书降敕	580万	《通考》卷二七《国用考》
同　上	东封赦	549万	同　上
同　上	祀汾阴敕数	594万	同　上
祥符二年	封禅赦通欠	1260万	《长编》卷七二，《宋史》卷七《真宗纪》
景德年中	因　赦	总682万	《宋史》卷一七四《食货志·赋税》
天圣六年	蠲通欠	236万	《通考》卷二七《国用考》
皇祐年中	因　赦	总33万	《宋史》卷一七四《食货志·赋税》
嘉祐四年	蠲通欠	3216万	《通考》卷二七《国用考》

续表

时　间	事　由	数　量	根　据　文　献
治平元年	因灾放夏秋税	293万石	《长编》卷二〇三
治平二年	同　上	165万石	《长编》卷二〇六
治平年中	因　敕	总1229万	《宋史》卷一七四《食货志·赋税》
熙宁四年	蠲逋欠	米166万石,钱11万贯	《长编》卷二二八
绍兴二十五年	蠲积欠	钱290万贯	《宋史》卷三一《高宗纪》
绍兴二十九年	蠲积欠	钱397万贯	《宋史》卷一七四《食货志·赋税》
同　年	蠲四川积欠	340万贯	《宋史》卷一七四《食货志·赋税》
淳熙八年	蠲去年受灾两税	米137万石,钱26万贯	《宋史》卷三五《孝宗纪》
嘉定十二年	蠲建宁府积欠	钱10万贯	《玉牒初草》卷二
淳祐十二年	蠲福建建苗米	米22.5万石	《宋史全文》卷二四《理宗》
备　注	表中无单位者,原引文献如此。表中所列仅为部分记载,旨在说明概况。应当指出,蠲放与岁收总额相比数额是不小的,例如治平元年蠲放两税额为岁收额百分之十,次年则为百分之八,大约一般年份不低于百分之五。		

40. 淳祐年间平江府昆山县财赋入出简表(据凌万里等《玉峰志》卷中《税赋》)

收　入:	
秋苗	额59847石,内糯米6214石,折苗4074石,其余为本色。实催:约50000余石
夏税、和买折帛	额63133贯。实催:约40000余贯。按,夏税、和买不载有本色数
役钱	6651贯本县,1990贯县丞
课利收入	无定数,以酒为主

续表

支 发：

支发项目	支 发 数 量	来　源
使府版帐钱	49265贯（十八界钱会中半）	以酒息桩办
使府下纲钱	109贯（十八界钱会中半）	以酒息桩办
通判厅版帐钱	42296贯（十八界钱会中半）	
通判厅役钱	3000贯（十八界钱会中半）	
通判厅五六分钱	1265贯（十八界钱会中半）	以役钱、坊（场买）各钱桩办。不足，以酒息减发
通判厅五分头子钱	120贯（十八界钱会中半）	
通判厅截拨下纲钱	1178贯（并系十八界会）	
大礼年分解发使府钱	每遇大礼年分解发使府513贯（十八界会）	以酒息桩办
大比年分解发使府钱	每遇大比年分解发使府200贯（十八界会）	
使府不排办人使钱	250贯（十八界会）	
提刑司吏禄钱	1065贯（三分钱，七分十八界会，每月解88贯743文）	
提举司吏禄钱	919贯（三分钱，七分十八界会，每月解76贯600文）	以本县湖川乡役钱并杂色钱凑解
提举司接官头子钱	每遇新官赴任支发200贯（十八界会）	
提刑司职田头子钱	567贯（三分钱，七分十八界会，每月解47贯264文）	以职田头子钱桩办。如不足，以职田米拨桑凑解
通判东厅职田头子钱	114贯（十八界钱会中半）	
通判西厅职田头子钱	339贯（十八界钱会中半）	

41. 宝祐年间平江府常熟县财赋入出简表（据孙应时等《重修琴川志》卷六《叙赋》）

收入		
夏税绢、和买绢折帛钱	元管102331贯　除重误事故等7482贯　应催94849贯　端平二年经界后实催100473贯	
秋苗	元管74120石　除重误事故等3864贯　应催70256石　端平二年经界后实催72561石。按，每岁科余14—30万石，按秋苗摊派	
常平义仓	无总数，系苗米一石，义仓米一斗，不上斗者不征	
役钱	版帐钱一年两料共29834贯　弓手钱一年两料共13706贯	
酒课	数不载。原载留糯苗2400石酿造，后改为截留苗米1263石，截留钱995贯（钱会中半）酿造。月解版帐钱岁计七十余万贯多取小于此	
醋息钱	岁入约4000贯，令民买扑，日纳息10余贯，桩为酒务雇夫之用。另黄寺观等纳醋钱，岁约10000贯，入版帐	
商税钱	岁人约10000余贯，日收约30—40贯。无定数	
支出：		
全岁版帐钱通计928808贯	{ 县库合发钱753497贯 县丞厅合发钱175311贯	
支出发项目	许浦水军券钱	465210贯
	转运主管司钱	251945贯
	常平库府役钱	28889贯
	五六分钱	4998贯
	通判西厅减省雇人钱	2292贯
	提刑司头子钱	162贯

42. 南宋末年福建兴化军仙游县财赋入出情况表（根据黄岩孙等《仙溪志》制作）

本县宝祐四年主客户共 40800，口 72637 田亩数失载

收入章名及数额（贯石匹两束以下略去）		支用方向及数额（贯石匹两束以下略去）
夏税钱	7691 贯省	
夏税麦	829 石	解发使府
布正钱	1357 贯足	
草	10850 束	
畸零钱	811 贯省	解发京司
畸零麦	119 贯省	
畸零布正钱	25 贯足	解发使府
小麦义仓钱	333 贯省	
义仓麦	51 石	
净利盐钱	1407 贯省	解发使府
增盐钱	3166 贯省	解通判厅纳转运司
赡学盐钱	499 贯省	内 178 贯支省额学职俸，余丞丞厅催，扣除头子钱外解军学
贴纳盐钱	187 贯省	解发提举司
产盐 270869 斤 计钱 5382 贯省 内除小盐放免 余如右		
畸零盐 31695 斤，计钱 629 贯省		解发经司

续表

项目	数额	备注
经总制钱	10365贯省	解发军通判厅
官户役钱	1714贯省	
纲胸钱	16贯省	
减人吏雇钱	274贯省	解发使府。闰年增发22贯省
弓手雇钱	3575贯省	丞厅催。闰年在外
支遣吏役手力等庸钱	1896贯省	
常平役头子钱	200贯省	解发提举司
夏秋二料役钱 18170贯省		
秋苗白米(额)2572石		县省仓逐年支官员俸米约200石。太平仓逐年支寨兵铺兵糙米2400石。岁入军郡仓米数失载。
秋职白米922石(疑为职田租,则不入财计)		民户苗米额在五斗以下及小米折价,每石二贯四百五十文省,共折钱14142贯省(应为税米5772石所折),输县库。又畸零糙米108石,白米116石,共折钱776贯省补发经司。
秋苗糙米10072石		逃亡落溪正色糙米350石,白米82石,另僧院不济米若干,五斗以下及小米逃亡落溪钱1500贯省历年由郡(军)除豁
秋庄糙米(疑为官田租)		
常平义仓 糙米350石 白米200余石(以下阙文)		(阙 文)

43. 南宋庆元府(明州)宝庆年间财赋收入情况表（根据宝庆四明志所载数字，贯石匹两以下均略去）

收入名	总数	隶诸司	隶本府	隶本府公使库	备注
夏税绢	原额27360匹 本色23245匹		蠲外实共催本色绢:44379匹		原额与本色数之差为以绢应折征钱、麦的部分。本色数内又各蠲免数。故实催数又较本色数少。夏税、和买、折盐三项各实催若干本色载，只有合计实催数，即是被蠲免部分。另见下表。以下绸、绢的赋入等的数量，另见下表。又按，表中"诸司"指提举常平茶盐司、经总制司、采本司、提刑司、军期司等
和买绢	原额30506匹 本色21354匹				
亭户折变绢	561匹				
夏税绸	原额6977匹 本色3721匹		蠲减外实共催本色绸:5659匹		
和买绸	原额9900匹 本色1980匹				
亭户折盐绸	179匹				
夏税绵	原额137943两 本色76779两		蠲减外实催本色绵76694两		
亭户折盐绵	3167两				
夏税绢绸绵麦折	额2404石		蠲减外实催:1882石		本项原系由夏税绢842匹、绸278匹、绢6164两折变而成，原额5290石，后绢、绸、绵额数减半，折麦改为现额
义仓麦	242石	242石			此麦实隶常平司，本府代管
夏税绢折钱	22911贯		22911贯		绢3273匹，每匹折钱7贯。归朝廷者详下表，下同

续表

收入名	总数	隶诸司	隶本府	隶本府公使库	备注
夏税䌷折钱	20846贯		20846贯		䌷2978匹，每匹折钱7贯
夏税绵折钱	22000贯		22000贯		绵55000两，每两折钱400文
和买绢折钱	59488贯		59488贯		绢5192匹，每匹折钱6贯500文
和买䌷折钱	51480贯		51480贯		䌷7920匹，每匹折钱6贯500文
秋苗米	额112697石 应催100550石		蠲减外实催98015石		额定数与实催数之差为秋苗米折征糯米部分
亭户折盐米	2598石				
秋苗米折糯	7616石		7616石		苗米9712石原折糯19096石，后经蠲减成此数
榷酒息钱	186835贯	103123贯	83712贯		榷酒收入各项均用宝庆三年数
卖糟钱	1079贯	154贯	925贯		另有归本府者数不详
醋息钱	1969贯	949贯	(1020贯)	1020贯	另有归本府者数不详
买扑坊场钱	31571贯	25916贯	5991贯		本府数内含额外所得336贯
商税	额87454贯	46370贯	41082贯		
免役钱（两科）	77921贯	34963贯	42956贯		六县截支吏役钱34793贯，解发减省人吏钱，在京官员催钱，府吏钱并计在本府数内
茶租钱	1909贯		8900贯		
水脚钱	8900贯		8900贯		
砂岸钱	4000贯		4000贯		

收入名	总数	隶诸司	隶本府	隶本府公使库	备注
楼店务钱	2000 贯		(2000 贯)	2000 贯	
河涂租堰钱	3003 贯		(3003 贯)	3003 贯	
城基房廊钱	231 贯		(231 贯)	231 贯	
僧道免丁钱	10116 贯		(10116 贯)		直接输朝廷，见下表
河渡钱	1858 贯	1858 贯			
湖田租	46207 石				专充水军军粮
职田租	5408 石				专充官吏津贴
牙契钱	77430 贯	42324 贯	35106 贯		
合计 䌷绢	50038 匹	—	50038 匹		各项均据实际催收数。入公使库、转输朝廷的财赋均计入本府收入数，直接隶诸司者不计入本府收入数。另职田租、湖田租因有专用，故只计入总数，不计入诸司和本府数内
绵	76694 两	—	76694 两	—	
粮米	159370 石	242 石	107513 石	107513 石	
钱	673001 贯	255657 贯	417344 贯	6254 贯	

44. 南宋庆元府(明州)宝庆年间向朝廷输送财赋表(根据宝庆四明志所载数字，贯匹石两以下略去)

品类	定额	篾名	分额	备注
银	1000 两	圣节银	500 两	不纳银可折纳钱，每两折钱 3 贯 300 文省
		大礼银	500 两	

续表

品类	定额	篲名	分额	备注
绢	14057匹	夏税和买绢	4857匹	
		岁币绢	8200匹	
		圣节绢	500匹	
		大礼绢	500匹	
绅	2724匹	(不 详)		
绵	18053两	(不 详)		
绫	10匹	(不 详)		
盐钞纸	79300幅	(不 详)		
钱	461613贯	折帛钱	176725贯	岁支钱1019贯(钱会各半)收买,钱会于军资库系省钱、盐仓别纳袋息钱各支半数
		无额上供钱	3990贯	
		御膳羊钱	5595贯	
		供给钱	800贯	
		七分酒息钱	15396贯	
		杂本钱	43800贯	由榷酒、商税中固定项目收入支发,固多不足额

续表

品类	定额	汇名	分额		备注
		经总制钱	215307 贯	其中： 经制钱 90454 贯 总制钱 105322 贯 添收头子钱 5213 贯 增收勘合钱 2545 贯 改拨牙契钱 7462 贯 无额钱 4345 贯	此项钱中 157802 贯用于"水军"官兵宣限券春冬衣钱，仅以 50000 贯输户部。又诏王府应输户部钱遵忠定王经截留数额，故每年须另兑挪凑朴以应户部之求

45. 南宋庆元府（明州）宝庆年间向内藏、左藏、转运司、提刑司输送财赋表
（根据宝庆四明志所载数字，贯匹右两以下略去）

输往各处财赋总额	类名	分额	备注
内藏库总 13000 贯	坊场正名钱	13000 贯	内藏、左藏财输系由各路提举司拘催者
左藏库钱总 28167 贯	坊场七分宽剩钱	12969 贯	
	坊场净利钱	8327 贯	
	官户不减半役钱	2869 贯	
	圣节折银价钱	825 贯	通判厅催坊坊河渡钱起发
	大礼折银价钱	1320 贯	
	减省人吏雇钱	1632 贯	本府催各县役钱起发
	在京官员雇钱	225 贯	
转运司钱总 34014 贯	月解钱	26000 贯	月解系每月起发 2166 贯
	官吏杂支	514 贯	
	宽余耗剩米	500 贯	
	移用降本	7000 贯	内包括：殿步司马草 3000 贯；重华宫糯米 2000 贯；御酒库糯米 2000 贯
提刑司钱总银 250 两，钱 200 贯	圣节银	250 两	银 250 两可折纳钱 826 贯
	赃赏钱	200 贯	

46. 嘉泰年间绍兴府（越州）赋入简表（据施宿《（嘉泰）会稽志》卷五《赋税》）

大类	项目	数额（一）	数额（二）	今催	备注
夏	身丁钱	旧管 36765 贯		今催 53582 贯	
	䌷	旧管 9164 匹		今催 8601 匹	
	绢	旧管 98246 匹		今催 99809 匹	
税	绵	旧管 58981 屯（按,六两为屯）	412252 两	今催 412252 两	
	和买绢	旧额不载		今催 100000 匹	
	秋税苗米		旧管 249220 石	今催 250265 石	
	役 钱		167928 贯		
	水陆茶钱		8008 贯		
	小 绫		2500 匹,折钱 15422 贯		
	湖田米		66003 石		
折变	折帛钱	330432 贯			按,系将人户夏税䌷绢绵绢,丁盐和买绢数内科折,每䌷一匹,折纳一丈三尺三寸;绢一两,折钱五钱;丁盐,税绢一匹折纳八尺,和买绢每匹折钱七贯,绵每两折耗并折钱四百六十文
	折䌷绵	41531 两			按,系每䌷一匹,折纳一丈三尺三寸。以䌷一匹折绵十七两。各属县中只有山阴县科敷之余,尽折为绵,不输本色
	折税绢麦	6699 石			按,诸县科敷等第不同,然皆以二石四升折绢一匹
	折苗糯米	19662 石			按,诸县科敷等第不同,然皆以一石糯折苗一石一斗一升

续表

商　税	都税务	逐年实人62256贯
	六县七场一务　祖额54803贯	逐年实人62256贯
盐(无钱数)	四场每岁买纳共103182石(按,每石五十斤)　祖额合计50964贯	逐年实人合计43057贯
	各县住卖125000斤	
茶(无钱数)	八县每岁共批发46520斤,共住卖26700斤	
课利　酒	都酒务　祖额25334贯	
	比较酒务　祖额10556贯	
	赡军酒务　祖额20517贯	
	和旨楼　祖额6333贯	
	各县酒务　祖额合计80679贯,逐年实人31235贯	

47. 淳熙年间浙西路严州赋入简表(据陈公亮《严州图经》卷一《税赋》)

赋人项目		当时数额	以　往　数　额
夏税(折帛在外)	绢	45753匹	旧额57917匹
	绸	14293匹	旧额13580匹
	绵	26176两	旧额4986屯3两,折计29519两

续表

赋入项目		当时数额	以往数额
秋税苗米		22858 石	旧额 21467 石
免役钱		57669 贯	旧额 36547 贯
和预买	绢	57672 匹	旧额 60284 匹
	䌷	22500 匹	旧额 22? 64 匹
	丝	25000 两	旧额 23500 两
生䌷钱		5000 两	旧额 5000 两
榷酒	都务课利	31703 贯	祖额 31703 贯,绍兴九年额 32501 贯
	比较务课利	30663 贯	祖额 30663 贯,绍兴九年额 31367 贯
	瞻军务课利	16588 贯	原额 20000 贯,绍兴九年额 20080 贯,利三分州用,七分上供。按,此务绍兴七年始置。课
商税		38275 贯	祖额 34066 贯,绍兴九年额 35316 贯
榷茶	批发	2580380 斤,计引钱 567126 贯	递年 2355920 斤,计引钱 398370 贯,绍兴九年额 2518440 斤,计引钱 426905 贯
	住卖	5800 斤,计引钱 1276 贯	递年 5840 斤,计引钱 1003 贯,绍兴九年额 6100 斤,计引钱 1037 贯
榷盐收入		卖 5850600 斤,计引钱 409542 贯	递年 4889700 斤,计引钱 221223 贯,绍兴九年额 5051700 斤,计引钱 242175 贯
榷香收入		卖 227 两 3 钱,计引钱 246 贯	递年 111 两,计引钱 301 贯,绍兴九年额 110 两 4 钱,计引钱 400 贯
榷矾收入		卖 2715 斤,计引钱 271 贯	递年 1900 斤,计引钱 267 贯,绍兴九年额 2140 斤,计引钱 288 贯

48. 嘉定年间两浙东路台州输出财赋简表（据陈耆卿《（嘉定）赤城志》卷一六《财赋》）

	项　目	数　量	财　赋　来　源　及　说　明
上供朝廷	绸	2535 匹	以诸县第一等户资钱、家活钱起纳夏税，和买内科折起发
	绢	11112 匹	以诸县第二、三等户资钱、家活钱起纳夏税，和买内起发
	绵	28914 两	以诸县第一等户资钱科折
	折帛钱	226998 贯	以诸县第一至第四等户资钱起纳夏税，和买内科折一半
	经总制钱	156054 贯	内含经制、总制，无额，添收头子、增收勘合等共七项
	上供钱	7067 贯	以诸县二税、等钱起发、半钱收买银子，半会
	籴本钱	90000 贯	
	坊场正名钱	15000 贯	
	七分宽剩钱	13342 贯	
	坊场五分净利钱	1587 贯	
	减下人吏雇钱	942 贯	以诸县免役钱分四季起发，遇闰月，增发 78 贯
	在京官员雇钱	100 贯	以诸县免役钱起发
	官户不减半役钱	1376 贯	以诸县免役钱内分拨主管司拘收
	实花纱钱	177 贯	
	七分酒息钱	8596 贯	
	外任官供给钱	320 贯	
	僧道免丁钱	6623 贯	
	伐发平海军银子	1000 两	

续表

	项　目	数　量	财　赋　来　源　及　说　明
起发转运司	系省朵名钱	10855贯	以库务头子钱每贯五文五分,三分竹木税,六分商税,四分酒本,盐场亭户折盐二税钱等朵名收入拘纳,遇闰月增发838贯
	六文赡军钱	600贯	
	历日钱	50贯	额105贯,实催得此数
	耗剩米钱	10000贯	以每年秋税米剩耗拨充本州支用,以本州钱挪兑起发
	校土酒钱	400贯	以本州卖酒钱起发
起发提刑司	盐钞纸札	20000张	本州行下临海、天台、仙居三县收买
	岁赐钱	300贯	以州用钱挪拨起发
	五分头子钱	500贯	以本州及诸县酒税酒务头子钱内分拨主管司拘催起发
	赃罚钱	200贯	
	行遣纸札	15000张	
起发提举司	盐司头子钱	无　额	每盐钞一纸,收45文,主管司拘发
	贴收水脚钱	无　额	每盐钞一纸,收138文,主管司拘发
	额外三分钱	无　额	每盐钞一纸,收250文,主管司拘发
	盐	5029袋	
	茶	200斤	
起发	坑冶司铅铁坑钱	1590贯	本州管下铅铁坑七处,本州管催三处,分月起发
起发	建宁府绢、绵	绢165匹 绵1000两	应副本府官兵支遣

49. 南宋（淳熙年间）徽（歙）州财赋入出情况表（据罗愿《（淳熙）新安志》制）

时本州在籍田地 2919553 亩

财赋类名	岁入出数	分项数额及补充说明
夏税钱	111708 贯	
杂 钱	41820 贯	原额 54000 贯，系每税钱一贯征杂钱一贯九百五十，乾道八年蠲免 12180 贯实不征钱，以绢绸布绵折纳，绢每匹折 731 文，绸每匹折 720 文，绸每匹折 350 文，布每匹折 62.5 文，绵每两都大大低于市价
夏税绸	2996 匹	
夏税绢	30413 匹	
夏税绵	208833 匹	
夏税布	5685 匹	
军衫布	3150 匹	自互代始，今自税钱五贯以上科敷，每贯纳布三尺六寸有奇，随夏税输
夏税麦	6033 石	包括五谷中别种品类
秋税糙米	159481 石	税额一斗九升以下税户可纳折斛每斗折钱五十六文。又有糯豆、草钱、绸米等
租课糙米	1046 石	另有熟米 9 石
上供折帛钱	250598 贯省	绸 16109 匹，绢 24796 匹，每匹折 6 贯省。绵 17227 两，每两折 300 文省
上贡白苎	10 匹	
天申节银绢	500 匹两	
上供绸	4598 匹	
上供绢	83377 匹	
上供绵	102226 两	

续表

项目		数量	备注
上供丝		200 两	
准衣纲䌷		48 匹	
准衣纲绢		13010 匹	
输建康府绢		5000 匹	
输两浙运司	䌷	1400 匹	
	绢	16049 匹	
	绵	65000 两	
应副衢州、严州、处州、婺州䌷绢绵	䌷	560 匹	衢、严州各 157.5 匹　处州 175 匹　婺州 70 匹
	绢	5600 匹	衢、严州各 1330 匹　处州 980 匹　婺州 1960 匹
	绵	9500 两	衢、严州各 2276 两　处州 3500 两　婺州 1500 两
上供七色纸		1448632 张	
酒课额		47283 贯	内在城务以绍兴二十年所收为额 30828 贯,岩寺镇并六县坊场三年共收净利钱 36769 贯,增添三分钱 7239 贯,课利钱 5187 贯,随界二分钱 170 贯,六县酒岁课分立额合计共 70964 贯,其差额似人县财计
商税		6178 贯	以绍兴二十二年所收为额,内商税 6110 贯,河渡每界三年入县净利钱 204 贯,六县商税岁课分立额合计共 14706 贯,差额部分似人县财计
本州公用钱		800 贯	熙宁以来旧额

50. 南宋淳熙年间福州岁收、岁贡情况表（数字系根据《淳熙三山志》所载）

收入项目、岁贡项目	数理	说明
夏税产钱	原额 8148 贯实征 30049 贯	原额内 3690 贯折科绸 1000 匹，禅布 10000 匹，小麦 1500 石，后复折为钱 26750 贯足；余 4458 贯系铜铁钱中半，后改全征铜钱铁钱 100 文折铜钱 48 文。实征数中楮币所占比例失载
秋税苗米	原额 111002 贯实征白米糙米共 113561 石，钱 49881 贯	原额内 10843 石折钱 49881 贯；余 100158 石，除征本色白米 46561 石外，其余折糙米 67020 石
免役物力钱	113632 贯	
产盐	56823 贯足	系以产钱等第均卖，岁额盐 2696453 斤，本钱数不载
系省窠名钱	113378 贯省	系以商税五分钱，增税三分、千契五分钱，浮盐旧价钱，砂地钱契纸息钱，取一年收数立额，除豁合支县庙兼籴官兵及宗室庙宇请受官请支差等官请支外，余立为格目。今随月解州应副
商税牙契本州所得钱	25000 贯省	
在城楼店务地基正钱	4334 贯	
寺院科纳上供银等钱	304632 贯省	
郊祀大礼银钱	27012 贯省	郊祀三年一次，逢郊祀年科征 81037 贯省，左为每岁平均数
转运司上供银本钱	14171 贯	此下四项均系本路转运司应副本州钱物
转运司郊祀大礼银本钱	3333 贯省	郊祀三年一次，逢郊祀年应副 10000 贯省，左为每岁平均数
转运司供军钱粮	钱 20000 贯省 米 20000 石	
转运司宗子请受钱米	钱 16964 贯省 米 7470 石	

续表

岁 贡		
上供银	68741 两	
年额银	45000 两	
折博香药银	13333 两	
大礼助赏银	7408 两	
圣节进奉银	3000 两	
大礼别进奉银	3000 两	郊祀三年一次，每逢郊祀年别进奉银 9000 两，平均每年 3000 两
上供银	6000 贯	
罢科茶价钱	2500 贯	
罢科干姜荔枝龙眼价钱	1700 贯	
铸不足上供钱	1800 贯	
上供军器物料	不 详	数量失载
无额上供钱	额 15518 贯省	
赡学余本钱	8136 贯省	
经制钱	115092 贯省	
总制钱	203664 贯省	
统制官供给钱	1200 贯省	
官户不减半役钱	额 5741 贯省	
僧道免丁钱	额 21133 贯省	

51. 南宋末年浙西浙常州支出财赋略表（根据史能文《（咸淳重修）毗陵志》制作，原书因阙漏文字致文义不清及与题无关内容不录）

项　目	数　　额	备　注
上供绢	旧额:14541 匹 宝祐经界后额:12733 匹 回买公田后新额:9234 匹	表内将贯石匹两以下畸零删去。回买公田后，因公田不复有税，故税额减低
淮衣绢	616 匹	各县分额不录，下同
上供绵	旧额:103093 两 宝祐新额:100068 两 回买公田后额:76522 两	
淮衣绵	4170 两	
上供折帛钱	旧额:404692 贯 宝祐新额:376668 贯 回买公田后额:305898 贯	
淮衣钱	9169 贯	
上供苗	旧额:228592 石 宝祐新额:187184 石 回买公田后额:154695 石	
马料	旧额:99604 石 宝祐新额:54936 石	
小麦	旧额:11995 石 宝祐新额:9992 石	
纲目钱	租额:47027 贯（钱会）	
上供钱	旧额:25000 贯	内本州 12000 贯，无锡 6026 贯余，宜兴 6973 贯余

续表

项　目	数　　额	备　注
圣节进奉银绢	银：500两 绢：1150匹	
大礼年分添发银绢	银：700两 绢：500匹	
凑额四分移本钱	旧额：100000贯 今额：40419贯	以酒、商税、楼店务、坊场课利、牙契系省钱内拨充，后税务令省废，改村坊为省废、牙契归朝省，多出凿空
德寿宫糯米	800石	元系漕司拨移用来本
漕司耗剩米	无额（每苗一石带征五升）	
官兵奉给	旧额：60000石米；64800贯钱 今额：27972石米；37008贯钱	
诸军春衣	旧额：钱23317贯 今额：钱40228贯 内｛禁军土军钱29993贯 　五寨土军钱8189贯 　厢军钱224贯 　逓铺兵钱1236贯 　德寿宫百司厅、总所、漕司兵级钱586贯	厢军钱、逓铺兵钱原以漕司拨到物吊奏支，现已不发下
诸军冬衣	旧额：钱33642贯 今额：钱60583贯 内｛禁军土军钱44027贯 　五寨土军钱13614贯 　厢军钱310贯 　逓铺兵钱1639贯 　德寿宫百司厅、总所、漕司兵级钱993贯	

续表

项　目	数　额	备　注
总所月桩钱	118110贯（每月9842贯）	原为十八界钱会，后改征关子
通判厅经总制钱输总所者	216000贯钱会（每旬6000贯）	

52. 南宋末年浙西常州榷酒收入分隶情况表（根据史能文《（咸淳重修）毗陵志》制作）

榷酒日收入＼分隶案名	卖生酒收入（共510贯953文）	卖煮酒收入（共526贯573文）
增收柒本钱	40贯（7.8%）	40贯（7.6%）
经总制钱	73贯790文（14.4%）	49贯513文（9.4%）
本　州	229贯340文（44.8%）	240贯229文（45.6%）

榷酒日收入＼分隶案名	卖生酒收入（共510贯952文）	卖煮酒收入（共526贯573文）
大军钱	124贯860文（24.4%）	150贯547文（28.6%）
四分柒本钱	24贯501文（4.8%）	23贯51文（4.3%）
漕司降本钱及移用钱	18贯801文（3.6%）	23贯233文（4.4%）

53. 南宋端平至开庆年中福建路汀州财赋收支情况表（据胡太初《（开庆）临汀志》制出）

户口：庆元主客户 218570，主客丁 453231。逮年管户 222361，口 532681。现管户 223433，口 534890

州郡财赋	收支财赋纂名	财赋数额，来源与去向，原额与实征额等（贯石匹两以下略去）	
州	夏税钱	原额 19018 贯，纽计钱银草麦四色共 78389（钱会中半）。绍定事变后实纳 9605 贯，纽计钱银草麦四色共 43,797 贯（钱会中半），余为逃绝无纳者	
郡	房廊地基钱	岁入 273 贯（钱会中半）	
	秋苗米	原额 59533 石，绍定事变，现实纳 28573 石，余为逃绝	逐月和籴米斛添军支粮食。按"军"不详所在
	役　钱	岁额 42670 贯	系诸县径自拘催支遣。按以上为端平年数
财	盐　课	逐岁总入息钱数失载。本州先食福州盐，部分食潮州盐，后改为全食潮州盐。以官搬官卖为主，取其息以裨财计。其中宁化县岁解州净利钱 362 贯省，十七界会 1813 贯，余县失载	本州岁解纳本路运司盐息钱 7605 贯省，解提举司吏禄钱 312 贯省，支通判厅头子赡学钱 1284 贯省，又宁化县解提举司吏禄现钱 20 贯省，十七界会 102 贯，解通判厅赡学盐头子钱现钱 251 贯省，十七界会 1257 贯。余县失载
赋	青册钱	六县岁共解州 41933 贯，逐月拘催，年终解足	充官兵春冬衣赐
	商　税	州城务岁额 4999 贯，逮年 6263 贯。宁化县务岁额 2407 贯，余不载	所入州库取六分，通判厅简取四分
	上供银		岁发 7945 两赴行在左藏西库交纳。内州库代输建昌军、扶州上供银 1010 两，诸县解银 6935 两。此外州库又解头子钱（银）235 两
	圣节银		岁进奉 2000 两，赴行在右藏西库交纳，诸县桩解。州库又发头子银 118 两

续表

收支财赋汇名	财赋数额、来源与去向、原额与实征额等（贯石匹两以下略去）	
州 大礼银		每遇大礼年分进奉银 2000 两，赴左藏西库纳，诸县桩解。州库于数外发头子银 118 两
郡 簇办赏给钱会		岁办 9770 贯。嘉定十七年后令诸县解银 2000 两起纲，其会子由州库发，充诸军赏赐。按未载诸军所在
免丁钱	租额 2036 贯（钱会各半）嘉熙二年增半，新额 3054 贯（钱会各半），按纽计银 470 两，十八界会 1527 贯	分上下半年起解赴行在左藏库送纳现钱（实折银会如左）
铝本钱		岁上供 3000 贯（钱会中半），开庆元年后除通判厅截支屯及左翼军养食外，岁分二次共解银 428 两，十八界会 1500 贯
财 牙契钱	司法厅拘催，诸年收入不等	三分充经制，一分充州用，六分解提领安抚所太平库
赋 杂支钱		都大提点司进奏官供给钱 28 贯，转运司进奏官签厅给钱 16 贯提举司官迎送钱 27 贯，安抚司签厅白直十八界会 23 贯，现钱 77 文，均以岁计。又有经总制钱 603 贯（钱会中半）。助学养士岁 200 贯（钱会中半）
经总制钱等	岁六县共解到 13488 贯，在州仓库头子钱等岁入无定数。六县共解搬盐纲头钱、铝本、折茶钱 8000 贯，又解到户役钱、统制官供给钱、减吏雇钱共 1406 贯	通判厅经总纲起解于行在右藏西库送纳，开庆元年立新额岁总 58932 贯

收支财赋纂名		财赋数额、来源与去向，原额与实征额等（贯石匹两以下从略去）	
通判厅财赋	赡学钱	此项取财本州，详以上各栏。又六县搬运盐纲等头钱岁分十二月发下州学钱粮官，月计209贯	（全数赡学）
	牙兑等钱	随民户印契价贯拘收岁无定数	（支用失载，或人经总制纲）
	常平义仓米	（宝祐四年前苗每石取五升，此后每石取一斗。现年额六县2561石）	（不载）

54. 南宋后期广南东路潮州每岁起发纲运情况表（据《永乐大典》五二四三引《三阳志》制）

起纲纂名	数量	期限及交纳处
圣节进奉银	200两	赴行在〔右〕藏西库交纳
大礼年分进奉银	400两	赴行在左藏西库交纳
助赏银	3218两	赴鄂州大军库交纳
盐钞银	第一纲2629两 第二纲1211两 第三纲（头纲漕司加饶措留）1416两 （合计5256两）	第一纲六月发，第二纲九月发，第三纲次年正月发，赴本路提举司交纳
坊场河渡钱	2118贯省买银599两	
官户不减半役钱	1509贯省买银415两	分上下半年发赴行在左藏库及湖广总领所交纳
新旧减下吏人食钱	147贯省买银40两	

起纲囊名	数　　量	期限及交纳处
支禄钱	3576 贯省天银 983 两	分上下半年发赴提举司交纳
锡本钱	1800 贯省天银 495 两	起发赴韶州通判厅交纳
经总制银（通判厅催发）	春季 5755 两 夏季 4387 两 秋季 4668 两 冬季 6079 两 合计 20889 两	分四季起发赴在,淮西,江鄂等处

55. 南宋后期广东连州路诸州财赋岁出情况表（据《永乐大典》一一九〇七引《湟川志》制）

按,以下贯石匹两以下畸零数略去

土贡	白布 10 匹	
纲	上供银 6800 两（分上下限起发）	
	圣节进奉银 200 两（前期起发）	
	免丁银 125 两（附纲起发）	
	经制银 2300 两（四季起发）	
解	将官供给银 22 两（附纲起发）	
	官户役钱 50 两（附纲起发）	
	铜铅本钱 1000 贯省（下银铜场趁小都大坑冶司纲运）	

续表

经	官员料钱 6266 贯省
常	官员春秋衣钱 200 贯省
	官员供给职医书表客将等食钱 5000 贯省
	诸军料钱 1334 贯省、春冬衣钱 1316 贯省、差出借请家粮钱 600 贯省
用	大军券钱 12000 贯省
	提刑司客军家粮钱 500 贯省、扑盗赏钱 200 贯省、五分头子钱 200 贯省、客军春冬衣钱 100 贯省
	提举司缲陌钱 260 贯省、客军家粮等钱 84 贯省、春秋二教 510 贯省、春秋二赏钱 100 贯省、圣节排宴等 300 贯省
度	陈设库 250 贯省（作二十五料申拨）
	酒库 250 贯省
	公使库支送节仪并过往特送及宴会 500 贯省
	推法司散从、院虞候雇役钱 600 贯省

转运司与本州岁计兑折	本州定额应缴转运司财	折米钱 11762 贯省
		一分缲陌钱 3781 贯省
		历日钱 75 贯省 马料钱 76 贯省
	转运司定额应降本州财	上供银本钱 8491 贯省
		大军券食折米草料钱 16100 贯省

续表

本州定额应缴转运司财	转运司定额应降本州财
进奏官钱 30 贯省	养士米斛折钱 30 贯省
客军家粮钱 119 贯省 又春冬衣钱 32 贯省	
随苗米斛折钱 414 贯省	
(合计:16292 贯省)	(合计:24621 贯省)
应缴与应降兑折抵销后转运司应支降本州财	
(岁支本州)8328 贯省。按此仅为定额数,若司运司别有临时征调,则由中扣留	

56. 四川总领所岁入岁出情况表

时　间	岁　入	岁　出	根据文献及备注
绍兴四年	3342 万缗	3394 万缗	《朝野杂记》甲集卷一七《四川总领所》《系年要录》卷九五、一○四、一一一等。按,其中直接供吴玠军者绍兴四年一千九百五十五万缗,五年二千三百七十六万缗
绍兴五年	3060 万缗	4060 万缗	
绍兴六年	3276 万缗		
绍兴七年	3667 万缗	3829 万缗	《朝野杂记》甲集卷一七《四川总领所》。按,原文称系绍兴休兵后岁支赡军财赋数
绍兴十二年		2665 万缗	
绍兴十七年?	3000 万缗又粮 160 万石		《北山文集》卷一三《送井都运出峡序》。按,原文谓"[川蜀]亟二十年",据此系可。又所列为供军钱粮数

续表

时　间	岁　入	岁　出	根据文献及备注
绍兴二十三年	4000万缗		《系年要录》卷一六四载大军岁岁费数
绍兴末年	4000万缗		《汉滨集》卷八《论盐酒放减年朝札》
淳熙年中		钱1078.7万缗，杂粮用钱1306.3万缗，罗绢细布计61.8万匹 粮158.7万斛 料25.1万斛	《朝野杂记》甲集卷一八《关外军马钱粮数》。按，《鹤山先生大全集》卷七八《李蘩墓志铭》，乾道年中，"四川钱物共以五千万缗计"，未明系存储之数，抑或岁入出之数。《鹤山先生大全集》卷四四《重建总领所记》数则与左数略同
开禧三年		4000万缗	《鹤山先生大全集》卷四四《重建总领所记》。原文："曦既授首，贮之存者六百万，是岁之出乃至四千余万。"
嘉定初年	2200万缗		《续通考》卷三〇《国用》引李鸣复奏
绍定年中	2492万缗	5016万缗	《宋代蜀文辑存》卷八吴昌裔《论救蜀四事疏》，《鹤山先生大全集》卷四四《重建总领所记》

57. 押运官物无少欠违程酬奖格（根据《宋会要·食货》四五之一四、一五制作）

押运官物	酬奖	押运官物	酬奖
全纲三千里	转一官	全纲二千四百里，九分纲二千七百里、八分纲二千三百里	减三年磨勘
全纲二千七百里，九分纲三千里	减三年半磨勘	全纲二千二百里，九分纲二千七百里、八分纲三千里	

续表

押运官物	酬奖	押运官物	酬奖
全纲二千一百里,九分纲二千四百里,八分纲二千七百里,七分纲三千里	减二年半磨勘	全纲六百里,九分纲九百里,……三分纲二千七百里,二分纲三千里	升三季名次
全纲一千八百里,九分纲二千一百里,八分纲二千四百里……六分纲三千里	减二年磨勘	全纲三百里,九分纲二千七百四十里,八分纲二千七百里……二分纲三千里	升半年名次
全纲一千五百里,……六分纲二千七百里,五分纲三千里	减一年半磨勘	九分纲三百里,八分纲二千……二分纲二千七百里	升一季名次
全纲一千二百里,九分纲一千五百里……五分纲二千七百里,四分纲三千里	减一年磨勘	八分纲三百里,七分纲六百里……二分纲二千一百里,一分纲二千四百里	绢六匹半
全纲九百里,九分纲一千二百里,……四分纲二千七百里,三分纲三千里	减半年磨勘或升一年名次	七分纲三百里,六分纲六百里……二分纲一千八百里,一分纲二千一百里	绢六匹
六分纲三百里,五分纲六百里,四分纲九百里,二分纲一千二百里,一分纲一千八百里	绢五匹半	三分纲三百里,二分纲六百里,一分纲九百里	绢四匹
五分纲三百里,四分纲六百里,三分纲九百里,二分纲一千二百里,一分纲一千五百里	绢五匹	二分纲三百里,一分纲六百里	绢三匹半
四分纲三百里,三分纲六百里,二分纲九百里,一分纲一千二百里	绢四匹半	一分纲三百里	绢三匹
		一千贯(计值)以下依一分纲减半酬奖	

58. 江淮沅汴漕粮入京情况表（南京及京畿地区包括在内）

时　间	漕运数额（万石）	根　据　文　献
开宝九年	100	《长编》卷一七
太平兴国初年	400	《宋史》卷二七六《刘嶓传》
太平兴国六年	400	《长编》卷三八、《宋会要·食货》四六之一
端拱二年	500	《长编》卷三〇、《宋史》卷二八八《任中正传》
淳化四年	300	《长编》卷三四
淳化末年	600	《长编》卷三四、《能改斋漫录》卷一《本朝制置使》
至道元年	580	《长编》卷三八、《宋会要·食货》四六之一
咸平三年稍前	560	《长编》卷四六
咸平、景德间	450	《宋会要·食货》四二之一
景德三年	600（立额）	《长编》卷六四、《渑水燕谈录》卷五、《清波别志》卷下、《宋史》卷二九九《李溥传》
大中祥符初年	700	《宋会要·食货》四六之一、《长编》卷七一
大中祥符三年	679	《长编》卷七四
天圣四年稍前	650	《宋会要·食货》四二之一一
天圣五年	550（新额）	《宋会要·食货》四二之一一
仁宗时某岁	800	《宋史》卷三三一《孙长卿传》
治平二年	575.5	《通考》卷二《国用考》、《宋史》卷一七五《食货志·漕运》
熙宁以前某时	600（定额）	《长编》卷二六九、《乐全集》卷二七《论汴河利害事》
元祐六年	450	《长编》卷四七五

续表

时　间	漕运数额（万石）	根　据　文　献
政和五年	667	《宋会要·职官》四二之三八

备注	此表未能反映因灾或他事故减运的情况。如《长编》卷一一四载景祐元年"权减江淮漕米二百万石"，因灾。《宋史》卷一七五《食货志》载熙宁末年"江淮上供至京师者三分不及一"等。另徽宗时转般法变为直达法，漕运受到不利影响，然表内所录之数反多于常年，显然不反映一般情况。

59. 北宋漕粮入京逐年定额数

漕路\数量（万石）\时间	汴　河	黄　河	惠民河	广济河	根　据　文　献
太平兴国六年	400（内米300、菽100）	80（内米50、菽30）	60（内米40、菽20）	12（内栗12）	《长编》卷三八、《长编纪事本末》卷一四《政迹总类》、《通考》卷二〇《国用考一·漕运》《宋会要·食货》四六之一
治平二年	575.5		26.7	74	《通考》卷二〇《国用考一·漕运》《宋史》卷一七五《食货志·漕运》《宋
熙宁年以前某时	600		60	62	《乐全集》卷二七《论汴河利害事》、《长编》卷二六九

60. 北宋宣和元年诸路上供财赋数

路　分	上供财赋数（单位：贯匹两）	名次
荆湖南路	423229	8
利州路	32518	17
荆湖北路	427277	7
夔州路	120389	12
江南东路	3920421	2
福建路	722467	6
京西路	96351	13
河北路	175464	10
广南西路	91980	14
京东路	1772124	3
广南东路	188030	9
陕西路	150790	11
江南西路	1276098	4
成都府路	45725	16
潼川路	52120	15
两浙路	4435788	1
淮南路	1111643	5
合　计	15042406	

备注：此表据《通考》卷二三《国用考》制作，粮米及其他杂科在外。

61. 南宋绍兴末年诸路上供钱银数

路　分	钱（贯）	银（两）	合　计（贯或贯两）	名次
浙东路	67694		67694	10
浙西路	154830		154830	6
江东路	181170		181170	6
江西路	150610		150610	7
福建路	32373	163261	195934	4
淮东路	78291		78291	8

续表

路　分	钱（贯）	银（两）	合　计（贯或贯两）	名次
淮西路	243119		243119	3
湖南路	280111		280111	2
湖北路	281600	81	281681	1
广东路	41498	30822	72320	9
广西路	64870	605	65475	11
成都府路	380		380	16
潼川府路	37056		37056	12
利州路	9739	9978	19717	14
夔州路		36881	36881	13
京西路	4680		4680	15
总　计	1626321	241628	1867949	

备注：此表根据《宋会要·食货》六四之五四至五五制作。

62. 南宋初各路上供䌷绢丝布等数额表（根据《宋会要·食货》六四之一二至一四及《系年要录》卷五四等制）

品　类　路　分	上供䌷（匹）	上供绢（匹）	上供锦绫罗（匹段）	淮浙福衣䌷绢（匹）	天申节、大礼䌷绢（匹）	丝　绵（两）	布（匹）	总　计
浙　东	84964	436009	26358	62480	8000			617811
	13361	327373	26358	40039	8000	672923		417131
浙　西	92804	381229	8766	154573				637372
	22430	237376	8766	103111		316596		371683

续表

品类＼路分	上供绸（匹）	上供绢（匹）	上供锦绫罗（匹段）	淮浙福衣䌷绢（匹）	天申节大礼䌷绢（匹）	丝绵（两）	布（匹）	总计
江 东	98870	406330		198845	8500			712545
	19852	286681		136245	8500	642494		451278
江 西	52508	305475		90243	8700			456926
	10501	213832		59334	8700	136564		292367
淮 东					4950			4950
					4950			4950
淮 西					3700			3700
					3700			3700
湖 南	3000				400			3400
	2000				400			2400
湖 北	377	3959			5100		800	10236
	377	3959			5100	12449	800	10236
广 东					4600			4600
广 西					6500		100000	106500
成都府			9790		13000		670200	692990
			9790		13000		（670200）	22945

续表

品类 路分	上供绸 （匹）	上供绢 （匹）	上供锦绫罗 （匹段）	淮浙福衣 绸绢（匹）	天申节、大 礼绸绢（匹）	丝绵 （两）	布 （匹）	总　计
潼川府		11170	26368		10600			48138
		11170	26368		10600	20000		48138
夔　州	860	22332			7000			30192
	860	22332			7000	14000		30192
利　州		1500			8300			9800
	1500				8300			9800
合　计	333383	1568004	71282	506141	89350		771000	3339160
	70881	1102723	71282	338729	78250	1815026	100800	1762665
备注			总计栏内均不计入丝绵数，因丝绵价值与其他相差悬殊。各路数额有上下两栏，上栏为上供原额，下栏为除去折帛、折绫等应输的本色数额，其折绫等折续额内加入本色锦绫罗额内，但原书未载折续数，故略去不计。四川上供布未载，此从史实。又四川宣抚司截留三路绸绢三十万匹，激赏绢三十三万匹，皆不在数内。					

63. 京师吏禄兵廪支出（月）及户部月支缗钱表

时　间	月支数（万贯）	根　据　文　献	说 明 及 补 充
宋　初	12.5—	《朝野杂记》甲集卷一七《国初至绍熙中都吏禄兵廪》	
至道三年（997）	12.7	《长编》卷九七	岁支 152.74 万贯
熙宁元年（1068）	21.7	《长编拾补》卷三	岁支 260 万贯

续表

时　间	月支数（万贯）	根　据　文　献	说　明　及　补　充
元丰年间(1078~1085)	36	《朝野杂记》甲集卷一七《国初至绍熙中都支禄兵廪》	《群书考索》续集卷四五《今日费用》同。又卷六四《续国朝内藏库》户部岁入四百万贯
同　上(1088)	62+	《侯鲭录》卷一引毕仲衍《备对》	
元祐三年(1088)	50+	《栾城集》卷四一《转对状》	
绍圣初年(1094~1106)	40+	《廑史》卷上《国用》	
崇宁年间(1102~1106)	60	《清波别志》卷中	岁支600万贯
政和二年(1112)	68+	《宋会要·食货》五一之三八	额定岁支820.8万贯
宣和初年(1119~1120)	95	《玉海》卷一八《绍兴会计录》	《锦绣万花谷》前集卷一五《国赋》引张孝祥论,《群书考索》续集卷四五《今日费用》均系此数于宣和年间
宣和年间(1119~1125)	120	《朝野杂记》甲集卷一七《国初至绍熙中都支禄兵廪》	《群书考索》续集卷四五《今日费用》系此数于"宣和末","鹤山大全集》卷一一《答馆职策一道》则作"宣和"
渡江初	80-	《群书考索》续集卷四五《今日费用》	
绍兴元年(1131)	52.7	《鸡肋篇》卷中	
绍兴三年(1133)	110	《群书考索》续集卷四五《今日费用》	《锦绣万花谷》前集卷一五《国赋》同。《玉海》卷一八五《绍兴会计录》作160万贯
淳熙年间(1174~1189)	128+	《朝野杂记》甲集卷一七《左藏库》	岁为钱1558万贯
淳熙末年(1188~1189)	120+	《朝野杂记》甲集卷一七《国初至绍熙中都支禄兵廪》	
绍熙元年(1190)	150+	《宋会要·食货》五六之五五	岁支1800万贯余
庆元二年(1196)	120+	《宋会要·食货》五六之七〇	

后　记

　　我接到人民出版社修订《两宋财政史》的邀约，很高兴，因为这正是我许久以来的愿望，《两宋财政史》是我的得意之作，也是我的代表作，它的初版距今已有二十八年了。当初我撰写此书，并不是想构建某种史学理论，而只是想通观地、简洁地、客观地描述两宋财政的运行，给进一步研究宋史、中国古代财政史、经济史等的学者提供资料。因为当时只见树木不见森林的论文偏多，使人厌烦的令人不得要领的烦琐考据性文字偏多，对宋代财政问题的不正确描述偏多，常常误导读者，我想尝试写一部摆脱上述偏颇的著作。出乎意料的是，此书初版后得到学界的好评，被越来越多地当作研究宋史、经济史的参考书，甚至被用为教材。这给我造成相当大的压力：我会不会因此书而误人子弟呢？我在此书中对两宋财政运行的描述是客观、准确的吗？我的叙述是否存在重大遗漏？这次修订给了我一次重新审视自己多年前著作的机会，我从头至尾地重读了一遍初版的《两宋财政史》，结果略觉安慰：它的大部分内容是经得住时间考验的，是立得住的。同时，也发现了一些失误、一些可以改进的地方。本次修订主要作了三件事：一是改正错误和失当，包括文字的错讹；二是弥补缺陷和不足；三是将初版后二十多年间学界的、我个人的新研究成果融入其中。本次修订的宗旨，是尽可能地完善此书，使它可以流传后世，成为我奉献给社会的礼物。我已入垂暮之年，本次修订过程中颇有力不从心的感觉。所以，此次修订不可能是尽善尽美的，肯定还有疏漏和不足，希望读者批评指正。

我很感谢人民出版社给我完善此书的机会。本书初版是铅排的，所以修订再版需要重新排版，这无疑给编校人员造成相当的困难。本书责任编辑翟金明同志为本书的修订再版付出了很多艰苦的劳动，在此表示由衷的感谢。

责任编辑：翟金明

装帧设计：肖　辉　王欢欢

图书在版编目(CIP)数据

两宋财政史/汪圣铎 著. —修订本. —北京:人民出版社,2023.10
(人民文库. 第二辑)
ISBN 978－7－01－024203－3

Ⅰ.①两… Ⅱ.①汪… Ⅲ.①财政史-中国-宋代 Ⅳ.①F812.944

中国版本图书馆 CIP 数据核字(2022)第 244626 号

两宋财政史

LIANGSONG CAIZHENG SHI

修订本

汪圣铎　著

人民出版社 出版发行

(100706　北京市东城区隆福寺街 99 号)

北京新华印刷有限公司印刷　新华书店经销

2023 年 10 月第 1 版　2023 年 10 月北京第 1 次印刷

开本:710 毫米×1000 毫米 1/16　印张:55.75

字数:813 千字

ISBN 978－7－01－024203－3　定价:138.00 元(上、下)

邮购地址 100706　北京市东城区隆福寺街 99 号

人民东方图书销售中心　电话 (010)65250042　65289539